World as a Perspective
世界作為一種視野

MAKING CHINA MODERN

FROM THE GREAT QING TO XI JINPING

Klaus Mühlhahn

從清帝國到習近平

中國現代化四百年（上）

余凱思 著
黃中憲 譯

獻給

Sophia, Clara, and Julius

我們的國家是新的，同時又非常古老；現代且繁榮，同時又封建專制；西化，但骨子裡還是亞洲。世界正在改變這個國家，同時這個國家正在改變世界，在此過程中，這個國家的創新之處在於利用無法摸透的現實，挑戰人類想像力的極限。於是，這個國家具備了某種不願正視現實的現實、不存在的存在、不可能的可能，簡而言之，這個國家擁有了一套看不見、摸不著的規則和規定。

——

閻連科，《炸裂志》

——

目次

第二部　中國革命

推薦序

歷史學家眼中的中國崛起及其危機

羅士傑（國立臺灣大學歷史系副教授）

我念大學的時候，還有一門必修課叫中國現代史。若我記得不錯，那門課竟然剛好跟軍訓課接在一起，那學期軍訓課的主題還是所謂的國共關係史，主講的自然就是軍訓教官。因為是緊挨著的兩門課，我們很自然地會把兩門課的內容做連結與比較。記得我的中現老師除了教自己編的課程講義外，還會指定大家讀新近離世的史景遷（Jonathan Spence, 1936-2021）寫的 *The Search for Modern China*（中譯本：《追尋現代中國》）。如此一來，每週二下午上完中國現代史後，我們都會捧著那本暗紅色書皮的原文書去上軍訓課。兩相對照，這兩堂看似不相干的課，卻討論一樣的主題，但詮釋的角度完全不同，意外地成為了我們理解與實踐史學方法的契機。處在一九九〇年代中期的大學校園，政治改革與民主化的呼聲正高，白色恐怖的氛圍已經是很淡了，雖然偶爾還是會出現「你被記一筆了！」的不知名警告。史景遷那種可以挑戰或者揶揄教官宣導的歷史書寫，成為我們一起上軍訓課的重要動力。當時也沒想這樣多，只是覺得能拿著史景遷寫的那厚厚一本原文書去挑戰教官，平靜地跟他說「報告教官，你講的跟這本書的內容寫的不一樣喔！」是一件非常酷的事情。我也還記得我的中現老師總會不經意地說：「史景遷的英文文筆真的很好，同學應該多花點時間去模仿。」雖說書中大多數史實都是已經知道的，只是詮釋觀點不同，但想一窺深受莎士比亞影響的史學書寫之美，倒是成為我當時去讀那本教科書的最主要動力。多年之後想起來，也還記得那種在閱讀時發現「原來也可以這樣寫」的悸動，那個感覺也讓我們在面對中文歷史書寫時，產生了更多的疑問。

幾年後負笈美國，有機會自己去開課，開始在想自己要教給美國學生哪些東西的時候，我向我的指導教授問起這件事，熱心的老師溫暖微笑著跟我說：我跟你分享我的祕訣，就是你得找到兩本教科書，一本是給學生讀的，另一本則是你自己用的。我也還記得第一次把我設計好的中國現代史課綱，給一位同為本書作者余凱思（Klaus Mühlhahn）教授在上海的友人指正。我們的那位共同朋友仔細讀過後，抬起頭嚴肅地對我說：「這樣從鴉片戰爭講起，再講不同革命與民族主義興起的內容，請問你這樣的設計跟國共兩黨過去鋪天蓋地講的有何不同？這不是一門政治課，而是一門歷史課，繼續這樣做還能有什麼意思？」來自多年前這兩位師友的指正，到今天還是如暮鼓晨鐘般提醒著我。經過這幾年的研究與教學經驗下來，特別是面對一門歷史課，我們總是想讓學生透過大量的文獻與資料的閱讀去建立自己比對不同看法的能力，卻也苦於學生一下子消化不了。所以我們也希望可以有一本提供學生或社會大眾框架性解釋的通史，若是能配合扎實豐富的描述則更理想。然後，我們在課堂上，就更能針對一些個案或是變遷的歷程及其所引發的關於人性的提問與思考，進行更進一步的延伸。

余凱思教授的《從清帝國到習近平：中國現代化四百年》就是這樣一本書。原書於二〇一九年由夙負盛名的美國哈佛大學出版社出版，出版之後，各界好評不斷。本書討論的時間斷限從清帝國的建立一路到今日的習近平時代，內容廣且深，原文書頁數高達七三六頁。翻開這厚厚的大書，我料想很多讀者會跟我一樣驚喜地發現，余凱思在卷首就引用了當代中國著名小說家閻連科（1958-）的《炸裂志》（二〇一三年），去開啟他對清帝國以降至今中國歷史的討論，如此的開場，畫龍點睛般點出我們這一時代的人對中國何以變化成今天這個狀態的不解與疑惑。就如自稱是「上天和生活選定的那個感受黑暗的人」的閻連科所說：「這個國家具備了某種不願正視現實的現實、不存在的存在、不可能的可能，簡而言之，這個國家擁有一套看不見、摸不著的規矩和規定。」讀畢全書，我想我讀到了余凱思的學術野心和引用閻連科的深意——他正是想藉由本書去理清十七世紀迄今，中國身上那些「不願正視現實的現實、不存在的存在、不可能的可能」以及「看不見、摸不著的規矩和規定」。

余凱思目前為德國齊柏林大學校長，在返回德國任職前，他在美國印第安納大學伯明頓分校任教。他二〇〇九年出版的第一本書是關於中國刑事制度的歷史，並獲得了二〇〇九年美國東亞研究學界的最重要獎項之一：費正清獎（John K. Fairbank Prize）。《從清帝國到習近平》乃是他將近十年後出版的另一本大作。這本書依時序分成以下四個部分討論：清朝中國的興亡、中國革命、改造中國與中國崛起，關心並討論了中國是如何走向現代化的。但是，若說現代化是目前看到的最後結果，許多類似主題的書往往會流露出「倒放電影」的宿命論窠臼而不自知。而閱讀余凱思這一本大書的最重要價值就在於，他對於「現代中國具體形成的過程」這一個問題，既敏銳地感知到了文學家筆觸下所傳達出的那帶著情感的概括觀察，也能善用當行本色以歷史研究方法來細膩且深入地回答這一個問題。也就是說，小說家直指存在於人心中的模糊感受，歷史學家則能運用史料編織、論證的功力具體鋪陳感受背後的長遠脈絡。許多人相信歷史是必須知道的事實，因為這些事實可提供是非成敗之鑑。但事實上，歷史也可以是個人從所處時代下生活經驗的情感出發，去結合證據與理性邏輯辯證的一種呈現。對此，出身德國，但熟悉美國學界運作的余凱思，兼採美國東亞區域研究看重社會科學問題意識與歐洲漢學重視資料傳統的優點，並且運用歐洲年鑑學派推崇的「長時段」敘述方式，透過對制度與社會變遷過程的強調，去重新討論十七世紀中迄今的中國歷史。所提及的史實多為中文世界的我們所熟悉，容易進入，但最特出的還是余凱思在本書中的觀察角度，亦即著眼於制度（institutions）。書中，他對於制度有定義如下：制度使一個群體裡的成員可以順利合作，而這建立在因為擁有共同規則、假設、期待和價值觀而來的互信上。他也進一步指出，制度史的研究也在探究人如何合作，探究人利用何種安排來達成共同的目標。

在本書中，他以制度發展為脈絡去具體地勾勒出十七世紀以來中國在政治、社會與文化上的持續性與斷裂性的交織。我尤其想點出的是，作者處理的一些主題，過往雖已有學者注意到，但對當時與後世所造成的衝擊乃至於非預期的效應，仍亟待開展研究，特別像是科舉廢除與十九世紀末清帝國所推動的新政對日後的影響，在本書中都有很清楚的討論。另外一個亮點就是，本書對一九八九年後的歷史發展，除了展現出勾勒的能力外，更展現出思想的深度。第三，本書的「中國中心觀」，所強調的並不是以中國為中心去看待周邊世界及定義何為中國，而是強調以過去幾個世紀以來中國社會發展的制度性脈絡去讓讀者瞭解一個大問題：為何中國今天會變成這樣？所以可以說，這一本書無論就內容的完整與連貫，以及所呈現出的歷史複雜性，都符合一本理想通史著作的標準，作者的掌握能力之佳顯而易見。更值得一提的是，也許是因為這是一本以德國人的觀點出發，用英文寫成的中國近現代史，我想很多讀者也會跟我一樣，感知到較少的主觀情緒，更多是那種想要透過距離的拉遠去呈現出的對歷史的不同見識。我特別喜歡在閱讀此書時，因為作者的冷靜筆觸，不時出現的那種恍然大悟的感覺。

本書在美國出版後，廣受好評。我非常開心看到繁體中文版能這樣快地問世，除了思考如何將這一本書的內容列入我關於十九世紀以來的中國史課程閱讀外，頃讀此書，我也在想以臺灣為主體要如何看待這一段中國史？或者更進一步地說，臺灣的中國現代史學者對中國歷史研究又該有怎樣的野心？我想現在臺灣的學生已經不用再像當年的我們一樣，把這本書當成跟殘餘黨國權威對抗的武器。但顯然不同的時代，產生了不同的問題。當今這世界所面臨的一個很值得思索的問題，乃是中國崛起對人類社會所代表的意義。如同作者在本書結論中所點出的「當中國成為全球舞臺上無所不在的龐大勢力後，也正在把風險輸出到世界各地」。對於這樣的風險的管控，除了圍堵與忽視之外，基於臺灣的優勢可以進行哪些思考以及可以在哪些面向上努力，乃是吾輩閱讀此書時所應思索的時代任務。

最後，我想指出的是，「長時段」歷史的書寫的確有非常多的優點，但也往往會因此而過度強調既存結構的合理性，從而低估了人的心志力量，特別是對尊嚴與自由的追求，在歷史發展中所可能發揮的角色。臺灣雖小，但過去半個世紀以來，臺灣經歷了華人社會僅見的和平政治改革，並已證明了公民社會、法治精神為基石的民主制度是可以在華人社會中生長與茁壯。這等於也是為中國未來政治改革的方向，提供了一個清楚的指引。雖說中國過去近半世紀經濟改革的成果，引起舉世注目，然而所謂的美好生活，應該是除了經濟的富足外，還有對個人乃至於群體的生存尊嚴與自由意志的尊重。透過本書繁體中文譯本的發行與閱讀，我由衷地希望能有更多臺灣人體認到中國與臺灣以及其他華人社會其實都還是處在一個制度面上的競爭，藉由對中國近現代史的回顧與反思，吾輩應更能深刻意識到臺灣民主生活經驗對華人社會所能產生的影響力及其獨特性。

中文版序

欣聞拙著《從清帝國到習近平：中國現代化四百年》繁體中文版出版，非常感謝所有使此書得以問世的人，尤其要感謝譯者。

我往往利用晚上或大清早在柏林伏案撰寫此書，因為行政工作纏身，正常工作期間騰不出多少時間。而在本書漫長撰寫期間，我常常在想，東亞讀者對我筆下的中國史會有何反應？對於我理解和呈現中國史的方式，他們會做何想法？有一點我很肯定：對中國史的理解必然因地方不同而有很大差異。從歐洲角度所看到的中國史，會不同於從臺灣角度所看到的，或在中國大陸所呈現的。當然，沒有哪種理解中國史的方式才是對的、才是正確的。無論哪種看法，不管來自何處，只要言之成理，持之有故，有研究成果為依據，就有其價值，都應當被認真討論。每個國家的歷史都會受到來自不同視角的解讀和討論，而且應該受到這樣的解讀和討論，沒有必要定於一尊。其實，只有讓不同的觀點各自提出足以服人的論點一較高下，歷史領域才會生氣盎然，具有意義。

就這部中國現代史來說，我盡量將中文、西文領域的最重要研究成果納入考量。但撰寫本書，不只是為了將各家的看法熔於一爐。把歷史變化、人物或事件放在更大的時空脈絡裡審視並予以解讀時，我並不怯於表達明確的想法和見解，其中許多是我自己的想法和見解。總有人不認同，而且我必須承認有時候我是有意要質疑既有的歷史敘述。我的目的是在關於今日中國及其晚近歷史的討論上盡一份力，甚至催化出進一步的熱烈討論。書中若有任何疏漏，則全歸咎於我的學識不足。

當今之世，我們都必須接受中國的巨大影響力存在於眾多領域這個事實。我們得學著和現在這個樣子的中國並存，而非和我們所希望的中國並存。因此，中國大陸之外的每個人都需要研究中國，需要投注精力在相關的專業知識和學術知識上。我認為，無可替代的上佳之策仍是盡可能與中國協力前行，同時努力增進我們對中國內部發展與情況的理解。在全球化的世界裡，彼此的命運緊繫相連，密不可分。我相信，對於隔著窄窄的臺灣海峽與中國大陸相望的臺灣來說，更是如此。

我漫長且至今未停的中國史研究生涯，始於一九八八年到臺灣時。跟其他許多歐洲學生一樣，我在臺灣師範大學的國語教學中心學中文。第二年在臺期間，我也去國立臺灣大學學習中國史。我很懷念在臺灣的那段美好時光，也一直深深感激臺灣的求學生涯為我在中國史研究方面打下深厚的基本功。因此，這個中譯本於臺灣問世（而且出於誰都明白的理由，很可能是唯一的中譯本），似乎是再適合也不過的事。

年表

中國，一六四四～一九四九年

一六四四～一九一一年 ◆ 清朝

一六八三年 ◆ 清軍打敗據守臺灣、反清復明的鄭成功

一六八九年 ◆ 清朝中國與沙俄簽訂《尼布楚條約》

一七一二年 ◆ 滿人官員使俄

一七一五年 ◆ 英國東印度公司在廣州設貿易站

約一七〇〇～一八〇〇年 ◆ 繁榮成長的「盛清」時期

一七五五～一七五九年	攻下中亞土地（新疆）
一七五七～一八四二年	洋商只准在廣州貿易（「一口通商」）
一七八〇年代	乾隆帝文字獄
一七九三年	來華的英國馬戛爾尼使團未能達成促進通商的任務
一七九六～一八〇四年	白蓮教起事
一七九九年	禁止鴉片進口和種植
一八二〇～一八五〇年	道光年間經濟衰退
一八四〇～一八四二年	第一次鴉片戰爭；南京條約開放口岸通商；香港割讓予英國；賠款；終止「一口通商」
一八五一～一八六四年	太平天國起事
一八五六～一八六〇年	第二次鴉片戰爭；開放更多口岸；授予外國人更多權利
一八六一年	創立總理衙門，是為中國的外交部

一八六五～一八六六年 ◆ 開辦第一批兵工廠，製造戰列艦和裝甲

一八七三年 ◆ 輪船招商局有限公司創立

一八七九年 ◆ 日本奪取原為清朝藩屬的琉球群島

一八八三～一八八五年 ◆ 中法戰爭

一八九〇年代 ◆ 李鴻章創辦北洋艦隊

一八九四年 ◆ 漢陽鐵廠開始生產

一八九四～一八九五年 ◆ 中日甲午戰爭；臺灣成為日本的殖民地

一八九五年 ◆ 張之洞創辦新式陸軍「自強軍」

一八九五～一九一一年 ◆ 鐵路興建劇增

一八九七年 ◆ 德國占領青島；中國通商銀行創立於上海

一八九八年 ◆ 百日維新遭慈禧太后打斷；張之洞創造口號「中學為體，西學為用」

一八九九～一九〇一年　義和團事件和外國干預；清廷被迫賠款四億五千萬兩

一九〇一～一九一一年　新政

一九〇三年　設立練兵處

一九〇五年　科舉制廢除，代之以全民就學制；孫逸仙在東京創立同盟會

一九〇五～一九〇六年　五大臣出洋考察

一九〇八～一九〇九年　地方和省成立代議機構

一九〇九～一九一一年　全國人口普查

一九一一年十月十日　武昌起義揭開辛亥革命序幕

一九一二年一月一日　中華民國創立，孫逸仙為臨時大總統。

一九一二年八月　國民黨創立

一九一二～一九一六年　袁世凱獨裁統治

一九一五～一九二五年　新文化運動

一九一五年 ◆ 陳獨秀創辦刊物《新青年》

一九一六～一九二八年 ◆ 軍閥割據時期

一九一七年八月 ◆ 北京政府對德宣戰

一九一九年五月四日 ◆ 五四運動；學生在北京抗議《凡爾賽和約》

一九二一年 ◆ 孫逸仙成為廣州國民黨政府的首腦；中國共產黨於上海創立

一九二三～一九二七年 ◆ 第一次國共合作

一九二五年五月三十日 ◆ 上海租界警察向抗議群眾開槍

一九二六～一九二七年 ◆ 蔣介石領軍北伐，中國大片地區重歸統一，結束軍閥割據；迫害共產黨員，第一次國共合作結束。

一九二七～一九三七年 ◆ 南京十年

一九三〇年 ◆ 中國恢復關稅自主權

一九三一年九月十八日 ◆ 九一八事變，東三省遭日本占領。

一九三二年　日本在中國東北扶立傀儡政權滿洲國；一二八事變；日本企圖拿下上海未果

一九三〇～一九三四年　中國共產黨建立江西蘇區

一九三四年　國民黨發起新生活運動

一九三四～一九三五年　中國共產黨長征，從江西轉進延安。

一九三五年一月　經由遵義會議毛澤東成為中國共產黨領導人

一九三六年　國民政府制定《重工業五年建設計畫》；十二月發生西安事變

一九三七～一九四五年　日本侵華；國共第二次合作

一九三七年　盧溝橋事件引爆戰爭；國民政府從南京撤到武漢，再撤到重慶；南京大屠殺

一九四〇年　與日本合作的「國民政府」在南京成立，以汪精衛為魁首。

一九四一年　美國將蔣介石政府納入《租借法案》援助對象

一九四三年十一月 ◆ 蔣介石出席開羅會議

一九四五年八月十五日 ◆ 日本投降

一九四五～一九四九年 ◆ 國共內戰

一九四五～一九四七年 ◆ 馬歇爾使華調停國共內戰

一九四九年一月 ◆ 共軍拿下天津、北京

一九四九年十月一日 ◆ 中華人民共和國建國

一九四九年十二月 ◆ 國民黨政府撤退到臺灣

導論

中國崛起於二十世紀末、二十一世紀初，無疑是改變當今世界面貌的最重大發展之一。中國近年來超乎尋常且前所未見的經濟成長、在科學和科技領域的快速迎頭趕上，加上對地緣政治日益強大的影響力，正改變著全球的權力格局。二〇一二年十一月，在北京「復興之路」展覽的開幕儀式上，中國國家主席習近平首度提到「中國夢」，說「中國夢」就是「實現中華民族的偉大復興」。[1]這檔展覽說的是二十世紀中國洗刷過往恥辱的故事，中國在十九世紀鴉片戰爭敗給西方帝國主義者是這些恥辱的開端。

如果我們正在見證這樣一個轉捩點，我們該如何從歷史角度去理解它？今日許多研究中國政治或經濟的人，根據中國官方的一貫說法，認為中國崛起是這四十年的事，始於一九七八年鄧小平掌權，但歷史學家應當知道，中國崛起所花的時間遠超過四十年。百年來中國努力克服許多過去的難題，成就斐然。然而，這齣大戲會演成什麼樣子，仍是尚待答覆的問題。歷史或許是估量未來可能局面的唯一指引。要瞭解崛起的中國，就應認識其背後的歷史：更早期的幾個輝煌盛世、盛世與盛世間的衰落與危機、二十世紀鍥而不捨的復興作為。歷史視角也會揭露過去成敗背後的原因。因為如果繁榮、自信的中國時代在某種程度上將成為二十一世紀的最大特徵，那麼這當歸因於中國的歷史遺產和經驗，以及它克服逆境的能力。

本書建議的做法是重新審視中國現代史，亦即藉由審視中國過往的幾個主要面向，幫助我們更精確且細膩地理解中國當前的局面。是時候該對中國的現代發展歷程建立與時俱進、深刻且全面的理解了。這項任務旨在說明中國是如何從過去發展成今日的模樣，以及對未來可能會有的影響。中國過往的政策和作為，能為弄清楚當今的難題提供指引和脈絡。有幾個問題最為相關，迫切需要釐清——中國所經歷、測試、履行的道路是什麼樣的路？現代中國面臨的難題與它過去面臨的難題相比，有何差別？歷史研究能對理解當前情勢及中國為克服潛在挑戰所付出的形形色色努力有何貢獻？哪些歷史過程和事件影響了今日中國政治、經濟制度與結構的起源和轉變？簡而言之，針對中國在走向未來過程中所面對的種種選擇，歷史視角能提供什麼解釋？

一個最根本的問題是，為了理解現代中國的形成，我們得追溯到多遠的過去。歷史分期是最重要且最有意義的歷史詮釋工具之一。歷史解釋基本上取決於對某個時期起於何時、止於何時的思考。在悠久的中國歷史裡，有眾多時刻可以視為當今局面的先兆。有諸多著作、觀念、決定可以視為和當今中國情勢有關連性。本書作為一部歷史著作，目標是闡明現代中國如何在長時段（longue durée）時間裡形成，希望帶領讀者認識到中國某些最重要制度的賡續不斷、長期問題與挑戰的始終未消，以及中國在國際舞臺上的卓越地位。近世時期（約十七世紀中葉至十八世紀結束）是完成這道敘事的重要起點。[2]從許多方面來看，這個時期不只可視為傳統中國敗落的「帝制晚期」階段，還可視為預示未來局面的「現代早期」。在這始於一六四四年滿清入主中國的時期，中華帝國晚期的許多核心制度問世，國勢一度臻於極盛。存在於此時期或在此時期創立的基本社會制度與文化制度，塑造了接下來十九、二十世紀中國的歷史發展軌跡，也影響了中國的政治選擇。

有一點必須指出，即本書使用的「現代中國」一詞，純粹從時間角度著眼，未把它當成規範性框架。此詞指的是若欲對中國的社會、經濟、文化、政治發展做周密思考，所應仔細審視的將近三百年時間跨度。本書也不把現代中國理解為一個絕對的範疇，而是理解為一個持續在演變的社會體系，而這個體系的形成牽涉到以外國或外來藍圖為基礎建立新制度，以及動員某些特定的本土制度資源、政治利益和經濟計畫。本書不認為現代一詞的定義，只能以普世或西方的模式為依歸。這類看法會誤解歷史，會誤判歐美以外的現代化過程，會錯過現代性的許多版本和變體。中國鍥而不捨尋找西方現代性的替代物及其變體，拒絕占據主導地位的簡單西方中心現代性和現代化概念。

由此可見，進入現代也不表示要割離過去。雖然現代性一說本身，前提是轉變了被視為前現代的任何東西，但歷史根源和遺產依舊舉足輕重。其實，傳統與現代的並存，也就是本土與外來的並存，是當代生活的一部分。從許多方面來看，中國的傳統社會組織不只繼續在政治、經濟上發揮作用，而且繼續在發展方面扮演重要角色。本書對「現代」的理解是，它在時間上和地方上都是相對的，而且是中國境內形形色色行為者為使國家富強而堅持不懈普遍追求的目標。促成現代中國形成的最大動力，是中國人頻繁清楚表露的那股欲使國家重臻富強進步之境的念頭。

本書旨在運用歷史研究的方法來呈現現代中國的形成，凸顯中國的經驗和它自身的視角。本書不強調文化傳統的影響力、意識形態的力量、中國新舊皇帝間的鬥爭之類常被提及因素的作用，而是以**制度**（institutions）作為理解現代中國的切入點。這一研究方法有利於對現代中國的歷史做範圍廣大但條理分明的探索，以及涵蓋各個重大事件和重要人物。檢視制度及其在一樁事件、一項決定、一個過程裡所起的作用，也有益於對歷史發展有更精確且系統化的理解和更清楚的解釋。制度對政治決定、對社會生活與文化生活、對經濟活動，都影響很大。因此，研究制度可以呈現為何某些國家強盛、某些國家衰落，為何某些國家發展較快、某些國家較慢，為何有些社會得到善治、有些社會未得到善治。[3]這樣的探問方式還有一個好處，即在文化上、政治上保持中立。它不套用外部標準，而且使中國歷史成為可拿來持續做比較研究的對象。花些時間思索一下中國及其他地方有什麼制度和為什麼那些制度很重要，對於釐清問題很有幫助。

「制度」一詞在日常用語裡語意含糊。根據社會科學的定義，制度是成文或不成文的規則，或者更精確地說，是人類為促成社會眾人合作而擬出的規章。[4] 制度使一個群體裡的成員可以順利合作，而這建立在因為擁有共同規則、假設、期待和價值觀而來的互信上。[5] 在順暢運作的制度框架裡，行為者學習信賴可以達成預料結果的某些程序，從而堅守那些程序。

社會生活、經濟生活的進步，取決於人的通力合作和相互支持。社會的每個層級——從家庭或氏族這樣的小團體，到大公司或國家之類的巨大實體——都需要成員的合作，才能提供共同的貨物與服務、裁定糾紛、維持秩序、辦好教育和福利救濟。不管是在哪個社會群體裡，其成員要能長久合作，都不是件易事，尤其是當所處的環境正在改變之時。為維繫合作，團體建立了制度，好把責任和權力分派給挑選出來的人，並利用獎懲影響人們的期待、作為鼓勵人們的誘因，以及評估自己行動可能帶來的收益或後果。當規則內化於個別成員心中、成為他們世界觀或堅定信念的一部分時，規則成為制度。[6] 所以，制度性規則（institutional rules）是治理機構、公司、鄉村市場之類複雜組織的基礎。制度於特定組織裡展現自我，組織遵循制度賦予的任務、職責和分工規定，體現同理、互信和共享相同內部文化。制度是所有互動的基礎，而且在幕後運作。

制度會布置出一個無形的基礎結構，藉此影響並協調組織中個別成員的行為。制度從過去一代代傳下來，然後繼續影響後來的制度。制度元素深植於社會記憶和認知模式裡，大大影響偏好和選擇。社會面臨新情勢或新挑戰時，既有的制度元素制約了可能回應方式的多寡。從過去傳下來的制度，預設了回應新情勢的行為模式。

制度為日常社會、經濟、政治生活提供了相對較可預期的依循架構，但制度並非不容變更，抑或未曾遭遇反對。制度是動態且不斷演變的規章，在制度下，行為模式長久不變，但仍會因外部壓力或內在挑戰而發生改變。然而，制度化的行為可能很難改變。產生新規則與新機制是可能的，但需要有自覺的選擇和行動才能辦到。學者認為制度會影響但不必然決定行為，因為行為者能自行決定要不要遵循規則。較新的制度概念則強調，真正界定組織結構並賦予其正當性者，是組織與其歷史環境間的互動。也就是說，想要瞭解制度性結構，就要瞭解歷史。[7]

誠如諾思（Douglass North）所主張的，「制度的改變會影響社會在長久歲月裡的演變方式，因此是理解歷史變遷的關鍵。」[8]為使成員間的合作和互動井然有序，社會建立了制度，而制度裡的無形改變，又影響著歷史發展。文化元素與意識形態元素也在維持制度內的「常」或促成制度內的「變」上發揮作用。我們需要掌握脈絡——亦即文化訊息和歷史訊息——才能真正探明制度。

制度因社會而異。制度使各式各樣的關係和行為得以出現，從而決定了組織與政策的成效，以及在權利的享有和社會資源的分配上產生多種不同的經濟結果與政治結果。[9]制度有時具包容力、穩定、有效率、能因應環境改變，但有時也沒效率、受到質疑、與環境變遷脫節、具榨取性。良好且包容的制度，能促進令廣泛人群和個人都獲益的合作及行動。良好的制度也能促進改良和投資，並透過教育提升知識與技能的散播，從而有利於發展。良好的制度使人口成長率維持平穩，促成穩定與和平。良好的制度讓資源的聯合調度成為可能，也讓有益的政策（例如公共財與公共服務的提供）能夠實現。最重要的是，這些制度性基礎的品質，決定了社會的福祉。

本書講述現代中國的形成過程，把焦點擺在制度上，將帶領讀者越出政治史的範疇，向更為寬闊的歷史領域探索，並把歷史的數個分支整合在一塊，尋找涵蓋面更廣的制度性結構和過程，藉此說明某些事件為何會發生。制度史探究人如何合作，探究人利用何種安排來達成共同的目標。本書對商業、市場和貨幣也會給予應有的關注。制度史的研究牽涉到社會如何組織及合作如何達成，也關係到政府、村莊和城市、經濟實體、軍隊之類組織背後的規章。總而言之，這些規章以複雜的方式與宗教觀、政治觀、本土文化傳統和來自外界的事物互動。制度史的視角不僅本身就很重要，同時也為更全面地理解今日中國提供了基礎。

本書使用以制度史切入的研究方法，目標是希望包羅中國史的各個主要層面——不只統治者、意識形態、文化實踐，還有社會、經濟、法律、司法；其他的歷史著作，出於這個或那個等不同原因，少了這樣的廣度。本書除會按照時間先後順序講述與現代中國興起有關的事件，還會說明三百多年歲月裡一個發展如何導致另一個發展。全書將聚焦於被中國追求現代化之計畫與雄心在背後推著走的制度發展過程，在敘述上講求論據充分及平衡周全，且偶爾會質疑關於中國史的傳統假設。

研究方法和主題

每個社會的整體發展都深受制度和制度轉變（包括某些時候導致挫敗和社會混亂的制度失靈與弱點）影響。研究中國的制度如何運作、如何失靈，極有助於我們理解過去幾百年來中國的頓挫與輝煌。本書關心的是從一六四四年（某些最持久的制度已確立之時）迄今，中國社會廣泛又複雜的轉型。敘事將集中探討政府、經濟、主權與邊疆安定、天然資源管理、知識史等重要領域的制度上。

我們必須把**政府**視為一個元制度（meta-institution），因為政府的職能之一，是針對會影響其他社會制度運作的因素，個別地和集體地予以條理化與界定。政府規範並協調經濟體系、教育制度、軍警組織。政府透過可強制執行的法律、法令、資源動員之類手段，為其他制度制定規則。但政府雖扮演正式的主要行為者和利益的基本單位，卻不是制定中國社會規則的唯一行為者，反倒必須被視為諸多能動者之一。綜觀中國現代史，軍閥、造反者、征服者、氏族、行會、地方協會也建立或改變制度。我們必得承認有種種相關的政治行為者和勢力在中國歷史裡大展身手。

本書另一個重點是重要**經濟制度**的出現和演變。在這部分，要追究的問題是如何看待整個中國現代史時期政府與經濟的關係。[10]通常的情況是，統治者及其代理人想方設法盡可能擴大稅收，而稅收多寡會受限於某些因素，例如交易成本、政府代理人的機會主義行為，以及對地方菁英或重要選民的倚賴。[11]在這個概括的制度模式裡，統治當局必須為政治制度籌錢，以便制度能夠發揮職能，因而必須想辦法課稅。統治者能利用幾種手段實現其稅收目標，例如，將可以產生稅收的產權盡可能有效率地列出。雖然經濟制度對於經濟結果有非常大的影響，但經濟制度本身卻是由政府機構和治理體制決定，更普遍的情況是，由社會中資源的分配決定。

本書歷史敘述的另一個主題，涉及**國家主權與領土安定**方面的制度。中國常被迫應付威脅其主權和領土、進而可能危及其存續的挑戰。事實上，綜觀中國歷史，中國有約一半時間由異族（非漢族）統治。這造成的結果之一，是出現以有效保衛邊疆和領土為目標的保安制度。[12]但與此同時，又有多得令人咋舌的跨邊界互動，為技術成就、制度成就、文化成就的分享提供了機會。這些轉移透過中國鄰邦使中國與外部世界產生連結。[13]這些連結和轉移的密集與頻繁，帶來一個問題，即如何管理對外部世界的開放。因此，主權與保安的歷史，不只能凸顯在政府眼中因跨越邊界而產生的潛在威脅和潛在好處，也能凸顯政府必須維繫哪些制度，以管理跨邊界交易和位於中央與邊陲的領土組織。[14]

講述中國歷史的著作，常常忽略**實體環境與自然環境**在影響人類行動條件上所起的作用。本書會特別著墨於政府在管理自然資源上所使用的制度，觀察其作用，給予環境應有的關注。環境史傳統上偏重檢視生物、氣候、地理的影響，同時視人類為布勞岱爾（Fernand Braudel）所謂的「氣候的囚徒」，而非氣候的打造者。[15]近來學者已把重心轉移到人類對地球的衝擊上。中國正是一個好例子。中國有漫長且為大家所熟知的天災史，那些天災帶來損失和破壞，迫使政府和社會打造工具以預防天災與因應危機。但到了二十世紀，中國也承接了千年來為了經濟目的改造自然所帶來的劇烈環境後果，導致必須付出愈來愈高的成本和愈來愈辛苦的努力，才能確保空氣、土壤、水之類基本資源的取用無虞。[16]

最後，凡是講述制度的歷史著作也必須考慮到**知識史**的重要性——盛行於社會的思想、觀念、象徵和意義。制度與文化脈絡和規範性傳統的關係密不可分。社會制度和社會結構的基礎來自文化象徵化和意義的社會生產（social production）過程。[17]對社會行為者來說，何者是有意義的選擇，何者可視為合理的選擇，全取決於他們對社會現實的看法和解讀，社會現實則經過象徵體系的過濾後呈現。因此，就制度剖析來說，象徵所組成的文化景觀，和社會結構、經濟結構一樣重要。在這個主題上，本書重心放在社會裡的群體如何理解其社會環境、政治環境和全球環境。本書將探索中國社會內裡的價值觀和象徵，這些價值觀和象徵充斥於行為者的諸多行動與各項制度中。本書也將重建中國人身分的定義，以及這一定義在長久歲月裡的演變。[18]

本書目的為闡明中國社會過去在制度上所做的選擇和今日面臨的選擇。這一視角將呈現中國社會如何繼續利用歷史上的象徵資源與制度資源，來實現它今日的形形色色目標，從維持制度慣例到設定遠大抱負都有。中國人民思考世界時仍未擺脫中國過去的習慣用語，仍從長遠的眼光來構想世界樣貌。他們按照其歷史經驗構思中國在世界上應有的位置。中國的歷史提供了各式各樣的強效策略和有意義的規則，而在當今中國的行動裡仍可明顯看到這些策略和規則。

大綱和各章提要

本書分成四個部分，每個部分有三章，按時間先後順序編排。第一部，「清朝中國的興亡」，涵蓋一六四四年至一九〇〇年這段時期。開頭概述中國黃金盛世，這段期間，中國版圖和國勢大增，成為最強大、最富裕、最先進的歐亞帝國，儘管十七世紀中期遭滿人鐵蹄征服時承受了極大破壞、暴力與重創。在現代早期，中國是世界上最大、最有效率的經濟體之一。清朝初期的中國展現出令人讚嘆的兵威、富裕及社會穩定，成為它可以在日益商業化但仍以農業為主的經濟體裡，大幅擴張版圖和人口的後盾。全球連結促進了商業革命，使中國成為世界經濟的中心之一。中國的某些產業（例如紡織、製鐵、陶瓷）也居世界前列。多種極有效率且先進完善的制度，例如帝國政府（極複雜且有成效的行政組織）、科舉制、社會福利救濟系統、自由市場制度，使中國社會得以繁榮興旺。許多制度以非正式的不成文規則為運作基礎，而非以正式的法律。這些發展不只深刻影響中國，而且幫助塑造了由中國主宰的現代早期世界。

一八三〇年後，中國漸走下坡落入危機深谷。身陷日益擴大的生態危機、制度失靈、軍事挫敗，中國不再能倚恃其歷史遺產來立足於世。中國在世界上的地位反倒一落千丈。人口、經濟方面的趨勢，加上十九世紀環境嚴重退化，使清廷愈發無力治理快速改變的社會。內有大規模反叛，外有西方與日本帝國主義，進一步削弱清廷的治理能力。中國在技術上也落後西方。這些事件和因素是中國人稱之為「百年國恥」時期的標誌，而戰火頻仍、領土被占、革命屢起則是中國歷史這一階段的主要內容。在中國衰落過程中，國家變得非常貧困，大部分人民，即使長時間工作，所得仍然微薄，三餐吃不飽，無法積聚資源或資本，無緣享有社會福利救濟。隨著財政收入大減，大部分官方制度停擺。十九世紀中國衰落到無法善用歷史優勢、無法遏止社會混亂和無法抵禦外國帝國主義侵略的地步，而如此衰落的主因就是制度和政治失靈。

然而一八七〇年後，中國會展現非凡的韌性。帝國主義侵略讓中國嘗盡艱辛，但中國熬了過來，而且存亡絕續的表現優於世界上大部分地方，因為中國經歷這段變局後大抵完好，尚有能力為日後的發展奠下基礎。十九世紀晚期起，中國的領導人試圖改革、重建既有的制度，最初著眼於由官方主導、以國防工業和基礎設施為重點的工業化計畫。但初期的制度改革為時已晚且格局有限，大體上未能恢復王朝體制的活力。

第二部，「中國革命」，講述新共和中國出現，一九〇〇至一九四九年活力復甦與國民覺醒的故事。一九〇〇年義和團事件發生後不久，清廷開始在教育、軍事、經濟、治理方面施行更深層的制度改革。為回應義和團挫敗，慈禧太后開啟新政，推出憲政和法律改革、代議制、地方選舉、法院制度、高等教育、經濟政策和財政政策、改良交通運輸系統、管理涉外事務、稅改及打造新軍，這些都成為中國首先要處理的現代政治事項。受過專業訓練的軍隊崛起，對二十世紀中國政治文化的軍事化，影響尤其大。當軍官和軍校生倒戈反清，開始支持共和運動，他們也成為推動中國政治變革的力量。在孫逸仙領導下，中國於一九一二年成為亞洲第一個開始真正「重建」現代民族國家和公民的共和國。新制度問世，希望能建設出一個新強國。但接下來中國陷入軍閥割據時期，各地軍閥持續整軍經武，壯大自己的軍事實力。經濟上，二十世紀初期，即史家稱之為中國資本主義「黃金時代」期間，中國力量增強而且更為健全，尤其在通商口岸。上海成為亞洲國際貿易與商業的樞紐和中國第一批中產階級的所在地，具體而微地呈現了中國現代性的大好前程。一九二八年由蔣介石領導的中央政府在南京重建後，中國繼續推行並擴大制度方面的改革與強化。

重點日益從改革移向創新。因此，中國政府開始謀求廢除傳統制度，用新制度取而代之，希望藉此止住經濟和政治的衰落，重啟經濟成長和促進社會發展。在這期間，一批新的治理制度問世，現代銀行體系建立，多種旨在規範政府與經濟的新法通過。中國擁抱新觀念，建立充滿活力的高等教育體系。這一教育體系以健全的國營教育機構和敢於求新求變的民營教育機構為特色，一同共襄盛舉的還有外國人主辦的學校和教育機構。所以，共和中國的確在促進現代經濟成長和社會改良上有些許成果，儘管這些成果只見於沿海的都市區。這些作為若能持續下去，久而久之或許能讓中國脫貧，但二次大戰和接下來的國共內戰使這一發展勢頭戛然而止。這一時期的成就與成果，大多毀於日本侵華和國共兩黨的長期鬥爭。戰爭與內戰繼續阻撓制度改革，從而導致中國遲遲才得以進入工業發展、技術創新的全球舞臺。

第三部，「改造中國」，探索一九四九至一九七七年中華人民共和國初期的特質和中國共產黨在改造中國社會上所做的嘗試。一九五〇年代終於實現國家統一，中共隨即著手推行社會主義蘇維埃模式的一種變體，繼續實踐他們的計畫，亦即要在中國打造出一個更為強有力的新制度性結構。民國時期政府已開始致力於追求政府獨享的權力，而在毛澤東領導下，此一追求不只持續而且更加強勁。中華人民共和國為其治理機器建立了龐大的基礎設施，使中央利益對地方利益的天平倒向中央政府那一端。由於希望中國能轉型成為社會主義國家，中央權威和政府公權力於是逐漸恢復。中華人民共和國展現出制定、實行全國性政策規畫及掌控實踐情況的能力，而且其政策規畫所觸及的層級下達村級，為帝制結束以來所首見。最重要的，中國共產黨成功將自己和政府植入並且深深扎根於社會。農村集體化讓政府能夠重分配來自中國龐大農業經濟的資源，以發展重工業和國防產業，以及基礎設施、教育、基本社會福利救濟。這個社會主義國家能把公權力往下深入到社會的基層，並以前所未見的程度榨取資源，然而藉此取得的成功是破碎零散且參差不齊的。毛澤東的政府仍得處理對政府作為層出不窮的抵抗和人民的不滿。異質性和多元性受限，但還是壓制不住。官方文化與非官方文化間的衝突未歇。都市利益與農村利益的分歧有增無減，舊社會的不平等雖然消除，卻有新的不平等繼之而起。這個社會製造不平等、爭論、衝突、暴力的本事並未遭削弱。

這些事態的不利一面，於一九六〇年代表露無遺。在那期間，大躍進、文化大革命這兩個太急於求成的行動，造成大規模破壞，奪走許多人性命，使一九五〇年代初期取得的成就大半付諸流水。中華人民共和國也未能處理貧窮、環境衰退、技術發展不足這些長期問題。由此可得出一個重要觀察，即在中華人民共和國的第一個三十年，中國共產黨善於破壞制度，但在建立新制度上則沒那麼成功。這意味著毛主義欲以一場革命來改變國家和政治體制的期待，最終未能如願。但文化大革命期間狂暴破壞殘餘的官僚體系（加上新的中間指揮體系崛起），使新行政菁英有機會在後毛澤東時代掌權，而自那之後，這批人的掌權一直是國家穩定的重要因素之一。

最後一個部分，「中國崛起」，講述中華人民共和國在一九七八年走出前面三十年災難性的政策後，如何促成舉世震驚的經濟復甦。文化大革命的破壞和鄧小平實事求是的新領導作風，創造出使更根本性的變革得以在一九七八年後實現的條件。中國的改革開放策略能成功要歸功於它的經濟轉向，但有一個原因同等重要，即在最重要的制度變革上謹守漸進和實驗原則。中國已成功過渡到市場經濟，GDP的成長率高得令人驚嘆。一九八〇年代，改革重點擺在復甦市場經濟的和農村成長上。一九九〇年代推動國營企業私有化和轉型為利潤導向。中國的崛起透過政策的改弦易轍加上漸進的制度調整而實現，但也有賴於中國當前制度的深厚歷史淵源——傳統中國在行政經驗、成熟市場及教育方面留下的遺產。

中國出現下放權力、富包容力、以促進經濟快速成長為目標的經濟制度結構。中國經濟規模擴張，人民變得更富裕。人均所得大幅提升，數億中國人民脫貧。在經濟方面的制度改革，旨在促進包容與開放，因而釋放了民間的創業活力，造就出許多新公司和新市場，以及有增無減的消費欲和人數據估計達三億的中產階級。這一態勢改造了中國的經濟結構，降低了中國對農業的依賴，轉而提高工業生產的分量——近年來也在提高服務業的分量。同樣重要的發展是，中國取得在世界經濟領域呼風喚雨的新地位及其企圖向全球投射影響力的雄心。

與此同時，重大挑戰出現。中國未改變其政治制度；中國仍是威權主義一黨專政國家。人民要求政治參與、民主的呼聲遭斷然打壓，而且往往是藉由展示武力和暴力手段。一九八九年，政府甚至屠殺要求享有更多思想自由、言論自由的手無寸鐵抗議者。這些作為，加上貪腐猖獗，傷害了一黨專制的正當性。因此，中共祭出強勢民族主義，並且不計代價維持高速成長，加上嚴厲的反腐運動，以強化正當性。

與中國經濟改革脫離不了關係的社會不平等升高和環境退化加劇，使人對經濟改革能否持續心生懷疑。社會緊張和社會衝突升高。憂心忡忡的辯論時常質問中國社會在普遍且快速的改變裡該何去何從。談到前景，眾人感到焦慮、不確定。所有受到討論的問題中，最重要且最令人心焦的是：在一黨專政體制下，理應為廣泛公共目標服務的各項制度，能保有多大程度的自主性？中國的政治體制足以因應其多樣社會和活絡的經濟嗎？這一極難拿捏的平衡還能維持多久？

重要啟示

從歷史角度探討制度的演變，帶來幾個重要啟示。首先，歷史角度凸顯了中國能夠走到世界舞臺中央，是一已進行百餘年且方興未艾的改變所致。一九七八年起的數十年，只是這一改變的最新發展。自十九世紀中期起，為了使中國再度富強，中國菁英翻新、破壞、修改制度。中國的歷史發展軌跡漫長而穩定，但重拾榮光、重返舞臺中央的路途卻也是崎嶇難行、備嘗艱辛。

總而言之，本書把現代中國的形成視為它克服制度弱點和失靈的過程，制度弱點和失靈是阻撓中國富強的因素。[19]中國能從十九世紀的內憂外患復甦，有賴於重要的制度性變革。這些變革促成技能、專門知識、資本方面的進步，從而使中國的歷史潛力有機會發揮。結合成文與不成文規則的一套新規則幾經波折緩慢出現，終於建立了較具包容力的經濟條件，開啟了經濟機會。制度性秩序的改革同樣歷經了一個漫長且複雜的過程，總算創造出較公平的競爭場域，移除了進入障礙和差別待遇，並鼓勵主動作為，而能促成穩定與成長。中國於是得以從十九世紀近乎毀滅的邊緣復甦，進而重拾在世界的中心位置。

中國的崛起並非固守單一制度模式所成就，而是以多層次的制度實驗和調整為基礎，並且在這過程中利用了中國自己的歷史遺產和多種外國模式。這些實驗和調整，包括晚清和軍閥割據時期在政府主導下創立的軍工複合體、南京十年期間的發展型民族國家體制、二次大戰期間的戰時經濟動員體制，以及毛澤東時代的計畫經濟體制。這些模式有一共通點，即都存在榨取型制度（extractive institutions），以便從經濟吸取資源，造福不同的統治菁英（帝國菁英、軍閥、軍政府官員、一黨專政官僚體系）。這些制度達成程度不一的政治集中化，能促成某種程度的成長。但直到一九七八年推行較具包容力的經濟制度，中國經濟才真的起飛。

中國在二十世紀期間能夠緩步搖搖晃晃地崛起，不只得益於全球機會、政治雄心及持續的制度創新，也得益於歷史遺產。中國自身擁有的社會制度歷史遺產，加上能夠別出心裁調整利用各式各樣新穎的制度形式，最終使它得以在充滿挫折和抵抗的漸進過程中，找到適切的制度性解決辦法來處理國家所面臨的某些長期問題（尤其是經濟問題，但也包括基礎設施、技術、軍事方面的問題）。中國所能據以壯大自身的歷史優勢，包括相對先進完善的前現代中國制度、對賢人政治與教育根深蒂固的看重，以及掌理中華帝國官僚體系如此複雜之行政組織的長期經驗。

然而，中國的崛起是局部而非全面的崛起，是尚未完成的崛起。儘管取得驚人的成就和可觀的進步，核心問題仍未解決。中國所面臨的最大難題是政治改革的必要性。二十世紀初，中國廢除原本攸關帝國穩定的政治制度——皇帝、科舉、鄉紳是其中犖犖大者。然後中國從全球形形色色的政治制度模式裡挑選最優秀者遞補，於是接著陸續鍾情於立憲君主制、立憲共和制、軍閥割據時期的軍事獨裁制、一九三〇年代中國版的法西斯制、數種國家社會主義——包括一九五〇年代的史達林主義和一九六〇年代史達林主義在中國的變體「毛主義」。每一次的制度轉換都在中國的政治制度上留下痕跡，也都把零碎的規則和準則塞入制度的主架構裡，結果就是出現四不像的制度，其內部的矛盾導致政策頻頻變動和本質上的不穩定。但各種制度模式都有一個主要特點：它們都是榨取型政治制度，把權力集中在皇族、軍官或政黨領袖之類人數極少的菁英手裡。中國在現代期間試行了多種政治制度模式，但統治當局對於打造會廣泛分散權力、會支持政治多元的制度興趣缺缺。即使一九七八年後，中國在經濟上走上自由化，卻未建立令人信服、可長可久、有效率的自由化制度。反倒是，以具包容力經濟制度為基礎的經濟現代化和政治發展脫鉤，政治發展仍由排他性的政治制度推動。如果中國未能施行延擱已久的政治改革，中國的經濟崛起是否還能持續，沒人說得準。

還有民意正當性的問題。現代時期歷任中國政府都靠武力奪取政權，都用暴力拿下勝利，然後為了保住成果，需要動用更多暴力。這在根本上削弱了治理能力；政府面臨更多異議，其政策遭遇更強烈的反對，結果是更加訴諸高壓手段。在戰場上成形的政治制度，缺乏正當性基礎。正當性的欠缺也解釋了當權者為何一再致力於思想教育和宣傳，為何把經濟成長視為帶給人民福祉的首要之務。

歷史告訴我們，中國一直是活躍於世界舞臺上的主角之一。中國曾經位在環環相扣的全球交流網的中心，現今仍是如此。因此，中國的內政在根本上和國際情勢相連繫。數個全球性強權曾想要控制中國，利用其龐大的市場，最終都未能如願。中國展現了驚人的韌性，奮力保住獨立自主和領土完整，即使在國力非常衰弱且外國施壓極烈之時亦然。與此同時，中國不斷在國際上尋找夥伴和支持者，認為外國的援助攸關經濟發展和國家安全。中國努力走一條需要巧妙拿捏的路線，既抵抗外力的控制和干預，又建立並強化與外部的連結，以促進其社會發展和經濟成長。一九七八年後的幾十年裡，中國躋身全球強權之林，但除了追求一己的私利，中國還打算扮演什麼角色，會如何履行那些角色，仍不清楚。

對中國來說，二十世紀是邊境不安定、幾乎戰火不斷的世紀。這導致社會日益軍事化和根深蒂固的國家不安全感。衝突摧毀了中國的大城市，使鄉村殘破不堪，重創了經濟。統治勢力和行政結構的頻頻變動，加上多年的戰事，造成社會秩序和政治秩序瓦解。中國打造了旨在使國家更穩定更安全的龐大軍力，但分析結果顯示，龐大軍力耗掉大量能源和投資。當打擊內憂外患成為中國念茲在茲的國家主旋律，民族主義於焉成為另一股強大力量，在國家復興的崇高目標下使國家與社會融為了一體。中國民族主義的勃興，一再與中國是個廣土眾民且極富多樣性的國家這一點相牴觸。在後帝國和民族主義的背景下，如何處理歷史遺留的多族群、多文化現狀，目前仍是無解。隨著「少數民族」的地位爭議不斷，而且未來有可能發生暴力衝突，此一問題的癥結在於，中國作為一個民族國家，面對國內族群的多樣，到底該把自己安放在什麼位置。

中國在現代時期的歷史經驗，也有助於我們認識環境危機的起因和後果。即使具備高度的專門知識和帝制時期管理有方的歷史經驗，中國於十九、二十世紀仍然疏忽了照顧環境，而且此時正好是快速工業化和氣候變遷等挑戰把中國推進環境危機之際。[20]有數百萬公頃農地遭受汙染，空氣和水也未能倖免。環境退化已成為中國現代化之路上一貫的變因，若沒有處理好，很可能危害中國的穩定、成長和安定。環境危機對整個中國社會的生活品質影響甚廣，已迫使中國社會付出極大心力和資金來處理這類危機造成的後果，而且未來亦會如此。

簡而言之，令人豔羨的成功和無可爭辯的成就，是現代中國的崛起標誌，卻也留下多個未竟之事。政治、國家安全、對外關係、天然資源管理這些重要領域的制度性改革，只完成局部，而且改革程度不夠。儘管臻於富強，中國卻面臨愈來愈沒把握的未來——而這個未來全人類也將一起面對。在今日的全球化狀態下，現代中國的形成並非只關乎中國人，而是關乎今日所有人。

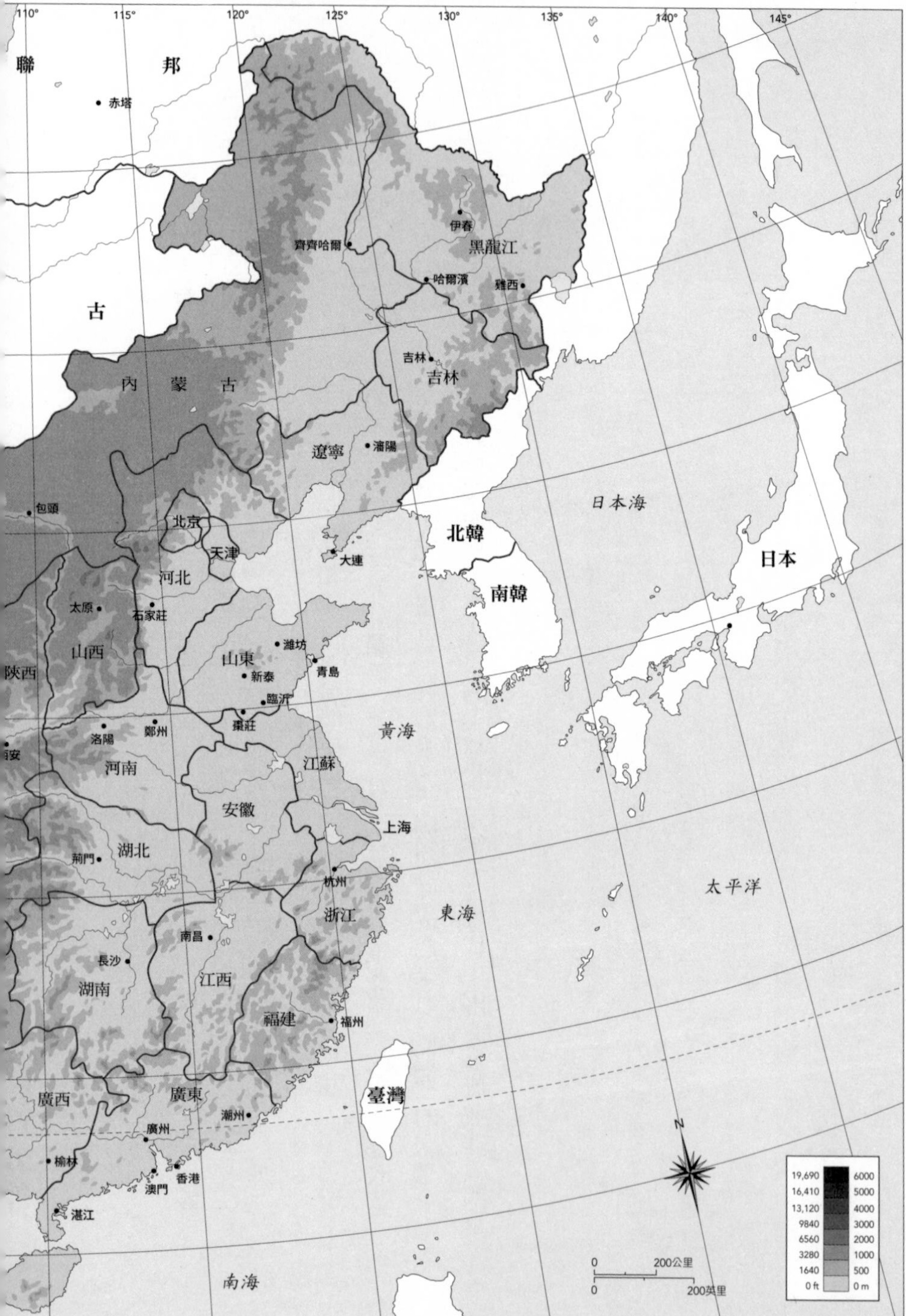

110°
115°
120°
125°
130°
135°
140°
145°
聯
邦
赤塔
古
伊春
齊齊哈爾
黑龍江
哈爾濱
雞西
吉林
吉林
內
蒙
古
遼寧
瀋陽
包頭
北京
天津
大連
北韓
南韓
日本海
日本
河北
太原
石家莊
山西
陝西
山東
濰坊
青島
新泰
臨沂
棗莊
洛陽
鄭州
河南
黃海
江蘇
安徽
上海
湖北
荊門
杭州
浙江
東海
太平洋
南昌
長沙
江西
湖南
福建
福州
臺灣
廣西
廣東
潮州
廣州
榆林
澳門
香港
湛江
南海
N
19,690 6000
16,410 5000
13,120 4000
9840 3000
6560 2000
3280 1000
1640 500
0 ft 0 m
0 200公里
0 200英里

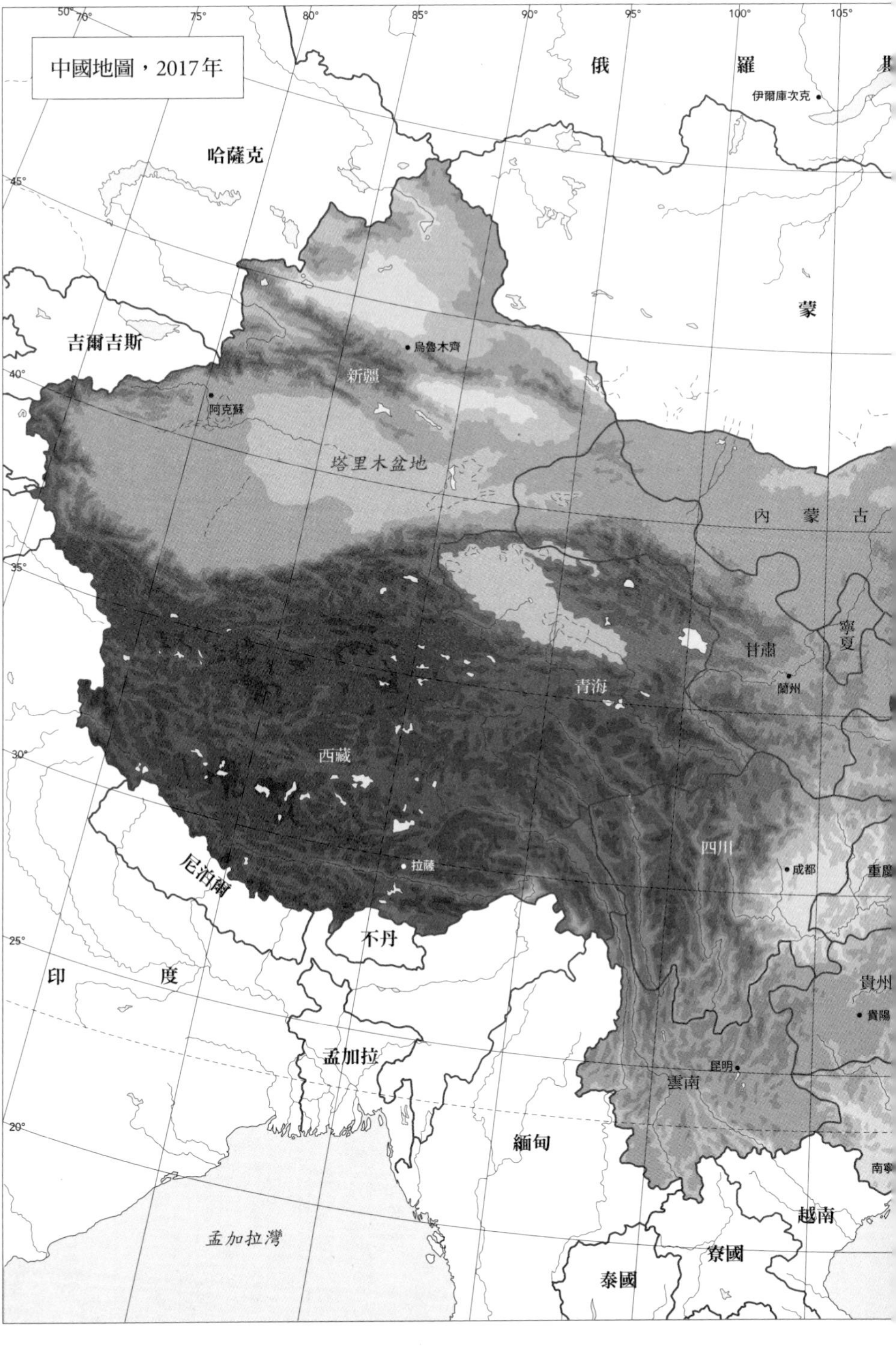
中國地圖，2017年
哈薩克
俄
羅
斯
伊爾庫次克
蒙
吉爾吉斯
烏魯木齊
新疆
阿克蘇
塔里木盆地
內
蒙
古
寧夏
甘肅
蘭州
青海
西藏
四川
成都
重慶
拉薩
尼泊爾
不丹
印
度
貴州
貴陽
孟加拉
昆明
雲南
緬甸
越南
寮國
泰國
孟加拉灣
50°
70°
75°
80°
85°
90°
95°
100°
105°
45°
40°
35°
30°
25°
20°

第一部

清朝中國的興亡

清朝是中國最後的王朝，一六四四年由滿人創立，存續至一九一二年中華民國誕生為止。尤其在康熙（一六六一至一七二二年在位）、乾隆（一七三五至一七九五年在位）這兩位特別能幹的皇帝在位期間，中國創造了傑出的政治制度、經濟制度、文化制度，且將為現代中國所繼承。為記錄這兩位皇帝巡視其遼闊帝國之行而繪製的浩大畫卷，是這份不凡遺產的確鑿明證。其中一卷畫得極為美麗動人，描繪了乾隆皇一七五一年入蘇州之事。此卷細膩刻劃中國文化首府日常生活的富裕和精緻。熱鬧的街道旁商鋪和餐館林立，店裡陳列從鮮魚到絲織品等各種貨物。乾隆皇在大批隨從陪伴下騎白馬進入蘇州城，城裡一身雅服的臣民跪伏接駕。這幅刻劃此盛事的畫卷，清楚表明乾隆皇帝的政治雄圖，即打造一個繁榮昌盛、天下歸心、文化高雅的帝國。

一七五一年這次南巡時，大清已擁有遼闊版圖，說不定是當時最強大的歐亞帝國。人口成長、交通網擴大、急速商業化和新型態的批判性思考，豐富了十七世紀的社會生活及知識生活。此時清帝國也尚未閉關鎖國，反倒位居經濟網絡和流動的中心，被納入更大的南海經濟體、乃至全球經濟體裡。從全球視角來看，清朝盛世促成了早期現代世界的形成，而且中國身為最先進地區，在當時世界占據中心位置。誠如這些畫卷所顯示的，清朝中國特出之處，與其說是其中央政府的強大本事，不如說是其繁榮發達的地方社會。即使當時國家還能在地方社會強行推動政策，中央政府仍得靠爭取到地方菁英支持，並調整計畫以配合地方社會既有的社交網絡，才得以維繫住那些新措施。

但十九世紀期間，幾股勢不可擋的強大力量改變了中國世界，侵蝕了清朝賴以強大的基礎。一八〇〇年後，幾個因素結合起來導致一個對統治王朝來說不穩定且危險的情勢出現。隨著經濟崩潰、社會動亂、歐洲帝國主義橫行，清帝國失去其全球經濟龍頭地位。經濟衰退和生活水準降低引發民亂，從而奪走無數性命，並且打亂國內許多地方的日常生活，人口壓力則造成許多地方社會失序。與此同時，天災加劇貧窮和生活困苦的程度，列強也在索要更多的經濟、政治讓步。這些因素導致帝制中國國力一落千丈，不到百年，中國就不再是位居前列且富裕的世界大國，反倒被稱作亞洲的「病夫」。

《從清帝國到習近平：中國現代化四百年》的第一個部分，將著重在清朝的輝煌和後來衰落的原因。原本獨領風騷的帝國，經此衰落，退居為十九世紀全球強權中的末流。尤其將著墨於社會、政治、經濟領域有哪些新冒出的壓力，迫使中國無法利用早期在經濟、技術上的領先地位。制度在這段敘述裡扮演中心角色。簡政原則，包括薄稅、盡量不直接涉入地方社會、鼓勵地方在社會與政治領域有主動作為，使清朝得以用相對少的資源，鞏固對中國的控制。但這一原則的不利之處在十九世紀顯露無遺，因為此時中央政府與地方社會的關係變得很不穩定且脆弱。人口、經濟方面的趨勢，以及十九世紀環境的嚴重退化，壓垮了相對弱小的制度工具，使政府更難控制地方社會。十九世紀下半葉經濟危機和外國帝國主義侵略所導致的政治劇變，進一步腐蝕清朝治理遭衝突撕裂之社會的能力。清朝的治理最終導致柯嬌燕（Pamela Crossley）所謂的「地方肥大」（local hypertrophy）時期——權力集中在往往行事違反中央政府利益的地區性網絡手裡。[1]於是，相對弱小的清朝制度，在動盪時期想要動員和供養日益增加的人口卻力有未逮，導致政治、社會大亂。必須指出，中國與歐美諸國——以及後來與日本——接觸而引發的動盪，只占第一部敘述的一部分。我們更須留意的是中國內部人口、政治、社會、經濟方面的情況。這些問題在清朝制度裡造成結構性緊張，從而導致帝制中國覆滅。

十九世紀的大危機，令帝制中國晚期的知識界震驚。當清末知識界在提倡批判性自省時，與國家和人民有關的新學說也陸續流入中國的政治思想裡。根據新學說，政治實體的中心應從皇室和儒家士大夫組成的官僚體系，轉移到政府和軍方。針對如何使中國再度富強而展開的激烈討論，代表打造前所未見的現代中華民族認同——主要從民族主義和軍方的角度來界定——開始走上關鍵時刻。這些想法成為二十世紀苦痛動亂和政治革命的基礎。

第一章

盛世

一六四四～一八〇〇年

CHAPTER 1

乾隆皇一七五一年的南巡，正值帝國國力處於頂點，是一個文化昌盛、經濟發達、軍事擴張的時期。史家有時把這個時期稱作「盛清」，意指其處於巔峰，而且是綿延將近兩千年的帝國歷史的最後一個巔峰。清朝統治下的帝國，從許多方面來看是個「現代」帝國（但十九世紀末之前中國沒有「現代」一詞），甚至在中國與「現代」西方相遇之前就是如此。清帝國的核心是一套有效率的制度，這些制度使清朝得以活絡經濟、進行跨越邊界的互動、讓地方享有自理的空間、維持盡量不侵擾社會的帝國官僚體系。科舉考試讓廣大菁英能夠憑藉後來取得的成就參與治理，而非憑藉繼承得來的與生俱有權利。清朝的市場制度則充滿活力，既無停滯不前，也非封閉體系。[1]事實上，清朝的市場制度透過貿易深度融入世界經濟，許多外國貨物、工藝、乃至裝飾品在帝國菁英圈裡暢行流通。熱烈且開放的知識討論初興，提倡做研究要秉持以證據為依歸及追求精確的科學態度。中華帝國此時也是主宰東亞局勢的強權，藉由朝貢體系織成一張和平的關係網，中華帝國則位於此關係網的中心。在西方人來到中國之前，中國和連結全球各地與亞洲、歐洲、美洲的條條通道緊密纏繞相連，而且外人看中國時是懷著景仰之心。

但十八世紀期間，挑戰隱然即將降臨。日益惡化的環境——此一惡化趨勢至今未歇——妨礙農業生產，從而削弱帝國經濟最重要、最有活力的一環。農業產量要再增長變

圖 1.1 乾隆皇帝於1751年南巡途中，進入充滿活力且富裕的蘇州城。絲綢長卷，清徐揚繪，1770。

來源：Purchase, The Dillon Fund Gift, 1988, The Metropolitan Museum of Art

得更難。農民竭力維持平均收穫量。既有的技術大抵已竭盡所能，無法促成更進一步的發展或經濟成長。由於欠缺持續不斷的創新，必要的科學突破、技術突破也就沒有發生。獨裁帝國體制被盤根錯節的利益團體牢牢掌控，不但容易腐化，也愈來愈抗拒改變。

帝制晚期中國的實體環境

大部分歷史紀錄不看重自然環境在中國歷史長河裡起的作用。在傳統史書裡，自然是背景，只有在發生地震、水災、旱災之類天災時，自然才變得重要。今日，由於對氣候變遷的意識提高，環境史家開始重新檢視那些較古老的觀念。他們的研究顯示，人與自然的關係持續在歷史上起作用。學者現在也從新的視角檢視邊區，希望呈現環境裡性質各異的瀕危區域與外圍廣大世界之間脆弱易碎的連繫。

中國的實體環境與自然環境，數千年來一直深受人類活動影響。清朝時，中國遭遇到巨大的環境問題和壓力，原因既出在岌岌可危的自然環境，也出在千百年來為了經濟目的有意識且勤奮地利用自然。因此，早在二十世紀急速工業化之前，人類社會與自然的互動已使中國成為生態脆弱的區域。

根據現今的官方資料，中國領土南北長約五千五百公里，北起黑龍江江面中央，南至南沙群島最南端；東西長約五千二百公里，西起帕米爾高原，東至黑龍江與烏蘇里江交會處。在帝制時期，中國的領土比現在稍大，因為尚包含現已獨立的外蒙古，還有幾塊小土地分別在中亞境內及滿洲與俄羅斯接壤處。

中國的地理環境極為多樣，東部有丘陵、平原、河川三角洲，西部有荒漠、高原、高山。[2]中國的地形特徵是西高東低，從西部的主要山脈和高海拔高原往東逐漸降為低海拔平原和沿海地區。在南部，主要地形為丘陵和低矮山脈。過半人口住在東部廣闊的沖積平原，包括東北平原、華北平原、長江中游至下游平原、珠江三角洲平原。這些平原是中國最重要的農業、經濟基地。中國有一千五百多條江河，總長四十二萬公里，流動於這些江河的水總共超過兩兆七千億立方公尺，占全球總量的五．八％。中國大部分江河位在東部；主要河川包括長江、黃河、黑龍江、珠江。中國最大河是六千三百公里長的長江，長度居世界第三，僅次於非洲東北部的尼羅河和南美洲的亞馬遜河。中國西北部則有幾條不入海且涇流甚少的河。

中國的氣候同樣多樣，從南部的熱帶氣候到東北部的亞北極氣候。中國深受強烈季風氣候影響，多雨的東南部亞熱帶氣候區與乾燥的西北部大陸性氣候區天氣迥然不同。

華南、華北間的氣候過渡區沿著北緯三十三至三十四度線綿延，約略是淮河流經路線。華北氣候主要是大陸性氣候，冬天往往又乾又冷。華南則是亞熱帶氣候，雨量豐沛，氣溫高。夏季期間，華南和華北都容易出現因為夏季季風關係而降雨量增加的情況；但華北的平均降雨量遠低於華南。平均來說，華北平原的降雨量剛好足供農業所需。春夏季期間大多是炎熱、多風天氣，與世界上其他類似緯度的地區相比，華北平原平均降水量明顯低很多。灌溉因此更為重要。年降雨量大多落在七、八月，往往是局部地區的傾盆大雨。偶爾當年降雨量變少，尤其在至關緊要的春季幾個月時，就會導致作物歉收。華北農村一直有乾旱之患。至於華南，主要問題則不在於雨水太少，反而是太多。每當大河沿線的河堤等防洪設施失靈，河水即溢出，淹沒大地。因此，華南的高人口密度和地區性農業的生產力，有賴於持續付出心力投入治水工程，才得以維繫。

歷史學家很早就認識到，對各種天然資源有增無減的需求，是帝制晚期環境史的核心議題。對天然資源無可滿足的欲求，大幅改變了中華帝國的自然景觀。在這樣的時空環境下，農業擴張是至關緊要的課題，因為農業需求驅動人不斷想要獲取和開發天然資源。中國雖是世界上最大的國家之一，其可耕地面積相形之下卻不多。可耕地集中在華東、華南的江河流域裡，主要位於東北平原、華北平原、長江中下游平原、珠江三角洲平原、四川盆地。全國九百六十萬平方公里土地，只有一百三十萬平方公里適於農耕，約占總陸地面積一成四。剩下的國土裡，二成八是牧草地，二成四是森林，其他則是人類居住地，或是根本不適宜耕作。帝制晚期的中國人口已甚多，因此人均耕地面積也很小。在華北，農業條件尤其不利，因為氣候造成土壤鹽化。春夏高溫使得土壤很乾燥，鹽分溶解滲入地表。

華北向來是小麥、粟、大麥、大豆的主要種植地。至現代早期，開始生產棉花、漢麻之類的作物。在中國南部，近西元一千年時，種稻已愈來愈普及。數百年間，中國中部、南部的低地，大多成為阡陌縱橫的平坦水稻田，稻田四周是每年需要某種程度整修的矮土牆。農民在山坡上修築牆和階地以留住雨水、阻擋泥土被沖刷下山及防止土壤流失。與此同時，今日華北平原和長江中下游流域裡原有的大片沼澤經年累月逐漸被引流抽乾，改闢為農地。但如果長時間擱置排水工作，農地往往回復為溼地。

帝制晚期經濟的蓬勃發展，除了表現在農業上，還表現在對建材和燃料日增的需求上。過去，諸平原上有遼闊的森林，尤以東部為然。[3]證據顯示，華北遼闊的黃土高原曾經有大片森林覆蓋，但人口擴張及農業活動使這地區變成大多光禿禿的不毛之地。發展過程中，其他更大片的中國原始森林漸漸被毀。隨著森林消失，許多野生動物失去棲地。

於是，狩獵在經濟裡的分量漸漸變得較不重要，只有在某些邊區例外。房屋、船、燃料所需的木材慢慢變得稀少，在許多區域，建材和燃料大為不足。而隨著大半森林和野生食物消失，環境的緩衝能力也跟著消失，本來這些自然物是能夠在碰上旱災或水災導致作物歉收時，發揮保護作用的。

礦物需求也劇烈衝擊自然環境。中國擁有豐富的礦物蘊藏，總蘊藏量高居世界第三位。據今日中國外交部的資料，境內已證實的礦物有一五三種，包括煤、石油、天然氣、油頁岩這些化石能源。中國的煤蘊藏量位居世界前列，共一兆零七十一億噸，主要分布在華北、山西、內蒙古自治區。中國人很早就動手開採這些資源。自古開始採掘金、錫、鋅、鐵礦砂、銅、黏土、煤、鹽等礦物，賣到中國各地，大多是露天開採。其中有些貨物進入全球市場。清朝時，帝國錢幣用雲南銅鑄造，賣給來自波士頓的承運業者，換取從阿拉斯加附近海域來的海獺皮。

這股對天然資源前所未見的激增需求，不只影響到清帝國的森林、草地、高地，也影響到遙遠異地的森林、草地、高地。一八〇〇年時，在中華帝國的都市市場裡，所陳售的邊區和外國產品已多到驚人。記載和文獻證明這些貨物的多樣：來自夏威夷的檀香、來自婆羅洲的燕窩、來自菲律賓的珍珠、來自美洲的白銀、來自雲南的銅、來自喜馬拉雅山的藥草、來自東南亞高地的鴉片、來自新疆與緬甸的玉、來自蘇拉威西島的海龜、來自斐濟的海參、來自蒙古的菇、來自吉林的人參和珍珠、來自西伯利亞的貂皮，還有來自北海道、阿拉斯加、濱太平洋的北美洲西北地區及加州沿海的海獺皮。隨著對這些資源的需求升高，市場欣欣向榮。這時期中國對西伯利亞、北太平洋的毛皮需求甚殷，獵捕甚為頻繁，導致十九世紀初全球各地（從阿拉斯加、蒙古到加州太平洋海岸）海獺、貂等物種瀕臨滅絕。許多資源顯露出耗竭的跡象：動物數量大減，森林遭砍光，沿海地區失去多樣的野生動物。[4]

中華帝國也致力於駕馭自然，以消除或減少會對人命、財產、基礎設施及農業生產造成危害的風險。大河兩岸築堤防洪。黃河水患最為嚴重，有「中國之殤」之稱，但其他河川也會氾濫成災。黃河與渭水交會後，進入華北平原，從該平原流入位於渤海的河口，由於下游坡度和緩，流速甚慢，從而導致從黃土高原挾帶過來的泥沙有約三分之一沉降在河床，三分之一沉積在河口區，剩下的沖入渤海。這些泥沙沉積物是形塑華北平原的決定性因素。沉積作用抬高河面，最後使河水溢出河岸，漫及大地，最終切割出新河道入海。為解決水患，帝制中國發展出一套複雜的治水體系，用到堤、壩、分水渠等設施。[5]帝制時期，村莊組成協會以建造並維護地方上的防洪及灌溉體系。朝廷則特別關注設立在黃河或長江等大河沿線、用於穩定排洪的大型跨地方和跨區域治水體系。儘管官員競相提出治水防洪的建議，但築堤以將河水流動局限在範圍明確的河道內，仍是治水的基本準則。從許多方面來看，帝制晚期中國的治水史，訴說著人類對於自己有能力宰制巨大自然力的堅定信心。

上述這些及其他旨在防止饑荒和營養不良的作為，包括引進新作物、開發新生地、緊急事態預防、福利救濟政策，全都直接影響環境。但也有一些間接影響不該被低估。開發和控制自然，造就了相對較安全、較穩定、糧食供應較安穩的時期。隨著有效率的農業技術問世，人口成長加快。尤其是西元一五〇〇年後，人口成長特別快。五百年間，中國人口從一四〇〇年約七千萬增加為一八五〇年約四億，一九三〇年左右約五億，也就是說年成長率平均是〇・四%。[6]成長最快的時期是一七〇〇至一八五〇年，人口數量是原先的將近三倍。

東半部大多數地區發展出一種別具一格的都市聚居模式。由河川、小溪、人工運河構成的稠密區域性水道網旁，市集小鎮成群冒出。農產品和手工製品的行銷及生產，出現地域分工的現象。由此產生的經濟地理，並未明確劃分出城市區與農村區，或是劃分出農業活動與非農業活動。東部沿海地區人口密度高，促使許多人遷徙到人口較少且開

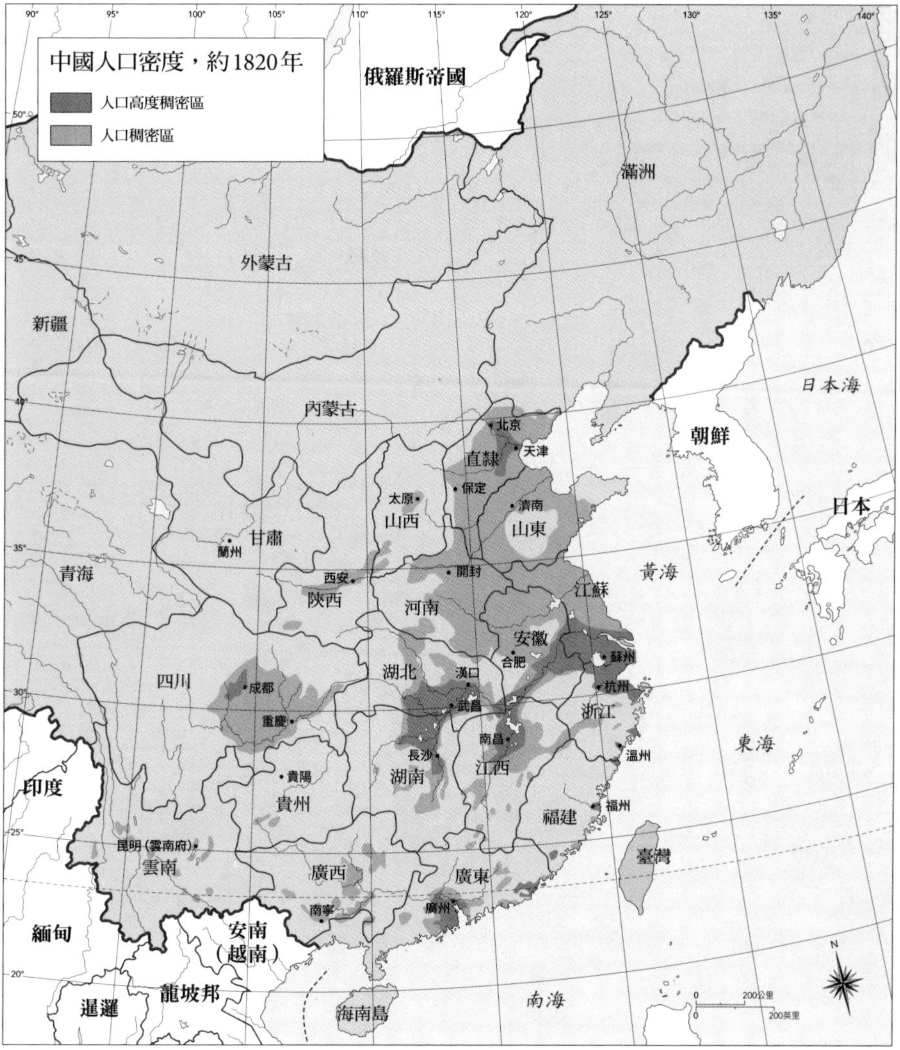
中國人口密度，約1820年
人口高度稠密區
人口稠密區
俄羅斯帝國
滿洲
外蒙古
新疆
內蒙古
北京
天津
直隸
保定
太原
山西
濟南
山東
甘肅
蘭州
青海
開封
西安
陝西
河南
江蘇
黃海
安徽
蘇州
合肥
湖北
漢口
四川
成都
杭州
武昌
浙江
重慶
南昌
東海
長沙
溫州
貴陽
湖南
江西
印度
貴州
福州
福建
昆明（雲南府）
臺灣
雲南
廣西
廣東
廣州
南寧
緬甸
安南
（越南）
龍坡邦
暹邏
南海
海南島
日本海
朝鮮
日本
200公里
200英里

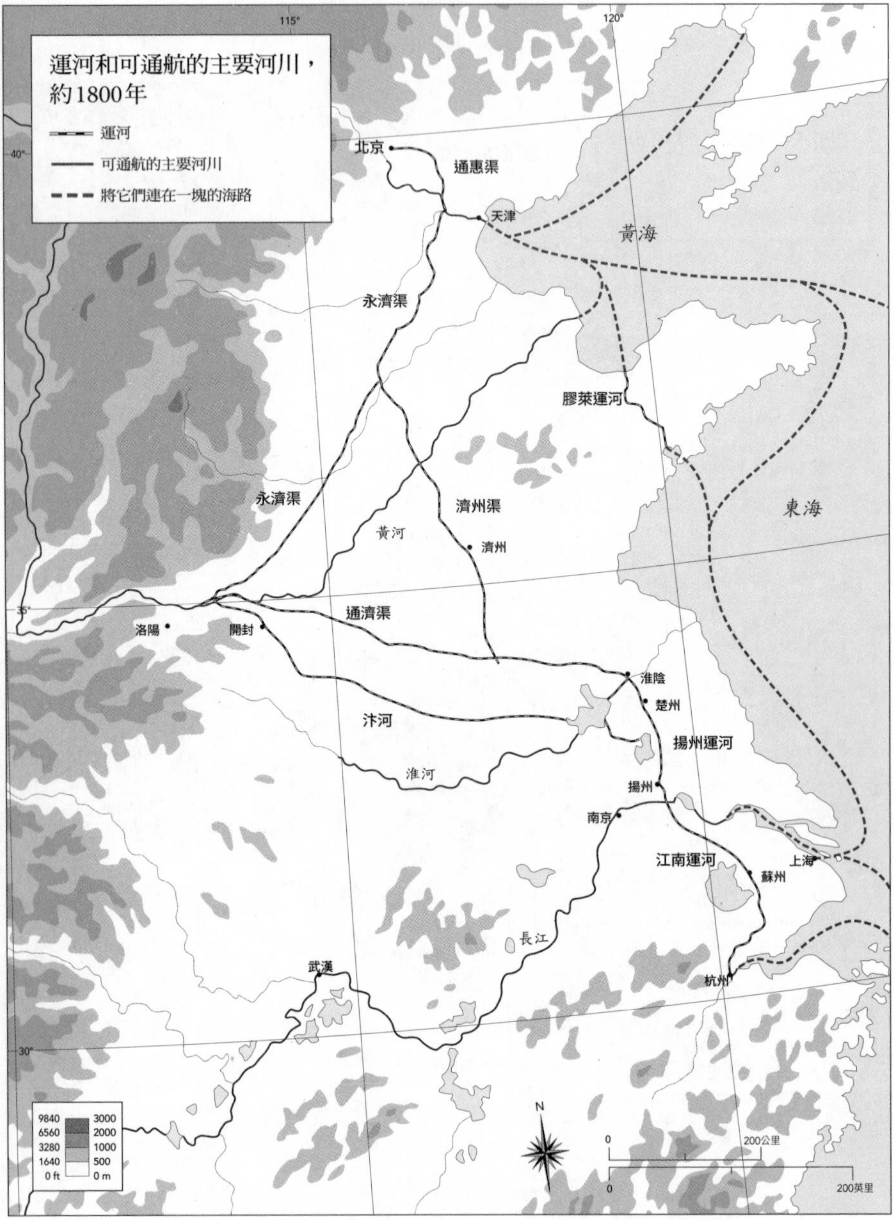
運河和可通航的主要河川，
約1800年
運河
可通航的主要河川
將它們連在一塊的海路
115°
120°
40°
35°
30°
北京
通惠渠
天津
黃海
永濟渠
膠萊運河
永濟渠
濟州渠
東海
黃河
濟州
通濟渠
洛陽
開封
淮陰
楚州
汴河
揚州運河
淮河
揚州
南京
江南運河
上海
蘇州
長江
武漢
杭州
N
9840
6560
3280
1640
0 ft
3000
2000
1000
500
0 m
0
200公里
0
200英里

發程度較低的地區。隨著自耕農前往中國邊區尋找可耕地，耕地面積因而大增。大批移民在邊界沿線地區（例如四川、雲南、貴州、臺灣、滿洲、蒙古、西藏、中亞）開墾大片土地，在其上務農，找尋改善生計的機會。邊區和偏遠地區的原始蠻荒，也慢慢開始消失。於是，帝制晚期前所未見的人口成長，不只導致華東人口密度增高，也導致人口往西部空曠邊境地區和高地遷徙、定居的現象。

在所有可能定居的區域幾乎全被占走，所有農地都已開發時（中國於帝制晚期走到這階段），若要增加農產量，能找到的辦法不多，農業集約化當然是其中之一。[7]因此，較集約地使用人力，成為帝國農業經濟的最重要特點。複作、間作劇增。這些發展有賴於制度性結構和農業習慣有所轉變才能達成，因為收割之後不再能允許牲畜去田裡吃草、施肥在田裡。由於吃到草的機會變少，農畜大抵從鄉村消失。農業的集約化也意味著每年所需用水量增加，迫使村鎮擴大並管理其灌溉網。由於必須盡快找到更多種肥料，農民開始使用新的有機資源，從泥土、人糞到莖梗、豆餅都有。

人類以其雄心與自然力所進行的這場長期鬥爭，深刻影響及塑造了中國的生態和中國環境的歷史發展。到了一七五〇年，許多原生動植物幾乎絕跡。人造世界和自然世界的關係，導致生態平衡脆弱易碎。人類竭盡勞力和腦力的種種作為（包括需要付出成本愈來愈多、風險也愈來愈高的努力，才能維持的複雜工程解決方案），反倒使得土壤和水的供給大幅衰退。而有增無減的人口密度、內部遷徙、新生地開闢，以及對食物與燃料的需求，持續不斷地施加壓力。隨著一七五〇年後中國大部分可務農地區人口進一步成長，收入減少的威脅較以往更不容輕忽。面對土壤退化、土壤侵蝕和荒漠化，帝制晚期中國除了加倍努力防止水災、旱災及其他形式災害帶來的災難性系統失靈，沒有別的路可走。帝制晚期，朝廷運用一連串令人驚嘆的技術和務實辦法因應天災。例如，旱災時，官府會拿出種種對策以平息社會混亂，包括用低於市價的價格拋售大型官倉的穀物、免稅或大幅減稅、親自調查災區、根據受災程度給予不同救濟、鼓勵地方菁英經營施粥所或義倉，還有為饑民設立公共庇護所。[8] 如此遼闊的領土，如此變幻莫測的情況，中國竟能維持如此長時間的統一，是很不簡單的一件事。這有賴於政府能夠建立並維持充足的行政能力，以妥善維護水壩和灌溉體系，做好災難預防和緊急救濟。

帝制晚期社會的治理

治理如此龐大且多樣的國家，對中華帝國的任何皇帝來說都是巨大挑戰。治理——

亦即藉由建立制度、溝通協調、商議規則與規範，以及各種政府機構，來維持秩序、執行公權力——是社會穩定與經濟發展的關鍵。過去，西方觀察家描述中國的治理時往往流於粗略，把中國說成由獨裁皇帝統治的統一帝國，而皇帝可號令龐大的官僚體系，任意對木然的萬民施加其無上權力。近幾十年來，歷史學家已指出，帝制中國的制度比原本認為的靈活、有效率，而且遠較先前所想的敢於創新。幾個核心制度和根本思想出現後，在數代王朝間得到精心改良，成為帝制晚期中國治理的基礎。其中包括用來統治帝國和處理多樣族群與文化的制度、天命之類的學說、科舉考試，以及帝國官僚體系。

中國很早就是一統的帝國（西元前二二一年）；但有數百年的時間，統一局面脆弱不堪且難以企及。許多統治家族在維持一統、集權化、標準化方面費了很大工夫，仍抹除不掉帝國的多族群特性，這從中國族群之多樣、文化傳統與宗教之多元即可知曉。中國族群與文化的複雜程度令人驚異且處處可見跡證。許多在中國建立的王朝來自中國境外，與漢族無淵源。族群的複雜及混雜不只見於北部放牧區；在種稻的南部，大半人口由一眼即可看出並非漢人的原住民組成。文化、族群的分殊多樣使史家懷疑China這個概念是否根本「不存在，只是外來的虛構之物」。[9]不只「China」一詞是外國人所創，就連「中華」、「中國」之類約略相當於China的中文詞彙，在傳統中國論述裡都沒有穩定、確切的意涵。[10]族群高度分殊始終存在於中華帝國裡，但大部分歷史教科書不加區別地使用「中國」或「中華文化」，使我們往往看不到此一多元性。

綜觀整部中國史，中國也對外來文化影響抱持非常開放的心態。五六九年死於中國西北的一名男子，其墓中所出土的一只銀質大口水壺，飾有特洛伊戰爭情景，顯見中亞人對六世紀華北的雕塑藝術有所影響。統治階級熱中收集外國手工製品。據說，六世紀初期某個北魏君主擁有數十件全部來自西域的水晶、瑪瑙、玻璃、紅玉材質飲器和遠從西邊波斯過來的馬。[11]在南部，數座六世紀中國王陵裡的石柱，極似古希臘的石柱。一只六世紀、來自塔什干的碗，連同一些波斯錢幣，在中國西南邊陲被人發現。六世紀從印度引進梵文佛經後，翻譯成漢語佛經，在中國百姓間盛行的程度，甚於所謂的「中國」本土儒家典籍。

中華帝國轉而重視儒家學說相對較晚，大約發生在孔子（551-479 BCE）去世一千年後。五八九年隋朝再度統一中原，其後的唐朝亦維持統一局面。隋唐帝國開始以儒家思想為官方意識形態。從許多方面來看，這是個開創新局的帝國，例如，從藏書紀錄就可看出這點。唐朝皇家藏書機構的藏書，約三成八是唐時新創的作品，其中許多著作推崇儒學為標榜大一統之學說。據艾茲赫德（Samuel Adshead）的說法，六世紀前，「政體的沿襲，不是中國的特徵，也不是西方的特徵。」[12]但六世紀後，由於隋唐王朝建立的帝國模式運作得很成功，因此到了八世紀，「中國已在多方面稱雄於」東亞，因而「〔興起〕一種至少可說是錯覺的想法，即中國歷史是由本質相似、連續不斷的朝代組成，隨治亂興衰而循環交替」。也就是說，隋唐王朝的成功，復興了以漢朝初年思想為基礎、可追溯至西元前三世紀的朝代循環論。[13]透過文化交融和教育（包括科舉考試制度），帝國內部的許多族群差異開始消失，但在華中較不易進入的地方，有些族群長久保住其顯著的文化特徵。而就是差不多在這個時候，我們所謂的「中國」，透過一致的看法，透過傳播經重建的儒家文化，已大致確立。[14]

這個儒家文化中國不久就四分五裂，被數個彼此差異巨大的政權割據，其中幾個政權源自內亞、蒙古、滿洲等遠離中土的地區。這些被稱為「征服王朝」的政權，由非漢族建立，統治中國部分地區或全境，但另有多個政權發跡於中土之外。[15]這些征服王朝並非正統中國王朝，而是深受內亞或中國東北遼闊草原傳統影響的王朝——不只軍事上，還有文化、政治、意識形態上，都體現出這些地方的傳統。漢人社會與來自乾草原地區的非漢族往來互動，而這些非漢族往往比漢人更善於打仗。中亞、北亞的觀念和風俗慣例，對於中國的治理本質造成深遠影響。元朝之後，蒙古人的風俗慣例和觀念傳入明朝的制度裡。漢人王朝明朝的開國皇帝把蒙古人趕出中國，但採用蒙古人嚴格且等級較分明的軍政控制體系來控制儒家官僚系統。[16]因此，帝制晚期的治理，基本上融合了中國和非中國的制度、傳統和風俗慣例。

這一交融得以實現，要歸因於所有模式都同意君王制是最佳且唯一正當的治理形式。中國人視皇帝為「天子」和不容置疑的統治者，這個觀念令來自北方乾草原的統治者大為欣賞。儒家典籍《詩經》載明，「普天之下，莫非王土；率土之濱，莫非王臣。」皇帝乃受天命而統治「天下」。[17]這也是讓入主中土的外族覺得受用的觀念，因為沒有天命，治理就不具正當性。據此便可順理成章地主張，如果中土統治者已失去天命，征服者前來奪取大位就是順天應人的正當之舉，而且應合中國思想。

久而久之，在儒家著作裡，天命被視為對萬民福祉的關心。統治者若能教育其人民且保護人民免受天災人禍危害，就是天命在身。如果統治者治國不公或昏庸，施政只顧私利，就可以被視為已失去天命。上天會降下天災，會鼓勵人民推翻統治者和政府，由立足於新天命的新政權取而代之，藉此懲罰失職的皇帝。於是，推翻統治者之舉變得名正言順。天命自此代表宇宙的道德秩序。在中國人的宇宙觀裡，人界和自然界是緊密相連。正當的秩序得到尊重時，實體世界運行順利，人界繁榮昌盛。正當秩序不受尊重時，地震、水災、日月蝕、乃至流行病之類反常或帶來破壞之事就會發生。事實上，政府所面臨的諸多難題，往往被中國人從文化—宗教的角度解讀。中國的統治者、官員及百姓深信，天災肇因於人的行事違反上天的法則，打亂了宇宙秩序。因此，發生旱災時，統治者和官員應「罪己」，為可能犯下的過失表示懺悔。

預測日蝕之類特別難預知的自然現象，是要人民相信朝廷的確與上天的力量有所連繫、從而理當得到人民效忠的方法之一。預測精準非常重要，所以皇帝需要物色最優秀的天文學家和數學家為其效力，即使那些人是歐洲耶穌會士或外族亦予以重用。除了預測，舉行儀式也十分有助於讓子民認識統治者的治理順天應人且具正當性。許多種儀式會在都城的天壇由皇帝主持。例如，旱災時舉行旨在感動上天的祈雨儀式，這類儀式和官員上奏的實用防災措施一樣重要。有些現代學者認為儀式展演和「實用」的行政作為迥然有別，但對大部分帝國官員來說，不存在差別。[18]

談經世之道的典籍，從家庭角度闡述官員與百姓之間應有的關係，亦即官員應該表現得如同「父母」，旱災時看到百姓受苦，就自然生起惻隱之心而有所作為。千百年來，有各式各樣著作把某些儀式與仁政、善治理想連繫在一塊。是以好官就該苦民所苦，在災難時竭盡所能減輕人民的苦。儀式（「禮」）提供了很重要的場合，讓官員得以展演與仁政理想有關連的行為。透過這些儀式的執行，官員與地方群眾的關係在地方層級建立起來。

皇帝倚賴井然有序且等級分明的官僚體系——征服王朝覺得有用而予以維持的另一個中國制度——來處理行政庶務。官僚體系運作以明確的規則為基礎，其人員根據科舉成績選任，而非憑藉世襲權利或是地方軍事力量可得。善治可以經由「作人」達成（也就是說，成為未來官員需要經過教育和訓練，不能憑原有的樣子），這是儒家官僚體系的最根本。每隔三年舉行全面且公開的考試，入仕成敗取決於應試者的學識和能否取得資格。[19]科舉取士是挑選官員的主要媒介，帝制晚期政府花了很大工夫確保此制度的公正無私和效用。科舉制始於七世紀，歷經數個王朝的沿革，逐漸成為複雜且有效率的制度，在中國社會扮演重要角色。科舉主要歸禮部管，在京城舉行的考試則由翰林院操辦。禮部的職責是培訓考官和謄抄員，供朝廷派任至全國各行政層級（十七省、一四〇個府、約一三五〇個縣）。禮部也要負責招募侍衛等人員。這個執掌科舉事宜的龐大組織，得管理全國共千餘個考場和人數可能高達數十萬的考官、監考官、安全人員。禮部也負責發布和不時更新《欽定科場條例》裡的科舉相關規則。[20]這些規則訂得非常詳細，篇幅龐大。

應試者在嚴格監視下受試。省級考試（鄉試）和更高層級考試（會試）時，考生關進小小「號舍」裡，在其中作答、作文。考試內容以儒家典籍為主。考生得熟悉儒家四書（《大學》、《論語》、《孟子》、《中庸》）和五經（《詩經》、《尚書》、《禮記》、《周易》、《春秋》）。考生必須引用古籍的重要章句，申論其涵義，也必須精通某些古體、近體格律，這由考生以規定的形式作詩就可看出。例如，明朝時，八股文特別盛行，考生必須以七百字分八個段落就題目具體作答。從七世紀起，也針對治國的實務層面（「經世」）出題，測試考生對歷史、地理、經濟、司法、農業、自然科學、某些皇帝的瞭解程度。但這些題目的分量低於其他考題。

誰參加科舉？這道所謂的「功名階梯」，理論上所有男性子民都能攀爬（只有罪犯跟和尚或道士例外），但其實科舉並未真正促成社會流動。絕大部分農民和工匠無緣透過參加科舉擺脫一般平民身分躋身菁英階層。社會流動並非官方宣告的施政目標，科舉也非專為促成社會流動而設計。從統計資料看，來自富縣的考生過關的機率較高。因此，中國南部各地區出身的進士占的比例特別高。檔案資料也顯示，農工商在地方層級考生占的比例不高。[21]但這個制度的用意，是排除形式上的障礙，以及避免用出身、地域或年紀等排他性標準進行評量。主要目標不是促進向上流動，而是讓仕紳、軍方、商人背景的菁英得以在政府內有限度地流動。為數眾多的考生也創造出一個高教育程度的社會階層，成員從事其他行業且勝任愉快，包括小說家、劇作家、儀禮專家、家譜學者、大夫、訟師、教師。出現受教育的地方菁英階層，以及這些菁英與政府人員的交流，是帝制晚期社會和經濟發展的關鍵。

科舉制竭力確保競爭性和公正性。考試盡可能一視同仁，以確保過關者全是有真才實學之人。考生交卷後，試卷糊名（封彌），蓋印，批卷者在試卷上只能看到編號。先以字跡清楚易讀、答題完整之類形式上的標準仔細審核，剔除不合格試卷，再將合格試卷交給謄錄吏，由他們用紅墨水另行抄錄一份並給每份試卷編號。校對者核對抄本與原卷一致後，抄本便送交考官評等。

帝制晚期，由於人口成長和經濟成長，應試者增加。科考競爭非常激烈。通過科考者獲授予頭銜，名額固定，而且只有皇帝下詔才能更動名額。[22] 一四〇〇年，總人口六千五百萬，考生約三萬（一：二二〇〇）。兩百年後，總人口一億五千萬，五十萬人參加科考（一：三〇〇）。到了十八世紀末，全國應試人數已增至將近三百萬。[23]

考生增加的情況，見於各處。十七世紀南京為期三天的省級考試（鄉試），約八千人應考，十八世紀考生人數增為一萬八千人。一七六六年，京城考試（會試）為期三十五天，得評定兩千多名考生的成績。為此，八十六名批卷官忙了二十七天，七〇六名謄錄吏忙了二十六天。考官則花了二十天才提出考生評等表。整場考試耗資四〇八九兩銀子。激烈競爭也說明了為何考場要部署大批捕快等保安人員，因為一次考試期間考場裡有數千名考生。

科舉制並非一成不變。早在西方文化與科學於十九世紀傳來之前，中國已針對科舉制是否取得他們所希望的成效有過廣泛討論。這類討論最關心的是如何選出最優秀的人才，交鋒核心為考試內容和科舉制的組織。有人認為評等標準不盡完善，有人力主抑制已出現的等第「膨脹」現象。討論過程中技術官僚語言的使用增加了，不同於傳統上聚焦於政治和道德層面。[24]另有一場討論涉及科舉制的目標。一再有辯論觸及以下問題：考慮到已付出的可觀努力，考慮到個人承受的壓力，考慮到各式各樣可能的疏失，選拔出最優秀人才的目標到底能不能夠達成。不乏有人提出激進的改變。一六三六年，一個稱為「復社」的地方士子會社，其成員甚至建議廢掉整個科舉制，以薦舉制取代。[25]

為回應批評和異議，朝廷施行多項改革來調整科舉制，希望讓它更有效率。科目再三調整，改革了多次。[26]例如，雍正、乾隆兩帝批評試題太偏重哲學、文學，哀嘆忽略實務層面和經世致用。乾隆朝時，經世實務被提升為最重要的考試項目。新的西方學問，尤其是曆算，也引進其中。

作為帝國官方制度，科舉制用處甚大。而且科舉制是獨一無二且值得稱道的制度，在現代早期的歐洲沒有一個制度可與之比美。在三年一次的考試中，數百萬份試卷提交、謄錄、閱卷、評等。數百年來，這一浩大的工程，不管在人力物力的調度上，還是組織上，都處理得頗順利。從一開始就有濫權詐欺之事，因此科舉制發展出精細的機制來防弊。科舉制可以說是由各種規則與程序構成的高度複雜且動態的系統，對於每個層級可能發生的濫權、疏失和馬虎行事保持高度警覺，並發展出能回應與修補功能失常的機制。政府很清楚科舉制的缺點（例如與評估成績有關的缺點），因而制定了一套複雜的測驗、查核、複核辦法，以盡可能減少功能不彰並確保公正。一切的管理、統籌、組織都是為了一項中心任務：為朝廷募得合適的人才為官。為此，科舉制以明確且透明的規則和準則來評斷考生是否有資格當官，據此挑選出一小群人，儘管這群人都來自某個社會菁英階層。把研習典籍與繪畫、詩文、書法之類的文化象徵當作評量標準，也使王朝和朝內菁英得以攜手複製攸關王朝存續的制度情境（institutional conditions）。科舉等級體系則透過教育重分配財富、權力、影響力，藉此複製得到眾人認可的社會等級體系。

中央官僚體系的官員是由教育程度高、經激烈競爭脫穎而出的人才組成。這樣的官僚體系使帝國千百年來得以頗有效率地治理廣大疆域，得以擬出統一的預算，得以由中央統籌跨地區的基礎設施和福利救濟措施，得以建立一套規章制度，得以建立由中央控制的司法制度和軍隊。帝國有軍隊協助平亂及應付重大安全挑戰，但與歐洲、日本的習慣做法不同，帝國軍隊統帥受中央節制，未被授予治理地方之責（即像封建領主那樣）。在明清兩代，文職、軍職指揮鏈涇渭分明，即使文官獲授予兵權，其行使權力的方式也是下令給實際統兵的軍官。明朝時，世襲軍戶被分配屯墾之地，在世襲軍官指揮下耕種，此即衛所制。國家正規軍就是來自這些兵農合一的衛所軍。

官僚體系代表皇帝維持社會秩序、保衛帝國、防範外來威脅，以及達成一些社會福利目標，像是濟弱扶貧和使土地持有情況更公平。歷代中國政府的目標，可說都是提供和平安定的環境，保護中國人民不受天災、外敵、內亂傷害。[27]官僚體系本身的規模，相對統治規模來講偏小。最重要的兩個地方治理層級是省和縣。中央政府控制的最下層單位是縣。省的主要職責是充當縣與中央政府的中間人。在帝制晚期中國，縣的數量幾乎沒變。儘管廣土眾民，清帝國一七五〇年有三至四億人口卻只設了一三六〇個縣，一四〇〇年明朝時僅七千萬人口就設了一一七三個縣。因為歲入有限且擔心擴增官員名額反而削弱行政成效，導致朝廷不願擴大官僚體系。但官僚體系的規模因此遠遠跟不上人口成長速度。[28]

每個縣由縣令（清朝時稱知縣）治理，根據本籍迴避制度，縣長一律由外省人士擔任，以防地方勢力坐大危害中央。縣令底下次級官員和胥吏可能多達百餘名，視縣的大小而定，這些人大致分屬於十幾個如訴訟、市場之類的專門領域。而協助官員和胥吏辦事的，則是人數眾多的衙差、衙役。大部分正職官員都有領薪水，但薪水往往不敷所需，驅使這些地方官很倚賴不合規範的私相授受和回扣來貼補他們大部分的收入。官僚體系規模受限一事，有助於說明為何帝國朝廷的治理觸手始終未及於縣以下。人口成長導致清朝一縣平均人口為宋朝一縣平均人口的數倍。幾乎一成不變的官僚體系因此負擔加重。由於經費和人力不足，縣令仰仗地方仕紳的配合，要官府維持低稅賦的壓力隨之變大，因為地方仕紳的支持攸關地方治理和社會秩序的維持，若增加稅賦會使地方官員與這些地方菁英直接起衝突。

帝國的政府被組織成規模可觀且受到嚴格掌控的官僚科層體系機器。[29]每個層級都有一套複雜的制衡做法，以確保中央能有效控制省縣官員。巡撫和總督相互跟進對方的作為，監控彼此對朝廷指令的遵守程度。在官僚科層體系的更低層級，也存在類似的結構。

朝廷決意打造相對較小的政府，使帝制晚期的治理不得不倚賴非官僚體系的地方群體來落實並支持中央的新措施。伴隨而來的情況是，社會出現宗親組織、商人、工匠行會之類會社和團體。除了宗親團體和行會（其中某些行會財力可觀），村級的制度還包括以看守莊稼、守護村莊、維護寺廟和灌溉設施及護水為務的會社，以及循環信貸會，還有處理建橋、蓋學校、捐贈渡船、維修道路等事宜的會社。這些會社與官府合作，協助後者達成維持秩序、提供福利救濟的目標。帝制晚期朝廷始終不得不倚賴地方菁英來完成形形色色準官方性質但不可或缺的工作，包括督辦教育；透過公開演說和宣讀「聖旨」傳播意識形態；主持由官方支持、可增進社群連結和強化政治效忠的儀式，例如社群祭祀；調解衝突以避免對簿公堂或長期武鬥；管理地方層級的公共工程。地方菁英也攬下包收稅款、統領地方民兵的職責。在帝制晚期，地方社會蓬勃發展，而且兼具多樣、繁榮、圓熟等特色。

村中平日的商業實務促進了識字和算術能力，在帝制晚期，識字和算術能力的水準都相當高。歷來視讀書識字為出人頭地途徑的觀念，強化了這股趨勢，大部分人看重學問和文化也是背後推力。家庭對教育的需求甚殷，加上教育費用和書籍價格低，使得帝制晚期中國的識字程度高於工業時代之前歐洲的許多地方。年齡積算（age-heaping，未受過教育者回答年齡時不說正確歲數，而是挑接近自己歲數的四捨五入數字為歲數回答）的習慣，顯示當時中國人的算術能力，程度可能遠高於開發程度相當、乃至更高些許之國家的人民。[30]家戶、商家、宗族財產託管機構和行會普遍使用簿記和會計，則證實帝制晚期中國商業取向與算術能力的程度甚高。[31]

帝制晚期朝廷推動古老的里甲制，要由一百一十戶組成的單位負責將稅款與勞動工作攤派給其成員。直到十八世紀為止，每個單位都得負責包收其成員家戶的稅款。保甲制與里甲制部分重疊，由具有等級關係的數個單位組成，每級單位的戶數由低至高分別是十戶、百戶、千戶。每個單位由某一戶的戶長領導，各級戶長理論上得為所有成員戶的行為負責。為此，各級戶長致力於管理人口登記、維護安寧、解決紛爭、向縣長報告不法情事，以及在刑事審判或民事訴訟中提出專家證詞。這一由官方組織起來的基層治理體制，於帝國全境統一施行。官方不許有任何家戶沒有被納入保甲制。

整體來看，儒家治理體制運行順暢，這也解釋了帝國的制度為何能長久運行不輟。帝制晚期的大半期間，公共福利救濟和社會安定都令人刮目相看，若和「黑暗」的中世紀和現代早期的歐洲相比，尤其如此，那些時候的歐洲，貴族和宗教勢力掀起數不清的戰爭。史料和帝制晚期皇帝的自述，始終表露對和諧、和平、正派得體的看重，但實際情況沒這麼單純祥和。把中國史書的記述當真，總有其危險，因為它們有報喜不報憂的傾向。官方記述向來呈現足以為後人借鑑的世界，其中不盡然在描述事實。帝制晚期的治理，當然並非一帆風順。帝國體制一次又一次遭遇貧窮、匱乏、叛亂、饑荒和天災導致的逃難潮等嚴峻問題。

帝國治理強調儀禮和仁心，但在實際治理上，始終離不開暴力的行使。暴力在許多方面已經系統性地深植於地方社會和經濟中，還有國家的行政機器中。地方強人和民兵領袖、反對勢力（常被稱作「匪」），以及其他異端教派的領袖並存於地方社會，彼此保持粗略而不穩定的均勢。為防範或壓制地方的暴力活動，帝國往往與地方強人和民兵領袖合作，只是合作關係並不牢固，而掌有權力的個人（不管權力是否為官方所授予），暗地裡很常需要仰仗反對勢力和異端教派領袖。這是世道好的情況。中央權威崩潰時（例如明末），地方社會裡的暴力因素可能坐大而衍生嚴重後果。

更常見的情況是，帝國對於維持穩定的掛心，使其千百年來定期展開民心教化運動，將儒家的四維八德教條灌輸給廣大人民。但碰上民亂時，不管是初露苗頭或已實際發生，帝國朝廷也會有系統且毫無顧忌地動用暴力——即所謂的「剿」。面對帝國的敵人，朝廷對於使用侵略性、乃至先發制人的暴力往往毫不猶豫。[32]帝國晚期體制非常專制，因此皇帝在施政或對待社會上其實可以為所欲為。造反者被剿滅，官員若膽敢出言批評皇帝即遭嚴懲。

由於倚賴一成不變且未有增長的可耕地稅，這個帝國在增加歲入方面也受到長期且嚴重的掣肘。要增加歲入就得調漲稅負，而這會刺激人民抵抗或公然造反。結果造成公共支出只用在處理內憂外患等根本問題上。花在軍事和邊防上的經費旨在保護人民。中央政府於民用公共財方面的支出，則集中在以穩定和提升農業生產力為目標的措施上，例如投資在治水、灌溉設施上，以及建設用來抑制物價波動和防杜饑荒的各地穀倉。曾有很長一段時間，穀倉系統運作良好，有助於避免作物歉收後穀價上漲。[33]這類計畫有益於全民福祉，從而強化了帝制的驚人穩定性。這類計畫也動用地方捐款，從而凸顯縣長與地方人士維持合作關係的必要。重大的營造、基礎設施工程，可經由中央政府與地方人士之間的協議安排來達成，例如南北綿延超過一千公里、數百年來大規模造福經濟的大運河，就是透過這樣的方式鑿建與維護。[34]然而同時，中央政府與地方領袖的關係友好，也提高了始終存在的貪汙機率。在帝國的官僚體系裡，貪汙是大患，因為如果朝廷無法指望官員如實回報地方狀況，帝國統治便堪憂了。

這一切當然意味著理論上不受限制的皇帝權力，因為中國的遼闊國土、有限歲入、漫長通訊線、小規模官僚體系、倚賴地方會社和地方菁英，而其實受到不小的約束。而且身為皇帝，要遵行禮法，要保障全民福祉及社會和諧，要遵循先帝和祖先立下的先例。

不過，外族入主中原後，例如蒙古人或滿人，外族統治者發現維持這個具有約束力的治理體制對己有利。該體制高度先進的結構，使他們得以藉由占據朝廷裡的最高要職，控制住權力迴路的關鍵中繼站，從而統治遼闊的中國。誠如某位學者所說，帝國治理的最重要目標是「維護體制，而不是追求最高效率」。[35]

滿人入主和大清重建

西元一六〇〇年後，由於人口壓力、官僚體系內部的腐敗、預算赤字上升，加上地方繳稅大戶、地主、放債者的權勢日增，明朝（一三六八至一六四四年）的中央權力開始迅速瓦解。一六三〇至一六四五年，李自成統領的造反勢力一度攻占都城，明朝的日益衰弱表露無遺。對於來自東北遼寧、吉林、黑龍江三省和內蒙古的滿人來說，中華帝國無力壓制社會動亂和守住邊界，正為他們入主中原、掌握富饒的中國，提供了等待已久的良機。[36]

滿人出身亞洲東北部統稱「通古斯人」的族群，女真人也是該族群一支。先前，他們建立金朝（一一二五至一二三四年），一度入主中原。在具有領袖魅力的努爾哈赤

（1559-1626）領導下，遊走於東北荒野的騎馬狩獵女真諸部統合成一個族群聯盟。努爾哈赤也鼓勵女真人往中國、往長城以南，擴張勢力。一六三五年，努爾哈赤的接班人阿巴海（Abahai，即皇太極，1592-1643）改族名為滿族，以移除他們作為女真人一直受中國統治的歷史記憶。

十七世紀初，努爾哈赤及其接班人將滿人編入名叫八旗的軍事體制。八旗體制以內亞傳統為基礎（此傳統的源頭可追溯至蒙古人及其遠祖），但也受到中華帝國用以直接統治女真藩屬的制度影響。八旗制延續了特定軍事單位其成員身分世襲的傳統。旗人自成一個世界，與帝國其他子民分開生活，而且大多住在駐防之地、戰略要地、較大的城市。掌管駐地者是將軍。理論上，每個滿族成年男子都要從軍，每個旗由數個「佐領」構成，每個佐領有三百兵員。滿人在入主中原前，就編制了各自獨立的滿旗、蒙旗、漢旗。因此，滿人征服中國是由多個族群共同完成，其中大多數人，不管從哪個定義來看，都稱得上是叛逃的明人，因為他們原都服役於明朝正規軍或民兵部隊。所以，滿人入主之說並不符合史實，因為入侵明帝國者是多族群同盟，由滿人、蒙人、中亞人、朝鮮人、反明漢人組成。八旗軍結合內亞騎射本領和漢人在工程、火器方面的本事，是一支既非純內亞、也非純漢人的軍力。

圖1.2　一名滿清貴族與他的幕僚、僕人合影。
約於1901年3月攝於北京。
來源：Library of Congress, https://www.loc.gov/item/2004680222/.

八旗繼續在東北關外擴張軍力。中國長江以北很快落入滿人之手，而且流血殺戮比李自成叛亂少許多。但攻占長江以南就沒這麼順利了。江南城市，尤其是富裕且文化發達的城市，激烈抵抗。消滅各地忠於明朝的反抗勢力花了三十年，而征服的慘烈使城市菁英極不信任滿人。在著名的揚州屠城事件中，旗人屠城十日，據說殺掉數十萬人。[37]臺灣（北起日本南至菲律賓之海盜世界的基地之一），成為忠於明朝者和希望在鄭成功（1624-1662）領導下保住本地獨立地位者聯合抗清的根據地。他們數次侵入福建省，危及清朝對該地的控制。一六四五年，清廷下令凡是成年男子都必須採滿人習俗薙髮留辮並著滿服，招來許多漢人強烈反對。許多漢人官員和文人不願為新王朝效力，在藝術、文學和私人書信裡表達對新滿清帝國的不服之意。

滿人最終牢牢控制了明朝統治的領土，建立中國最後一個王朝，國號大清。滿清從一六四四年統治中國，至一九一一年結束。滿人大舉入侵中國時，沿用他們控制家鄉以外區域的老方法，即用漢人的行政體制來統治漢人區域。[38]清廷大抵以中國官僚體系模式為基礎組建出一個效能政府後，開始重新展示中央的強有力控制權，並且往北往西擴展中國領土（新疆、外蒙古、西藏）。

清廷明白當時的環境危機會危及帝國存續和滿人龍興之地的原始純淨，決定正視荒野消失所帶來的難題。皇帝下令保護北方滿蒙世居地未受人為破壞的自然區域。清廷也開始推動「封禁」政策以利土地回復原貌，包括禁止漢人移居滿洲、出手控制貿易，還有將在滿洲靠狩獵或採集營生的漢人遣回原籍。

就這樣，滿人建立了以中國帝制為基礎的王朝，大清皇帝根據天命，在高度發展的官僚體系輔助下，統治全「天下」。與此同時，清朝皇帝極力追求滿洲、蒙古和西藏的一統，並透過以下幾項長遠且靈活的政策，完成了這個目標：將蒙古大汗與西藏喇嘛的精神影響力連結起來；藉由滿蒙聯姻打造家族關係；採用蒙古人所立下的官方覲見之禮；與邊疆地區通貢互市。這些政策使清朝得以控制元朝所轄乾草原的約三分之二地區。此為不凡成就，因為北方草原不再是安全隱患，不再對中華帝國構成挑戰，這在中國歷史上是頭一遭。滿蒙藏事務由滿清皇帝直接督導，由理藩院、內務府、八旗軍事體制等特定政府機關經辦。

針對藏人、滿人、蒙人的治理，清朝另行推出一套體制。這個大汗國不只有都城北京，還有在承德的夏都，以及蒙古人的幾座古老王宮和位在西藏拉薩的都城。滿人貴族在這些地方接受子民覲見，一再確立清朝滿人皇帝的受委任統治權。這兩套制度，一套針對漢人地區，一套針對滿蒙藏地區，構成清朝二元政治體制與法律體制的核心。這種

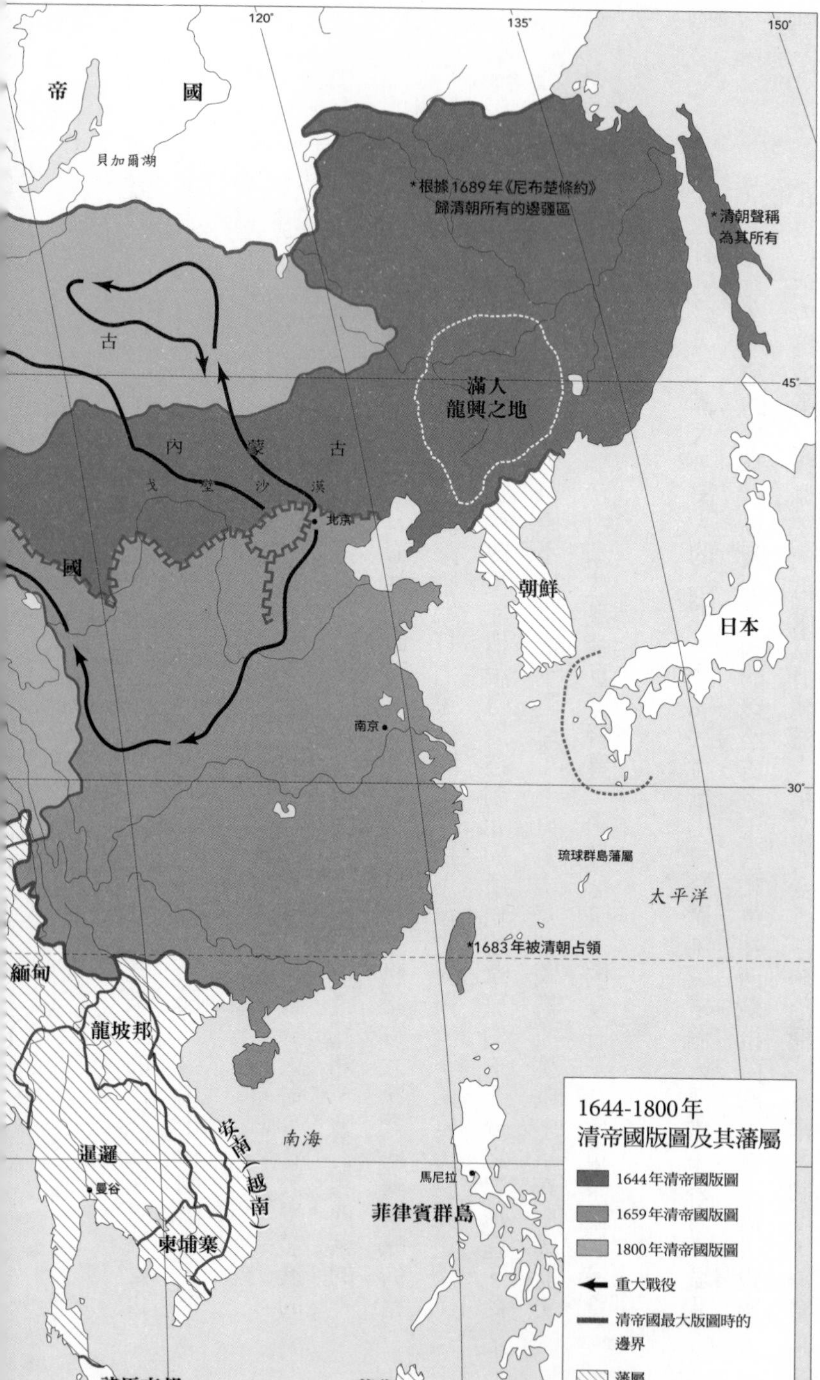

120°
135°
150°
帝
國
貝加爾湖
*根據1689年《尼布楚條約》
歸清朝所有的邊疆區
*清朝聲稱
為其所有
古
滿人
龍興之地
45°
內
蒙
古
戈
壁
沙
漠
北京
國
朝鮮
日本
南京
30°
琉球群島藩屬
太平洋
*1683年被清朝占領
緬甸
龍坡邦
安南（越南）
南海
暹邏
曼谷
馬尼拉
菲律賓群島
柬埔寨
諸馬來邦
蘇祿
1644-1800年
清帝國版圖及其藩屬
1644年清帝國版圖
1659年清帝國版圖
1800年清帝國版圖
重大戰役
清帝國最大版圖時的邊界
藩屬

60°
75°
90°
俄　羅　斯
哈薩克
*1750-1864年
受清朝控制
外　蒙
吉爾吉斯
希瓦
浩罕
諸土庫曼
小國
布哈拉
清　帝
巴爾赫
昆
巴
西藏
*1750-1751年
成為清朝保護地
杜拉尼帝國
喜馬拉雅山脈
尼泊爾
不丹
阿薩姆
錫金
俾路支斯坦
蒙兀兒帝國
阿曼
阿拉伯海
孟加拉灣
索科特拉島
N
錫蘭
尼科巴群島
昆＝昆都士
巴＝巴達克山

靈活且能因地制宜的治理方式，不同於漢人中央政府以一元方式治理全帝國的傳統，成為清朝在發展上的一大特色。清帝國將這套特殊的治理機制用在「分成數個部分的疆域」上。[39]是故，清帝國的聲明、敕令、官方文書，會刻意使用不只一種語言來傳達帝國的意向。通常情況是滿漢二語並陳，但滿漢蒙三語並陳也很常見。十八世紀中期後，常常是滿語、漢語、蒙語、藏語和許多中亞穆斯林（常被稱作「維吾爾人」）所用的阿拉伯字母並陳，目的是為在多文化的框架裡用多種語言同時向多個族群傳達帝國政策。[40]

十七世紀下半葉和十八世紀初的清朝皇帝特別善於運用這套多族群治理法。這個模式需要君主敏於察覺文化差異和不斷調解不同文化區之間的分歧，以及清楚闡述統一帝國的願景，申明其普世統治權和領土擴張權。其中最精於此道者是精力充沛和勤於政事的康熙帝（一六六一至一七二二年在位）。他整頓朝廷以採用中國的制度，使朝廷取得光靠武力征服所無法取得的穩定性和正當性。另兩位皇帝的年號是雍正（一七二二至一七三五年在位）和乾隆。清朝初期也是特別穩定、施政延續性特別強的時期，因為康熙（1654-1722）和乾隆（1711-1799）各在位了六十年。康熙、乾隆在位期間，帝國臻於中國史書所盛讚的「盛世」。[41]一七三六年，清朝在制度上有一項重大創新，即創立軍機處。這是位在正規官僚體系之上的小型委員會，有自己的人員、檔案室、研究團隊、快速傳達的訊息網，以及有效的指揮、控制模式。軍機處能獲取中國漢地的穀物及其他資源，來支持商業化、拓展殖民地和深入內亞的軍事物資補給。

清朝的常備軍由兩股各自獨立的武力組成：多族群的八旗軍（滿人和蒙人占多數）與成員以漢人居多的綠營軍（但有時並未嚴格遵守族群區隔）。[42]八旗是清朝的精銳部隊，負責守衛北部、滿族龍興之地和分散在帝國各地、位處要津的數個駐防城市。十八世紀邊疆征戰期間，八旗的軍力和兵力達到顛峰。十九世紀，約有十五萬名八旗軍駐守京畿。綠營軍位階低於八旗軍，負責維持整個帝國的安定，兵力十分龐大：十九世紀初有五十五萬人。

盛清時期，天下太平，社會安寧，物質豐裕，文化昌明，技術進步，版圖持續擴大。清帝國對滿洲、蒙古、中國突厥斯坦、西藏、中國，還有在朝貢體系（後文會談到）下承認清朝地位更高一等之諸國的控制，在此時達到顛峰。清帝國在東南部和中亞繼續用兵，繼續積極擴張版圖。至十八世紀中期為止，清帝國和正在擴張的歐亞帝國（包括俄羅斯帝國和潛在的大英帝國）相比，一直毫不遜色。清朝提升了火器性能，並且善於地圖繪製、外交手腕高明，蒐集資料也有一套。清朝軍事體制極為完善，帝國能快速且有效率地將人員和物資送到亟需增援的任何戰線。這個中華帝國在中央指揮和官僚體系管

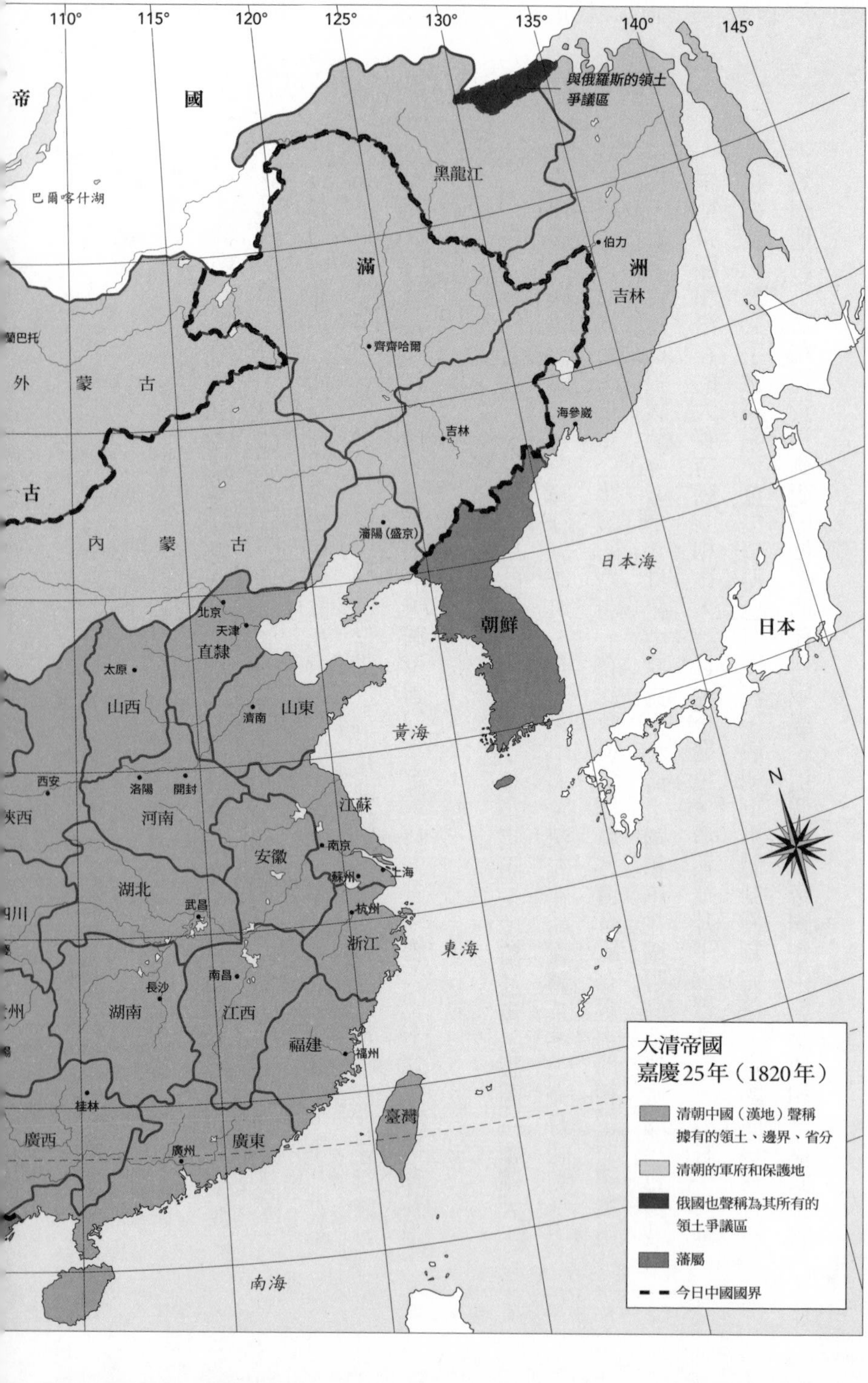
110°
115°
120°
125°
130°
135°
140°
145°
帝
國
與俄羅斯的領土
爭議區
巴爾喀什湖
黑龍江
滿
洲
伯力
吉林
蘭巴托
齊齊哈爾
外
蒙
古
海參崴
吉林
古
瀋陽（盛京）
內
蒙
古
日本海
北京
天津
直隸
朝鮮
日本
太原
山西
濟南
山東
黃海
西安
洛陽
開封
陝西
河南
江蘇
N
安徽
南京
上海
湖北
蘇州
四川
武昌
杭州
浙江
東海
南昌
長沙
湖南
江西
福建
福州
桂林
臺灣
廣西
廣州
廣東
南海
大清帝國
嘉慶25年（1820年）
清朝中國（漢地）聲稱據有的領土、邊界、省分
清朝的軍府和保護地
俄國也聲稱為其所有的領土爭議區
藩屬
今日中國國界

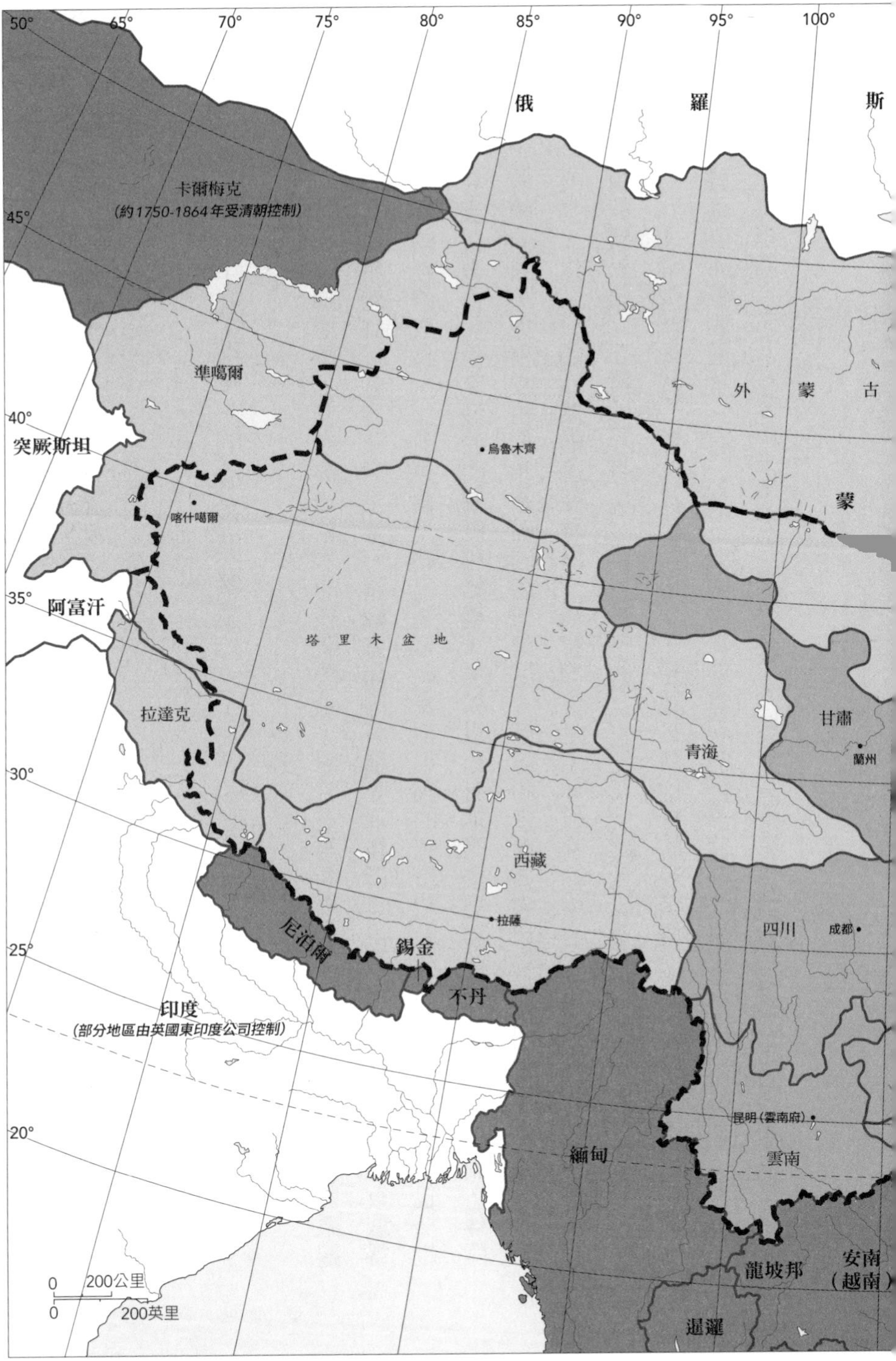
50°
65°
70°
75°
80°
85°
90°
95°
100°
俄
羅
斯
卡爾梅克
(約1750-1864年受清朝控制)
45°
準噶爾
40°
突厥斯坦
烏魯木齊
外
蒙
古
蒙
喀什噶爾
35°
阿富汗
塔里木盆地
拉達克
甘肅
青海
蘭州
30°
西藏
拉薩
尼泊爾
錫金
四川
成都
25°
不丹
印度
(部分地區由英國東印度公司控制)
昆明(雲南府)
20°
緬甸
雲南
龍坡邦
安南
(越南)
0
200公里
0
200英里
暹邏

理上精益求精。而也就是在此時，清朝成為有史以來最大的陸基帝國，而且是世界上最強大的帝國之一。

「漫長十八世紀」的成長與繁榮

清帝國繼承了非常複雜精密的經濟體系，而且按照前現代的標準來看，這個體系還極富生產效益。有農業、工業、運輸方面的多種先進技術可供使用，使清帝國能夠取得可觀的經濟成長。先前幾個王朝已為帝制晚期中國的經濟和社會奠定基礎，其中包括足夠支持數百年穩定發展的制度和結構，例如以私有地的登記和估值為基礎的稅制，伴隨著轉向以小地主和租佃為基礎的農業制度、商品和生產要素市場的擴大、貨幣滲入商業交易，以及民間商業的廣泛發展。清帝國也是全球貿易的中心，主要與歐洲貿易，而且對歐貿易建立在清朝茶葉、瓷器、絲織品等貨物的出口上，雙方貿易關係並不對等。

明清改朝換代之際的混亂和破壞，短暫打斷中國的經濟發展，但此後，中國經濟回歸成長、擴張階段。有三個主要因素幫助清朝的經濟體系快速成長：人口成長；都市化比例提高（尤其在都市市場分布更為密集，使貨物配送更為順利之後）；清廷用以發展帝國商業運輸基礎設施的務實政策。清朝經濟繼續成長超過百年，從十七世紀晚期至約一八〇〇年為止。一六八三年臺灣反清復明勢力瓦解後，清朝皇帝廢除海上貿易禁令，也撤掉沿海居民內遷政策。這些作為使中歐貿易得以重啟。十八世紀期間，歐洲市場對中國貨物的需求與日俱增，加上隨之而來的美洲白銀流入中國，重振了中國經濟的商業化趨勢，商業化程度遠高於晚明時。中國人開始探索新市場，商人把商業版圖擴及省外、擴及南海。中國的國內經濟徹底商業化，某些次要產業甚至逐漸工業化。

剖析此時中國境內的不同制度時，務必記得一點，即中國作為一個陸地大帝國，其經濟結構極有利於發展和成長。在此時期，歐洲是由許多小國構成，各國有自己的政治體制、貨幣、國界、稅制，而與此時期的歐洲不同，清朝中國是個龐大的大陸市場，貨物的跨省流動受到的阻礙不多。另與當時西方普遍看法大相徑庭的是，在西方的想像裡，中華帝國的朝廷一直很敵視民間商業活動，但實情不然，清廷反而是積極促進經濟發展。中國朝廷支持商業始於晚明，當時，商業經濟的成長開始被視為不可避免之事。十六世紀晚期起，許多先前的反對論調——反對以白銀為貨幣，反對內部商業，反外貿，反商人——已經失勢，代之而起者是強調市場經濟「自然法則」的思潮。這一思潮認為市場經濟會在適當的扶助下欣欣向榮，在政府控制下則不然。此一務實對待商業的心態，在清朝官僚體系裡繼續壯大，十八世紀時在實質上成為政府政策。自此，清廷透過多種方法積極「扶助」商業。例如，擴建道路網、運河網，並使它們互通相連，以加快商品的供給，又如為企業家提供誘因，激勵他們開創新的生產和行銷領域。[43]

清朝經濟以農業為本。清末，約八成至八成五的人口住在鄉村，大部分人與農業或與農業副產品有關係。農業技術非常先進。每單位面積土地勞力供給和天然肥料供給的增加，使耕種集約化，從而提高了產量，產量在當時位居世界前列。還有一個因素對帝制晚期農業的成長同樣重要，那就是引進多種新穀物。此時輸入的最重要糧食是番薯、玉米、花生。這些作物於十六世紀從美洲引進東南亞，幾十年後傳到中國，迅即在中國南北普遍栽種，擴散速度驚人。由於它們適合栽種的環境很多樣，遂使許多原本不適合栽種糧食的區域有了豐收的糧食。所以，農業的發展能更上層樓，既要歸功於耕地面積的增加，也應歸功於從美洲引進新作物和種籽的改良（尤其是來自越南的早熟、高產量占城稻）。隨著農業設備改良且專門化，糧價也因生產效率提高而被壓低。於是，因為作物產量提升，糧食生產的成長大抵跟得上人口的成長。但中國農業的高效率後來難以再提升。要等到二十世紀化肥和現代機器問世，才會有真正且可觀的提升。

清朝中國有大型的土地交易市場，數種所有權和使用權可在這些市場裡拿來買賣、出租、抵押借款、分割。在一田二主或一田三主制下，一塊地的所有權可以分成地上權和地下權，授予二方或三方。然後這些權利可出售、出租或充當擔保品。地主和佃戶都可以隨意交換他們的使用權。土地所有權的多樣和可分割有助於一般村民在動態環境裡維持生計。

農業的角色最為吃重，但工業生產是整體經濟活動的重要一部分。產業包括製鹽、製糖、榨油、紡織品生產、染料製造、採礦、熔煉、冶金（鑄造）、工具製造、採煤、製紙、上漆、製墨、軍火製造、陶瓷製造、船與獸拉車製造、珍珠與玉的打磨等。紡織業發展程度尤其高。官營織造局遍布全國，江南分布得最為密集，最重要的幾個織造局也在江南。民營的絲織品與棉布織造坊也集中於長江三角洲，該區域競爭競烈，催生出一流的織物。瓷器生產也是非常重要的產業。瓷器製造遍及全國，華北、華南皆有造瓷業。江西景德鎮擁有質地細軟的高嶺土，成為瓷器業中心（如今仍在造瓷）。景德瓷質地細薄精緻，主要因高嶺土品質較優，其次因窯燒時的高溫。這項產業用到數百工匠，靠他們生產出多種優質瓷器。青花瓷不只在中國大受歡迎，在南亞、中東、歐洲的遙遠異地，銷路也甚好。在現代早期的歐洲，中國瓷器被稱作china（西方諸語言以China稱呼中國的由來），廣為人知且廣受好評。例如，薩克森國王「強者」奧古斯都（August the Strong,

1670-1733），熱中收集中國瓷器。他收集的德化白瓷（blanc de chine）超過一千兩百件。後來他設立麥森（Meissen）瓷器廠，以重現中國瓷器的精湛品質。一七〇〇年，一艘抵達英格蘭的船所裝載的瓷器可能超過十五萬件。一七二二年，英國東印度公司交貨約四十萬件，以滿足富人對瓷器的需求。十七世紀荷蘭東印度公司運送了約六百萬件來自福建德化的白瓷，而此數量只占當時出口瓷器約一成六。據估計，十八世紀結束時，已有至少七千萬件瓷器從中國經數條海路進入歐洲。[44]

就工業來說，在製鋼之類領域，早在十世紀，就已發展出許多技術。透過不斷小幅修改，這些技術遠非十八世紀前歐洲的工業技術所能望其項背。也有探討工業技術和工藝的重要書籍問世：宋應星（1587-1666）一六三七年的著作《天工開物》；徐光啟（1562-1633）一六三九年出版的《農政全書》；茅元儀（1594-1640?）一六二一年出版的《武備志》。[45] 晚明時期出現大量談生產技術的書，是值得注意的現象。其中有些著作，尤其是徐光啟的著作，也反映了許多歐洲的技術知識。這一新知識由歐洲傳教士帶進來。經由改良與實驗，創新的發展出現了，例如研究出多種新方法，可以提升製鋼所用燃料的效能，或是提高將棉花紡成紗或把棉紗織成布的速度。隨著電力和現代化學工業問世，有幾類以科學為基礎的創新，在十九世紀下半葉時成為歐洲技術進步的最重要因素，而這幾類創新大體上不見

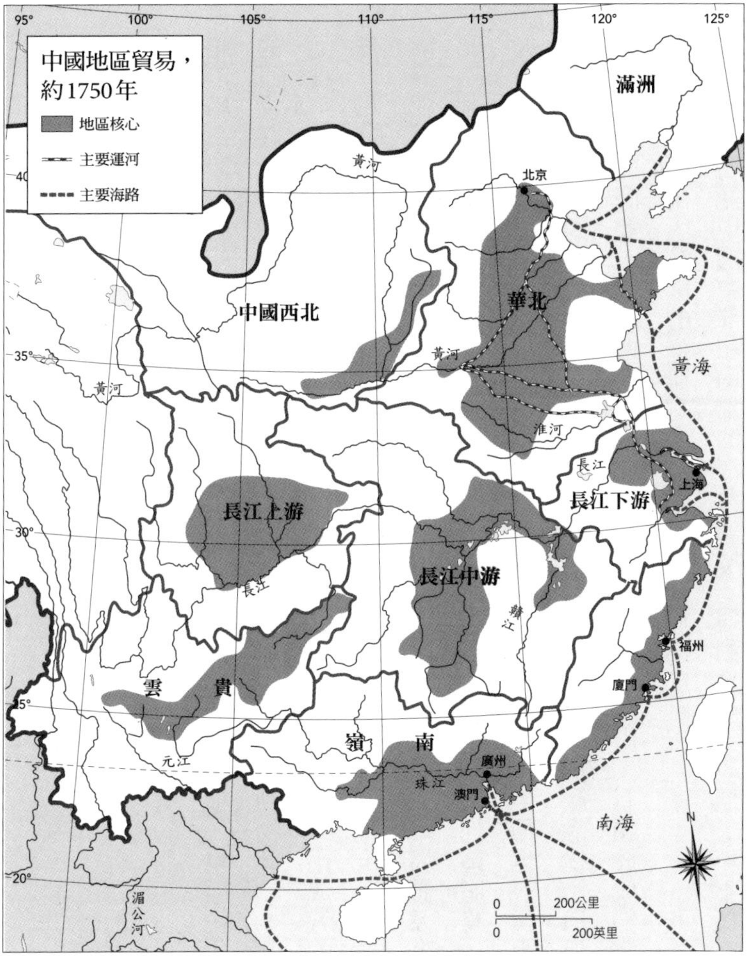
中國地區貿易，
約1750年
地區核心
主要運河
主要海路
95°
100°
105°
110°
115°
120°
125°
35°
30°
25°
20°
滿洲
北京
黃河
華北
中國西北
黃海
淮河
長江
上海
長江下游
長江上游
長江中游
贛江
福州
廈門
雲
貴
嶺
南
元江
廣州
珠江
澳門
南海
N
湄公河
0
200公里
200英里

於此時的中國。

人口大幅成長和穩定的生活水準，成為帝制晚期經濟的特點。得力於日益擴大的市場，中國經濟突飛猛進。市場與商業化擴張顯著，而且深入農村社會的程度之高前所未見。中國國內貿易也成長迅速。大部分中國農家能把頗大比例的農產品拿去販售，開始倚賴市場來取得某些貨物而不是自行生產。跨地區貿易的品項，包括一些低成本、大體積的原物料，例如棉花、穀物、豆子、植物油、森林產品、動物產品、肥料。大部分農產品被生產者自己用掉，但到了十八世紀末，已有一成的穀物、兩成五的原棉、五成的棉布、九成的生絲、幾乎全部的茶葉，是為了上市販售而生產。[46]

清朝期間，不只市場和市集鎮增加，還發展出更有效率的市場體系。這些市場體系出現於中心市場從較低階市場收集貨物之時。有些市場為整個地區服務，有些市場為地區的一部分服務，還有愈來愈多為生產者服務的地方市場。中國也有長距離貿易體系，把穀物從內陸運到沿海，或從長江下游運到北部的北京，把產品從沿海運回內陸。帝制晚期的中國有許多人口超過百萬的城市。供貨給這些城市，有賴於成熟完善的國內市場體系，善於運用大範圍的道路和運河網。鑿建於隋朝（五八一至六一八年）的大運河，能把大量穀物從中國中部和南部的江河流域，運到生產力較低、較不穩定的北部，以滿足政府官員和部隊之所需。

與此同時，為生產者服務的市場漸漸形成。這些運河沿線有一週只開市幾天的定期市集，供農民將自家農產品帶來販售。後來這些市集變成每天開市的固定市集，有全職商人在其中做買賣。農村市集和城鎮市集也是定期開市或日日開市。約八成人口住在離市集鎮不到一天行程的地方，能把一部分自家產品帶到市場販售，開始參與市場活動。

清朝期間也出現專門化的商人團體。有些商人只在本地的市集做生意，有些本地農民則會販售自家農產品補貼生計。但也有因經濟活動而必須四處跑的行商。行會會館建在遙遠之地，專為從中國其他地方前去該地做生意的商人的利益發聲與提供協助。行商遠赴異地，身為外來客商，或許連當地方言都不會講，必須倚賴行會組織做生意。

在金融領域，清帝國也發展出就前現代標準來看稱得上先進的制度。眾所周知，中國是世界上第一個全國使用紙鈔的國家。但在大半中國歷史裡，中國經濟是在銅銀雙金屬貨幣體系下運作，亦即銅幣和銀兩同時流通，沒有定期發行官方紙幣，沒有使用其他金融工具的長期公債。官鑄銅幣，中間開一個口（以便於串成一「貫」，每「貫」銅錢多達千枚），用於日常交易。製成鞋狀的銀錠，用於批發買賣、較大型交易和繳稅給政府。隨著對歐貿易成長，許多來自歐洲、美洲、日本的進口銀幣在市面上流通。銅錢、銀兩的匯率，理論上固定在每兩銀子一千枚銅錢（兩是重量單位和傳統的貨幣度量單位，一兩銀子為約三七．五公克的純銀），但因時間、因地區、因買賣的不同，變動甚大。清朝時，人民繳稅給政府，都得用白銀取代實物繳交部分的稅。這意味著農民得把自家農產品送到市場販售，以取得貨幣供繳稅之用。事實上，若說清廷的稅務政策是在此時期中國推動了市場化、進而推動了經濟成長的因素之一，並不為過。

同樣重要的還有中國發展出和其國內貿易體系相輔相成的銀行體系。十八世紀時，山西的錢幣兌換商（票號）和安徽的當鋪，用小額放貸來活用多餘的資本，以賺取利息。久而久之，它們的業務擴及在本地市場提供信貸，發展成中國最早的本土銀行（錢莊）。誠如前面已提過的，中國擁有龐大市場，許多商品在地方體系內流動，還有長距離移動。但用沉重的金屬錢幣做這樣的生意不易且不便，尤其是商人得攜帶數大袋白銀遠赴異地時，那也會使商人容易在途中遭搶，從而提高事業失敗風險。票號（民營匯兌店鋪）因此應運而生。這些票號往往被稱作山西票號，因為出身山西省的商人是主要投資人，他們最終成為業務遍及全中國的銀行家。山西商人在各地廣設票號，票號提供將錢從一地匯至另一地的服務，靠銀與銅（主要是銅錢和銀幣或銀錠）之間的匯差賺錢。山西票號及其他機構能把大筆錢匯到數千公里外的異地，卻不必真的將這麼多的錢運過去。票號會在一地收下某商人的存款，發予一張匯票，然後該商人能拿著這張匯票到他處，付給與他做生意的人。這個人收到匯票後能去其所在區域的票號，拿這張匯票換取現金。這個體系有賴於票號具有完善的組織能力，能做好簿記、客戶服務、累積歷代信譽，才能運行不輟。地方錢莊善於銅錢、銀兩的兌換，也精於辨別白銀或成貫銅錢的真偽。它們也收受擔保品做抵押放款。到了十八世紀，這類銀行已形成廣大網絡，對中國境內商業活動的發展極為重要。

中國的貨幣倚賴銀和銅，因此，明清時期的中國對貴金屬有未被滿足的廣大需求。十六世紀大半期間，中國境內白銀主要來自日本。中國、歐洲的貨運業者往來於日本碼頭與中國大陸之間。隨著經濟成長與隨之而來的市場交易次數增加，全中國所需的白銀非日本一地所能滿足。一五七〇年代後，白銀從蘊藏量豐富的一個新地點運來：拉丁美洲。對業務遍及亞洲、歐洲、美洲的歐洲船運公司來說，這是新商機，它們有菲律賓充當入口門戶，有馬尼拉充當主要的轉運港。真正全球性的世界經濟體系，由此開始。從十六世紀起，至十八世紀結束為止，大量來自美洲礦場的白銀輸入中國，把世界上幾大地區連成一塊，使亞洲內部貿易和中國的國內經濟都改頭換面。最後結果是大量白銀從亞洲其他地方、歐洲、美洲流入中國，以換取絲織品、茶葉、瓷器及其他製造品之類的中國出口貨物。這時期的歐洲國家，除了白銀，沒多少商品可賣到中國。在這整個期間，交易都使用鑄造過的銀和未加工的銀。甚至早在一七二〇年代，中國南部的商界，就以墨西哥銀元作為主要的支付工具。墨西哥銀元使用起來很方便，又能降低交易成本，因為已鑄成幣，而且含銀量信得過。清廷幾次想控制貿易未成，清朝中國還是成為全世界大半白銀的最終落腳地。根據一份估計，南北美洲開採的白銀，將近三成流入中國，但實際比例或許更高。其實，如此大量白銀從歐洲人的殖民地流入中國，是中國十八世紀經濟出現驚人成長的原因之一。白銀取得不成問題，使白銀成為繳稅的媒介，深刻影響都市市場和農民經濟，進而轉變了中國國內經濟的面貌。[47]

稅主要針對農業生產課徵，農業生產被認為是帝國經濟的基礎。向私有土地課稅是中國財政制度的最大特點。十八世紀中期，官方財政資料顯示，土地稅占官方登錄之稅收的七三．五%，剩下的稅收來自鹽稅（一一．九%）、關稅（對國內貿易和外貿課徵的稅，占七．三%）、雜稅（七．三%）。[48]清朝的鹽稅收入是國家歲入的一個重要項目，出於兩個原因。首先，除了土地稅，政府的其他稅收來源不多。其次，鹽是使用甚廣的商品。朝廷未規範鹽的生產方式，只要求運鹽得有執照。土地稅的評估則同時考量兩個因素：家中成年男子（人丁）的數目和土地面積，根據推測的家戶耕地產量評定應繳的土地稅。

於是，稅負落在有地產者身上，稅負多寡視他們所持有土地的多寡而定。清朝大半期間，加諸中國人民的整體財政負擔不算太重；人民很可能甚至被「徵稅不足」。[49]也有少許稅針對製造業、批發業、零售業。整個商業領域未被視為潛在的國家歲入來源。常關和海關針對商品的長距離運輸收取少量過境稅。朝廷也藉由發執照給一些在大型港市和運輸中心營業的大批發商來取得收入。總的來說，清廷只對相對少量的貨物課徵移動稅，這些貨物被朝廷認定是日常生活所不可或缺且是國庫的良好收入來源。

此時期的紀錄也顯示成熟完善的大公司已於中國興起，它們活躍於從採礦、紡織業到食物生產等各種領域。[50]這些企業的靈活、創新、績效，比西方眼中往往以為的要高出許多。幾種中國式的合夥關係，讓企業家能夠順利籌措到投資資本，並且把獲利拿來做長期的再投資，這些做法和西方股份公司制所催生的做法驚人相似。商人家族因應外在環境改變，成功改造傳統制度，例如宗族財產信託制度，這個制度通常被認為與仕紳家族的關係更密切。[51]宗族財產信託制度使商人家族得以募集到資金來進一步壯大家族企業，成為富商家族，而不是抽走經商資金就為了謀個一官半職。在某些例子裡，一些家族，包括位高權重的仕宦家族，在資本投入與抽離方面相當靈活，把公司股份與官場職位之間的衝突降到最低。

中國的法律是此時期全世界最先進、最成熟完善的法律體系之一，把私領域事務的規範大多交給直接涉入那些事務者去決定。縣長除了掌管刑事，也掌管民事和商業事宜，但經濟生活和社會生活領域，有很大一部分由民間習俗支配，由家庭、氏族、村中頭人，由當地仕紳，由商業協會，裁定紛爭，施加制裁。[52]政府有針對經濟活動制定具體規範，但除開某些例外，處理經濟事務的中國習慣法，主要出現在地方經濟圈和社會制度裡。商法和民法付之闕如，使私有制不夠穩固。在清朝中國，私有財產權真實存在且顯而易見，但在落實上沒那麼可靠。法律上站得住腳的主張，總是有些敵不過財產持有者的政治地位。專斷政府若要沒收土地，財產持有人無法依法抗駁，而由於始終有遭政府沒收之虞，他們往往藉由爭取政治權力來自保。對於土地及其他有形資產的紀錄、保護、轉移，有詳盡周到且通常可靠的非正式規畫，但在帝制中國，產權的基礎取決於政治而非法律。這關係到十九世紀期間和那之後的經濟變化，後文會再談到。

事實上，清朝時期的中國政府對經濟採自由放任政策，因為政府未針對商業活動制定規章或課稅。在傳統手工業，確實存在想用較少勞力生產更多產品的念頭，生產過程因此不斷得到改善。但傳統產業裡的精細分工導致生產過程零碎化。工作過程裡的每個階段相對獨立，生產過程沒有整體統籌可言。生產鏈上的每個環節，也大多是未掌握金融資源而無法進行有系統的探索或投資新技術的小單位（家庭或小作坊）。帝制晚期政府明明有能力徵用資源推動創新，卻大多任由經濟事務自行其是。與現代早期的荷蘭或英格蘭不同，這時的中國也沒有正式的公債市場。此外，政府或民間欠缺可以用來借款的合宜金融工具，更加限制了制度的能力，使這個傳統政府在財政赤字時容易走上靠掠奪或充公來挹注財政之路。

清朝中國的經濟受到一個相當小的政府支配，而這個政府是從民間榨取數量不大且還逐漸萎縮的財政資源，但儘管人口壓力日增，技術上沒有全面性的進步，這時的中國經濟還是讓為數眾多且愈來愈多的國內人口衣食住無虞。這絕對是非常了不起的成就。由於沒有重大災難或挑戰，所以發展順利。但一旦面臨新威脅或始料未及的需求，朝廷大體上就無法動用新資源來因應。

中國的啟蒙時代？盛清時期的知識生活

帝制晚期哲學思潮的主流是被後人稱為「新儒學」的理學。理學是泛稱，泛指於宋朝復興的儒家思想和接續發展出的各種哲學流派。儒學復興之前，佛學、道家思想當道，主宰中國哲學很長時間。理學成為一股極重要的知識力量，為知識交流和激烈辯論提供了平臺。

既名新儒學，顧名思義，就是重新詮釋孔子思想。[53]中國文化的傳統，以及中華帝國存在期間的整個知識發展，從西元二世紀漢朝初期到至少二十世紀初民國初年，深受孔子哲學影響。《論語》有段話如此描述孔子思想的一些基本假設：「子曰：道之以政，齊之以刑，民免而無恥。道之以德，齊之以禮，有恥且格。」[54]

孔子認為道德教育和個人教養很重要。在孔子看來，要成為有十足責任感的正人君子，必然得透過教養。教養的法門是「禮」，「禮」常被解釋為儀式性的實踐或正當得體的行為。孔子口中的「禮」，一方面特指周朝（西元前一〇四六至西元前二五六年）之禮，而他本身也精通周禮。另一方面，「禮」一詞有更寬泛的定義，指涉形形色色的各種行為，從政治禮儀到宮廷典禮，從宗教儀式到村莊節慶，從日常生活禮儀到個人言行準則，皆屬於「禮」的範疇。「禮」是文化、道德社群結構的深層基礎。教育與自我修養的最終目標是傳播「仁」這個無所不包的德性。「仁」可以解釋為仁慈、人道、良善，其意涵極為含糊籠統，所以在《論語》中，弟子頻頻向孔子問「仁」。漢字「仁」由「人」和數字「二」這兩個元素構成，暗示「仁」是社會本質的根本組成。因此，在儒家思想裡，人始終和社會脫離不了關係，必須充分體認會影響自己一生、既特定又複雜的社會角色和社會關係。從社會角度來定義人之所以為人，使社會的認可成為促使人言行得體的重要因素。另一方面，被社會否定或羞辱之虞，則對不可取的行為也能起到同樣威力的嚇阻作用，其效力比法律或刑罰還要大。

社群成員一旦成為有「德」之人，就有資格成為後代子孫言行的典範。以「德」為本建構而成的社群，其權威是內建的，因此，社群是自我規範的，而規範的效用高低取決於有權威的以身作則領導人，而非外在制度性規章的施行。「禮」強化傳統的社會規範，同時要求人全心全意學習這些規範，使之「內化」（義），藉此促成人與他人的關係正當得體。在儒家社會裡，「義」（rightness）這個觀念向來是放在社會脈絡中考慮，帶有「和諧」之意。正當的行為若與他人的行為完全和諧，該行為就稱得上是「對的」（right）、符合「義」。[55]

有一點值得再強調一下，即儒家哲學的特點在於其重心為德行和德育。儒家思想告訴世人，自我修養和具體行為相輔相成，前者與內在的道德世界有關，後者與外在的共同世界有關。早期儒家學說有論及批判性自省，但也一定會強調要兼顧社會實踐，以及對家庭、鄰里、社稷做出更大貢獻。

興起於十世紀的理學，是知識界對佛學、道家哲學所帶來挑戰的回應。理學結合佛學、道家思想，融會出有新意且更為複雜完善的儒家形上學，而且將重心幾乎完全轉移到人的內在道德世界上，或說人的心性上。南宋哲學家暨官員朱熹（1130-1200）強調「理學」和「心學」。他主張紛然雜陳的世間萬物都是獨一「天理」的體現，「理」是道德的抽象本質。藉由參透潛藏於宇宙的深層之「理」（此一想法與佛家教義類似，佛家也認為萬物皆是獨一佛性的體現），人或許便能領會為獲致和諧的家庭生活、清明政治、天下太平所必須實踐的道德原則。理解「理」的途徑，說法不一，但理學家一致認為必須聚焦於作為自我修養、自我改善之主場域的心性上。

提到圍繞「心學」展開的思想激盪，明朝官員暨思想家王陽明（1472-1529）也是經常會被提起的人物。王陽明主張，生命萬物都是「理」的體現，因此人要理解「理」是不必外求的（所以要理解道德也不必外求）。「理」就在人的「心」（心即理），人應該求教的是自己的心。而既然「理」被視為人性的基礎，那麼凡是理解自己內在世界的人，可能也就領會了宇宙之「理」。王陽明寫道：「未有知而不行者。知而不行，只是未知。聖賢教人知行，正是要復那本體，不是著你只恁的便罷。」[56] 此派「心學」在明朝時迅即蔚然成風。王陽明哲學時常鼓勵人要更勇於獨立思考及進行知識探索，從而大大推動了哲學思辨，但也因為將重心放在人的內在世界而有所局限。王陽明深信，只要做道德自省，自然而然會有所作為，所以不太重視行動和社會議題等真實世界的問題。與此同時，朱熹從理學角度對儒家典籍所做的詮釋被奉為正統。這些學說，尤其是程朱理學，強調忠君、道德修養、以身作則的效用，構成科舉制的支柱，因而也取得正統地位。這些學說是極具影響力的科考內容提綱《性理精義》的基礎。結果，科舉制漸漸成為對流於形式的學問和教條的測驗，不看重對典籍義理的新詮釋。帝國採取保守作風，用意在確保帝國權力不受質疑，以至於凡是質疑科舉制是否有助於思辨或哲學的看法都遭打壓。

清初，許多學者開始批判理學形而上思辨與心學唯心主義的局限。文人和學者經歷過外族鐵蹄征服的震撼，精神上的創痛久久難以平復，開始探索他們大抵認同的明朝為何滅亡的確切原因。幾個明顯有意與新儒學分道揚鑣的學派興起。心學派的宏大學說，這時被斥為把人引入歧途，有過度看重主觀、感官知覺和浮動自我等問題，忽略了社會秩序。其中經世學派，成員普遍看重秩序與實際治理問題。他們對秩序的關注，不同於正統理學家對秩序的關注。後者一般來說是從道德、精神角度構想秩序，經世學者則更關心國家社會的現世秩序。他們往往既從道德角度、也從制度角度來看待政治人物治國能力的高低。經世學派於十八世紀開始有影響力。隨著中國面臨的問題日增，凸顯了解決現世問題的需要，經世之學成為顯學。

另一個學派是考證學派，主要潛心於校勘。有時這個學派又被稱作「今文學」或「漢學」，因為此學派某些代表人物，例如顧炎武（1613-1682），偏愛使用漢時就已存在的材料，而不用宋明時期的材料。他們的著作往往不只質疑那些廣為大家接受的儒家典籍正統詮釋，還藉由質疑某些儒家典籍標準版本的出處、寫成年代或作者，挑戰其真實性。有些學者主張某些標準版本是偽造的，結果引發激辯。

從生活和工作於明末清初的三位大學者的著作，可看出上述學派的影響力和角色。[57]

黃宗羲（1610-1695），浙江餘姚人，生活於滿人以武力入主中原期間。他組織武裝勢力抵抗清兵，支持南明政權。南明政權失敗後，潛心講學和著述。他成為史學大家，提倡針對經世實務進行嚴謹的歷史研究。他的主要著作是《明夷待訪錄》。他指出中華帝國的主要弊病為君主專制，認為這有害於中國發展，覺得皇帝「以天下之利盡歸於己，以天下之害盡歸於人」。他提倡「法治」，反對「人治」，[58]也力斥重農輕商之習，因為他深信工商業與農業一樣重要。他的觀點震驚當時學術圈，但對晚清新興的民主思潮影響巨大。

顧炎武（1613-1682），江蘇昆山人，是此時期另一位著名思想家。反清失敗後，他去了中國北部數省，交了很多朋友，晚年定居陝西華陽。他精通典籍、歷史、天文、地理、音韻、碑文、軍事、農事。顧炎武對於經世致用的思考，是奠基於他在歷史和歷史地理方面所做的研究。在他最重要的著作《日知錄》中，他詳盡陳述對歷史、對人事的看法，包括政府體制，還有歷史進程，均著眼於實務。他也對稅制、鹽鐵專賣、糧食漕運、軍事有興趣。在他看來，明朝就是因為不看重這些事務導致滅亡。顧炎武以「天下」這個概念為其哲學的核心，「天下」一詞涵蓋從百姓福祉到哲學、思想等各種事務。他以「氣」（器）為實體物質，以「理」（法則）為客觀規律，藉由上述理論強調實踐與觀念的二元性。他說客觀規律的存在倚賴實體物質（氣），而世界是由「氣」構成。他從進化角度看待歷史，呼籲政治要求進步以跟上時代。他重視實用之學，戮力扭轉務虛之學風，並反對君主專制政治，主張「以天下之權寄天下之人」才能達成和諧與穩定，認為「保天下者，匹夫之賤與有責焉耳矣」。[59]

王夫之（1619-1692），湖南衡陽人，也生活於明清換代之際，並參與抗清。抗清失敗後，他遊歷華南，最終隱居於衡陽曲蘭的石船山腳。他的治學以古語音韻、史學、地理學為主。他深信明朝的滅亡源於理學的「空談」和專注經世議題的官員太無知，認為自宋朝以來主宰中國人思想的經院哲學，扭曲了孔孟傳統的真諦。他駁斥王陽明的致良知說，把目光轉回漢儒，欲藉此為中國思想另闢蹊徑。透過對原典的縝密探究，他想要覓得並回復經典的本義（樸學）與奧妙。他也執筆探討中國歷朝的興亡。在這方面，他特別指出外國人和非漢族在這過程中的角色。總的來說，他把外族的影響說成對中國的危害。王夫之在其著作採取強烈反滿立場。他也堅持華夷之辨，以杜絕遭入侵或融合的可能，認為各族應待在自己領土，尊重他族的主權。他認為外族統治中國毫無正當性可言，也痛斥那些在蠻夷統治中國時協助或為他們效力的中國人。在王夫之的著作中，我們看到原始民族主義觀念的出現，這一觀念會在十九世紀末大受矚目且大為流行。

面對廣大文人的反對、乃至公然的敵視，清帝國致力於招撫籠絡。清朝續辦科考，以招募漢人為朝廷效力及維持階級流動的機會空間。清廷也開始動員許多學者協助官方編纂大型圖書，[60]包括官修《明史》、《康熙字典》、一系列叢書，以及當時世界上最大的百科全書《四庫全書》。《四庫全書》收錄中國歷來最重要書籍將近三千五百種，超過兩百三十萬頁。但展開這些浩大文化工程的同時，清廷也大興文字獄。一七八〇年代文字獄達到極盛，乾隆皇大力肅清中國境內的「邪」書、詩、劇。他想方設法摧毀忠明之士的著作，認為這些人在撰寫的都是些批評滿人入主的顛覆性史書。在這期間，毀於文字獄的書籍可能多達三千部。受審查的著作，包括被認為對清朝皇帝不敬或對可與清朝相比擬的前代異族政權不敬的書籍。批評過清朝的作者，不管他的個人撰著內容為何，別指望有哪一部可以問世。

清初中國的知識界情況，某部分很類似同時期歐洲的知識界趨勢。從許多方面可看出清初中國和啟蒙運動時期歐洲的相似之處，例如：綜合型百科全書的問世，使獲取知識變得可能；原始文本的尋回；渴望打破經院哲學和形上思辨；日益關注現實世界的問題；公開批評專制統治；強調理性論證和以嚴謹的實證精神蒐集事實與資料；科學的發展。啟蒙運動常被視為幾乎可說是歐洲史上獨一無二的時刻——只影響歐洲的獨特轉捩點。但誠如晚近學術研究所表明的，啟蒙運動產生於一個全球同步的時空脈絡裡，而中國在這個脈絡中扮演著重要角色。[61]透過歐洲傳教士和中國哲學典籍譯本——一六八七年以《中國哲學家孔子》（*Confucius Sinarum Philosophus*）為書名首度出版——歐洲人接觸到並且很仰慕令他們深受啟發的中國哲學和政治思想。不過，我們也能看出其間差異。歐洲思想家住在林立的小國，能藉由遷居鄰國（同樣以拉丁語為學術追求媒介的國家）輕易躲掉官方審查，但中國思想家無所遁逃於清帝國撲天蓋地的監督與壓迫，以批判態度直面國家治理和社會問題的能力因此受限。

清帝國和東亞世界秩序

鄰邦是中國的隱患。中國頻頻面臨來自鄰邦的安全威脅，而且靠武力無法輕易打消那些威脅。由於漫長歷史上頻遭塞北乾草原民族襲擊、入侵，中國很重視邊防制度。安全隱患的根由在於華北平原的地理特徵（華北平原是中國最早幾個政權出現的地方），也源於中國遼闊版圖的漫長邊界難以防守。華北平原地勢平坦，境內沒有山脈或大湖、大河之類天然屏障，使中原政權擋不住外來攻擊。馬被引進乾草原後，問題變得更加嚴重，因為有了馬，乾草原游牧民族成為行蹤飄忽難以對付的武力。中國東北地區西起蒙古高原，北至環北極針葉密林，南抵肥沃的遼河平原，由三個生態系構成，從而使游牧民族、狩獵民族、採集民族和定居農業民族彼此接觸。契丹遼（九一六至一一二五年）、女真金（一一一五至一二三四年）和五百年後的滿清這三個征服王朝的出現，說明發跡自東北亞的政治勢力有多剛猛。[62]

由於中國幅員遼闊，類似大陸，中國的鄰國之多高居世界之最（如今仍是），或許只少於俄國。當時，從東邊的日本，南邊的越南，西南邊的喜馬拉雅山脈諸國，到北邊的俄國與中亞諸汗國，中國的鄰國平均來說通常為二十個或更多。在漫長國界沿線，中國面對諸多大不相同的地形，面臨性質各異的對手，包括部落、游牧民族、官僚體系化的政權。處於這樣的情勢下，邊防事務在調度後勤資源方面也很複雜棘手。中國歷代王朝用過各種辦法來處理邊境遼闊所帶來的安全問題，包括暫時遷就、結盟與棄盟、伏擊與背叛、養精蓄銳、心理戰，還有直接動武。換句話說，安全隱患一直是清帝國管理其對外關係的主要動力。從中華帝國的角度看出去，從心臟地帶到邊境地帶再到沿海地區，世界混亂而複雜，充滿風險和不確定性。

對任何中國王朝來說，與邊界沿線和更遠處的外族維持和平關係，都是重中之重，而且攸關中國政權的正當性。帝國的正當性來自天命，天命授予有德之君。國內災難，還有外部威脅，都會削弱正當性的基礎。因此不得不說清帝國的最大成就之一，就是把東北亞，以及位於內亞、西藏的邊疆，牢牢納入掌控。與此同時，清朝也與其東亞、東南亞鄰邦締結良好關係並善加維繫。清帝國是主宰東亞地區秩序的經濟和地緣政治中心，為該地區兩百年穩定與繁榮的推手。[63]

為與帝國周邊多個不屬於該帝國但地理位置最接近的鄰邦締結和睦關係，清帝國建立的主要制度是所謂的朝貢體系。[64]清朝要求鄰邦定期遣使進貢，並且期許它們會遵守中國的儀禮。這些儀禮詳載於《欽訂大清會典》這部法典和《大清通禮》，旨在確立中國皇帝作為天子與藩屬鄰邦統治者之間明確的上下關係。與由條約和外交會議界定國際關係的歐洲體系不同，中國文明支配的世界靠一套儀禮治理，這套儀禮用意在凸顯中國皇帝的象徵性最高統治地位。中國的社會關係是建立在由年齡、性別、社會地位、官階構成且被視為天經地義的等級體系上，而中國的對外關係同樣也是建立在等級體系上，並無另闢做法。向中國皇帝獻貢的遙遠國家被視為中國的屬國，即使那些國家擁有自主權亦然。愈接近中國中心，受官僚體系控制的程度愈高。中國境外之民來到中國之後可能會被轉化，隨著融入中國文化，他們的異族特性將被抹除。但鄰邦通常不會因為與中國建立關係而失去獨立地位，因為這些國家大多可以自主管理內政，也能不受中國左右執行外交政策。

在朝貢體系裡，中國皇帝位居中央，其他國家的地位則反映在其於特定時限內所須獻上的貢物多寡。因此，外國君主按理要尊重並採行中國的曆法，得接受使其在名義上成為中國文武官員的人事任命，尤其得定期遣使進京以示忠誠和獻上地方特產。朝貢體系靠兩個重要制度確立：宗主國冊封藩屬國王、藩屬定期遣使進京。冊封之舉是要藩屬「明確接受屬國身分，是一國藉以承認另一政治單位之合法主權和該屬國國王之合法統治者地位的外交禮儀」。[65]遣使進貢具有多個作用：確立雙方的政治關係、外交關係；交換關於重要事件和消息的資訊；建立貿易規則；促進知識與文化方面的交流。貢使團成員可能多達數百人，包括學者、官員、通譯、醫生、信使、助手。來自陸上鄰邦的貢使，由邊疆地區的地方政府和省政府迎接、款待。來自海外的貢使由東南部、南部沿海三大港管理海上貿易的機關接待：浙江寧波市舶司，對應日本貢使；福建泉州市舶司，對應琉球貢使；廣東廣州市舶司，對應東南亞貢使。邊疆、沿海地區的負責機關將外國使團轉送到京城，然後由禮部接待，安排晉見皇上。所有貢使都收到豐厚的賞賜，以答謝其進京獻貢。他們也獲准在官方督管的指定市場私下交易商品，在京城和沿海、邊疆地區都設有這樣的市場。藉此，中國輸出了銅錢和奢侈品，尤其是絲織品和瓷器，輸入胡椒等香料及類似的珍稀物品。在西部與北部邊疆，主要的貿易商品是中國茶葉和乾草原馬。雙方從朝貢貿易得到的實質利益非常不均，外國人的獲利要高上許多，有鑑於此，中國人早早就對貢使團的人數和帶來的貨物設限，規定久久才能朝貢一次。

朝鮮和越南毗鄰中國，最用心投入朝貢體系。兩國都派遣成員由世子、政治人物、學者組成的定期貢使團赴中國朝廷，向中國皇帝表達效忠之意。兩國也採用中國曆法和漢字，把中國古籍納為本國文化經典，接受中國天子頒贈的國王印信和對其國王的冊封。身為毗鄰中華帝國的小國，參與朝貢體系，讓他們能以相對較小的代價——只需形式上向中國皇帝致敬——就取得自主權。較遠的國家，例如琉球、暹邏、占婆、浩罕、緬甸，也遣使赴華，但遣使情況遠不如朝鮮、越南那麼規律。這些國家的貢使團獲准在按照規定路線進京時於邊界貿易，也允許在得到皇上接見後於京城的受管制市場做買賣。在中國做生意顯然是促使貢使團來華的主要因素，有些中亞商人因此扮作統治者的代表，好能光明正大地進入中國市場。

朝鮮、越南、琉球和中亞、東南亞的一些王國，熱中與中國進行朝貢貿易，然而日本於德川幕府時期（一六〇三至一八〇八年）從未遣使進貢。日本也採用漢字，尊崇中國的儒家傳統，但不接受清帝國屬國的身分，於是未被納入此體系。但中日還是透過長崎進行直接貿易，透過琉球、北海道，以及被中國朝廷認定為海盜活動範圍的沿海，進行間接貿易。以琉球為例，為了進入中國市場，琉球向中國朝貢，即使在它被已與中國斷絕朝貢關係的日本統治之時，仍不改此作為。琉球商人的貿易步履遠及東南亞、東北亞和太平洋島嶼，至少從十五世紀就是如此。這導致「海疆」的出現；「海疆」在十八世紀連結起中國南部沿海地區與中南半島，進而促成東亞地區內部經濟改頭換面。

中國、越南、朝鮮、琉球、內亞、東南亞島嶼區之間發展出來的廣大貿易網，獨立於官方朝貢貿易體系之外，或位在朝貢貿易體系邊緣，強化了跨地區的經濟連結。這些貿易連結大體上不受中國中央政府控制，因此，誠如前文所述，常被中國官員認為和海盜活動過從甚密。商人從事著獲利極大的多邊貿易，把中國貨（生絲、絲織品、瓷器）賣給歐洲商人，同時把東南亞商品（臺灣的鹿皮和樟腦、東南亞的藥和香料）賣到中國和日本。在這張貿易網中，墨西哥白銀是通用的交易貨幣。這種間接貿易的先決條件是中國、日本官方的海上貿易禁令。國際貿易網的日漸壯大，為這些冒險家提供了在法律之外經營事業的絕佳機會，他們的角色既是商人又是海盜，開闢出一個獲利率極高且能大展身手的空間。簡而言之，儘管清廷和德川幕府限制跨國貿易，透過朝貢貿易網和非正式的貿易網，活絡的東亞貿易從未斷絕，構成此地區經濟發達的基礎。

十八世紀，以中國為中心的東亞大片區域，以朝貢貿易體系為基礎，處於長期的和平繁榮狀態，反觀歐洲此時卻陷入幾乎是無休無止的戰爭與動亂裡。如果說朝貢貿易和民間貿易是地區秩序的基礎，經世之術的常見元素同樣也是日本、朝鮮、琉球和越南新儒學秩序裡的基礎。從許多方面來看，中國維繫朝貢貿易體系有助於維持和平與穩定。具體來說，像是明確認可其所支持的藩屬國君和政權，並且透過直接補助與保證讓其從事有利可圖的貿易，確保資源將持續轉移給這些政權。與此同時，中國不干預他國，尊重它們的獨立地位。就連日本都利用對琉球貢使團的幕後掌控，支持這一體系。透過這些貢使團，日本取得有利可圖的對華貿易機會，此外，日本也透過自身的朝貢體系，使琉球王國臣屬於己。越南亦對寮國施加自身的朝貢體系。

然而，中國在亞洲的龍頭地位並非完全沒有受到挑戰，但中國的外交政策原則比許多西方觀察家所以為的還要靈活務實。清廷其實很願意為了保住和鄰國的和平關係而調整或徹底揚棄朝貢規範。最著名的例子或許是確立中國與沙俄邊界和貿易條件的《尼布楚條約》（一六八九年簽訂）。英國人和法國人於十九世紀到來之前，俄國是中國唯一的帝制鄰邦。俄國向東擴張，最初是因為商業利益。廣袤稠密的西伯利亞環北極森林，棲息著許多毛皮動物，例如貂、狐、熊、鹿，其毛皮是歐洲市場上極值錢的商品。成群的俄國商人和哥薩克人（Cosacks）開始進入此區域，俄軍跟進，從而在十六世紀削弱西伯利亞諸汗國勢力。對俄國商人和士兵來說，食物不足是一大難題，因為西伯利亞東部與北部大多不適合發展農業。在那個當下中俄之間還沒有外交往來，但非法貿易已經開始茁壯，中國人除了出口大量絲棉，還出口糧食、茶葉、香料，以換取俄國人的毛皮、白銀、黃金。這一貿易關係極有利於清朝中國，享受到鉅額順差。明末，俄國人在西伯利亞大地上向東擴張，最終抵達黑龍江以北的太平洋岸。[66]這時他們把目光放在氣候較溫和、土地較肥沃的黑龍江沿岸地區。這些地區有利於發展出農業經濟，進而有助於俄國降低對華貿易的依賴。

不久，清朝開始對俄國人在東北部的活動和影響力日漸增多感到憂心忡忡，特別是俄國人還建立了堡壘和小聚落。一六八五年，清廷派兵將俄國人趕離其位於黑龍江畔的聚落雅克薩（Albazin）。這是中國與歐洲國家第一次的軍事交手，中國部隊打敗俄國人，摧毀了這座城鎮。四年後，沙皇遣使赴華，商議黑龍江地區的邊界劃定。在耶穌會通譯協助下，雙方根據對等精神，談成外交條約文本，建立了讓歐亞大陸兩大帝國享有平起平坐關係的折中協定。根據此約，俄國被迫從此地區撤軍並摧毀防禦工事，以換取對華貿易權。雙方劃定從今日蒙古北界往東直直延伸的國界。中國因此得到整片黑龍江流域和今日俄國的濱海省，包括庫頁島。此一協定有助於維持邊境和平，並且允許在邊境地區進行特許貿易。一六八九年與俄國簽訂的《尼布楚條約》是中國與歐洲強權簽訂的第一個條約，對清朝來說，這是它與西發里亞式歐洲外交的首度交手。一七一二年，康熙末年，清廷派滿人官員圖麗琛（1667-1740）赴俄調查那裡的情況，圖麗琛返國後出版了廣受矚目的遊記《異域錄》，記載俄國地理、文化及產物。[67]一七二七年，清朝中國和俄國簽訂《恰克圖界約》，再度申明先前所簽協定的規定。北京允許讓兩百名俄國商人每三年進京一次，也允許熱絡的邊境貿易。清廷還允許俄國在北京設立使館。由此產生的貿易，對經濟的重要性不容小覷，尤以對俄國為然。十八世紀末，俄國有一成外貿來自對華貿易。俄國人繼續販賣在中國極值錢的毛皮（貂、虎、狼），中國方面則出口糧食、棉和愈來愈多的製造品，包括絲織品、瓷器、家具。

體現清帝國外交務實作風的另一個例子，出現於一六八三年打敗臺灣鄭成功反清勢力的一年後。當時，康熙帝決定放寬海禁，允許人民遷回沿海地區。他提到國家財政和人民生計的重要，宣布沿海所有港口可以從事經核可且受規範的民間海上貿易，並成立數個海關收稅。朝貢體系，作為統整亞洲內部外交關係的機制，仍在施行，但隨著康熙開海禁，其經濟重要性降低。透過朝貢與清朝交換的貨物變少，朝貢體系外的貿易水準提升。一六八四年後，清帝國與葡萄牙和後來英國等從未擁有或追求藩屬身分的國家所進行的海上貿易，占帝國海上貿易的比重增加，而且有增無減。中國民間海上貿易不只欣欣向榮，而且是在合法且公開的情況下欣欣向榮。

有時，中國的鄰邦質疑中國的地區霸主主張，朝貢模式隨之受到挑戰。一六三七至一七三〇年，朝鮮官員和領導人考慮「北伐」清朝，設壇祭祀明朝皇帝，並續用明朝曆法以重申忠於明朝之心。一七三〇年，清廷要來到北京的朝鮮使團成員說明為何他們的身分證名牌使用明朝年號，而非清朝年號。日本不只拒絕參與中國的朝貢體系，而且另行建立以日本為中心的世界秩序。一七一五年，幕府宣布只有持有登記證的中國商人可以進入長崎港。由於國內銅產不足，康熙時清廷不得不從日本買進銅，所以對於日本這個直接否定中國朝貢體系的舉動，清朝皇帝予以默許。

從朝貢體系的角度看，這些事件顯示體系一再解體，在解體期間，中國政權必須以平起平坐的關係和鄰邦協商、打交道。這些事件點出外族入主王朝的創新和貢獻。清朝皇帝大多來自邊疆，當使用中國的朝貢模式來處理國與國的關係有利於自己時，就使用該模式。但如果情勢要他們改變朝貢體系的做法或略過朝貢體系，或者覺得這麼做似乎更有效率，他們也願意這麼做。於是，清朝巧妙融合中國、內亞的習慣做法，以統治帝國內外形形色色的子民。

以此方式處理和鄰邦的關係，使清帝國得以成為十八世紀全世界最有影響力的帝國之一。清帝國版圖從印度邊界到俄國邊界，從中亞到越南邊界，構成現代中國的版圖基礎。在解決了外族入侵之患，並成為主宰著一張廣大繁榮貿易商業網的地區樞紐、甚至全球中心後，清帝國在亞洲的地位達到頂峰。清朝皇帝不直接干涉他國事務，卻往往透過外交、教育、文化施予決定性的影響。北京紫禁城被視為東亞地區的中心——外人受吸引而紛至，思想、品味、風格方面的重要影響從這座城往外傳播。就連當時的歐洲，都有許多人認為清朝中國是建立思想開明、文化昌盛但國力強大之帝國的典範。

第二章

中華世界秩序重整

一八〇〇～一八七〇年

CHAPTER 2

十九世紀初，一股新的外部勢力隱隱浮現。與歐洲的經濟關係增強，加上歐洲國家領土擴張加劇，都為中華帝國內部的政治、經濟穩定添加了變數。這個過程的開端可追溯至十五世紀歐洲文藝復興初期，原本阿拉伯人控制著大有賺頭的亞洲香料等奢侈品的貿易，歐洲商人此時不甘示弱開始挑戰，想方設法要靠自己的本事親自去到亞洲。歐洲貿易商行經由跨洋航行接觸到東亞境內、尤其是中國境內蓬勃發展的商業網和充滿活力的商業中心。最早成功到亞洲的是葡萄牙人，再來是西班牙人，十七、十八世紀是荷蘭人、英國人和英、荷的東印度公司。其他歐洲強權，還有美國，也隨後於十九世紀接踵而至。在中國沿海地區，歐洲人的勢力日益顯著，但在一八〇〇年前，其影響有限，清帝國似乎不覺得需要特別提防。

但一八〇〇年後，全球貿易與全球政治的日益擴張，使原有的秩序受到不易修復的破壞，也導致中國內部權力平衡從根本上重新洗牌。中華帝國經濟開始反轉下行，這變化與全球市場的變動有關，最終造成鄉村貧困。鄉村居民的處境，又因環境問題，加上中國政府無力提供有效率的紓困，而雪上加霜。貿易條件改變、鴉片流入、新觀念擴散，帶來令帝國難以憑恃既有制度招架、處理的嚴峻新挑戰。與此同時，西方正進入科學、技術突飛猛進階段，於是歐洲也開始採取強勢高壓手段，擴大對中國的政治、經濟影響。

最後，當歐洲諸國憑藉技術上的進步——先是船堅炮利，然後是工業實力——以武力落實其政治、經濟利益時，中國落居了下風。

十九世紀期間，帝國的制度嚴重受迫於內部衰落和外部壓力，愈來愈無力因應日益加重的挑戰。地方政府和民間對彼此的敵意升高，適逢經濟、環境急速惡化（例如水災和旱災）而進一步加劇。隨之而來的危機又使中國政府更加控制不住國內和邊疆局勢。在內地，受害於天災且渴望擁有土地的農民加入反叛軍，公開挑戰官府。在邊疆，清廷不得不放鬆管制，眼睜睜看著分離主義運動興起。

西方帝國主義降臨

十五世紀葡萄牙人已於非洲沿海、印度洋、麻六甲建立據點，在這些地方，他們主要利用中國沿海和東南亞之間的地區性商業網與貿易體系，賺取可觀的利潤。[1]一五一三年，海上航行活動終於把第一位歐洲探險家歐華利（Jorge Álvares，一五二一年歿）從葡萄牙帶到中國南部。葡萄牙人開始涉入明廷眼中的走私與海盜活動，不受官方歡迎，但也沒有因此被趕出中國。到了一五五七年，葡萄牙人已控制一處聚落，並且定期在廣州做買賣。這處聚落就位在廣州南邊的沿海半島末端，用圍牆圈起，即今日的澳門。有數十年時間，歐洲人主要在廣州、澳門這兩個地方進行貿易，澳門尤其是當時歐洲人進入中國的門戶。明時來華的耶穌會傳教士，通常都是經由澳門進入中國。

歐洲人與此地區的貿易日益興旺，想要另闢貿易管道，但成效不大。一五七五年，來自馬尼拉的西班牙船隻來到廈門，希望獲得官方授予貿易特許權，未能如願。不久，西方貿易商行積極投入福建、廣東沿海的非法貿易活動。荷蘭東印度公司一六二二年企圖從葡萄牙人手中奪取澳門未果，一六二四年控制臺灣沿海地區，開始以其位在臺灣的基地向附近的福建、浙江兩省開拓貿易機會。一六三七年，由六艘船組成的一支英國船隊強行進入廣州，在該地賣掉船上貨物。早期的英國商人與英國東印度公司關係密切，英國東印度公司獲英國王室授予貿易特許狀，部分資金來自英國王室，但主要營運還是由幾位私人業主掌控。[2]先前，英國東印度公司已在印度設立貿易中心，在亞洲的貿易規模漸漸超過荷蘭和葡萄牙。從英國東印度公司的角度看，與中國貿易極有賺頭且極富潛力，甚至更勝與英屬印度的貿易。中國可以提供瓷器、絲織品、茶葉之類在歐洲銷路甚廣的產品和貨物。英國東印度公司最終於一七一五年獲准在廣州開闢一處貿易站。

亞洲國家與西歐國家的互動，因為明清改朝換代帶來變動，加上西方諸國在經濟與拓展殖民地上互相比拚，而變得複雜。一六八三年取得臺灣後，清帝國已開始放寬對外貿的管制，但一些中國商人、海關官員和清朝官員，為保住自己在廣州的獲利與利益，不想見到廣州的貿易獨占地位被打破，或是不願意將他們在廣州的業務局部轉移到北方的其他口岸。一七五七年，乾隆皇回應地方官員施加的壓力，執行新外貿政策，規定來自海外的船隻只能進入廣州，不得進入其他中國口岸，是為「一口通商」。英國東印度公司不願遵守這個指令，一七五九年五月英國商人洪任輝（James Flint）搭船直駛離北京不遠的北方口岸天津，想向中國皇帝告狀。但在中華帝國，任何子民都不得直接向皇上陳情。因為這一違禮之舉，一七五九年，乾隆皇嚴懲廣東地方官員，判洪任輝在澳門服刑三年，並且在他服滿刑期後將他驅逐出境。

然而，西方著作裡常出現的說法——中國政府拒斥外國商人、把中國與歐洲的貿易活動局限在海岸——不符事實。雖說外貿並非皇室的主要收入來源，但清廷仍有在中國沿海的諸多口岸針對外貿課稅，這為國庫帶來可觀且樂見的收入。朝廷有心允許貿易，但要在受控制且有管理的情況下進行。由於海盜橫行，或者更精確地說，由於走私猖獗，朝廷必須控管外貿。對商品和貿易課稅，為清廷帶來可觀收入，使其得以應付種種國內的緊急需要和外部威脅，但也誘使商人為了免繳關稅和其他費用而從事各式各樣的走私活動。走私利潤甚大。日本、菲律賓的海盜和走私者，與在臺灣、中國的夥伴聯手，將白銀、瓷器、茶葉、絲織品及女人運送至太平洋沿岸各地，不付任何稅費。為因應這一藐視公權力之舉，中國政府大力掃蕩走私和海盜活動，強勢行使其限制貿易、維持貿易站治安的獨有權力。清朝最終明令凡是不在指定口岸進行的沿海貿易都屬非法，要地方當局逮捕承運業者，控以海上劫掠、走私之罪。[3]

十八世紀中期諸多事件的匯聚，促使清中國發展出一個讓朝廷方便監管西方貿易的體系，此一體系後來常被稱作「廣州體系」（一口通商）。[4] 一七六〇年代起，中國開始嚴格執行此制。在此一體系下，開放了幾個地點可進行對外貿易。總的來說，貿易點取決於外商來自的方向。歐洲的商人，大部分從南海來中國，這個方向對應的最大港口是廣州，廣州便成為所有歐洲貨船的指定通商口岸。歐洲人於是被稱作「洋人」，意即「飄洋過海來的人」。日本人和朝鮮人在長江河口附近的乍浦港通商；俄國人獲准在蒙古邊界上的尼布楚做生意；來自中亞諸國的商人在突厥斯坦的喀什噶爾貿易。其他港口或城市皆不得讓外商入境。

這個政策的用意不單只在限制；其施行動機與安全、實務、財政考量這些具體問題更有關係。一七五〇年代英國開始實質上吞併印度，清廷得悉當時英國東印度公司在印度的活動，擔心清帝國領土受到類似的侵犯，因而下此決定。要歐洲船隻都只能停靠廣州一港，也是務實的決定，因為當時只有廣州能提供外商所需的設施。廣州的商人夠多、資金夠充裕，有能力從內陸買進滿足外商所需數量的貨物，使千里迢迢從歐洲來到中國的外國船不致空手而回。由於一趟航程費時甚久，船隻一年也只來一次，商人竭盡所能進貨裝滿船隻，然後啟程返航。但清朝這項政策，也是朝廷種種拓展財源、厲行中央徵稅權力作為中的一環。來自外貿的稅收直接送入帝國國庫。派兵遠征內亞和一七五七至一七五八年平定新疆，所費不貲，此後，清廷需錢更甚以往。清廷想要有源源不絕的大筆稅收，而把貿易集中在沿海幾個據點，最能如願以償。

英國人來華之前，在廣州做生意的歐洲商人住在澳門。歐洲商人只准在十至三月的通商季期間前來貿易，而且必須得到中國當局許可才能通過葡萄牙人所據的澳門，然後停泊於廣州南邊的黃埔區。在這裡，他們只能與得到朝廷許可的中國商人（所謂的「行商」）——做以物易物的買賣。在中國方面，貿易由粵海關監督管理，海關監督一職由皇上直接任命。海關監督授權當地商人參與外貿，也向他們課徵關稅和規費，然後洋船才准離境。這些中國商人必須確保與其通商的洋船守法，洋船若違反通商章程，他們得負責。

自一七五〇年代起英國東印度公司代表國家對印度展開殖民統治後，該公司受英國政府扶持的亞洲貿易也開始從印度擴及華南沿海，從而將華南部分地區融入世界市場。到了十八世紀晚期，廣州貿易量開始大增，英國人對中國茶葉的需求是這背後的重要推手。來自印度的產品，例如棉花，經廣州輸入中國，來華的英國商船則把中國茶葉、瓷器、絲織品運回歐洲。參與貿易的中國商人和中間人獲利甚豐，因而有能力自行建立新的貿易網，從珠江三角洲往外擴張，或沿著海岸，或深入大河，還有部分東南亞地區（他們先前已經在東南亞有貿易基礎）。透過廣州體系賺得的稅費，也創造出讓清廷大為滿意的收益。清帝國有心繼續這樣的經濟交易模式，只要帝國的主權未受到嚴重威脅即可。因此，有好幾十年，這一運作順利的體系令中國人和歐洲人雙方都得益。

不久，隨著廣州貿易額日增，碼頭、行商、運輸業者就顯得相形太少，無法應付日增的業務。廣州貿易也受到中國官府和中國商人毫不掩飾的控制。一七九二年晚期，英國東印度公司以經驗豐富的外交官暨殖民地行政長官馬戛爾尼（George Macartney, 1737-1806）爵士為訪華團團長，希望透過他出面商談，敦促中國允許英國商人至北方數個港口城市通商，並且允許英國船隻在中國領土進行修補。一七九三年，馬戛爾尼率三艘船來到華北，船上載有超過百人的職員、衛士、科學家，以及許多要贈給乾隆皇的禮物，包括鐘、單筒望遠鏡、武器、紡織品及其他先進產品。帶來這些禮物，用意在展現歐洲文明的進步，讓中國皇帝刮目相看，以贏得其歡心。但馬戛爾尼參觀了中國京城的皇宮，注意到帝國亭閣、花園的氣派非凡。他以謙遜口吻寫道，皇宮「陳設無比富麗」，「我們的禮物必然相形見絀，自卑得不敢見人。」[5]

清廷把英國使團視為朝貢使團，要馬戛爾尼依慣例向皇帝行叩頭禮。但馬戛爾尼堅決不從，堅持不對英國國王之外的人俯首鞠躬。於是，皇帝不願接見馬戛爾尼，亦即不允英國所請。在寫給英王喬治的回函中，乾隆詳細說明了他的決定。他寫道：

> 天朝撫有四海，惟勵精圖治，辦理政務，奇珍異寶，並不貴重。爾國王此次齎進各物，念其誠心遠獻，特諭該管衙門收納。其實天朝德威遠被，萬國來王，種種貴重之物，梯航畢集，無所不有，爾之正使等所親見。然從不貴奇巧，並無更需爾國製辦物件。是爾國王所請派人留京一事，於天朝體制既屬不合，而於爾國亦殊覺無益。[6]

但英國東印度公司不死心，反倒更加決意打破貿易限制，擴大獲利豐厚的對華貿易。英國已成為飲茶風氣極盛的國家，對中國茶葉的需求持續升高。據估計，當時倫敦平均每戶人家把家庭總預算的五%花在喝茶上。然而就在此時，中國北部商人開始把內陸自產的棉花運到南部，和英國人用來支應購買茶葉開銷的印度棉花爭奪市場。英國人想要賣更多自家產品到中國，以防貿易失衡，但在偏愛輕薄棉質襯料和絲織品的國家，厚毛織物銷路不大。必須靠賣掉英屬印度帝國的貨物，才能支應購買中國商品所需開銷的英國商人，最終找到了解決辦法。十八世紀運到中國的商品裡，孟加拉鴉片占的比重愈來愈大。

在中國，鴉片的用途廣為人知，歷來用於治療腹瀉、幫助睡眠，以及減輕痢疾、霍亂之類疾病的痛苦。罌粟於四至七世紀間由阿拉伯商人引進，在英國東印度公司來到亞洲之前許久，就已栽種於許多地方。英國東印度公司一七七三年取得在孟加拉的鴉片貿易獨占權，一八三〇年取得在孟買的獨占權。從一七七〇年代起，該公司致力於擴大廣州貿易額，經常用鴉片換取茶葉、絲、瓷器。鴉片供給變多，促成中國各地的鴉片需求與使用量成長，即使朝廷和官員三令五申禁止亦然。英國人拚命擴大鴉片貿易量，為此賄賂官員、與走私業者合作將鴉片送進中國內陸，還發送免費的鴉片樣品。不久，中國就付出龐大代價，受鴉片危害的人口愈來愈多。中國的經濟也因此受害。為購買鴉片，白銀開始流出中國。中國後來所面臨的許多經濟問題，直接或間接與鴉片貿易有關。

從那之後，直至二十世紀，鴉片都扮演著異常巨大的角色，最終成為中國十九世紀所面臨危機和挑戰的統括象徵。[7]鴉片引發戰爭，迫使戰敗的帝制中國開闢通商口岸，從此成為衰落王朝虛弱、恥辱的隱喻。鴉片加速西力入侵中國（尤其是英國人的勢力），大大有助於支應西方維持、管理其商業版圖的成本。十九世紀，鴉片是將中國與全球市場連結起來的最大宗商品，也是中國商業現代化轉型的重要一環。鴉片是一種商品作物，讓一些中國人飛黃騰達，也讓他們飽受官方嚴密審查與騷擾的商品作物。掃除境內鴉片成為追求現代化的二十世紀中國政府最重要的工程之一，「鴉片煙害」常被外國人拿來解釋中國為何落後，常被中國人拿來說明國家的恥辱。鴉片成為許多祕密會社、軍閥、政治團體、占領軍，乃至國民政府，必不可少的收入來源，也是他們彼此間進行權力鬥爭時必然爭奪之標的。到了二十世紀初，中國人的生活只有極少層面沒有受到鴉片的影響與傷害。

一七二九年，由於中國境內鴉片使用日增，皇帝敕令嚴禁販賣鴉片供個人使用。受迫於清廷壓力，英國東印度公司於一七九六年停止向中國直接輸出鴉片，開始在加爾各答將鴉片賣給民間商人（大多是中國籍和南亞籍），然後這些商人繼續運鴉片到中國。英國東印度公司從此能甩脫販賣鴉片的責任，保住其他貿易權利。中國政府愈來愈憂心鴉片貿易和英國人日增的影響力，遂於一七九九年下令禁止進口和種植鴉片。此禁令只反映了印度鴉片侵入之廣，卻未能收效。在邊陲地區，例如新疆（東突厥斯坦）和雲南、貴州、四川三省，公權力不彰，來自亞洲中部、印度北部的外國鴉片仍能乘隙而入，儘管官方嚴禁，國內鴉片種植面積還是擴大。在新疆，走私販子和鴉片農生意興隆，他們得益於天高皇帝遠、官府鞭長莫及，加上當地官員怠惰，以致政令推行七零八落。甚至，即使官員努力在地方上推行中央政令，也會遭遇鴉片走私網的破壞掣肘，而無法如願。在中國西南部，漢族和非漢族居民靠鴉片買賣為生。地方官員知道禁絕不了鴉片種植，轉而對種植者課稅以增加財政收入。

清廷認識到這些問題，推出更嚴格的政策。中央政府先前已推動作物替代計畫，但官員大多敷衍了事，更別提開始處理鴉片在前述社會經濟結構裡牢不可破的角色。因此，政府執行嚴禁政策，皇帝發布更嚴格的法令，禁止鴉片的輸入和販賣。吸食鴉片、種植鴉片分別於一八一三年和一八三一年被宣告為違法，接著在一八三九年對鴉片買賣祭出嚴酷的新管制措施。但在廣東東部，政府剷除非法鴉片買賣與逮捕走私業者的作為成效不大，十九世紀幾個最重要的鴉片走私網，有一部分就以該地區為大本營。結果，隨著人民被他們的社交網絡拉去參與愈來愈有賺頭的非法鴉片買賣經濟，非法之事變成常態。清朝官府鬥不過財力、武力雄厚的祕密會社和鴉片配銷集團，不只在廣東東部如此，這些組織成員涉足的其他地區亦然。禁鴉片失敗，顯示政府公權力不彰，而帝國制度性結構的痼疾，例如過分擴張和行政效率敗壞，也跟著顯露出來。

面對愈來愈嚴重的經濟、社會問題，朝廷百官辯論是否要透過類似針對鹽所實行的官方專賣制度將鴉片合法化。依照一八三六年弛禁派官員許乃濟的提議，鴉片合法化之後，輸入外國鴉片會跟著獲准。但隨著吸食鴉片成癮對社會、經濟的傷害愈來愈清楚，一八三八年朝廷表決反對鴉片合法化，贊成派林則徐這位十分幹練的官員去廣州禁煙。皇帝告訴林則徐，只要是永久消滅鴉片貿易所必要的作為都放手去做，於是林則徐滿懷幹勁上任。他搜捕吸食成癮者，強制他們接受治療戒掉毒癮，並嚴懲國內的鴉片販子。林則徐最想完成的事是堵絕外來鴉片，逼外商具結同意不再販賣鴉片，違者受懲。但這一自信滿滿的強勢政策，最終導致與英國兵戎相向。[8]

廣州禁煙消息傳到英國時，輿論分成兩派。有些英國人對於鴉片貿易在中國造成的問題感到不安，但他們的擔憂敵不過那些想要擴大對華貿易以獲取商業利益者和贊成教訓「傲慢的」清廷者。一八四〇年六月，英國艦隊來到珠江口，第一次鴉片戰爭開打。戰爭打了將近兩年，清帝國一敗塗地。一八四二年夏，英國艦隊抵達長江，已在慶祝勝利，準備炮擊古都南京。清廷不久後認輸。與英國人的談判在英國船上和離南京城牆外

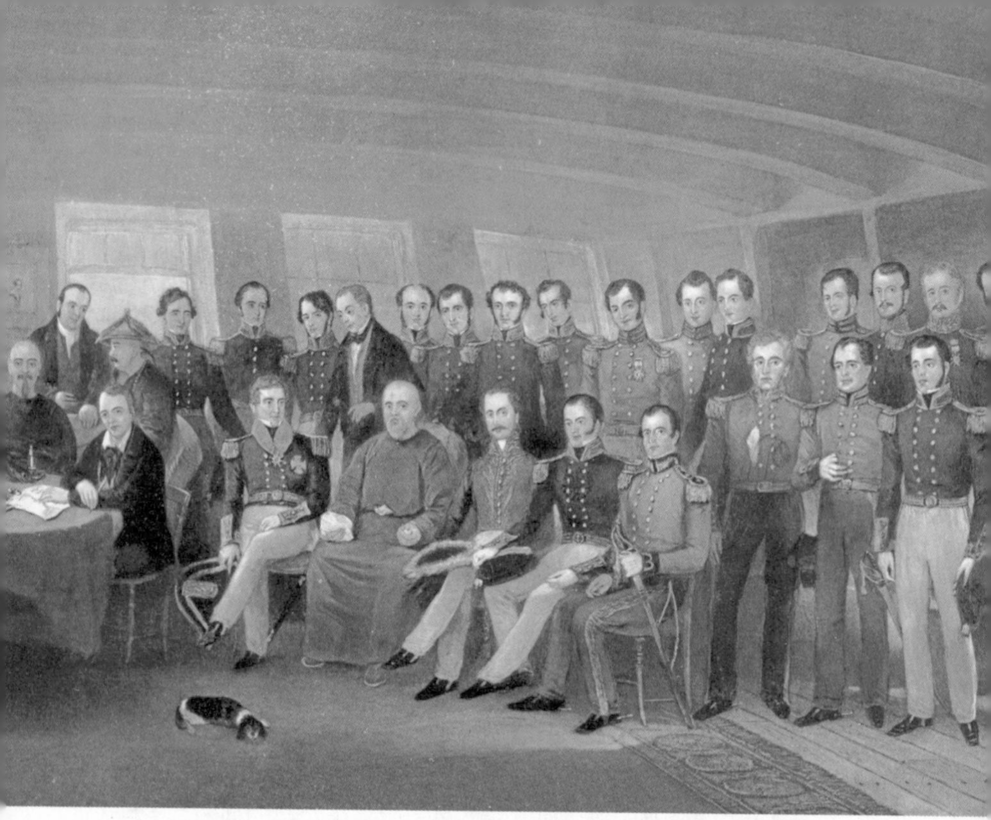

不遠的靜海寺進行。誰都看得出英國船堅炮利，非中國所能匹敵，而且這樣的作戰方式，中國軍隊此前從未見識過。英國新近付諸實用的科技武器，包括能夠溯河而上並支撐重炮炮臺的四艘汽船，以及發射速度更快且精準度更高的現代步槍。此外，英國還可以從附近的東南亞與印度殖民地徵集駐軍、戰艦和補給物資。中國皇帝眼見勢不可為，只好低頭照英國人的條件簽訂和約。

《南京條約》（一八四二年八月），中國第一個不平等條約，迫使中國向西方敞開門戶，西方對中國的支配從此開始愈來愈強。根據該約，清朝必須開放廣州和另外四個口岸供外國人與中國人直接通商。香

圖2.1　1842年，中英在英國海軍戰艦「汗華麗號」（HMS Cornwallis）上簽訂《南京條約》場景。John Platt於1846年繪製。
來源：Wikimedia Commons

港島永久割讓英國，中國同意支付兩千一百萬銀圓，賠償被趕出廣州的英國商人。對於財力已吃緊的清廷來說，兩千一百萬銀圓是不小的負擔。隔年簽訂的附約，給予英國治外法權，也就是說，在中國境內的英國子民完全不用受中國法律管轄。一八四三年法國、美國，一八五八年俄國，均分別與中國簽訂了類似的條約，也都包括治外法權條文。

一八五六至一八六〇年，歐洲人與中國打了第二次鴉片戰爭，期間清廷同時忙於平定太平天國之亂（後文會談到）。[9]英國商人對於《南京條約》所給予的經商權利仍不滿足，希望在中國能有更多的通商自由，一直伺機找藉口名正言順修改此條約體制。不久，中國地方官員想要削弱《南京條約》的效力，給了英國人藉口。中英兩國原本就在是否允許外國人進入廣州城這件事上意見不合。廣州雖於一八四三年七月宣告開放，歐洲人卻遭遇當地居民日益強烈的抵抗。第一次鴉片戰爭後，廣州城成為反洋人風潮的中心。城內重要書院的士人力陳勿讓「夷人」進城。有個團體在廣東出現，提倡在村落和小鎮闢設防禦工事和操練戰守以自保。這個團體也反清，因為清廷簽了那些令人深惡痛絕的條約。地方仕紳也挺身對抗洋人勢力，著手保護自己的經濟利益和家園，而且在此過程中愈來愈少求助於遠在京城的清廷。最後，英國人不再要求進城，廣州反洋人團體得勝，儘管清廷容許洋人「暫時進入」廣州城。

一八五六年十月，廣州情勢緊繃，兩廣總督葉名琛（1807-1859）與地方仕紳聯手抗英之際，發生一樁重大事故。廣東水師扣留走私船亞羅號，指控船上的中國人水手為海盜。亞羅號船東是中國人，可是登記為英國船舶，懸掛英國國旗。英國領事巴夏禮（Harry Parkes, 1828-1885）迅即派一支小艦隊溯珠江而上，一路打到廣州，企圖救回亞羅號。法軍也出兵，理由是有個法籍傳教士在廣西遭官府處決。與此同時，英國政府派額爾金勛爵（Lord Elgin）詹姆斯・卜魯斯（James Bruce, 1811-1863）率團使華，命他索取賠償和訂立新約。俄美兩國政府不願一起出兵，但後來派出代表參與外交談判。一八五七年底，英法聯軍一邊等待援兵從歐洲過來助陣，一邊炮轟廣州然後予以占領。一八五八年三月春天江河解凍之後，額爾金勛爵搭船往北，來到天津城外的大沽口。他想溯河而上到北京，商議修約之事，但執意推託的滿人官員不願放行。額爾金勛爵決定攻打大沽炮臺作為回敬。中國守軍毫無鬥志，炮臺很快被打過克里米亞戰爭、受過戰場磨練的歐洲士兵拿下。英法聯軍有技術和火力上的優勢，艦隊中又有蒸汽驅動的重武裝船艦，但他們能得勝，也要歸功於平素訓練和軍隊士氣更高一籌。

在天津談判時，清廷代表除了順應英國人和法國人的新要求，別無選擇。俄美兩國外交官也爭取到同樣的特權。一八五八年六月間，清廷與這四個國家分別簽訂了《天津條約》，明載給予簽約國的多項好處中，包括加開十個通商口岸、允許外國船溯長江而上、外國外交官長駐北京、基督教傳教士可四處傳播福音。將近一年後的一八五九年中期，額爾金勛爵的弟弟，英國駐華全權公使法雷迪・卜魯斯（Frederick Bruce, 1814-1867）來到大沽口，準備前往北京完成換約事宜。清朝使者要求一行人走陸路前往，也就是貢使團走的路線，法雷迪・卜魯斯不從。他強調他率團來中國不是要來朝貢，下令其小艦隊在海岸線外就戰鬥位置。但這一次清軍有備而來。蒙籍將領僧格林沁（1811-1865）事先料到會遭遇攻擊，已增援大沽炮臺，並部署精兵。英法聯軍最終果然發動攻擊，卻反遭大沽炮火擊退，死傷甚重。第一次敗於他們眼中幾乎不堪一擊的清軍之手，英國等西方國家不禁大吃一驚。西方優勢堅不可摧的形象被粉碎後，痛苦地滿腦子想著要報仇。

潰敗消息一傳到英國，英國政府立即著手報復。接下來所發生的事前所未見。英法兩國組成截至當時史上最大的艦隊，一八六〇年夏，四十一艘軍艦、一四三艘運輸船，浩浩蕩蕩駛往華北，載了兩萬四千名印度兵、英國兵、法國兵及炮兵、工兵；數千匹馬和騾子；數千名支援人員。[10]由格蘭特（James Hope Grant, 1808-1875）和孟斗班（Charles Montauban, 1796-1878）兩位將軍統領的聯軍，護送全權專使額爾金勛爵再度使華，六月底抵達中國。額爾金勛爵接到的命令是完成《天津條約》的換約，要清朝皇帝為攻擊法雷迪・卜魯斯的特遣艦隊一事道歉並賠償。一八六〇年六月二十六日，英法兩國正式向中國宣戰。八月，開始入侵。

但這一次，英法聯軍從陸上進犯，殺得清軍措手不及。清軍以為敵人會從海上來犯，因此這次根本守不住。清軍猝不及防，一八六〇年八月二十一日，英法聯軍拿下大沽炮臺。隨後，額爾金勛爵進向北京。與清朝的談判重啟，但未談出結果。棘手的叩頭禮問題再度浮現，額爾金勛爵不願叩頭，清方談判人員無法讓步。九月中旬，在北京東邊名叫八里橋之地，清朝的蒙旗騎兵做最後抵抗。蒙旗騎兵向英法聯軍猛攻，但遭迎面而來的炮火擊潰。接下來的數場戰鬥，幾乎無役不輸。一八六〇年十月中旬，連京城北京都遭占領，清帝國毫無還手之力，咸豐帝（一八五〇至一八六一年在位）不得不逃出城，避難於承德夏宮。清軍損失超過五千人，西方聯軍死傷也不少。

占領北京後，士兵前往北京郊區名叫圓明園的宮苑建築群，圓明園為清帝國鼎盛時期乾隆皇下令興建。為報復清軍虐待三十九名英法戰俘，額爾金勛爵下令英軍破壞圓明園並徹底焚毀。經過整整兩天的火燒和拆除，才毀掉圓明園內數百間精緻宮殿和建築。諷刺的是，這座宮苑建築群中有一個由歐式建築、噴泉、規整庭園構成的園區，清帝國境內或許只有圓明園有此特色。園區叫「西洋樓」，仿義大利巴洛克式建築建成，經由義大利和法國傳教士的描繪與描述，中國人當時已對這種建築風格有所認識。西洋樓的中心是地中海式園林，有噴泉、水池、水道，四周環繞一座宮殿、數座樓宇、數個鳥園、一座迷宮。這個園區反映出清朝中國對外國事物的好奇和對外國文明的興趣。圓明園裡也包含數百座中式宮殿建築——亭、塔、寺、藏書樓——以及蒙式、藏式建築。

英法士兵和軍官竭盡所能洗劫園中珍寶之後，才放火燒掉這些富麗堂皇、陳設奢華的宮殿。[11]有個法國軍人寫道：「眼前所見教我無比驚訝、目瞪口呆、為之神迷，突然間我完全相信一千零一夜的故事。我在裡面走了超過兩天，看見價值超過三千萬的絲織品、珠寶、瓷器、銅器、雕刻、財寶！自蠻族洗劫羅馬以來，我們第一次看到這樣的景象。」[12]

就在英國人、法國人進攻北京之時，俄羅斯帝國在中國北疆也更加活躍，迅即趁中國東北日益混亂之際侵奪中國領土。[13]俄國政府對東方的興趣，因為與英國在亞洲競爭的關係，加上對中華帝國的關注，而重新燃起。奉命取道額爾濟斯河（Irtysh River）至固勒扎（Kuldja，即伊寧）的一支俄羅斯代表團，一八五一年和清朝官員簽訂了《中俄伊犁塔爾巴哈臺通商章程》，中亞的固勒扎和楚乎

圖2.2　1860年英法聯軍劫掠圓明園場景。
法國插畫家和製圖員杜蘭（1832-1896）繪於1860年12月。
來源：Wikimedia Commons

楚（Chuguchak，即塔城）從此開放俄羅斯人前來通商。另一步棋則瞄準黑龍江流域，由穆拉維約夫（Mikhail Nikolayevich Muravyov, 1809-1881）伯爵指揮。他於一八四七年獲任命為東西伯利亞總督，在職期間走侵略路線。一八五四、一八五五年，他刻意違反一六八九年劃定中俄兩國邊界的《尼布楚條約》，派遣移民順黑龍江而下，在河岸設立殖民地。至一八五七年，穆拉維約夫已發起四次往黑龍江更下游的考察行動。一八五六年，第三次考察期間，黑龍江左岸和下游遭俄軍占領。一八五八年五月，穆拉維約夫逼迫清朝黑龍江將軍奕山簽訂《璦琿條約》，根據該約，黑龍江北岸（面積約十五萬平方英里）割讓給俄國，烏蘇里江與該江至海之間的土地由中俄共管。但北京不願批准此約。一八六〇年英法聯軍進攻華北之後，俄方談判人員伊格那提耶夫（Nikolay Ignatyev）出面調停，促成聯軍同意撤出北京。聯軍離開北京後不久，清廷同意與伊格那提耶夫簽訂《中俄北京條約》（一八六〇年），以回報俄國居中調解之功。此約不只確認《璦琿條約》有效，還在該約所割讓俄國的土地之外，再加碼割讓十萬平方英里土地給俄國，使得從烏蘇里江至海的大片土地完全歸俄國所有。俄國也拿到在中國東北的貿易特許權。

咸豐皇帝的弟弟恭親王奕訢（1833-1898）被任命為全權欽差大臣，負責與西方列強談判。一八五八年《天津條約》、一八六〇年《北京條約》的簽訂，恢復了和平，其中《北京條約》是與英法俄三國分別簽訂。這些條約大幅削弱了清帝國。一八五八、一八六〇年的條約，把第一次鴉片戰爭後授予外國人的特權進一步擴大，確認通商口岸體制方面的新發展或使這些新發展得到法律認可。英法俄美四國將有權利派公使駐京，中國都城首度對外國國民開放。清廷要各賠款八百萬兩白銀給英法，補償英國商人三百萬兩，另開十一個口岸供外國人居住、通商，包括牛莊、淡水、漢口、南京、天津。原本租給英國的九龍半島變成割讓給英國。外國人，尤其是商人和傳教士，可在內地自由走動。最叫清廷難以忍受者未必是給予西方政府的經濟權利，例如通商和開放通商口岸，而是無涉經濟但影響社會秩序穩定的政治權利，鴉片合法化就是其中的犖犖大者。人民吸食鴉片成癮帶來社會、經濟問題，而鴉片合法化幾乎必然加劇這些問題。令清廷同樣惴惴不安的還有給予傳教士傳播基督教的權利，此舉必會遭遇儒家社會菁英和本地宗教團體反抗。可想而知，這項條約規定將在地方引發諸多事端，令夾處在地方社會和外國傳教士之間的清廷尷尬為難。《北京條約》的另一條規定，允許英船載華人契約工到美洲，亦將帶來相同的麻煩。隨著奴隸貿易於十九世紀受到限制、最終廢除，種植園和興建鐵路所需的華工劇增。在當時許多觀察家看來，接續出現的「苦力貿易」與先前的奴隸貿易有許多共通之處，包括殘酷的招工模式、擄人事件頻傳、不人道的運送條件、工人工作時的高死亡率。事實上，這兩種做法有時難以區分，尤以在古巴之類有華奴、黑奴在同個種植園一起幹活的地方為然。清廷覺得即使本國子民人在國外，朝廷也必須顧及他們的安危，很擔心他們在西方列強手裡受苦。[14]

一八五八至一八六〇年的動盪歲月，清朝官僚體系分成兩派，一派主戰，一派主和。主和派領袖——恭親王奕訢、桂良、文祥——掌管和外人談判事宜。他們行事偏重務實考量，深信打不贏洋人，和解是唯一的出路。一八六一年，為因應外國公使駐京，清廷成立直隸衙門（總理各國事務衙門）處理對外事務，主要官員由主和派成員出任。一年後的一八六二年，清廷在北京成立同文館，教授外語和外國學科。

兩次鴉片戰爭結束了朝貢體制，代之以條約體制。此一改變甚大，影響深遠。朝貢體制消失非同小可，因為此體制建立在等級模式上，而該模式數百年來促成中國和東亞的穩定與繁榮。代之而起者是新一套受西方啟發、源自外部的規則，這套規則以條約為圭臬，建立在國與國平等的競爭上。朝貢體制這般重要的制度突然遭外部壓力打破，嚴重衝擊清朝中國整體的制度性秩序。支撐清朝統治的一根支柱垮掉，大為削弱整個帝國結構的安穩。制度性改變勢在必行。

英國人在擬訂《南京條約》（一八四二年）、《天津條約》（一八五八年）、《北京條約》

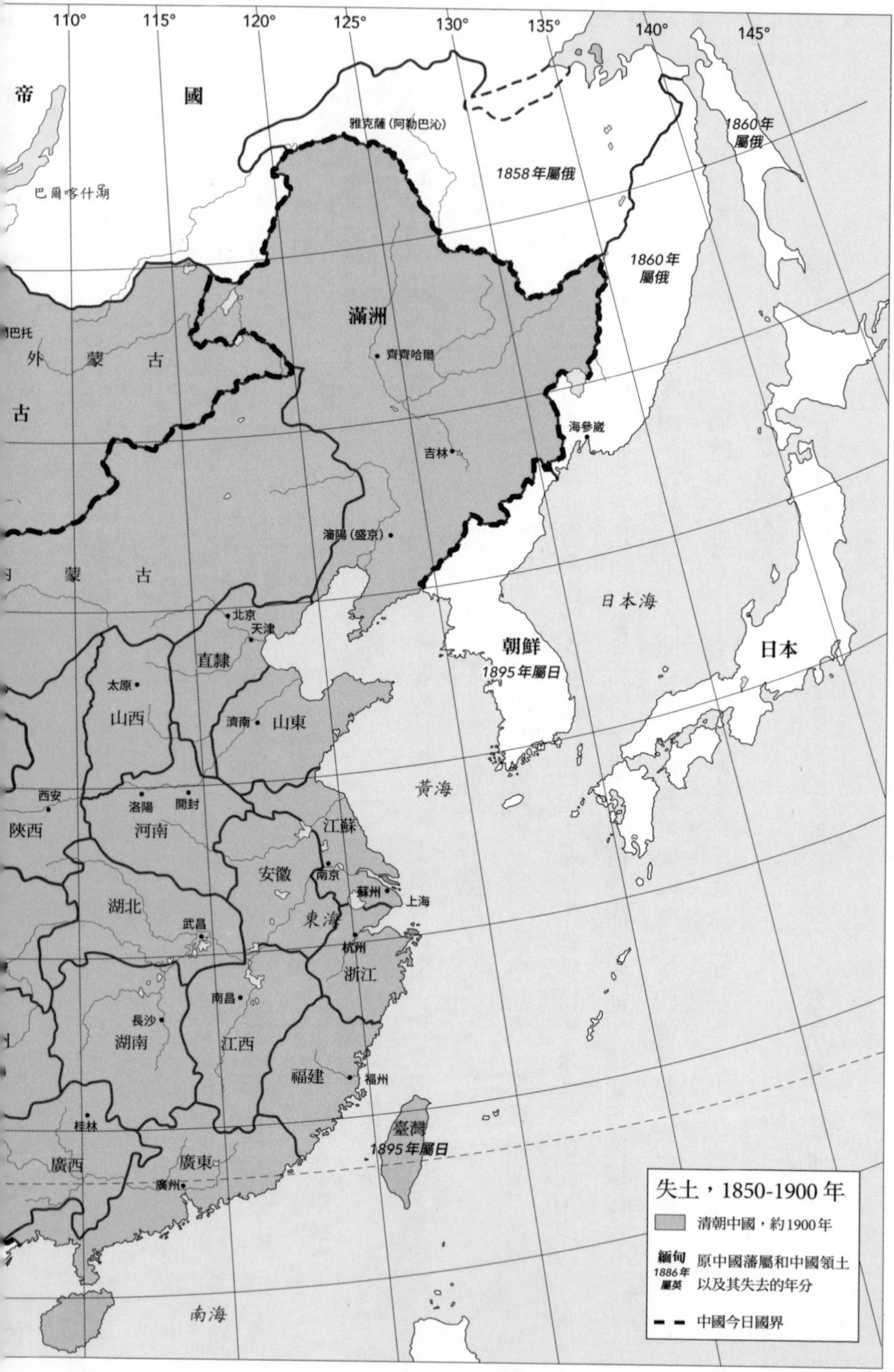

110°
115°
120°
125°
130°
135°
140°
145°
帝
國
巴爾喀什湖
雅克薩（阿勒巴沁）
1858年屬俄
1860年
屬俄
1860年
屬俄
滿洲
齊齊哈爾
外
蒙
古
古
海參崴
吉林
瀋陽（盛京）
蒙
古
北京
天津
直隸
日本海
朝鮮
1895年屬日
日本
太原
山西
濟南
山東
西安
洛陽
開封
黃海
陝西
河南
江蘇
安徽
南京
蘇州
上海
湖北
武昌
東海
杭州
浙江
南昌
長沙
湖南
江西
福建
福州
桂林
臺灣
1895年屬日
廣西
廣東
廣州
南海
失土，1850-1900年
清朝中國，約1900年
緬甸
1886年
屬英
原中國藩屬和中國領土
以及其失去的年分
中國今日國界

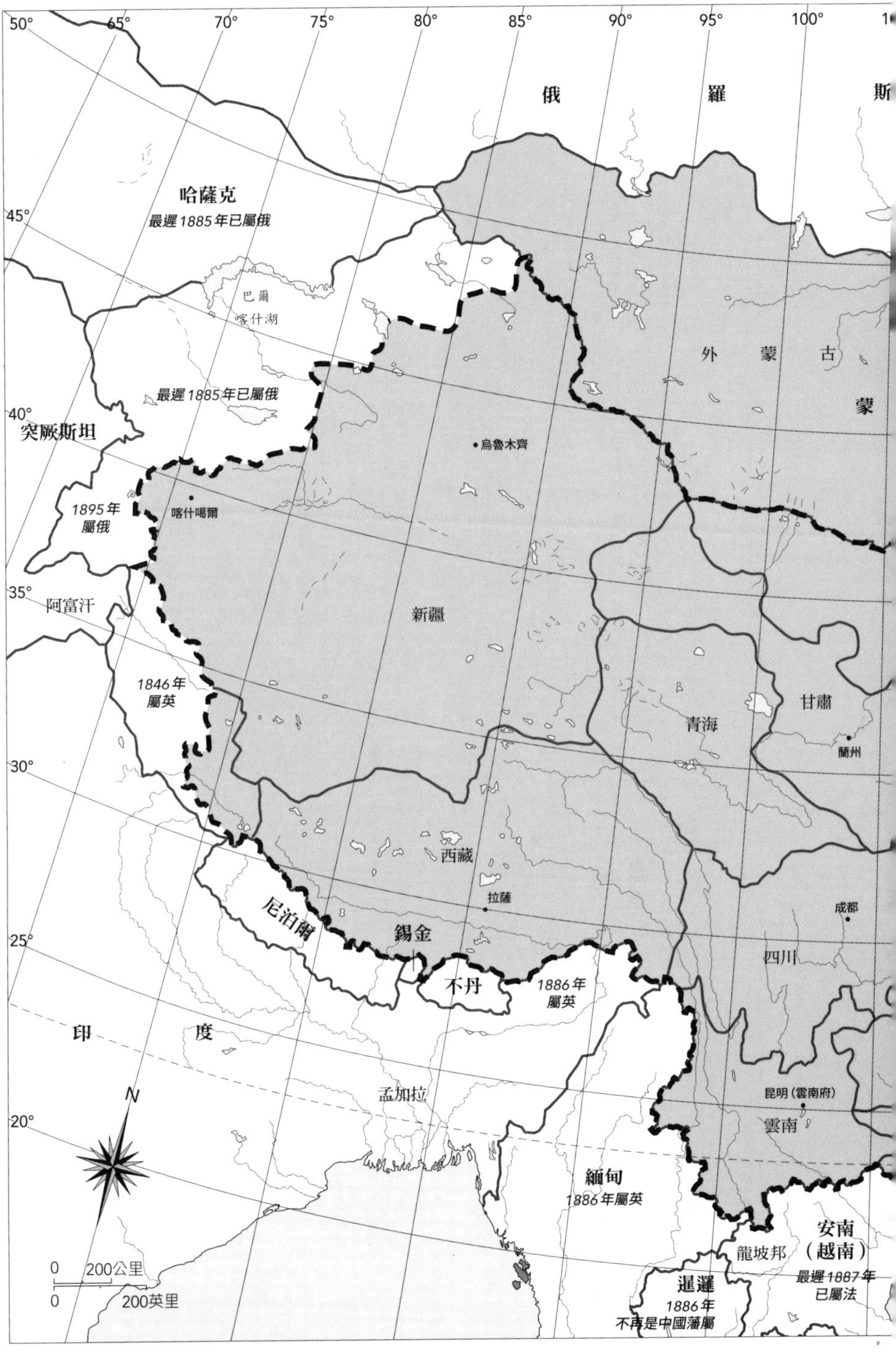

俄 羅 斯
哈薩克
最遲1885年已屬俄
巴爾喀什湖
最遲1885年已屬俄
突厥斯坦
1895年屬俄
喀什噶爾
烏魯木齊
外 蒙 古
蒙
阿富汗
新疆
1846年屬英
甘肅
青海
蘭州
西藏
拉薩
尼泊爾
錫金
不丹
1886年屬英
成都
四川
印 度
孟加拉
昆明（雲南府）
雲南
緬甸
1886年屬英
安南（越南）
最遲1887年已屬法
龍坡邦
暹邏
1886年不再是中國藩屬
0 200公里
0 200英里
N

（一八六〇年）的條文時字斟句酌，希望傳達中華帝國與大英帝國平起平坐的形象。但在中規中矩的行文中，隱藏著數條明顯讓清朝中國吃虧的條文。[15]在某些要點上缺乏互惠精神，使這些條約在本質上不平等。開放口岸和治外法權規定，都只針對中國。換句話說，中國在歐洲或歐洲國家的屬地未享有同等的特權。同樣的，要求中國施行低固定關稅，但是英國或其他歐洲國家並未給予任何對等的關稅減讓。最惠國待遇條款也不具互惠內涵。隨著十九世紀末、二十世紀初中國人開始研究國際法，這些無庸置疑的不平等待遇成為長期修約運動追求的主要目標。這場運動最終會收到些許成果，但要等到二次大戰爆發後。

然而，問題遠不只在條約的特定條文。這些實質上限制中國主權行使的條約，成為西方（和後來日本）帝國主義體制立足的基礎。關於這部分，有兩點最為關鍵：關稅自主和治外法權。對西方列強來說，向中國開戰的理由之一，是清廷所立之廣州貿易體制在收取關稅和規費上的專斷獨行。在這些條約中，英國人訂定低且固定的關稅，通常是五%從價關稅（以商品價格為標準徵收的關稅）。在全球貿易興盛的年代，進口關稅是每個國家的重要收入來源，讓政府有錢能夠投資基礎設施和扶持國內產業。削減此收入無疑使中國難以將資金用於促進國家的發展，難以在工業化方面迎頭趕上。無力施加保護性關稅以扶持本國產業，也會重創本國經濟。一八五〇年代，以英國為首的西方列強，還要求清廷成立由外國人掌理的海關。大清皇家海關逐漸擴展業務範圍，最終涵蓋了通商口岸的港口設施和導航，並管理中國最早的郵政，最後連鹽政收稅業務也由其管理。[16]這些措施可以說改善了效率，提高了帝國政府的稅收，但中國付出的代價是財政部門關鍵領域受外人操控。

「治外法權」對中國的危害同樣很大，[17]讓他國得以在中國境內行使多種司法職能。治外法權法庭將僑居他國的本國人，不管有無外交官或官員身分，均納歸本國管轄，從而不受僑居國管轄。這當然違反了一國政府在本國領土上享有專屬管轄權的通行做法——此原則是現代國際體系裡國家主權的根本元素。根據本國專屬管轄權原則，任何國家都不得在他國境內行使政府職權——立法、行政或司法職權。但在中國的西方列強往往覺得訴諸較靈活的法律概念較有利，偏向針對個人行使域外管轄權，而非遵從屬地管轄權。建立並維持西方人與中國人、或者中心與邊陲之間的差異，長久以來被視為殖民統治的關鍵原則。儘管正式的司法語言強調平等，但西方帝國主義在實踐上包含不公平的待遇、等級關係，還有不平等的法律地位。西方列強想方設法製造並維持不同族群間的差異，這導致空間區隔和多種管轄權並存。由於在中國追求利益的西方國家代理人，希望避開中國官府管轄，以利在模稜兩可的法律環境裡運作、增添保障，治外法權便是此一需求下順理成章的產物。治外法權使外國列強可以透過主權分級創造不同的殖民形式，以及維持法律地位上的差異。

若是沒有治外法權，就不可能保持條約體制在法律上的複雜性與含糊性。中國境內並存數種管轄權，顯示帝國主義行徑在中國沿海地區的靈活與含混程度。此類帝國主義行徑持續擴張且存在感日增，其控制力和統治權有時以隱密形式展現，有時以可見形式展現。近年來的歷史著作論及帝國結構時大多認為，帝國政體控制力的機動與靈活，有賴於分類多變化及零件可活動。[18]治外法權使列強得以在帝國境外安穩且安全地運作。

西方的殖民主義史學家鮮少探討中國境內境外的帝國主義歷史詳情。[19]但中國史學家長期在討論一種特殊的殖民統治表現，稱之為「半殖民主義」。他們用這個詞來表示一種過渡狀態，外國強權的多種霸權形式及受支配國家殘存的正式政治主權，並存於其中。中國未完全淪落至被外國統治，但也非完全獨立自主，或者說未能行使完整的主權。全球性的殖民作為和本土性的在地作為相互碰撞，創造出為時短暫的制度，被全球、國家、地方領域裡各不相同又彼此牴觸的力量夾攻。這些動能將牽引出什麼結果很難預料，或許會走向獨立自主，或許會淪為全然的殖民地。[20]半殖民是種矛盾狀態，但在中國，這種狀態卻也使這個國家有機會抵抗更廣泛、更全面的外來帝國主義統治。

通商口岸世界裡的商業化和創新

條約體制使中國沿海和內陸主要水道沿線愈來愈多城市允許外國人前來通商和定居。這些城市大多是所謂的通商口岸，它們很快地發展成商業興旺、人口稠密的大城市。中國今日最廣為人知的城市當中，有許多原是通商口岸，於十九世紀下半葉漸漸嶄露頭角。首屈一指者是「東方之珠」上海，接著是天津、瀋陽、廣州、漢口（武漢）、廈門、青島等等急速發展的城市。這些十九世紀出現的大城市，大多是透過國際貿易興盛繁榮起來（北京例外）。原是小鎮的上海和天津，能崛起為重要且繁榮的大城市，全憑其世界貿易口岸的地位。這些中國城市不只擴大城區，還大幅改頭換面，成為兼容中西社會特色的中心及外來新事物傳入的管道，甚至成為根本性改變的推動者，影響所及遠不限於中國城市。

通商口岸是商業中心，根據中國和十八個國家簽訂的一連串協議，來自締約國的外國人，特別獲准在此居住、經商。一八四二至一九一四年，總共九十二個城鎮被正式指

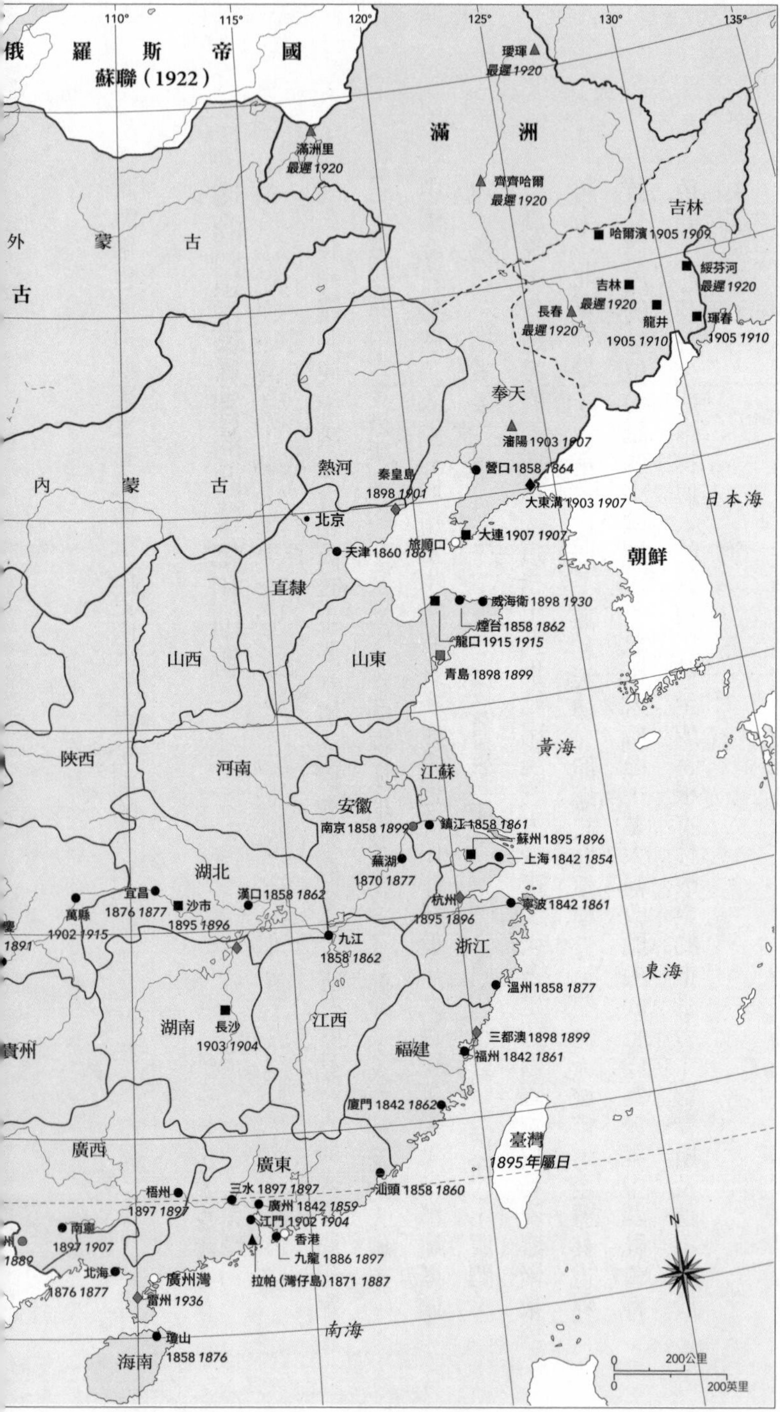

110°
115°
120°
125°
130°
135°
俄 羅 斯 帝 國
蘇聯（1922）
璦琿
最遲 1920
滿 洲
滿洲里
最遲 1920
齊齊哈爾
最遲 1920
吉林
哈爾濱 1905 1909
綏芬河
最遲 1920
吉林
最遲 1920
長春
最遲 1920
龍井
1905 1910
琿春
1905 1910
外 蒙 古
古
奉天
瀋陽 1903 1907
熱河
秦皇島
1898 1901
營口 1858 1864
內 蒙 古
大東溝 1903 1907
日本海
北京
大連 1907 1907
旅順口
天津 1860 1861
朝鮮
直隸
威海衛 1898 1930
煙台 1858 1862
龍口 1915 1915
山西
山東
青島 1898 1899
黃海
陝西
河南
江蘇
安徽
南京 1858 1899
鎮江 1858 1861
蘇州 1895 1896
蕪湖
1870 1877
上海 1842 1854
湖北
宜昌
1876 1877
沙市
1895 1896
漢口 1858 1862
萬縣
1902 1915
1891
杭州
1895 1896
寧波 1842 1861
九江
1858 1862
浙江
溫州 1858 1877
東海
湖南
長沙
1903 1904
江西
福建
三都澳 1898 1899
福州 1842 1861
貴州
廈門 1842 1862
臺灣
1895 年屬日
廣西
廣東
汕頭 1858 1860
梧州
1897 1897
三水 1897 1897
廣州 1842 1859
江門 1902 1904
南寧
1897 1907
香港
九龍 1886 1897
1889
北海
1876 1877
廣州灣
雷州 1936
拉帕（灣仔島）1871 1887
N
南海
瓊山
1858 1876
海南
200公里
0
0
200英里

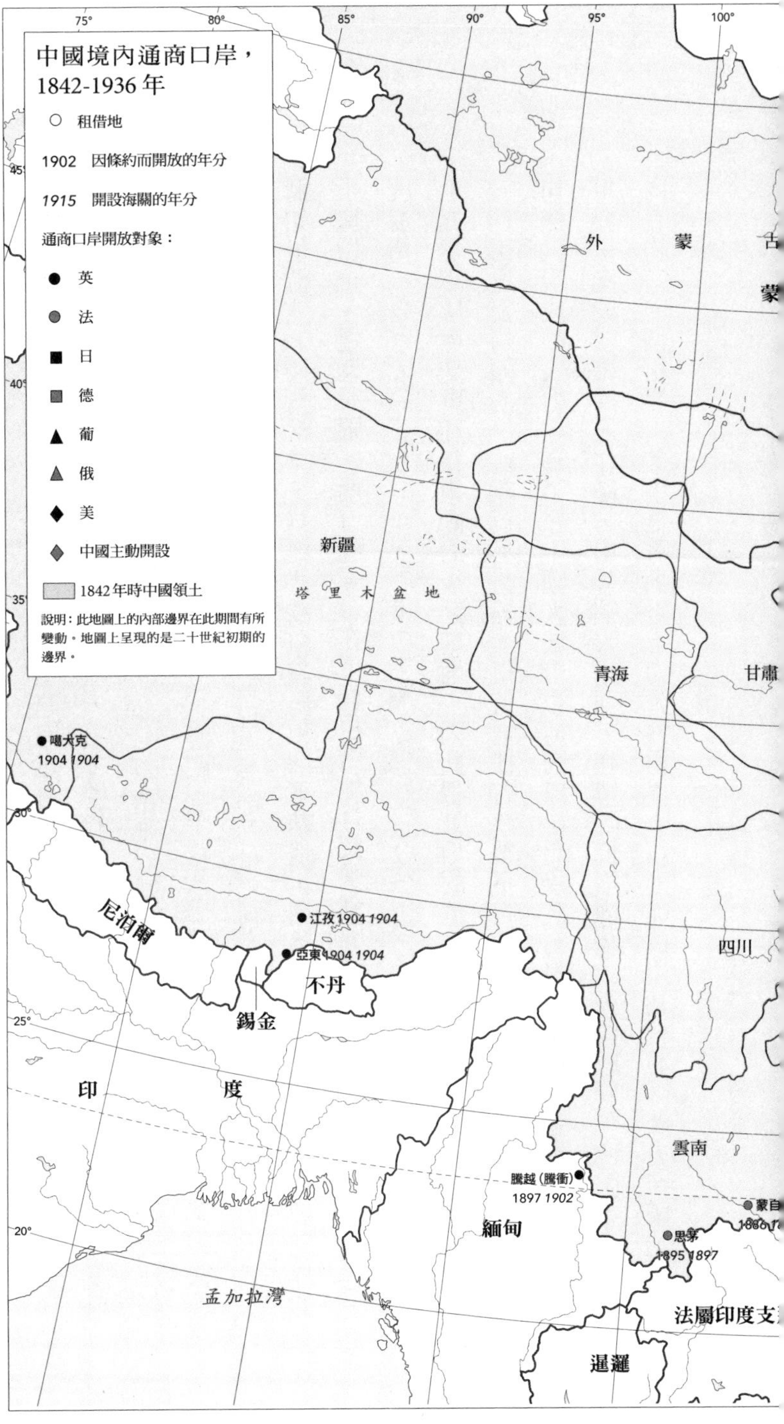
中國境內通商口岸，
1842-1936 年
○ 租借地
1902 因條約而開放的年分
1915 開設海關的年分
通商口岸開放對象：
● 英
● 法
■ 日
■ 德
▲ 葡
▲ 俄
◆ 美
◆ 中國主動開設
1842年時中國領土
說明：此地圖上的內部邊界在此期間間有所變動。地圖上呈現的是二十世紀初期的邊界。
75°
80°
85°
90°
95°
100°
45°
40°
35°
30°
25°
20°
外 蒙
新疆
塔 里 木 盆 地
青海
甘肅
四川
雲南
噶大克
1904 *1904*
江孜 1904 *1904*
亞東 1904 *1904*
尼泊爾
不丹
錫金
印 度
緬甸
騰越（騰衝）
1897 *1902*
思茅
1895 *1897*
蒙自
1886
孟加拉灣
法屬印度支
暹羅

定為通商口岸。代表官方利益、商行利益、基督教利益的外國人，入住其中約一半城鎮。這些通商口岸透過「不平等條約」建立，受到非正式法律協議和外國炮艇保護。中國在這些地方未割讓領土，但承認外籍人士享有治外法權，形同放棄中國對通商口岸內華洋居民的管轄權。其實條約城市有很多種，由多樣的法律形式支持，但是往往被一逕誤稱為通商口岸。[21]其中典型的殖民地很少見——即在無限制、無條件情況下割讓的較大塊領土。只有香港（一八四一至一九九七年）、澳門（一八八七至一九九九年）、臺灣（一八九五至一九四五年）是完全由外國強權（英日）統治的殖民地。幾種含糊的殖民統治方式，例如租借地，較為常見。為維持港口設施和海軍基地，列強向清帝國租借了位於邊界的小塊領土，租期設限。西方列強可在這些租借地行使受到限制的主權，例如青島（德）、威海衛（英）、九龍（英）、亞瑟港（旅順，位於今大連市境；俄）。外國列強通常以租借地充當軍隊與商業利益集團的後勤基地，因此租借地的位置往往離內地的資源不遠，便於利用重要的國內、國際貿易路線。租借地裡有為數不多的本地華人居民，能為外國公司提供現成的人力。為了在中國大城市和通商口岸有永久的根據地，列強也設立租界。租界是範圍明確的居住區，由外國人治理，在特定期限內租給外國政府。列強在中國境內有約二十個租界，其中最著名是上海公共租界。以通商口岸為核心，西方帝國主義列強利用「利益範圍」，亦即「勢力範圍」，來壯大自己，取得在特定地區裡明確的經濟特權、文化特權，往往還有軍事特權。在「勢力範圍」內，中國政府通常保有對中國人民的完整主權，但必須給外國政府及其國民優遇。

租界、租借地、殖民基地、利益範圍的管轄權各不同，並建立在不同的法律基礎上。一個絕無僅有的華洋混合物於焉問世。形形色色的制度產生複雜且含糊的管轄權，而且這些管轄權用在個人上多於用在地域上。在各個租界和租借地裡，中國人完全或局部受外國領事管轄及殖民管轄。租界受治外法權保護，豁免於中國法律之外，因而既是國際的，也是中國的。這一混合、二元的特性，賦予租界從中國的發展得益的基礎，但同時也為想要脫離中國境內戰亂和種種約束的本土企業家、思想家，提供了安全的避難所。

上海是最重要的通商口岸，拜地利之賜，成為中國首屈一指的貿易口岸，僑居中國的外國人，有一半以上住在上海。許多國家和各大洲的公民，來到上海居住、工作，而那些長期住在上海（有些已住了數代）的外國人，更自稱「上海人」（Shanghailander）。從許多方面來看，上海主宰著規範中外經濟與政治互動的「通商口岸體制」。[22]隨著上海發展成世界上最現代的城市之一，在各方面與巴黎、柏林、倫敦、東京相比毫不遜色，它於是成為其他通商口岸的外國人和中國人民眼中，令人嚮往的現代性與優雅生活典範。

原本區分開來的英、美上海租界，一八六三年合併為上海公共租界，一九三〇年代上海公共租界面積已擴至二一．五平方公里。法國人不加入上海公共租界，繼續維持自身的法租界。一九〇〇年，英籍業主持有上海公共租界內約九成土地的長期租借權；一九三〇年，他們仍持有租界內七成八的土地。上海公共租界的居民付費維持自來水、巡捕房、公園維護之類公用事業，租界裡的公園因據稱不准上海華人居民進入而惡名遠播。[23]與此同時，相鄰的法租界——通稱為「Concession」——面積擴張成十平方公里。隨著正式許可的特權經由地方實踐逐步擴張，各大通商口

圖2.3　約1900年的上海南京路。照片中間是一名為英國服務的錫克教（Sikh）警察，旁邊站著一個歐洲家庭。

來源：chinasmack .com

岸於是變成讓外國人除享有自主權外、還對其華人鄰居享有相當管轄權的區域。在上海，公共租借和法租界各擁獨立運作的法院，以及由外國人掌管的警力。

一八五四年為管理上海公共租界而創立的上海公共租界工部局（Shanghai Municipal Council），類似小國的寡頭領導集團，初期，其九名成員由僅僅三十至四十名外籍地主或租地人選出，一九二〇年代則由約兩千名這類人選出，但這兩千人仍只占租界外籍居民的一小部分。同樣在一九二〇年代，上海公共租界的華人居民開始抗議所謂「無代表下的徵稅」。該區九成以上居民是華人，工部局裡卻沒有代表華人的董事。最後工部局同意將工部局董事擴大為十四人，其中五人為華人。上海法租界採另一套方式治理。它類似小君主國，法國總領事掌管法租界行政機關「公董局」，身兼該區法院的首席法官。

天津的重要性僅次於上海。一九一四年，英、法、日、義、俄、奧匈、德、比諸國已都在天津租下居住區。其中，天津英租界，面積四平方公里，最為重要，英籍業主在天津其他地方另持有兩千英畝地。廣州和漢口也是重要的通商口岸。地近香港一事，對廣州經濟影響甚大。西方人聚居沙面島，此為河濱地區，與廣州市隔著一條小運河。至於長江口岸漢口，一連串租界沿江綿延超過五公里，在這些租界後面，有片區域設有專供歐洲人使用的設施（例如高爾夫球場、賽馬場），由外國僑社共管。

使通商口岸清楚有別於其他中國城市者，是它們的工業重鎮角色。一八九五年以前，外國公司受制於條約規定，不得在中國領土設立工業企業。半數以上的外來投資流入通商口岸區域，這些區域成為新商品、新技術、新生產形式的傳播中心。條約體制使新技術和新制度更快傳入中國，最初只傳到通商口岸，但這些口岸很快就成為新技術、新知識進入國內經濟體系及中國政府機關的中繼站。早期的例子包括銀行之類金融機構、上海證券交易所、有限責任的股份公司，以及新式地方自治。[24]

十九世紀，對通商口岸的投資，大多與貿易、運輸有關，例如航運和造船廠。中國許多鐵路公司向外借款，航行於內陸水道的汽船，船東全是外國貿易商行，例如英國商行太古（Swire，一八一六年創立）、渣甸（Jardine，一八三二年創立），還有日本航運公司。[25]至一八九四年為止，中國境內將近百家外國公司，大多從事通商口岸裡的造船跟修船業務、進出口商品的加工處理或其他輕製造業。也有幾次想要建立紡織廠或大豆加工廠，但多半沒有成功。這些區域裡的最早一批工廠，都是用外資建成，但中國的官方和民間資本很快著手發展自己的產業。只有在二十世紀初的時候，外資也會投入中國人的產業。中國最早的工業企業發展自本來已存在的公司，大多是手工業。現代中國的產業幾乎全位在主要通商口岸境內或其邊陲。上海成為江南的工業中心，麵粉業、紡織業、火柴業、瓷器業、電力業、機器製造業、造船業迅速興起。廣州則是菸草與紙菸、紡織品、農產品加工的中心。[26]

來自世界各地的外國商行（「洋行」）紛紛在通商口岸成立分公司。許多外國銀行——紐約城市銀行（花旗銀行前身）、匯豐銀行、橫濱正金銀行、荷蘭通用銀行（General Bank of the Netherlands）等——也在這些地方設有辦事處。隨著外國金融機構把現金注入中國經濟體系，它們於是成為中國現代國際市場經濟不可或缺的一部分。另由於十九世紀下半葉需要龐大貸款的北美洲和歐洲橫貫大陸鐵路已經興建完成，對於外資有需求的中國便成為極有吸引力的金融市場。也因此，外資對中國資本市場的興趣，高於對歐美的興趣。貸款和證券從西方大型金融機構投放給較小的銀行，再轉投放給新立的中國銀行，接著再投放給老式的票號和錢莊。十九世紀，想要獲得新立銀行金融服務的中國人劇增。這些銀行也與貿易商行有往來，因為貿易商行得靠銀行貸款做生意。當時最大的銀行，匯豐銀行，為我們瞭解通商口岸世界的跨地區通路提供了絕佳的例子。這家銀行一八六五年創立於香港，資本額只有五百萬港元，不到二十年就成為中國境內最大的金融機構，在大部分通商口岸和大城市設有辦事處和代表。這家銀行也管理香港政府在東南亞的帳戶，並且在香港和泰國發行鈔票。一九二〇年代以前，它也經手對中國政府的許多貸款，從中獲利甚豐。[27]

通商口岸不只與西方連結，還與東南亞的海洋區連結。出身廣東的商人建立了遼闊的貿易網，把中國的港口城市與臺灣、新加坡、香港、菲律賓等地交織在一塊。在巴達維亞（今雅加達）和西貢（今胡志明市），中國商人與當地荷籍、法藉僑民貿易，與外國公司貿易，與不在中國營運的公司貿易。儘管東南亞菁英和歐洲人都對中國人與日俱增的財力和競爭力心存提防，但仍不得不倚賴這個連結中國與東南亞且日益擴大的市場。跨地區的醫療用品和藥品行銷網極為完善。例如，在英屬馬來亞，余仁生這家公司，一八七〇年代開始販售中藥，逐步使馬來半島與中國南部通商口岸產生連繫，向契約工提供藥物和金融服務。在緬甸仰光，一九〇九年，華僑企業家胡文虎（1882-1954）研發出極暢銷的萬用藥「虎標萬金油」。此藥不只行銷中國通商口岸，還行銷整個東亞海洋區，使胡文虎得以在二十世紀中國建立數一數二的強大商業帝國。[28]

新知識和新制度也經由通商口岸進入中國。與多種事物（包括工程、醫學、國際法、法學、代議制、民主）有關的新資訊和新觀念，透過廣為傳布的印刷品，傳入中國，尤其是中國都市社會。印刷業，特別是上海等通商口岸裡的報章雜誌，影響力龐大，推動了中國城市地區的知識轉型。[29]在中文報紙裡，最早的商業廣告出現於一八五八年。上海報紙最終依靠廣告為主要收入來源，由於這個轉變，新聞業不再仰賴官方或傳教機構的資助。上海最大的報紙是創立於一八七二年的《申報》，不久，又有數量、種類都非常多的定期刊物在上海發行，其中最值得一提者，包括創立於一八九六年的《時務報》。

書籍出版商也在通商口岸找到日增的銷路，發展出新的讀物和書類。商務印書館是最大出版社之一，印行世界經典名著譯本。例如，嚴復（1854-1921）翻譯的彌爾《論自由》（一八五九年，嚴復譯為穆勒《群己權界論》）和林紓（1852-1924）翻譯的許多西方文學作品，非常暢銷，影響遍及全國。遍布中國各地的通商口岸，引領並主導十九、二十世紀的文化改變。為數眾多的通商口岸，以上海為中心，促成中國都市居民的改頭換面。都市裡受過教育的富裕群體，在思想、品味、日常活動上，開始揚棄傳統的生活方式，轉而擁抱他們眼中的現代生活。

基督教傳教團在通商口岸如雨後春筍般冒出，巡迴講道的傳教士，足跡開始出現在中國大部分地方。[30]這些來自西方帝國主義國家的基督教傳教團，中國人對其所用手法及所懷目標看法不一。中國從十六世紀開始接觸基督教，最初主要透過歐洲天主教徒。十六世紀，耶穌會士跟著葡萄牙人首度來華，不久後有道明會、方濟會修士跟著西班牙人一起過來，再來是十九世紀，傳來了由英國人、德國人、美國人主持的新教教會和天主教會。在看重政治和經濟秩序穩定的中國中央政府眼中，歐洲列強與傳教團之間的神學分歧，是令人不安的外來影響，從這些影響所得不多，所失卻不少。傳教士往往不受官員和人民歡迎，然而他們的文化活動和教育事業不容忽視，而且或許是傳教事業裡最不容忽視的一面。

十九世紀的傳教士大多是英國或美國的新教徒——受美國境內「大覺醒」（Great Awakening）運動和英國境內福音復興運動啟發的男女。其中某些最有影響力的傳教士，熱中傳播西方教育理念更甚於拯救靈魂。倫敦傳道會（London Missionary Society）派來中國的馬禮遜（Robert Morrison, 1782-1834），一八三〇年代開始出版中文書。美國公理宗海外傳道部（American Board of Commisioners for Foreign Missions）派來中國的裨治文（Elijah Bridgman, 1801-1861），在廣州出版中英雙語雜誌。西方教會也開始在中國創辦教會學校，例如上海的聖約翰大學。聖約翰大學初期設西學、國學、神學三科，後來擴大為文學院、理學院、醫學院、神學院，課程包括西方語言、數學（代數和微積分）、西方科學、天文學、化學、力學、地質學及航海學。與大部分外國軍官、外交官、商人不同，傳教士大多熟諳中文，能充當中國與西方之間的調解人。後來有些傳教士回去西方，在西方大學裡教授中文。

西方所主辦的活動、學校和高等教育機構，在中國遍地開花，刺激中國開始創建新的教育體制。一八六三年，清廷在上海成立廣方言館，一年後在廣州成立同文館。一八七四年，買辦唐廷樞（1832-1982）、改革派徐壽和一些支持此事業的西方外交官、學者，在上海創辦了格致書院。[31]這所學校以引介西方科學進入中國為宗旨，致力於教育中國人認識外國和一般科學，課程包括天文、數學、醫學、製造、化學、武器設計和地質學。天津的北洋西學學堂（今天津大學），最初教授土木工程、西學、採礦、機械製造、法律等科目。一八九七年，杭州知府林啟創辦以西方高等教育體制為基礎的「求是書院」，是為浙江大學前身。不到一個世代後，中國境內的高等教育就不再偏重技術和外國事務，而是採用綜合性的新式教育體制，類似西方大學。大學、學院、師範學院，以及多種培育工業、商業、法律、行政、醫學人材的專門學校紛紛湧現，大多位在通商口岸。到了二十世紀初，中國已擁有一百四十多所高等教育機構，入學人數超過兩萬七千人。

通商口岸的設立、外貿的成長、新教育機構和教育機會的出現，使都市成長有所偏斜，多為沿海大城的擴張。沿海城市與內陸心臟地帶開始出現鴻溝。初萌產業的工作條件往往糟糕——不管雇主是洋人還是華人皆然——但人口稠密的中國鄉村始終有過剩的農民想在城裡找工作。隨著清廷放寬入城行旅和定居的限制，中國許多沿海城市的規模擴張為原來的兩倍。整體來看，仍有八成五左右的中國人住在鄉村。但由於城市人口已占全人口一成以上，大城市成為要求政治、社會改變的主要力量。[32]這類城市孕育出自組會社的工人、抗議官方濫權的學生及提倡民族主義的店主。

上海等城市也成為民族主義中心和後來革命騷動的中心。清末，中國城市居民（先是通商口岸居民，然後擴及其他城市居民）和流入城市的外地人聯手推動激昂的政治民族主義，而電報、火車加快消息與觀念的傳播，對此起了推波助瀾的作用。這些大城市大多經由鐵路、公路、海路或河路連成一氣。人與觀念從一地移到另一地比以往來得快。在帝制晚期的中國，官方在省內傳遞信息要花十天，從北京傳到較偏遠的省會要花三個月。新建的鐵路線把如此長距離的移動時間，從兩天（乘船）縮短為三個半小時（火車快車）。電報線一裝配好，通商口岸之間和其他城市之間的通訊，就幾乎變成即時。

伴隨這些大城市而出現的密集人口流動，為替代性權威來源的誕生提供了沃土。這些替代性的社會結構是利用很久以前就發展出來的傳統和組織作為地基。例如，出現了祕密會社和幫派。作風傳統的青幫和洪門，包括天地會，以上海為大本營。青幫最初由從事大運河穀物漕運的工人組成。由於黃河一八五五年改道和來自海上航運的競爭，穀物漕運沒落，終至消失，船工和工人隨之加入地方反抗勢力或轉移到沿海地區加入鹽的走私買賣。這些人也分散到各通商口岸，尤其上海，形成中國社會裡一股強大的地下勢力。[33]

同鄉會館（同鄉會）是另一種在通商口岸和中國其他城市擁有權威的組織。這些組織是從特定區域、省、地區來到城市經商、工作者的代表，協助他們在異鄉討生活。同鄉會支持自己人的利益，而非外國當局或中國官府，在貿易方面的人力分工扮演著特定角色。在上海、天津、漢口之類地方，同鄉會控制其成員所居住的城區，那些城區通行他們的方言，供應他們的家鄉菜。同樣重要的是，同鄉會也提供與海外同鄉接觸的管道。不過，儘管同鄉會勢力很大，卻總是得與新的貿易組織、勞動組織及形形色色的祕密會社（有反清會社，有幫派，還有介於兩者之間的各式各樣組織），爭奪人群的效忠。[34]

整體來看，在通商口岸新發展起來的中國都市充滿機會，卻也是難以駕馭之地，充斥跨越時間與地理空間的複雜纏結。這些都市的底層社會成員喜歡逞凶鬥狠、桀驁不馴，很難加以控制。在當時的通商口岸，出現了複雜的權力體系，在其中的有官府、西方代理人、商業會社、勞動組織和地下祕密會社。層層分布的權威——中國的、外國的、官方的、民間——無一獨大，因此，在這些通商口岸有許多機會可以擴大經濟、社會、文化的內容，由此產生的都市環境也能支持頗具規模的新文化和混種文化實驗。

都市設計方面，出現了結合中華民族風格和紐約、倫敦、巴黎元素的新建築形式。在文學界，上海的開放風氣，加上作家能夠吸收外來文化進行創新，使這個城市成為創造、再造中國文化的「文化實驗室」，產生「上海摩登」（Shanghai modern）文化。[35]政治上，也可以看到類似效應。在外國人治理的上海地區，政治異議分子免於受官方的審查和追捕，能在這裡討論及散播他們關於平等、參與、尤其是民族主義的想法。於是上海成為磋商各種政治計畫、文化計畫的中心。[36]

總之，條約列強在中國身上加諸了一個半殖民控制體制，而通商口岸是這個體制的一個重要部分。隨著中國民族主義日益昂揚，特別是一次大戰後，中國民族主義分子懷著憤恨之情，視通商口岸為外國人享有中國人所無緣享有之特權的地方，為外力對中國主權之束縛的象徵。關於通商口岸的性質，各種意見既強烈又矛盾，正顯示這些通商口岸有多重要，以及這類民族主義式批判對於形塑一九一一年後中國民族國家的意識形態和制度影響有多深刻。但我們也可以從比較正面的角度來看待通商口岸。通商口岸裡的商業和領事館社群推動了技術與經濟的創新，以及教育、金融、法學、出版、文化等領域的制度性變革。通商口岸的外籍僑民一般來說社交生活圈受限，但開放的大都市卻反而極大地開闊了中國人的眼界。上海更被稱作中國公民社會的搖籃。雖然中國十九世紀的通商口岸和貿易規模都不大，但它們是促成一個改變過程展開的要角，而且此一改變過程縱使緩慢，最終卻導致中國社會顯著的改頭換面。在一九八四年的官方聲明中，通商口岸的關鍵角色得到明確的肯定，當時中國中央政府賦予沿海四城市在對外貿易和外來投資上的特權，作為中國經濟改革與對外開放計畫的一環。這四個城市都曾經是通商口岸。

經濟衰退

一七五五至一七五九年乾隆的用兵，把中亞數大片地區併入清帝國，此後，對軍事擴張的追求漸消，不再那麼需要創新制度和集中化。中央政府所能運用的預算，一七七〇年代晚期達到頂點，之後開始下降。到了一八〇〇年，預算已低於頂點約一成五。財政日益吃緊，大幅削弱了清朝各層級的治理能力。嘉慶帝（一七九六至一八二〇年在位）在政治上多所改革，希望恢復治理能力、根除貪汙及解決日益蔓延的政治動盪，尤其在規模甚大且大傷清朝元氣的白蓮教起事（見下文）發生之後。這些改革意圖維護「萬世基業」，不追求宏大的目標，而把較保守的「持盈保泰」當成帝國的最重要目標。[37]然而這些政治改革在提升政府的基礎設施和治理能力上成效甚微，而且政府治理能力反倒持續大幅且顯著衰退。清廷治理多元且愈趨龐大之社會的能力開始衰弱，更別提「扶助」急速膨脹的經濟體系，而人口有增無減加上組成日益複雜，更使情況雪上加霜。就在清廷日趨保守、治理能力日益低落之際，發生了經濟危機。沿海和水道沿線的城市不知不覺間處於才剛萌芽、最終會促成中國經濟體制脫胎換骨的經濟革命的中心，但不鄰海的廣闊內陸，處境卻愈來愈不利，貧窮和苦難開始在內陸擴散。

百年傲人的經濟成長後出現的經濟問題，肇因不只一個。[38]有些肇因主要是國內因素。已有許多學者指出與日俱增的人口數量及其對資源造成的壓力，是十八世紀晚期、十九世紀初期清廷面臨的迫切問題之一，而且很可能是最迫切的。十八世紀人口的增加趨勢，持續至十九世紀中期未曾中斷。土地、水、燃料的密集使用，耗盡森林、淡水、草場等天然資源。環境退化把中國推到生態危機邊緣。全國農業生產力大概在一八〇〇年後開始衰退。在華北，棉花等非糧食作物的產量下滑，代表轉向糊口農業，種植蔬菜、穀物以滿足日益升高的本地人口糧食消費需求。

國內經濟衰退對於金融和貨幣局勢有很大影響。鄉村家戶所得和購買力下降。十九世紀中國的貿易條件也開始變差，主要因為一八二七年後白銀大量淨流出，一八四〇年代期間淨流出量更達到最高峰，數百年來白銀流入中國的模式自此遭打破。誠如前文所述，伴隨西方帝國主義而來的鴉片輸入爆增無疑是主要因素。但是中國貿易收支情況之所以反轉，另有一些更為全球性的其他經濟因素。十九世紀頭幾十年，全球白銀開採量隨著拉丁美洲數國政府遭推翻而大降。一八一〇年代的資料顯示降了將近四成，一八二〇年代則再降一成一。白銀價格飆漲，使中國輸入成本暴增。瓷器是中國主要的出口品之一，而中國瓷器在歐洲的銷路此時正好開始下滑。一七八〇年代，歐洲已自產高品質瓷器，日漸取代自中國進口的瓷器。才幾十年光景，中國就失去了主要的財富與繁榮來源。

白銀供給減少之際，一八三〇年代中國付出三千四百萬墨西哥銀圓購買舶來品，尤其是鴉片。貨幣體系遭打亂是道光在位初期經濟長期衰退的主因之一。這場衰退被稱作「道光蕭條」(Daoguang Depression，一八二〇至一八五〇年)，始於一六八〇年代康熙年間的商業日益繁榮趨勢自此告終。[39]白銀外流使仍在國內經濟裡流通的白銀價值上揚，老百姓使用的銅錢價值下跌。實質價格和實質工資因而受到更多壓力，不是停滯就是衰退——若與白銀價值相較，跌落幅度就更深了。雪上加霜的是，這實際上又調漲了人民要繳的稅，因為繳稅必須用白銀。因此，在這場蕭條中，繳稅農民受害最大，他們發覺愈來愈難將每日售貨賺得的銅錢兌換為銀兩以便繳稅。隨著稅負加重，許多靠些許利潤維持家業的小地主無力清償債務，不得不放棄自家農地，常見情況是賣給較大的地主。與此同時，通常也用白銀計價的土地等資產的價格大跌。這場蕭條也導致信貸緊縮，從而壓垮許多本土銀行。隨著交易成本升高和價格下跌，製造業者財務跟著吃緊，難以償還借款，資本市場枯竭。而為降低成本，商家於是縮減人力，造成失業率升高。窮人、富人的所得差距拉大，引發一波抗稅、抗租金運動及其他民變。

這場經濟蕭條及潛藏於蕭條之下的種種因素也擾動了清廷。清廷稅收滑落甚鉅，每年為解決收入不足而流出的白銀數量高達每年估定的土地稅的四分之一。由於應繳稅額自一七一三年以來沒有變過，政府的剩餘收入日益惡化。隨著政府發的薪資和公共工程款項實質上縮水了，貪汙和侵吞公款之事因而屢見不鮮，清廷也益發難有作為，愈趨無能。人民仍認為政府應該透過糧倉體系管理穀物市場，應該維護水利設施和防洪設施，應該賑濟饑民，但政府在這些方面已力有未逮。[40]官員疏於維護基礎設施，因為維護堤壩和灌溉系統的成本實質上增加了。他們任由穀倉裡的應急穀物存量減少，一旦地方發生饑荒，就不太可能得到充分的賑濟。這類作為和不作為造成災難更為頻繁，並且加劇災難時的災情。清廷不再能減輕人民的困苦。養不活自己的人不再能指望地方官府援助。而且，由於防衛經費無著，軍力隨之大降——就在必須應付新的內憂外患之時。

治理和財政變差，不只中央政府。商業衰敗也加劇本就嚴峻的地方政府財政問題，為此，地方政府更加用力搜刮民脂民膏以渡過難關。眼看快要破產，它們開始自行課徵附加稅以打平開銷。[41]當地方政府財政變得不穩，其解決之道本質上卻是和地方人民爭奪日漸萎縮的地方資源，又或是增稅與大力掃蕩非法活動，例如鹽走私，還有危及政府歲入的海上劫掠。從一八五七年帝國在全境課徵釐金起，運輸成本因此提高，從而使整個農村經濟更加蕭條。地方上再度出現強行抽稅的惡霸，地方政府和地方人民的資源爭奪戰加劇。當清廷成為造成問題的一環，地方人民為了生存，更加同心協力抵禦地方政府所派來掠奪民脂民膏的人。為反制地方政府的橫徵暴斂，人民主要抗議手段有抗稅暴動、攻擊可惡官員等。後文將提到的太平天國戰爭的爆發，經濟衰退也是一大起因。

有約莫二十年（一八四〇至一八六〇年），鴉片是中英貿易的最大宗。但一八六〇年後，愈來愈多機器製造的產品輸入中國，鴉片輸入量漸減。隨著一八五〇年代白銀生產復甦，加上茶葉和絲織品出口成長，白銀再度開始流入中國，穩定了金融和貨幣情況。但新問題出現，使經濟無從得到實質改善。歐洲工業革命的第一波產物，帶來亞麻布、毛織品、雨傘、煤油燈、火柴、皮鞋、蠟燭、鈕扣之類東西，而這些東西全都與本土產品競爭，最終將後者擠出市場。通商口岸開設後，西方貿易商行能直接接觸江南的市場和產品。這給農村手工業帶來壓力，導致農村人口失業。當時國內外似乎普遍認為，經濟危機令清帝國岌岌可危，瀕臨崩解。[42]

中國國際貿易擴張是通商口岸體制所帶來最顯著的效應。中國的海關資料顯示一八七〇至一八九五年出口額成長翻倍，進口額成長七成七。國際貿易規模不大，卻對中國國內價格影響很大。國內主要商品的價格漸漸與整個環太平洋地區的國際市場價格一致。稻米、小麥和棉花的國內價格跟著全球市場波動。這宣示了一項重大改變。代表貿易不受限制地發展了數十年後，打造出前所未見的全球連結，影響到中國經濟幾個大型且重要的領域。到了一八八〇年代晚期，數千萬種植、購買、販售稻米的江南地區民眾，或是上述事業的合夥人與貿易者，深受遠在異地的稻米生產者、消費者、貿易商影響。十九世紀接近尾聲時，中國的農民已在自己未覺察的情況下投身遼闊的國際貿易網，影響全球市場的漲落也受全球市場的漲落影響。這也意味著他們遠比以往更容易受害於匯率變動、通貨價值波動、全球性能源成本和交易成本（例如航運費和通關費）的變化。

通商口岸城市成長的同時，許多內陸城市因為貿易模式與運輸方式改變而沒落。航行於沿海和長江的汽船，把貿易帶離較小的內陸水道。隨著大運河（中國主要的南北向水道）衰落，運河沿線的大鎮跟著沒落，尤其是位於蘇北和山東的大鎮。與此同時，當中國內陸運輸業敗給更快速的新運輸工具，縴夫、船夫、騎馬和徒步旅行者，以及為旅客服務的客棧老闆，也就失去生計。出外討生活的農村人口，略過濟寧、揚州之類曾經繁華一時的城鎮，奔往上海。但通商口岸的身分不足以完全決定一座城市的未來榮枯。例如寧波，曾是清朝主要商業活動中心和最早被指定為通商口岸開放對外貿易的城市，卻深受上海崛起之害。寧波的商人，把資本，往往還有家人，轉往這個新的商業中心，與來自廣州的商人一起成為上海的新菁英。

沿海地區製造業的發展，遠未能充分發揮其潛力。十九世紀下半葉貨物、新技術、新知識流入日增，刺激了通商口岸及其周邊區域的發展，但尚未澤被城市區域之外，尚未影響沿海其他更大片地區。反倒是，當新事業與仍保證向官方恩庇者繳稅的非正式壟斷者的既得利益相牴觸時，衝突往往發生。一八九五年之前，中國知識界和政界針對是否該蓋鐵路，有過激辯。主建者主張，只有採用現代工業技術，例如蓋鐵路、建煉鋼廠、製作炮艇等，中國才有指望挫敗外國人的帝國主義野心，才能在技術上趕上西方。這一派，後來被稱作洋務派，成員包括中國一些最有權勢的官員，例如李鴻章（1823-1901）、張之洞（1837-1909）、劉銘傳（1836-1896）。反對興建鐵路者來自保守陣營，包括蒙古裔大學士倭仁（1804-1871）、劉鴻錫（1800-1899）、余聯沅。他們所陳說的擔憂，包括鐵路可能

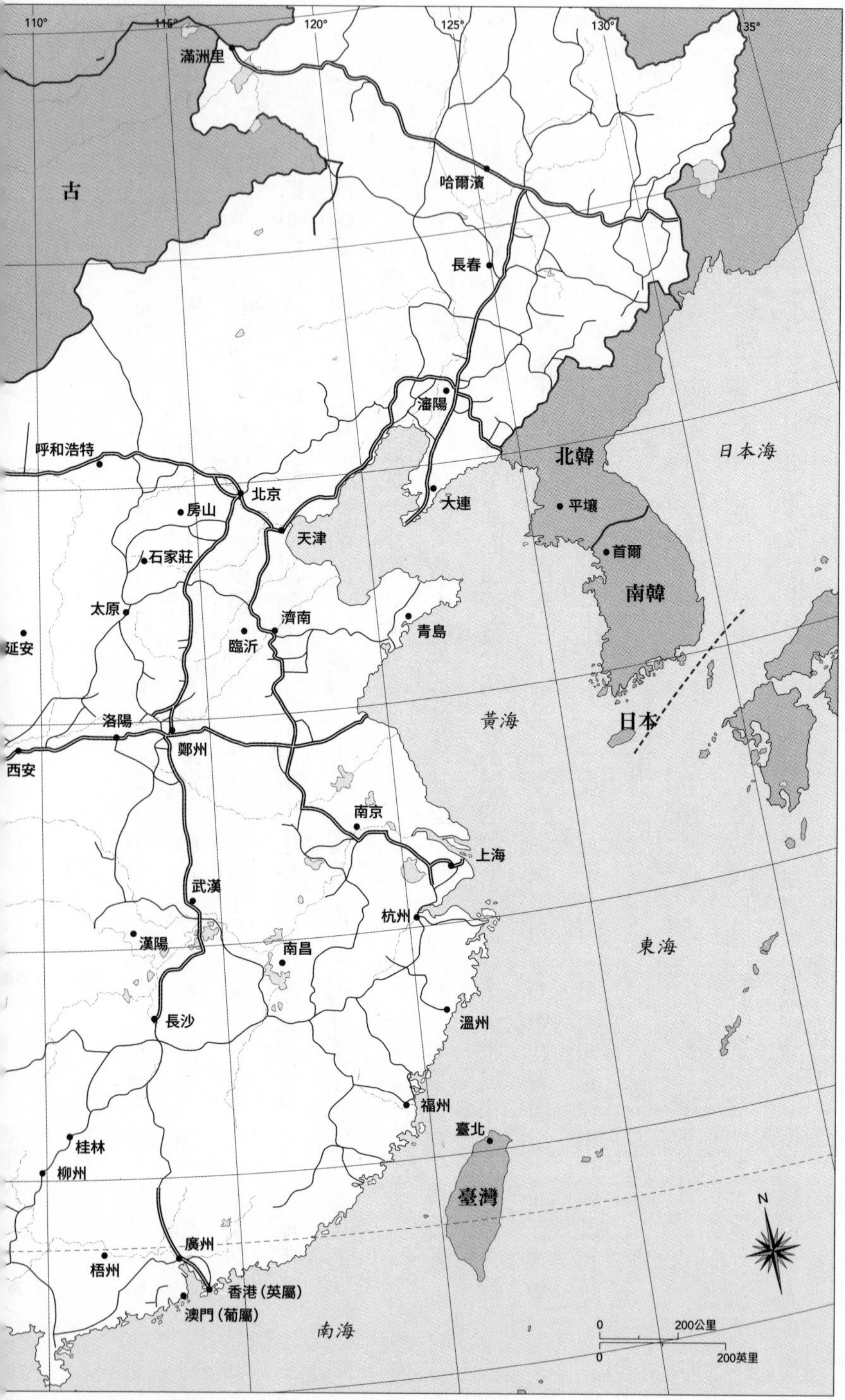

110°
115°
120°
125°
130°
135°
滿洲里
古
哈爾濱
長春
瀋陽
呼和浩特
北京
大連
北韓
日本海
平壤
房山
天津
首爾
石家莊
南韓
太原
濟南
青島
延安
臨沂
洛陽
黃海
日本
西安
鄭州
南京
上海
武漢
杭州
東海
漢陽
南昌
長沙
溫州
福州
臺北
桂林
柳州
臺灣
N
廣州
梧州
香港（英屬）
澳門（葡屬）
南海
0
200公里
0
200英里

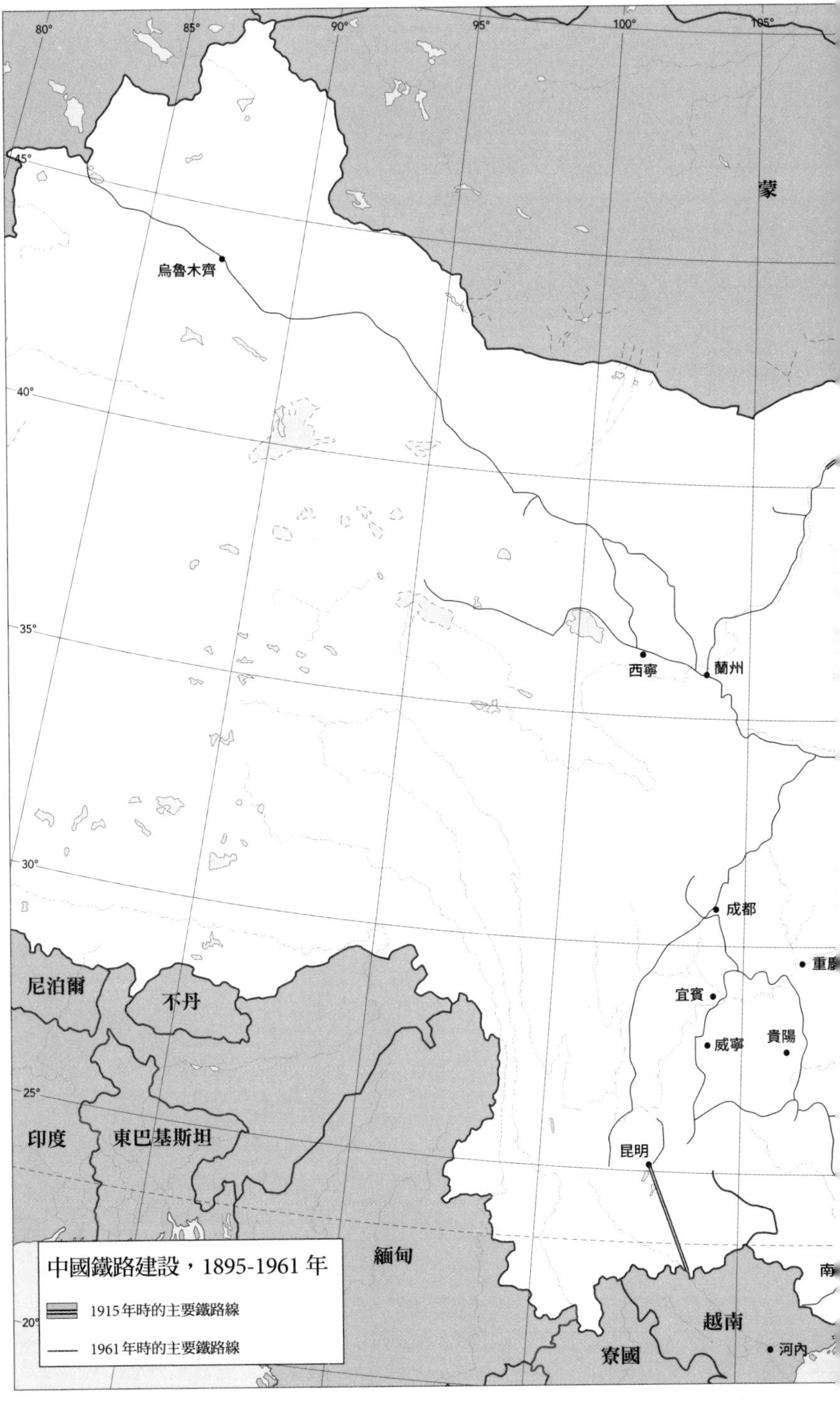
80°
85°
90°
95°
100°
105°
45°
40°
35°
30°
25°
20°
蒙
烏魯木齊
西寧
蘭州
成都
重慶
宜賓
威寧
貴陽
昆明
尼泊爾
不丹
印度
東巴基斯坦
緬甸
寮國
越南
河內
南
中國鐵路建設，1895-1961年
1915年時的主要鐵路線
1961年時的主要鐵路線

有利於外國軍隊長驅直入，可能導致傳統運輸工人大量失業，可能賠錢以致拖垮國家財政。[43]這類論點也得到想要限制或阻止新運輸形式的官員和傳統運輸業者所組成的同盟支持，他們擔心競爭危及自己收入，因而反對汽船運輸或鐵路。絲織工也反對引入新的製造法。地主和商人知道，要保住自己的利益，最穩妥的辦法就是與官員打好關係，於是，既得利益集團，以官員和傳統企業家交織而成的恩庇網絡為靠山，出手阻礙經濟革新。

中國不得不把修築鐵路的路權授予外國，在北滿洲，授予俄國，在南滿洲，授予日本，在山東，授予德國，在華中，授予比利時，在與中南半島接壤的諸省，授予法國，在長江三角洲，授予英國。一八九五年後，鐵路興建加快，一九一一年，中國鐵路長度已達約九千三百公里，但完全談不上是個一體化的鐵路系統。而且，這波基礎設施改善潮沒有涵蓋中國內陸。因此，內陸農村未能跟著沿海一起發展。

現代中國的工業化開端始於晚清在南京創辦的國防工業。江南、福建、湖北的造船廠和兵工廠，引領中國第一階段的工業生產。隨著不同地區的貨物與材料彼此交換，加上國際貿易發展，中國經濟轉型為一個擁有大型都市充當工業和消費性產品之收集、分配樞紐的體系。而這些城市是靠外國人所控制、管理的鐵路串連相通。

中國投入發展自己的輕工業後，紡織廠、麵粉碾製廠、火柴與肥皂製造廠、小規模機器製造廠隨之出現，這些工廠也都位在沿海通商口岸附近，而非內陸。整個長江三角洲、從北京到天津，以及武漢地區，突然出現生產麵條、紡織品、火柴、電、機器、化學品、加工農產品的本土企業。它們最初靠外資運作，後來靠中國政府和民間投資。

大部分農民無法從家庭製品賺得收入，完全倚賴自家小塊農地的收穫維生，又面臨愈來愈重的稅負，以致連最起碼的生計都無力維持。中國傳統市場網絡遭打破，導致一久久未消的情況，即沿海地區變得更富裕，內陸和孤立地區變得更貧窮，開發程度也更落後。城鄉差距愈來愈大。由於以鄉村農業和農民手工業為基礎的國內經濟體系瓦解，中國的傳統經濟結構逐漸轉變。

這在農村地區造成深遠的社會變化。志願性會社的存在是中國農村社會長久以來的特徵。十九世紀，當人們得面對不曾緩減的人口過剩、經濟困頓、社會失序、社會動亂，以及因宗族世仇而加劇的集體暴力問題，這類會社便如雨後春筍般冒出。[44]志願性會社，作為能以多種方式回應社會威脅的扶助網絡，主要著眼於困境下的生存問題。會社提供成員團結的力量，那是抵抗地方政府勒索、剝削、橫徵暴斂的唯一指望。會社以多種形態呈現，有些會社以教派（「教」）形態出現，有些會社以無關宗教的民間組織和兄弟會（「會」）形態出現。這類會社，作為社會合作的媒介，不受官府控制，在協調村中社會生活與經濟生活上發揮重要作用。例如，山西和陝西省內旨在保護、分配水資源的團體，以及臺灣南部的類似團體，都曾為了共享灌溉渠道而組織起來。福建南部的合作性組織致力於保住共同市場，以利瓷器等本地產品的配銷。在華北，會社統籌關帝或龍王祭拜活動。在客家地區，出現旨在教人練武自保的鄉村聯盟。[45]這些地方團體和組織的職能有部分重疊，是中國基層各個基本單位利益訴求的代言人。因此，城鄉之間的差異，從社會結構和社會組織的角度來看，也在變大。

社會困境與經濟困境令一度昌盛的清帝國疲於應付，何以致之？該歸咎於西方和西方帝國主義政策？或者禍起蕭牆之內，原就存在於帝國制度本身未解決的問題裡？問題千絲萬縷，不可能三言兩語道盡。可以確定的是，十九世紀中國陷入嚴重的經濟危機，這一危機存在超過百年，後來中國政府所難以解決的整體政治、社會衰敗，即是於此時埋下了禍根。經濟困境是最重要的因素，因為中華帝國的其他許多制度是受其波及而失靈。外國帝國主義對清朝中國帶來什麼樣的經濟衝擊，一直是眾家激辯的核心議題，至少自一九六〇年代起就是如此。[46]中國民族主義史家和馬克思主義史家長久以來宣稱帝國主義、「不平等條約」及強逼中國開放門戶，造成中國接下來的經濟問題。許多中國知識分子和史家把資本主義與外國帝國主義、外國剝削等同為一，將這些都斥為外力侵犯。

據此，他們也主張一九四九年後中國自外於世界其他地方、自外於全球資本主義，是為了二十世紀的復興所不得不走的一段釋放本土資源的時期。西方自由派史家則提出截然相反的觀點，主張來自西方的「衝擊」是促成現代化的重要推手，強調西方公司和制度如何帶來新技術、新知識、新觀念。

然而隨著過去四十年中國的突飛猛進，這場大辯論的措詞也已改變，畢竟若非對外開放及吸引外來直接投資，中國不可能有這四十年的驚人成就。學界近年來提出了一種較細膩的詮釋。例如，彭慕然（Kenneth Pomeranz）主張，「現代化理論家和依附理論家的觀點南轅北轍，卻往往都主張帝國主義最糟糕的政治遺毒，是造成二十世紀中國（或其他第三世界國家）無力促進發展，但承認帝國主義對某些現代經濟領域和地區的發展頗有貢獻，同時檢視政府在外來壓力下採用的策略如何導致其他政策和地區遭受冷落，上述這樣的觀點或許更為精確。」[47]伍若賢（Robert Y. Eng）提出類似的探討方向：「如要大抵理解中國和日本的現代化過程，絕不能只是列舉可能促進或妨礙現代化的各種內部因素或外部因素，甚至不能只是衡量內部因素相對於外部因素的重要性，反而必須竭力理解國內因素、國外因素之間的有機連結與相激相盪。」[48]也就是說經濟帝國主義的真實樣貌，比大部分記述所承認的還要錯綜複雜。經濟帝國主義打亂中國經濟某些領域的秩序，但同時為其他領域裡的創新和成長，提供了重要刺激。例如，研究中國境內外國公司歷史的學者，敘事模式已轉移成描述多位參與者間的競爭及經濟互動，而非單單敘述西方如何剝削。中國企業面臨重重阻礙，其中大多是來自國內的阻礙，但一般來說，中國企業遠比先前大家以為的有能力與外國商行一較短長，尤其在通商口岸。[49]城市地區的中國企業身段靈活，能因應新立外國商行和新式產品帶來的挑戰。這些企業也向經濟競爭對手學習，很快就採用新技術、新方法。許多商人熱切關注帝國主義所催生的新機會。他們也出國，到東南亞、澳洲、夏威夷、美國尋找新事業，甚至想方設法入籍國外，甚至持有多國護照。由於沿海地區的中國經濟具有韌性，善於因應外在環境變化，通商口岸才有機會快速發展。幾個大型都市地區成為中國工業與創業精神的基石，取代了先前農村家庭小工業打下的基礎。

然而，帝國主義對中國經濟結構造成的不良影響同樣不容忽視。整體來看，儘管通商口岸出現新機會和正面發展，但中國的經濟體系卻因此變得四分五裂。中國這一早期工業化的規模與品質相當普通，而且一直不大。沿海工業城市的經濟漸次擴及周邊區域，但擴張速度甚慢。傳統經濟模式繼續盛行於內陸心臟地帶和大型都市地區之間的區域。總的來說，經濟裂解為各自獨立運行的生產及行銷體系：內陸地區相對於沿海地區、鄉村相對於城市、農業相對於工業。這不可避免地嚴重打亂原有秩序，使中國農村墮入愈來愈窮困的境地。

環境災難

除了全面性經濟衰退，環境退化也使鄉村生活壓力倍增。十九世紀，環境惡化跡象更為顯著且常見。透過這些環境災難清楚展現出來的十九世紀大規模環境危機，嚴重到不能再視而不見。

此時前後，中國人口據估計已達環境所無力負荷的四億。可耕地的增加老早就趕不上人口成長，人均耕地面積於十八世紀下半葉劇減，十九世紀上半葉達到岌岌可危的低點，無疑成為農民苦難的根源和十九世紀危機的推手。對土地有增無減的渴求與對天然資源（包括土壤、能源、水）前所未見的需求，加速生態退化。人口成長導致對木材的需求陡增。節節攀高的市場需求，在國內、國際貿易網持續發展的推波助瀾下，進一步加重對邊疆資源的開發利用，此過程既不利於生態永續也戕害環境。到了一八五〇年代，先前引進的新作物已耗盡傳統作物遺留下來的殘存微薄地力，就玉米來說，消耗地力的程度遠大於稻米、大麥或高粱。隨著田地種不出東西而遭棄置，先前砍伐森林以開墾這些田地已造成的水土流失問題更形惡化。緊接而來的必然後果是，維持生存所必需的糧食更加不足、水災和旱災造成的災情更加嚴重，以及農村人口更加貧困。

由於河床淤積加劇，黃河一八五五年改道，衝擊三省，毀掉廣大農業地區。一八八七年，黃河中下游發生中國歷史上數一數二嚴重的水災，河水溢出新河道，罹難者在九十萬至兩百萬之間（一九三一年又發生一次大水災，災情更慘重。一九三八年，國民政府軍隊炸堤阻止日軍進一步入侵，黃河再度改道）。數千年來，歷朝政府一直把黃河治理視為施政要務，因為若不定期疏濬，加上偶而築堤，黃河流經土壤質輕且多沙的華北平原，就會動不動產生淤積。十九世紀初期，皇帝深知必須維護黃河和大運河的水利設施。十九世紀官員能利用精確的治水知識與長期治水經驗來治河，包括在支流築壩、放水清除黃河河床的泥沙。但清廷的財力和治理能力如江河日下，以致無法立即且有效處理河患。

黃河改道象徵華北環境的惡化到了必須立刻處理的程度，而在十九世紀中葉，華北氣溫也下降，乾燥程度上升。十九世紀最後二十五年，出現五百年來最強勁的聖嬰現象，使數千萬人死於旱災所導致的饑荒，使亞洲、非洲、拉丁美洲境內多地深陷於後來催生出「第三世界」一詞的那種處境。[50]在一八七〇年代，旱災和饑荒被中國的封疆大吏認定為最大且長期未解的問題。一八七六至一八七九年發生了晚近中國歷史上災情最慘重的饑荒之一。廣及山西、河南、山東、直隸、陝西數省的「北方大饑荒」，災民達一億六千萬至兩億，奪走至少九百五十萬條性命。使作物顆粒無收的一八七三至一八七六年三年乾旱是這場饑荒的近因。其他災難災情較輕，但發生在中國的經濟與文化心臟地帶。一八七三、一八八〇、一八九二年的江蘇旱災，摧殘了清帝國幾座最富裕的城市，引發人心惶惶，憂懼作物歉收、物價上漲、末日將至。來自生態崩解地區的難民與逃離造反勢力、戰爭烽火的難民一起湧入沿海及河濱城市，這些城市的人口因此大增。人民出走遺棄之地，有一些原是中國最具生產力的土地，這更加劇十九世紀的社會失序。[51]

過剩人口的大規模遷徙（有的往北到滿洲和蒙古，有的往南方、西南方移動），致使十九世紀社會更加動盪不安。兩千五百萬人從山東、河北移到滿洲，超過一千九百萬人離開中國，定居東南亞和印度洋、南太平洋周邊陸地。許多人前往大英帝國的直轄殖民地（crown colony）「海峽殖民地」（Strait Settlements），再轉往荷屬東印度群島、婆羅洲、緬甸，以及更西邊的地方。華人從心臟地帶外移是現代最大規模的人類遷徙之一。[52]

在饑荒或水災這類緊急時期，商人、仕紳捐濟災民很常見且重要。十九世紀晚期有許多大大小小的慈善機構。清朝中國維繫著一套複雜的社會福利救濟體系，其規模令現代化前西方國家的同類體系相形見絀。這套體系的目標是在急難時讓城鄉地區民眾至少可以溫飽，從而確保社會穩定，防止動亂。要能提供這些福利救濟，清廷不只需動用公款來設立穀倉，還需仰仗地方菁英私人捐款給慈善機構。這些慈善機構的功能大多為提供窮人安養和棲身之所，減輕人民所受痛苦。所謂的「慈善」，定義很清楚，指施予金錢、物質、勞力或其他種援助，以緩解人間苦難。[53]善堂在照顧困苦人民上扮演吃重角色；普濟堂（濟貧機構）和育嬰堂（收留棄嬰的機構）原是私人事業，後來逐漸得到官府授權掌理慈善事業。僧人設立粥廠，煮粥濟助饑民，提供窮人住所。戶外救濟中心散發食物和衣物，幫忙阻止流散的窮人進入因鄉間人口不斷流入而已飽和的城市。官府和慈善機構聯手創辦的難民救濟站，在照料窮人及緩解農村、郊區貧窮上，貢獻甚大。粥廠和義診把難民和病重者引導至特定區域和地方，以免他們的苦難與傳染病波及更廣。他們被視為潛在的亂源，官府不樂見他們四處遊蕩。

另一類重要的慈善機構，由經營稀粥施放所或穀物捐贈事宜以因應偶發食物短缺的會社組成。這些會社的功能類似救濟中心，但屬於較固定的常設機構。會址通常就位在城牆外，提供食物給乞丐和窮人。也有會社專門提供衣物，例如一些個別官員和士人為幫助窮人度過寒冬而成立的社群。還有一個項目是慈善救助的焦點，那就是藥物。有些會社提供草藥給看不起病的百姓。外國傳教士也提供急難救助，其慷慨與犧牲讓原本心懷敵意的官員都肅然起敬。十九世紀之前，這些措施整體來說成效甚佳，但十九世紀時，環境崩解，天災規模大到前所未見，龐大人口受此衝擊而四處漂流，面對這些人的救濟需要，上述零星措施杯水車薪。

中國政府發覺要對付日益嚴重的環境危機愈發棘手，必須投入愈來愈多心力和資源，才能維護河堤，管好糧倉，在岌岌可危的自然環境裡養活全村或全鎮的人。在全球氣候變遷的推波助瀾下，天氣模式變得更難捉摸。水災和饑荒益加頻繁，到了令人心驚的程度。這不只彰顯出環境問題愈來愈嚴重，也是帝制末期國家治理能力變差的自然結果。也就是說，環境難題既是環境問題，也是制度問題。帝國制度失靈，以致無法處理愈來愈危急的情勢。環境危機則如同一項威脅加乘因素（threat multiplier），不僅造成經濟和政治不穩，也使水災、暴風雨等突如其來的災難和旱災、沙漠化等緩慢發生的災難，災情都倍加嚴重。這些災難導致作物歉收、饑荒及城市過度擁擠——凡此種種最終都助長政治騷亂，升高戰爭、內戰的衝擊，迫使更多人流離失所。

中國農村地區的反叛與動盪

隨著傳統的福利救濟機制和工具負荷不了過多的救助需求而垮掉，十九世紀時許多人除了靠掠奪保命，別無他路可走。[54]他們拿起武器，暴動，攻擊糧倉，搶糧食，搶劫富人財物——然後往往跑到偏遠的丘陵和高山地區，在當地的教派、盜匪、三合會、反叛團體裡避風頭。一連串規模愈來愈大的民變，反映了鄉村生活的艱苦，並且進一步侵蝕農村社會的穩定。首先是白蓮教起事（一七九六至一八〇四年），然後是捻亂、苗亂和許多較小規模的匪亂和搶米暴動，而波及甚廣的太平天國起事（一八五一至一八六四年），是聲勢最為浩大的民變。在中國西北部、西南部也爆發數場為時甚久的回亂，回民、漢人相互屠殺。

一七九六年，白蓮教之亂爆發於四川、湖北、陝西三省的經濟貧弱地區。白蓮教的起源可追溯至東晉（三一七至四二〇年）淨土宗的救世教義。十二世紀首度以組織或會社的形態出現，十八世紀晚期重出江湖，而且勢力甚大。[55]士大夫和朝廷所信奉的佛教，必定跟盛行於廣大人民之間、充滿活力的教派組織（sectarian movements）截然不同，而這類教派是民間文化不可或缺的一部分。其中某些教派，例如白雲教、白蓮教，屬於中國民間救世主（彌勒）信仰運動的一環，這股綿長的暗流，一直延續至十九世紀未消。也有人說這些教派受到摩尼教（又稱明教）某種程度的影響，因為摩尼教尚白。[56]佛教僧團和官府都視這些教派為邪教。這些教派的信仰以彌勒（未來佛）下世為核心，認為彌勒下世會斬妖除魔，五穀豐登，天下太平。隨著白蓮教領導階層愈來愈反清，於是吸引到未必認同該教信仰、尤其是苦行信念的人加入。後來，盜匪、一貧如洗的農民、破產商人和走私者紛紛加入此教派。清軍無法獨力剿滅白蓮教，不得不大加倚賴地方仕紳及團練鄉勇平亂。經過約十年，終於在一八〇五年平定白蓮教。

白蓮教起事使清廷元氣大傷，從此未能完全復原。為平定此亂，耗費甚鉅，朝廷府庫幾乎為之一空。[57]白蓮教最終雖銷聲匿跡，卻不乏有繼起者和從中分裂出來的支派接棒代之。八卦教，又稱天理教，是其中行事最大膽的支派之一。成員之間有嚴密的互通聲息機制，軍事部署縝密，甚至滲入皇城，找到宦官、官員為內應。一八一二年，天理教兩名首腦謀劃控制山東、直隸兩省，暗殺嘉慶帝，以入主紫禁城。密謀事泄，皇子綿寧（即後來的道光帝）率領八旗士兵逮住叛匪，後來叛匪遭處決。清廷派遣滿人八旗進入北京街坊追捕八卦教最後一股勢力及其支持者。共約兩萬人喪命於平亂戰役。在擊敗八卦教叛眾並強力肅清其支持者後，清朝最終弭平了這場亂事。

後來發生的捻亂（一八五一至一八六八年），更為凶殘，為時更久，起事者稱為「捻」，指橫行於安徽北部、山東南部、河南南部四處劫掠的盜賊。[58]一八五〇年時，捻黨已幹起搶劫、強盜、走私鹽、賭博、擄人之事，藉此在淮河、黃河之間貧困、環境岌岌可危、易招水旱災的平原上謀生。捻軍由多路人馬組成，包括白蓮教徒和祕密會社三合會成員、解甲歸田的政府軍士兵，以及流離失所的農民。由於一八五〇年代初期黃河一再氾濫成災，農村謀生益發不易，許多難民投入捻軍，捻軍活動範圍變得更廣。從一八五六至一八五九年，捻軍諸領導人鞏固了其在淮河以北的基地，因為他們爭取到幾座有城牆守護之村莊的領導人入夥，這些固若金湯的村莊早在很久以前就築起防禦工事以自衛。這些村莊的氏族、宗族族長被授予要職，進入捻軍領導階層。捻軍主要採游擊戰術，他們能夠有效運用一支戰力強且移動快的騎兵隊，去襲掠偏遠地區，再把劫來的物資帶回大本營。但捻軍真正的戰力源頭是人民對其目標的普遍支持與同情。他們喊出「劫富濟貧」之類口號，洗劫政府的運糧車隊，把襲掠所得平均分配給自己人。他們也嚴禁擅自搶劫和姦淫婦女。捻軍反滿態度日益鮮明，開始蓄髮以示反抗滿清統治之意。清廷隨即宣告捻軍為造反逆賊，非平定不可。清軍剿捻由身經百戰且素孚眾望的蒙古裔將軍僧格林沁（一八五九年守住大沽要塞的名將）統領。一八六二年，他率領一支由滿旗、蒙旗組成的騎兵隊攻打捻軍，其後拿下數場勝利，但未能徹底止住反叛。一八六五年五月在山東中伏身亡。清廷隨即派兩位能征善戰的漢人將領曾國藩（1811-1872）、李鴻章接掌平亂大任。他們採用新戰法，試圖離間置身於城牆內的領導人及其部眾，宣布凡是投誠者皆赦免其罪，並且登錄忠於政府的農民、任命支持清廷者為村長。最後，李鴻章沿黃河、大運河設下包圍圈，作為其剿捻戰略的一環，最後憑藉該戰略於一八六八年平定捻亂。捻亂始於一小塊地區的少許劫匪，卻亂了十八年，使華北大片平原區受害。捻軍堅持固守大本營，打機動的游擊戰，並得到民心支持，捻亂所帶來的長期傷害，破壞了清廷對地方的控制，進一步削弱朝廷在整個華北的治理能力。捻亂讓世人見到帝國制度的外強中乾、不堪一擊。捻軍最終被滅，或許因為他們缺乏一套理路連貫的意識形態和治理體系，以及無能力或無意願與同時起兵造反的太平軍合作。若與太平軍聯手，定將形成一股難以擊破的勢力。

就在捻軍橫行華北平原之際，一股更大的挑戰力量興起於南部，而且這股力量同樣發跡自一個小農村，其成員最初只是幾個不滿現狀之人。一八五〇年代，華南兩個沒沒無聞的基督教派信徒，洪秀全（1814-1864）和楊秀清（1821-1856），吸引到一小批人追隨，此後漸成氣候。隨著勢力茁壯，兩人大膽自立政權，建號太平天國（一八五一至一八六四年），挑戰滿清帝國及其宣稱擁有的正統地位。他們呼籲殺光滿族統治者以解放漢人，把滿族統治者稱作「滿洲妖」、「漢人死敵」，呼應當時民間對滿清王朝日益強烈的不滿。在這些造反者的公告、宣言中，滿族皇帝不再是偉大的中國皇帝，而是「狗韃子」──「劣等」種族出身、非我族類的無德之君。[59]太平軍造反之初，類似白蓮教亂的爆發。白蓮教徒受官府迫害，選擇公開造反，設法吸引大批教外人士追隨，這些追隨者也鄙視滿清統治，與官府有自己的過節。但洪秀全及其部眾不同於其他造反者之處，不只在於他們的基督教信仰，還在於他們野心奇大，想自建國家，與清廷分庭抗禮。

太平軍發跡於廣東及廣西北部多山地區的客家移民村鎮。洪秀全一八一四年生於廣州北邊的鄉下農家，其祖上數百年前曾在朝為官。洪秀全出生地離廣州和香港不遠，位在與外界接觸日多的區域裡。那是個典型的移民縣，人口主要分成廣府人（說粵語者）和客家人兩類，經由位在該區域邊緣的口岸，已和國際貿易產生連結。洪秀全在一八二七年通過科舉縣試後，隔年去廣州參加府試，以取得生員資格。家族寄望他通過科考光宗耀祖。但府試未過，他到鄉村私塾執教。一八三六年他再度到廣州參加府試，還是落榜，一八三七年第三度落榜後，他回到村子，生了重病，病中不時作夢，屢見異象，歷歷在目，但不解其意。幾年後最後一次參加科考還是落榜之後，洪秀全因為族中某個表兄推薦，開始認真閱讀宣傳基督教的小冊子《勸世良言》，而這本小冊子是從廣州的外國傳教士那兒無意間拿到的。洪秀全在冊中讀到有所節略的基督教故事，內容強調上帝對人的感召，強調宗教的道德事業角色。這本小冊子似乎可以解釋洪秀全六年前夢境中所見異象。洪秀全改造自我，根據其對基督教經文的解讀，自居為見異象得神啟者。[60] 一八四三年，廣州一帶於中國打輸鴉片戰爭而一片混亂之際，洪秀全向其震驚不已的家人宣布，他的夢就是啟示：他是耶和華之子，耶穌基督之弟。夢境中，耶和華授他一把聖劍，要他掃除世間的妖魔、貪汙、苦難。所謂的妖魔，就是中國人在孔廟、佛寺裡膜拜的偶像。洪秀全自行為己施洗，然後搗毀附近的儒家偶像。

洪秀全口裡說著《聖經》語言，但他所見的宗教異象卻似乎非常類似白蓮教傳說中，無生老母遣彌勒佛透過化身來到世間，創造無貪汙、無苦難之新世界的故事。在教派組織裡，亦可找到相似之處。前往廣西為其天父吸收信徒途中，洪秀全創立「拜上帝會」。洪秀全和他的表兄所到之地，很快出現許多集結禮拜的會眾，而且這些會眾仿佛教教派的模式運作。不久，享有極大自主權的各地拜上帝會即有數百信徒。他們奉洪秀全為精神領袖，但其中許多人並未見過他。一八四〇年代中期，洪秀全的言談內容有了轉變。他似乎不再那麼強調妖魔和儒家學說的錯誤教誨，以及必須用對上帝的崇拜取代上述兩者這些事情。他開始斥罵滿族皇帝，視他們為不義且低劣的侵占中國者。他的雙重目標是推翻滿清與自立為帝。這是重要且影響深遠的改變，原本相當傳統的一個宗教團體，從此慢慢轉變成政治團體，不只要追隨者依憑宗教理念造反，還要帶領追隨者另建國家。從許多方面來看，洪秀全善於將源自民間宗教、教派的傳統制度元素與新的基督教教義、政治語言結合在一塊。在當時人看來，這個組織既談論大家所熟悉的關懷，同時也提出全新的視角。中國必須改造社會，以多樣的制度為新社會的基礎，這些制度則融合中國傳統和西方工業化社會的元素。太平軍也相信，等到太平天國與海外基督教國家合組為一個普世基督教國，世界將長久太平。這一別出心裁、將新舊元素重新組合的做法，給了太平軍一個極富吸引力的新天國願景，這個新天國保證政治更清明、社會更公義，最重要的是，讓中國回歸漢人統治。在亂世，這則預言為太平軍招來許多追隨者，它之所以打動人心，與其說是因為宗教內涵，不如說是因為承諾會撥亂反正，會創造更好、更有效率、對內和對外都更為安定的國家。如同先前許多宣揚末劫將至明主將出的教派和反政府團體的創建者，洪秀全終其一生一直是個滿腦子新點子但行事難捉摸的人，深受當時不穩且令人焦慮的時局影響。他吸引到地方窮人、流離失所者和弱勢者追隨，把他們拉進他的組織，熔鑄成一支令清廷難以對付的強大軍隊。

清廷開始積極鎮壓拜上帝會，數次想逮捕洪秀全。但在這期間，信眾已有大量武器在手，揮軍北上，進入廣東、接著湖南、再來轉往長江一帶——經過一八四〇年代的抗稅和暴亂，此地區局勢已不平靜。太平軍一路吸收走投無路且滿懷怨恨的抗稅者，與該地區既有的祕密會社結盟，成員數量持續增長。到了一八五〇年，這支反叛勢力更為壯大，活動範圍更廣。一八五一年一月打敗官軍，拿下一場決定性勝仗之後，洪秀全宣布建立基督教國家，取名太平天國。他自封天王，為這個新國家的統治者。這時，洪秀全麾下已有兩萬名為上帝打仗的男女士兵，開始攻打中國中南部城市。太平軍繼續快速壯大，最終拿下江南大部分大城市。太平軍能夠由南往北橫掃千軍，既要歸功於心懷委屈的農民加入，壯大其陣營，也要歸功於人民同時開始抵抗地方官員，牽制了官府。許多滿懷苦楚的農民歡迎太平軍入境，向他們獻上食物、水酒及地方情報。

洪秀全的軍隊於一八五三年三月拿下南京，南京隨之成為太平天國的首都。這對清朝打擊甚大，讓清廷認識到這場危機有多嚴峻。拿下南京的過程中，太平軍殘酷屠殺該城滿人居民，包括駐守南京的八旗官兵，還有其家眷，總數或許達五萬。[61]情勢至此，若不消滅太平軍，中國南部數大片地區可能不再歸清廷控制，包括重要的商業中心、具有戰略價值的基礎設施及歷史名城。王朝此時看來氣數已盡，似乎全中國的人都挺身反抗清朝統治。

洪秀全許諾其追隨者更光明、更安定的未來：「然而亂極則治，暗極則光，天之道也。於今夜退而日升矣，惟願天下凡間我們兄弟姊妹跳出邪魔之鬼門，循行上帝之真道……相與正己正人……共享太平。」[62]太平天國大刀闊斧改革中國社會。一八五三年後，太平天國領袖最初試圖透過政策實現全面土地重分配、性別平等，以及進行或可稱之為基督教原教旨平等主義的宗教實踐。[63]一八五三年頒布的「天朝田畝制度」，以高度稱許的口吻描繪了未來的太平天國社會：「有田同耕，有飯同食，有衣同穿，有錢同使，無處不均勻，無人不飽暖也。」[64]女人也獲准擁有和繼承財產，可以在田間幹活、為朝廷效力。

尤其在洪仁玕於一八五九年春來到南京，以干王身分總理天國政事之後，太平天國政策變得更有系統，也更為穩健。洪仁玕是洪秀全的族弟，於香港受教育，構想將中國打造為文明富強之國。而這個願望可藉由促使中國參與全球工業經濟體系而達成。他提倡興醫院、鋪鐵路、蓋學校、建銀行、發行報紙、使用汽輪、設立兵工廠及施行讓窮困地區能得到富裕地區多餘物質援助的土地制度。就治理來說，太平天國沿用了許多帝國制度，例如六部。最值得注意的是，儘管科舉制度與清帝國、與儒家學說關係非常密切，太平天國也開科取士。他們相信，即使在身為「天國京師」的首都，也應該透過考試選拔人才，差別在於試題出自基督教典籍，而非儒家的四書五經。但到了一八六一年初，太平天國科考開始也納入中國典籍。[65] 一八六一年春參加太平天國科考的考生，不只就宗教教義撰文申論，還就《論語》作文。儘管這樣的實踐為時短暫，但不失為是種制度創新。太平天國熔傳統規則與新理念於一爐的做法，為如何進行制度改造，提供了一個可茲仿效的模式或藍圖。

太平天國是本土制度與外來制度的集合體，結合了清朝中期種種抗議與造反手法及透過翻譯與轉介等方式新輸入帝國不久的西方意識形態。這些中西並用、追求改革的計畫，使二十世紀革命分子和學者皆視太平天國為中國第一個現代革命政權。[66] 太平天國也為後來以類似混合手法結合中西制度元素的政府的誕生，創造了有利條件。

但這些激進觀念遭遇帝國舊菁英頑強抵制。太平天國的社會計畫、文化計畫使其失去大多數地方菁英的民心，到了一八五〇年代晚期，這些人開始和清廷聯手，投入征討太平天國戰事。太平天國起事具有基督教性質，卻被中國境內大部分西方人視為瀆聖之舉，以及一種對秩序的威脅。在西方列強眼中，太平天國民變使貿易無從擴大，而貿易擴大是列強在華利益的重中之重。因此，大部分外國和外國公司願意助清軍打太平軍。歐洲諸國政府，尤其英國政府，深信應該用且能夠用武力逼迫清帝國接受西方條件。相

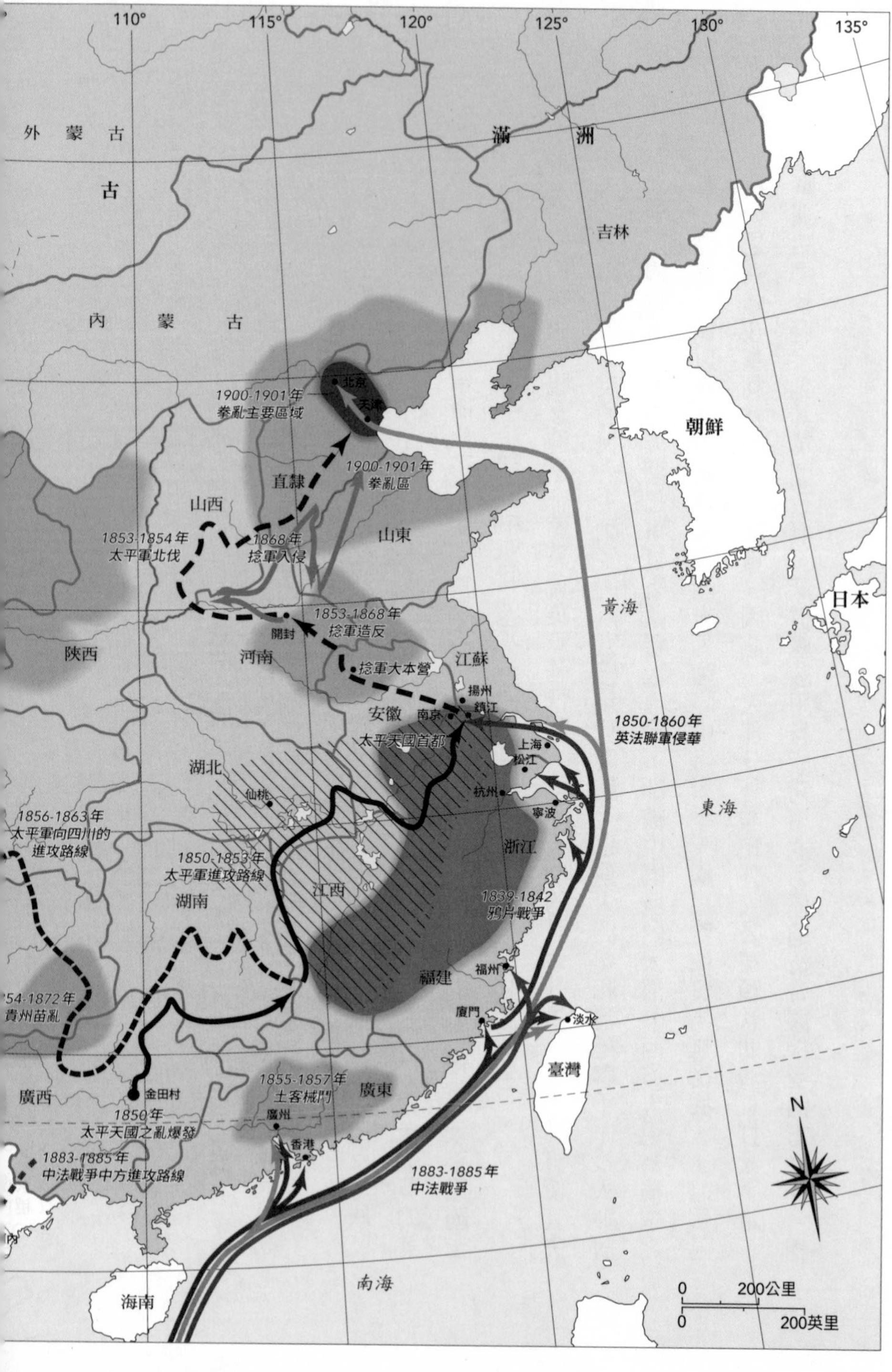

110°
115°
120°
125°
130°
135°
外蒙古
古
滿洲
吉林
內蒙古
北京
天津
1900-1901年
拳亂主要區域
1900-1901年
拳亂區
直隸
山西
山東
1853-1854年
太平軍北伐
1868年
捻軍入侵
朝鮮
黃海
日本
1853-1868年
捻軍造反
開封
陝西
河南
捻軍大本營
江蘇
揚州
鎮江
安徽
南京
太平天國首都
1850-1860年
英法聯軍侵華
上海
松江
杭州
寧波
湖北
仙桃
東海
1856-1863年
太平軍向四川的
進攻路線
1850-1853年
太平軍進攻路線
浙江
湖南
江西
1839-1842
鴉片戰爭
福州
福建
254-1872年
貴州苗亂
廈門
淡水
臺灣
廣西
金田村
1850年
太平天國之亂爆發
1855-1857年
土客械鬥
廣州
廣東
香港
1883-1885年
中法戰爭中方進攻路線
1883-1885年
中法戰爭
N
海南
南海
0
200公里
0
200英里

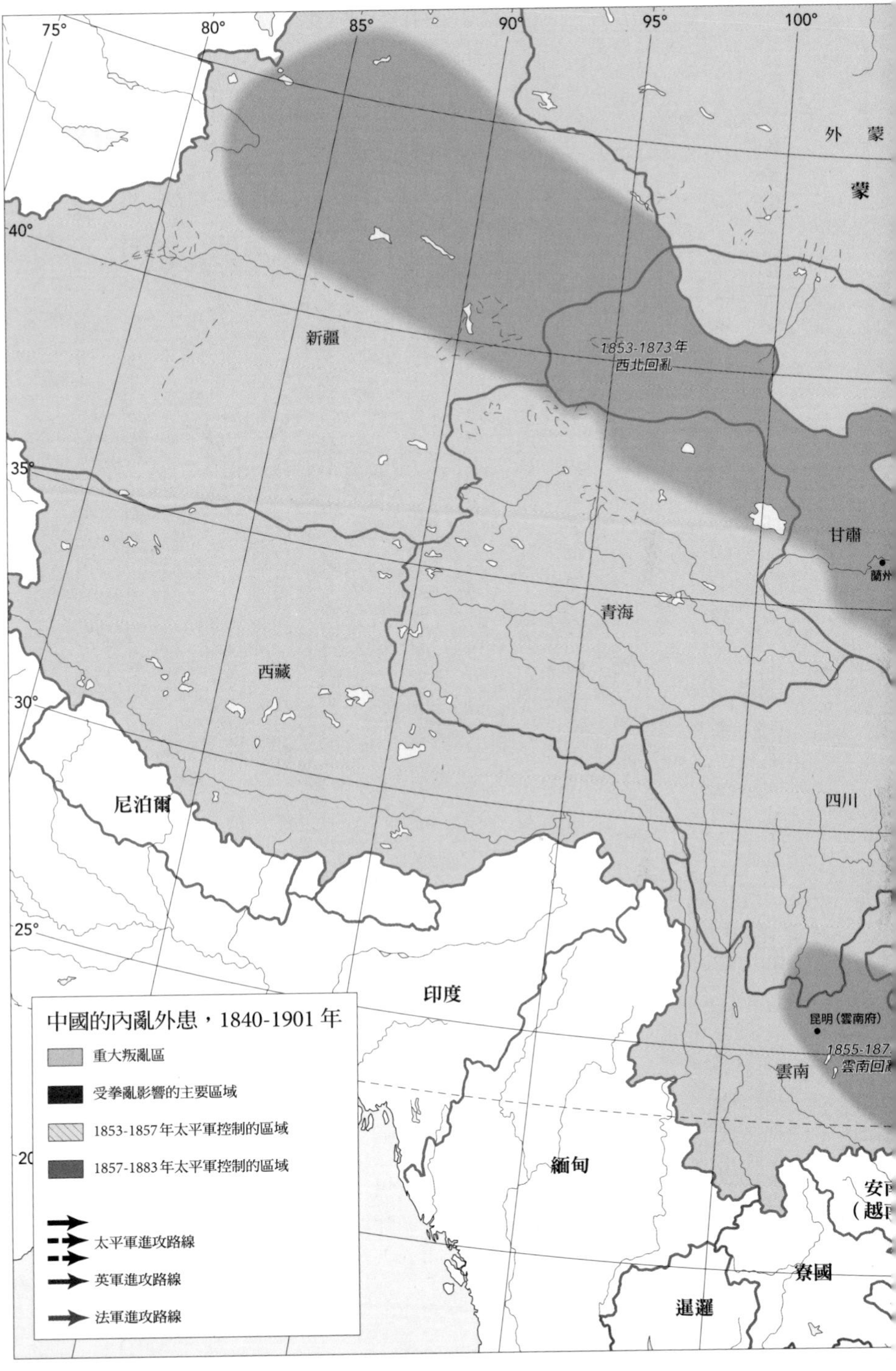

75°
80°
85°
90°
95°
100°
40°
35°
30°
25°
20
外 蒙
蒙
新疆
1853-1873年
西北回亂
甘肅
蘭州
青海
西藏
四川
尼泊爾
印度
昆明（雲南府）
1855-187
雲南回
雲南
緬甸
安
（越
寮國
暹邏
中國的內亂外患，1840-1901 年
重大叛亂區
受拳亂影響的主要區域
1853-1857 年太平軍控制的區域
1857-1883 年太平軍控制的區域
太平軍進攻路線
英軍進攻路線
法軍進攻路線

較於太平太國這樣原教旨主義的革命政權，即使奉基督教《聖經》為圭臬，都遠不如虛弱且順服、被條約綁縛在國際貿易體系裡的清帝國，合列強心意。清廷已因為兩次鴉片戰爭而元氣大傷，別無選擇之下，只能仰賴有限的西方援助，特別是軍火供應的援助。在中國東部，清朝也接受一支傭兵隊的助陣，這支傭兵隊的隊長最初是美國人華爾（Frederick Townsend Ward），後來是英格蘭人戈登（Charles Gordon）。清廷也倚重漢人省級官員弭平太平天國之亂，這些漢人官員組建了不受中央政府節制的地區性軍隊。在此時局下，清廷暫時擱置沿襲已久的「避籍」規定，容許帝國官員在原籍省分任職。從此，士大夫在自己家鄉打仗，為保衛自己家鄉而戰。曾國藩和李鴻章招募地方民兵，並且從新近在飽受戰火摧殘的中部數省開徵的「釐金」過境稅，取得經費。太平天國諸領袖在政策、戰略上的不和與分歧，為上述努力提供了助力。太平軍成員多樣，政策、信念上的歧異，早早就浮現。隨著太平天國領導階層間的暗鬥開始擴大，中國中部的清帝國官員終於得以動員足夠的支持，在一八六四年消滅太平軍。清軍最終拿下南京，過程中南京城內屠戮甚眾。

太平天國掀起的內戰，肆虐中國約十四年。江南，中國的經濟重心，受創最烈。人命財產損失驚人。喪生者，據估計，少則兩千萬或三千萬，多則或許達七千萬。當時中國人、西方人對此事的記述，均描繪了廣大地區經此戰火摧殘超乎尋常的殘破，倖存的農村人口因此貧困不堪。清朝的治理能力和軍力本就令人懷疑，經此內亂，猜疑更深。由漢人官員統領且得到西方列強助陣的鄉勇，在平亂時擔任主力，消滅太平軍後，並未解散。事實上，這些鄉勇後來在維持秩序上擔起更吃重的角色。朝廷甚至不得不允許他們保有對通過其境內之貨物課徵的釐金稅。結果，清朝最終雖克服至當時為止對其統治地位最嚴峻的挑戰，並恢復了心臟地帶的基本秩序，卻難以鎮住位於其遙遠邊陲的其他對手和新的反叛勢力。攪亂漢地的民變，不只鼓舞了地處邊陲的造反者，也讓邊疆地區一直想擁有更大自主權的形形色色族群，得到實現自己目標的絕佳機會。對他們來說，機不可失。

清朝對邊疆地區的控制大不如前

各種反叛勢力出現於距內地遙遠且朝廷難以管控的中國北疆、西疆和西南疆，而且這些區域的居民，由各色族群和穆斯林組成（即使不占大多數，至少也是一部分）。中國直接控制西北邊疆，而非只是左右其政局或與之建立宗藩關係，始於十八世紀。「新疆」

之名，則大概啟用於一七六八年。[67]十八世紀清廷平定新疆，對當地破壞極大，此後，清廷的治疆政策採因俗而治，即避免干預當地世居民族的慣例和宗族，盡可能運用當地既有的政治與宗教結構進行治理。一個錯綜複雜且層層節制的本土、文職、宗教官僚體系於焉誕生，在此體系中，伯克（統治者）和阿訇（精神領袖）為清朝皇帝的正式代表，控制所轄村鎮，但以伊斯蘭律法為治理工具。清廷派重兵駐守，但清朝對新疆的控制很仰仗來自內地的商人，得靠他們幫忙補給清朝駐軍，漢族、回族（漢人穆斯林）、本地維吾爾族貿易商人之間的關係因此變得錯綜複雜起來。

但清朝的軍事治理使其對新疆的控制不斷遭遇來自政治、宗教方面的抵抗。新疆境內反抗勢力得到中亞浩罕汗國伊斯蘭團體的支持。浩罕汗國是突厥語族穆斯林國，存在於一七〇九至一八七六年，範圍約相當於今吉爾吉斯、烏茲別克和塔吉克兩國東部、哈薩克東南部一帶。伊斯蘭宗教領袖愈來愈心儀以伊斯蘭蘇菲派為基礎的「新教義」。蘇菲主義是神祕主義版的伊斯蘭教，要穆斯林透過親身直接體會真主，找到神愛、神知的真諦。蘇菲主義的傳播大為激化穆斯林對清朝統治的反抗。雖然清廷長久以來採取不干預宗教事務的政策，但因為清楚看到「新教義」的散播對其統治地位所帶來的政治挑戰，於是決定冠以異端邪說之名，想將其制伏，從而激發一七八一、一八一五、一八二〇、一八四七年的多起暴亂。每次暴亂，清廷都花了數年工夫才重拾對此地區的控制。鄰國浩罕支持新疆境內反抗勢力，除了宗教因素，還因為其商人得利於西北邊境非法的中國茶葉、大黃買賣，痛惡清朝對商業活動的限制和課稅。

穆斯林起事也出現於中國西部其他地方和西南部，尤其雲南、陝西、甘肅。這些反抗事件大多肇因於上述幾省內漢人與回族之間的地方衝突。雲南也苦於一八二一年以來穆斯林與漢人之間日益上漲的緊張情緒。雲南中部漢族與回族礦工的紛爭，在一八五五年引發更大的對峙，導致一八五六年四月對省會昆明城裡及周邊回族的迫害和屠殺，隨後激起雲南境內回族大範圍暴亂，至一八七三年才停歇。回族舉事因無統一的領導而難成氣候，挑撥舉事領袖互鬥，是清廷平定回亂的手段之一。在陝西，早在乾隆年間就有小騷亂。官府於騷亂期間站在漢人那一邊，回民隨即揭竿而起，對抗漢人和官府。騷亂迅即擴及全境，漢族穆斯林和突厥語族穆斯林都捲入其中。與清軍的第一次全面軍事對峙，發生於穆斯林民兵圍攻西安之時，此事常被視為西北回亂的開端（一八六二年）。西安被圍一年多後才脫困。曾受曾國藩提攜的左宗棠（1812-1885），奉命帶領部分淮軍赴陝西平亂（淮軍是一八六四年平定太平天國起事的清軍部隊之一）。左宗棠部興建灌溉設施，鑿井，植樹，修築馬路和橋梁，推動絲與棉花生產。[68]西北地區經濟因經濟重建而開始復原之後，他於一八六〇年代晚期發兵出征，一八七三年收復該地。

其他民族和語族受這些反抗行動鼓舞，跟著造反。除了宗教差異，中華帝國境內還有許多往往無法清楚區別的不同語族和民族。千百年來他們已發展出強韌的族群紐帶和身分認同。定居於湖南西部並擴及貴州、四川境內的苗族，屬定居農業民族，人數有數十萬。他們透過通婚建立了緊密的家族連結，共同遵行一套自成一格的宗教習俗與社會習俗，包括拜白帝天王、使用非正式的立誓法律體制。漢人移入這些貧困、受冷落的區域後，為了土地、水、森林等資源的使用權，早已和本地苗人屢起紛爭。這些衝突最終在貴州引發一場大規模反清起事（一八五四至一八七三年），苗人聯合其他心懷不滿、弱勢受迫的群體一起舉事，但最終遭清廷以武力平定。

這些衝突顯示清朝晚期對遙遠邊疆地區的管治可謂鞭長莫及，而想趁此情勢圖謀自身利益者，不只有國內反叛分子，還有外國強權。在北疆，沙俄向中亞擴張，使清朝的西北平亂行動更為複雜棘手。十八世紀，中亞諸汗國阻止俄羅斯併吞古絲路的傳統心臟地帶。中亞的商人，尤其是來自布哈拉（Bukhara，今烏茲別克）的商人，控制絲路周遭商業活動，經常驅趕俄國貿易商人。在英國擴張壓力的威脅下，以及覺得有必要站出來維護其商業利益，俄國政府從一八三〇年代開始愈來愈關注中亞。[69]俄國在這裡只遭遇零星抵抗，逐一拿下各汗國。到了一八七三年，俄國已控制住中亞。實際上，俄中兩國關閉邊界、嚴格限制國際貿易、消滅中亞所有重要政治實體等作為，毀掉了中亞的絲路經濟體系。絲路經濟體系裡的中國國內部分和遠距離貿易部分大抵停擺。造成的直接結果就是中亞嚴重衰退，久而久之，陷入貧窮、落後，以及相對孤立之境地。[70]

這時，俄國商人可以前往中亞經商，跟其他商人公平競爭了。起初，擴張行動的經濟目標是增加商業活動與吸收地盤，但因為美國內戰而出現新動機。俄國原本固定從美國買進大量棉花，然而內戰時美國北部封鎖南部的對外貿易，使棉花供給一時中斷。若要種出能替代美國貨的棉花，俄國在中亞新取得的土地似乎是理想的種植地。隨著俄國日益投入中亞，對毗鄰中亞的新疆興趣跟著愈趨濃厚。境內民變四起，又輸掉鴉片戰爭，再再顯示中國國力孱弱，俄國見形勢有利，便想趁穆斯林反叛之機牟取自身利益。清廷允許俄國在古絲路上的喀什噶爾鎮通商與派駐領事，但不讓其他強權享有這些特權。俄國商人來到新疆，地理學家、冒險家、探險家、自然科學家也跟著來。俄國蒐集到豐富資訊，包括新疆要地的地圖和描述。沙俄政府斬釘截鐵表示，中國西陲的穆斯林反抗行動可能波及俄國中亞領地的局勢，於是在一八七一年，派兵占領位於新疆北部的伊犁，宣稱一旦清廷恢復秩序，即從該地撤兵。清廷擋不住俄國人的侵逼，除了接受俄國人接管伊犁，別無選擇。

一八七四至一八七五年，清廷針對新疆情勢展開討論。[71]左宗棠和當時的直隸總督李鴻章爭論該不該出兵收復新疆，而有了海防、塞防孰輕孰重之辯。左宗棠平定西北回亂，已費了很大工夫，經過不斷爭取，才籌到所需的經費、人力和資源。與此同時，一八七四年日本入侵臺灣，讓清廷認識到海防的虛弱。李鴻章以朝廷必須把有限資源用於海防為由，反對收復新疆。他認為花費鉅資收回新疆不值得，因為新疆始終會是個難以控制、徒增困擾之地，而且境內貧瘠，經濟前景不佳。左宗棠反駁道，保住新疆，整個中國北部，包括北京，才有安全可言。在他眼中，新疆仍是帝國必不可失的領土，最初因作為戰略緩衝區而受到看重，成為中國的一部分後價值更甚以往，即使它地處偏遠且日益貧窮亦然。左宗棠也相信，只要政策得宜，新疆就能發展起來。最後，清廷同意出兵收復新疆。左宗棠沿用先前辦法，除了整軍經武，也致力於重振地方經濟贏得當地民心，以收相輔相成之效。經過長時間準備，左宗棠一八七六年揮軍入疆，迅速拿下已成為此地區最重要城市的烏魯木齊。隔年，他已幾乎收復新疆全境。不到一年，北疆大抵收復，左宗棠部隊轉往南疆進發，一八七八年初攻下喀什噶爾、和闐，新疆收復底定，只剩伊犁尚在俄人手中。清廷開始與俄國談判，一八八一年談定《聖彼得堡條約》（《伊犁條約》）。此後，伊犁歸還清帝國。本可能發生的一場戰爭得到化解，清朝中國暫時穩住在中亞的省分。清帝國以行動表明，縱使國力大不如前，它對國內或國外的任何敵人來說，仍會是難纏的對手。

西方的許多記述，把重點擺在英國條約體制上，往往低估了以陸地為基礎的俄國帝國主義勢力在中國陸疆擴張的複雜與重要程度。俄國參與沿海的半殖民體制，但同時也在陸地上強勢擴張。一八五五年後，沙俄帝國將控制的手伸進突厥斯坦和西伯利亞地區的數大片遼闊土地。沙皇也終止了布哈拉、希瓦（Chiva）這兩個中亞伊斯蘭酋長國的獨立地位，成功掌控絲路經濟體系。十九世紀末，俄國和清朝中國有了橫跨大陸的漫長邊界。俄國也開始建造工程浩大的西伯利亞橫貫鐵路，藉此連結遠東與帝國中心，並且將遼闊的西伯利亞納入帝國羽翼。[72]中俄邊界貿易興盛，但兩帝國的對立未消。清廷不得不眼睜睜看著對邊疆的支配受到削弱，看著來自西部、北部的重大威脅漸漸形成——但同時也不甘示弱予以強力回應，展現能在受打擊後迅速復原的韌性。與在沿海地區屢遭挫敗不同，在橫跨大陸的邊界上，清廷的表現可圈可點。這提振了清朝的信心，使其得以更好地因應半殖民地的不利處境。

十九世紀下半葉，清廷費了很大工夫終於弭平危及帝國存續的許多地方反叛勢力，但其長遠後果更難處理。最重大的後果之一，是歷史學家所謂的權力從中央「下放」地區。[73]在後太平天國時代，清廷授予省和地方政府前所未有的權利，允准它們自行徵稅籌措軍餉，以及在原籍當官。針對過境貨物課徵釐金稅，使省政府得以有自己的財源辦團練組鄉勇。即使在官僚體系重回正軌之際，朝廷始終無法完全收回那些權利。民間訓練鄉勇自保的風氣更盛以往，而兼有商業利益與土地利益的家族更力求掌握鄉勇。在邊陲和邊境地區，這種軍事化現象特別顯著。地區軍事體系是清廷能夠打敗太平軍的最重要憑靠，此後繼續壯大，成為中國許多地方的實質統治者。但地區軍事體系的專業化與加速壯大，並未遏制住教派勢力的成長、祕密會社的政治化及反政府暴力抗爭的暴增。有些祕密會社早就活躍於華南和海外僑社。這類會社包括掀起臺灣林爽文事件（一七八五至一七八八年）、並在十九世紀末與二十世紀初大力支持孫逸仙共和革命團體的天地會。後來這些祕密會社為推翻滿清的革命提供了金錢和組織上的支持，還提供了人力。

對清朝皇帝來說，更加危險的情勢或許是反滿心態的升高。菁英，還有民間，都漸漸認為滿族統治者已失去天命，中國就要如許多造反者所宣稱的，即將出現新統治者。這一認知使許多不滿現狀的團體敢於鋌而走險公開造反——一八三〇年代之前少有人走這條路。因此，這些反抗事件使滿族統治者的正當性受到質疑，促進民間軍事化，促使地方菁英採行新的求生策略，增加了外國強權對中國內政的干預，從而使元氣大傷的清朝始終無法復原。由於這些原因，加上十九世紀中期的民變加速了清廷控制力的流失和反滿民族主義的壯大，最終導致王朝於一九一一年覆滅。

第三章

晚清困境

一八七〇～一九〇〇年

CHAPTER 3

十九世紀最後二十五年，清廷同時遭遇多個看起來相當棘手的難題。民變、經濟衰退、環境退化，加上外來威脅，使改革帝國制度勢在必行。中國人對儒家傳統的尊崇受到質疑。面對內亂、外患雙重挑戰所引發的危機，中國的思想家和官員必須有所回應。他們開始小心翼翼改革制度，有所選擇地導入與學習西方知識和技術，認為若要強化帝國體質，重振帝國活力，採用西方軍事技術和工程學之類應用科學特別重要。

打過第二次鴉片戰爭和平定太平天國之亂後，清朝迎來一段情勢相對較穩定、對外關係較安定的時期。在這期間，清廷施政偏重於制度的改革和自強。清朝大張旗鼓改革，希望把自己改造為更有效能的國家，最終未能如願。雖有知識界、政治界雄心勃勃的努力，帝國衰落之勢仍加快。十九世紀末，一連串新出現的軍事衝突打斷改革，使清廷無暇他顧。令清廷錯愕且氣惱的是，儘管花費鉅資添購新軍備、新技術，清軍還是每戰皆敗。一九〇〇年，八國聯軍進向北京以平定拳亂，占領了皇宮，迫使清朝君臣逃到西安，中國國勢走到現代史上的最低點。

浮面的改革和自強運動

隨著清廷對社會、政治的控制力迅速流失，危機意識開始滋生於知識界和政治圈。朝廷與官員認識到國家出了大問題，為此苦惱不已，而且整個中國知識界也漸漸認知到這點。知識界對於造成中國危機的經濟、人口或結構問題，最初認識甚淺，但經過一番摸索和多方探索答案之後，知識分子的想法和學術研究方向有了顯著改變，也促成以改革帝國制度為目標的第一波嘗試。當時人理解到，問題既出在內部，也源自外部。他們認為一部分要歸咎於自身的疏失——確切地說，就是偏離古代的開明政治準則和理想，包括規諫傳統。但西方列強的挑戰也是原因。中國思想家察覺到他們面對的是前所未有的變局，而變局的發生，源於新技術（例如船舶、火車上的蒸汽引擎、報紙、電報），以及從廣州到天津諸多通商口岸社會裡歐洲人所帶來的新社會習俗和新經濟做法。十九世紀知識界的想法，不只是、也不主要是在回應與防禦西方衝擊。其中牽涉到一些老早就在辯論的問題——當時局變換，該如何承接與理解中國自身豐富的文化傳統。這些辯論影響並形塑了晚清知識界和政治圈因應新時代來臨的方式。確切地說，十八世紀時就有這些辯論了，而那時西力尚未入侵中國。當時，清朝學風經歷了中國知識史上一場重大且長久的變革，而此一先例，成為後來中國思想家理解與詮釋十九世紀危機的基礎。[1]

清代學風日益專注於章句訓詁，即對文本問題進行精細研究，戴震（1724-1777）的著作就是這方面的代表。戴震是博學多聞的哲學家，但始終未通過科舉的最高階考試（會試）。十八世紀學風的丕變，建立在考據學的基礎上，我們前面說過，考據學形成於十七世紀，影響力一直延續至十九世紀。據艾爾曼（Benjamin Elman）的說法，考據學是「一種講求實據的學術研究方式，提倡以嚴謹的新方法來理解過去、構想現在。作為學者的一種治學方法和表現方式，考據學開啟了一種前所未見的研究策略」。[2] 考據學派的思想家，對可核實之事實的興趣，遠甚於對抽象思辨和天人相應論相關哲學概念的探討，在宋明理學的唯心主義思想傳統裡，就充斥天人相應論。考證學看重實據和嚴謹的語文學探究，使治學重點轉而落在驗證文獻的真偽上——結果也促成文獻分析工具重獲關注。此派學者埋頭於文獻批判、歷史語言學、典籍研究、歷史研究、數理天文學和歷史地理學等崇實之學，並重視碑銘研究、目錄學、文獻校勘之類的輔助學科，以精進調查技能。

考據學不只強調實證的重要性，也強調必須以縝密的研究鑑定、找出、確認該證據。當學者和批評家開始把文獻分析方法用於儒家典籍，自然而然會去尋找最古老、最原始的材料，希望尋回未遭後人曲解的典籍本義。注解不再著重於闡明文本裡的抽象概念和哲學思想，轉而以翔實的文本批評和講求證據的論證為主。以實證標準為方法來探討儒家學說，顯示這一轉向語文學的學風變化蘊含深層的社會意義與政治意義。清朝的古籍研究者所鍾愛的實證研究法，講求「實事求是」（這個口號會在一九七八年重新出現並大為流行），強調驗證與核實是保存、分析古代傳統思想所不可或缺的關鍵。文本批評取代了哲學，成為恢復較真實可信的過往面貌，以及探明較古老且原初之儒家思想史所倚賴的方法，而透過理學提供的正統思想和帶有道德教化意味的詮釋，則達不到這樣的效果。

清朝士人反對玄虛的宋學，選擇往更古老的過去、往漢朝，探本溯源，以打破他們在宋明版本和注解裡發現的限制或曲解。由於重拾漢朝古籍，此派又被稱作「漢學」。「復古」是新興世俗主義的一環，代表了批判意識的興起，開始質問歷來被奉為圭臬的理學思想。考據學派於十九世紀沒落，但它孕育出的哲學反叛行動，為新社會與新政治論點的出現奠定基礎。

十九世紀時，激烈辯論爆發於晚清不同學派之間，尤其在今文經學派和古文經學派之間，所謂的「今文經」，指的是以漢初隸書文字記錄下來的儒家經書。但西元前二世紀中期，在據稱孔子住過的房子裡，找到早於漢之前、以先秦古文寫成的儒家經書版本。自古文經被人發現，中國學者即開始辯論這些版本的真偽，以及它們與其他版本的差異，但東漢之後，今文經沒落，大抵消失於知識領域，直到十九世紀才又出現今文經的擁護者。這些人的治經重點，主要擺在《春秋》上——歷來認為由孔子編纂的五經之一。《春秋》是魯國的官史，涵蓋西元前七二二至前四八一年這段時期，是現存最早的中國編年史書。今文經學者主張，《春秋》是探明儒家經書真義的關鍵，對他們來說，要理解孔子《春秋》筆法裡的微言大義，最好、最可靠的依據是《公羊傳》，而非古文經學和大部分考據學派學者所重視的《左傳》。

這些議題或許讓人覺得純粹是學術界裡的爭辯，但晚清的今文經學有其實務上及政治上的用意。其中最重要的，是它想要重振西漢（西元前二〇六至前八年）的政治活力。[3] 今文經學以新的視角看待儒家傳統，認為解決與西方勢力入侵有關的問題迫在眉睫，而從儒家傳統可以找到解決那些問題的辦法。此外，今文學派強烈批判他們眼中學究式的文本研究，有助於喚醒世人重新關注經世之學。今文經學者開始駁斥理學家所闡述的正統學說，主張理學所依據的古文經是西漢末年為助王莽篡位的學者所偽造。（王莽是最具爭議性的中國皇帝之一，他篡奪西漢政權，另立新朝。）晚清今文經學對於新式政治論述逐漸受到看重一事，貢獻甚大。這些學者想要打破的那些正統卻訛誤的論點，自十四世紀元明之交就被用來合理化高度專制的治理方式。晚清今文經學者堅決認為，在政治、社會、經濟動盪不安的時刻需要新觀念，他們支持以務實態度處理問題，鼓吹政治行動主義和改革。他們提倡傳統儒家的改革方式，但立場愈來愈激進，十九世紀末呼籲全面變法。

許多士人認識到帝制的制度已不再合用，隨著歷史條件改變，需要新的制度解決辦法。甚至在鴉片戰爭前，就有人認為如果中華帝國希望解決其所面臨的問題，根本性的變革勢在必行。十九世紀初，整整一代經世學者尋找切合實際的辦法，以解決中國日益深重的危機，而「與時俱變」成為這些學者的口號。經世派有幾位思想家極有影響力，其中包括魏源（1794-1857）和馮桂芬（1809-1874）。受顧炎武（1613-1682）談論政治改革的文章啟發，他們以先秦的黃金時代為參考指標。跟十九世紀其他學者一樣，他們都非常景仰這位十七世紀思想家。一八三〇年代，一群經世派學者，包括魏源、馮桂芬，在北京立顧炎武祠，以表彰他的貢獻。經世派成員治學，都著眼於社會秩序問題與如何透過制度達到長治久安。為此，經世派學者致力於藉由改革政府制度來安定社會秩序。他們對秩序的關注，不同於正統理學家對秩序的關注，後者一般來說從道德和精神的角度設想秩序。經世派思想家仍堅稱道德學問應當且始終是中國文明的核心，但這類學者願意承認新的他種知識值得學習，即使那些知識不是以道德原則為基礎亦然。他們從實用角度逐一看待改善官僚體系運作所需的技術創新和制度創新。他們借助具有強制和管理性質的制度，不再完全倚賴自我修養和道德勸誡，希望藉此達成較理想且有效率的社會治理，以及較穩定的社會秩序。

十九世紀上半葉，有識之士針砭清朝的治國制度和學風，學者暨官員魏源是其中重要人物。[4]他與兩江總督幕下一批素孚重望的學者、幕僚、官員共謀革新圖強之道。[5]這群人欲改造清朝治國制度以因應新挑戰。魏源等人合力編纂了重要文集《皇朝經世文編》（一八二六年），選輯有關政府治理和創新方面的文獻，並從經世致用角度探討這些問題。一八四四年，魏源出版其最著名著作《海國圖志》，談外國地理、歷史、政治和科學技術等。這是第一本利用翻譯自西方的資料，提醒中國人要提防西方商業勢力與海軍武力在亞洲濱海區域壯大，並力主中國以行動重新申明對該地區控制，以反制西方與日俱增影響力的書。《海國圖志》讓讀者眼界大開，從中認識世界地理和西方勢力的遍及全球。最難能可貴的是，書中從地緣政治角度剖析中國與東南亞之間的深厚歷史淵源，並且呼籲調整清帝國戰略視角，將全球海上貿易和西方勢力納入政策考量。魏源也推斷，西方是因為軍事技術較先進而得以打敗中國。於是，他強調中國必須增強其軍事實力，作為外交後盾：「未款之前（未締結第一次鴉片戰爭的和約之前），宜以夷制夷；既款之後，則師夷長技以制夷。」[6]魏源建議清帝國積極引入西方技術，以增強國力，才能和歐洲諸國周旋。他擬了詳細的海防計畫，包括「造船械」。[7]他的改革計畫，以重現中華帝國的偉大和重臻「富強」之境為最高目標。魏源一如當時的許多思想家，既是學者，也是具影響力的官員，其意見得到封疆大吏的傾聽和考慮。他的建議日後會落實為政策。

接下來的幾十年，其他中國學者的提議比魏源更有過之，不只提議購買（最後也開始製造）西方的軍事器物，還提議成立翻譯機構，以及讓學生不用只學習中國典籍、還可學習西方語言和科目的機構。馮桂芬是這方面作為的領導人物之一。[8]他是傳統教育出身的學者，憑個人才華得意於官場，也擔任十九世紀中期幾位清朝最重要政治家的幕僚。就在太平天國起事和中國再度敗於歐洲列強之手的第二次鴉片戰爭時，馮桂芬完成一部受到當時人和後人矚目的文集。他的《校邠廬抗議》，收錄政論四十七篇，附有一篇寫於一八六一年的序，一八六二年送給曾國藩過目。但由於許多人敵視他的想法，這部文集許久之後才出版。在這部文集中，馮桂芬主張西方技術與軍事之所以更勝一籌，不只源於其擁有汽船、火器、軍事訓練，還源於其在四大領域有較有效率的制度：教育（「人無棄材」）；經濟（「地無遺利」）；治理（「君民不隔」）；科學（「名實必符」）。[9]馮桂芬斷言，中國得在這四大領域都大刀闊斧改革，才能趕上西方諸國。中國自強之道在於向西方學習，不只學習其技術和戰略，還要學習其教育、經濟、治理及科學。他主張，除了取得西方軍事器械，中國人還必須能夠自行製造、維護與運用新技術。

在〈採西學議〉一文中，馮桂芬主張，中國應向西方學習，同時保留中國的價值觀。他寫道：「夫學問者，經濟所從出也，太史公論治曰：『法後王（本《荀子》），為其近己而俗變相類，議卑而易行也。』愚以為在今日又宜曰：『鑒諸國』。諸國同時並域，獨能自致富強，豈非相類而易行之尤大彰明較著者？如以中國之倫常名教為原本（「體」），輔以諸國富強之術（「用」），不更善之善者哉？」[10]

這一圖強之道，後來被稱作「自強」，其主要目標是維持中國文明的精髓或核心，同時添加來自海外的更優越知識與技術。

西學運動意在促進向西方有所揀擇的學習，呼籲引進西方思想以強化清朝制度。這一圖強之道旨在改革整個制度結構，但情勢也表明此舉會導致質疑的矛頭指向個別制度。耐人尋味的是，被挑出來猛烈批評的制度，正是從許多方面來看運作最順利的制度。許多晚清思想家相信，科舉制是清帝國諸多困擾的禍根。馮桂芬寫道：「夫國家重科目，中於人心久矣。聰明智巧之士，窮老盡氣，銷磨於時文、試帖、楷書無用之事……今令分其半，以從事於制器尚象之途。」[11]馮桂芬提倡廢科舉，代之以選舉，深信輿論比科考更能評斷公務員的優劣。

清廷遲遲才採納這些建議，雖然改變了某些重要制度和政策，但不是一舉更改，而是逐步更改。在回應中國所面臨的新危機時，清廷基本上採取的是長久以來用來處理國內治理問題的那一套務實方法和思維。十九世紀中期漫長且死傷慘重的平亂戰爭，使掌理受亂事波及省分的曾國藩、李鴻章、左宗棠等重要官員相信，中國需要更大膽、更深入的改革。清朝中國打輸第二次鴉片戰爭（一八五六至一八六〇年），也加劇國內有識之士的危機感。於是，清朝必須更認真、更積極吸收西方先進知識和技術，以撐住儒家體制。清剿太平軍時目睹助陣的西方人所展現的先進軍事器械和技術，刺激了官員於一八七〇年後決意進行廣泛且不惜耗費鉅資的自強運動。

自強的目的，是恢復清朝原本擁有的強健穩定與繁榮，為此要採用多種西方技能和技術，並且重振儒家正統意識形態、重整傳統低稅賦財政體制，還有改革用以取才的考試。許久之後，一八九八年，張之洞的名言「中學為體，西學為用」，又稱「體用說」，扼要點出自強運動背後的思想基礎。「用」意指從西學中獲得的應用技術和實用工具，「體」意指儒家學說及其強調的君臣父子倫理秩序。

在接下來名為「同治中興」的復原與重建期中，兩江總督曾國藩是箇中主角之一。[12]

他早年深受程朱理學影響。他想重振舊觀念，為此，其主要作為是把道德理想主義注入那些舊觀念裡。他深信在上位者行得正，自能收風行草偃之效。但道德理想主義只是他治弊方案的一部分。曾國藩把對經世致用的看重，加進他的哲學裡。由他強調「禮」為儒家為官之道的指導原則，最能清楚看出這點。曾國藩所謂的「禮」，涵義甚廣，在其思想裡不只指道德、儀禮的得體，還指經世的手段。因為，曾國藩傾向兼用道德力量和制度力量來實現秩序。或許更為重要的是，隨著曾國藩和其他提倡者覺得必須利用西方技術來保住中國的核心價值觀，他們也必須對中國的核心價值觀有更清楚的理解——需要有力的政策將中國的價值觀推廣於廣大中國人民。波及中國大片土地的動亂使曾國藩相信，中國文明的主要價值觀和常規慣例（儀禮）已不再得到奉行。為回應此變局，必須重振並提倡傳統學問和傳統價值觀，例如要官方印刷機構出版傳統典籍和史書。至於教化文盲，曾國藩知道可以借助歌曲。清剿太平軍期間，他曾編了一首〈愛民歌〉，用以教導他的士兵征戰時該守的軍紀。[13]

曾國藩是有名的嚴父。他的《家書》首度出版於一八七九年。此書處處可見建言和道德勸誡，透露了他對儒家倫理觀和修身養性的由衷相信。身為家族之長，他督促家族成員，尤其他的弟弟和兒子，要恭順、無私、忠貞、盡職、自制、勤奮。他敦促家族中的男性成員要能禁得住懶惰、閒逸的誘惑，時時勿忘大我的目標和價值觀。保守主義思想或許是追求恢復國家元氣過程中必要的一部分，而曾國藩的影響使中國保守主義思想在同治中興期間達到級盛——事實上他成為近代中國保守主義的代表人物。曾國藩的《家書》是近現代中國印量最大的書籍之一。[14]

一八七〇年代，當中國領導階層計劃有系統地引入西方器物和技術之時，自強觀為當時中國政府想要推動的廣泛改革，提供了理論依據。諸領導人想採用最高明的西方技術，尤其是武器，來為清朝效力，維護其存續。他們以講求實務的「經世」傳統為指導，改造經過挑選的片斷西方模式和西方技術，用以強化國防、基礎設施和工業，以及逐步改革國家制度。但此政策未得到眾口一致的支持。有些學者反對西化，提出較執著於儒家原教旨的做法，把儒家的家庭價值觀重新擺在中心位置，拒斥外國的創新事物。

解決政府長期預算赤字，是制度改革的重點目標之一。釐金原針對國內貿易課徵，以協助清剿太平軍的軍隊籌餉，後來卻成為中國財政體制裡固定且重要的一環，為某些自強政策提供了資金。朝廷也針對走海路的國際貿易課徵了新稅，課徵單位是由洋人操持的大清皇家海關（但這些稅收大多歸於外國，作為戰爭賠款）。土地稅仍是主稅，但只占當時中國國內生產毛額二%。十九世紀中期，土地稅貢獻了約占七成七的全國歲入，但十九世紀結束時，只貢獻了官方有紀錄稅收的三成五至四成。[15]然而即使財務吃緊，清廷仍不願更改其對農業生產的輕稅政策。自一七一三年起，土地稅從未調漲。那麼，當中國要重整財政體制時，釐金稅收的角色就變得更重要。十九世紀結束時，釐金稅收占全國歲入一成五至一成九，海關稅收占比在一成一至一成七之間；這兩個來自國內貿易、國際貿易的稅收占了歲入三分之一以上。但政府歲入的大幅成長，未必能改善中央政府的財務情況。一八六〇年代後，商業稅和釐金稅基本上成為地方稅收，這是正在進行的政治分權、財政分權過程的一部分。

在新取得之財源挹注下，李鴻章、左宗棠之類地區領袖，開辦了幾個資本密集的西式企業。這些企業由官府提供資金，受官員指導，由商人管理，大體上為官督商辦企業。[16]確切地說，由官府、商人共同管理，投入的資金若非透過將股份賣給民間投資人來籌得，就是透過取得官方貸款來籌得。這些企業，包括航運公司、兵工廠、工廠、造船廠，效率不彰且貪汙橫行，然而的確有些成果。[17]尤其重視陸海軍的建設。上海的江南機器製造總局和南京的金陵機器製造局，都成立於一八六五年，然後，一八六六年在福州附近成立馬尾船政局。一八七三年日本人前來參觀江南機器製造總局，對該廠讚嘆有加；當時正值日本改革派最初倚賴中譯歐洲科學論文來吸收西方知識的時期。[18]但產量叫人失望。例如，福州的造船廠只造了十五艘船，然後在一八八四年，中法戰爭（一八八三至一八八五年）期間，幾乎被法軍徹底摧毀。在官督商辦體制下創辦的其他企業，包括輪船招商局（一八七三年）、上海機器織布局（一八七八年）、開平礦物局（一八七七年）——全都使用取自西方的技術。位於湖北長江畔的漢陽鐵廠，一八九四年開始生產，比日本的八幡製鐵所早了七年。這類作為催生出由封疆大吏掌控的地區性軍工複合體。例如，總督李鴻章轄下的軍工複合體，包括數座兵工廠、一家航運公司、開平礦物局及其他採礦事業、中國的電報體系、一家棉紡獨占事業。另一個軍工複合體，在總督張之洞指導下建成，包括大冶鐵礦、萍鄉煤礦及前述的漢陽鐵廠。

新工業政策帶來的衝擊，不只來自這些政策的雷厲風行與軍事目的，還來自透過附屬於兵工廠的許多教育設施而引入的西方知識和技術。[19] 一八六七年，清廷在福州馬尾港成立船政學堂。一八六八年，江南機器製造總局在既有的現代工程師培訓機構（工藝學堂）之外，增設廣方言館，培育翻譯人才。一八八〇年，直隸總督李鴻章成立天津水師學堂。接著，在國內其他地方，有許多軍事學堂和專門人才培訓學校成立，全都著意於「師夷長技以制夷」。軍事學堂，尤其水師學堂，開始教授現代數學、機械工程、物理學、地理學之類科目，從而為「新學」的輸入提供另一個有力管道。這些都是非刻意追求的

次要效應，但它們漸漸促成重大的制度創新。

其中一些新公司取得頗驚人的逆向工程成就，它們弄清楚了外國機器，開始自行製造。但這些公司發現難以與西方人的航運事業和進口商品競爭。整體來看，支配中國經濟工業部門的，不是民間企業家，而是官僚資本主義體系。[20]在這樣的管理方式下，官員負責批准、規劃、督辦事業，日常管理則交給民間商人和地方菁英，資金也大多由民間商人和地方菁英提供。大部分情況下，公私部門一起分攤投資和風險，由官員——或者更確切地說，官員的幕僚——擬定政策。這往往模糊了決策和責任的歸屬，使企業受到政治恩庇、地方效忠及貪汙腐敗的掣肘。此外，政府指派的主事者往往把這些企業當成自己壯大地方勢力的基地。清廷不只無法供應資本，而且由於本身預算吃緊，也是想方設法從這些企業榨取資源，就跟它從鹽的買賣獲利一樣。在這樣的情況下，這些企業始終未能充分發展，往往在開始投資個幾年後就衰退。

圖3.1　馬尾（福州）船政局。照片中可見港口、船塢和工廠廠房，約攝於1867-1871年間。
來源：Canadian Center for Architecture (CC BY-SA 3.0 license)

關於輪船招商局有很多很好的研究，值得給予特寫，藉以說明這些早期自強作為所面臨的財務與政治困難——以及這些早期努力的重要意義。[21]隨著蘇伊士運河一八六九年開通，使中國與歐洲的往來時間少了一半，汽輪徹底改變了中國的航運業。一八六〇年代初期，有些西方大商行已開始成立合股的輪船公司，並從中國投資人那裡籌得大半資本。為反制外國輪船公司在高獲利沿海貨運事業的獨大地位，以及確保投資和獲利讓中國人而非外國人得利，輪船招商局於焉創立。輪船招商局大概是中國第一家由官方主辦的股份公司。跟所有官督商辦企業一樣，這家公司由清廷和商人共同管理。雖是政府主辦，所有權和經營權則歸冒著風險投資的民間股東。大部分資本透過賣股籌得，但一開始這並非易事。不少中國資本流入西方航運公司，中國商人最初不願買中國公司的股份。就輪船招商局的例子來說，這家股份公司是在唐廷樞（1832-1892）、徐潤（1838-1911）這兩位商人（買辦）管理下改組後，賣股籌資不易的情況才改觀。他們兩人於一八七三至一八八五年擔任公司的實際經理人。他們也是公司的前兩大股東。他們當家期間，股本增加，一八八〇年達到一百萬兩，一八八二年達到二百萬兩。但輪船招商局得靠政府貸款補強商人資本。

輪船招商局旗下船隻有三十艘，不久就成為中國噸位數最高的輪船公司。它擁有一大優勢，即它是唯一獲清廷准許成立且由中國人擁有的航運公司。除了使它可以拿到漕糧運送合同而不缺生意外，這還意味著它有機會取得官方貸款，以及在購置不動產和支付規費、釐金方面享有優惠。一八七八至一八八三年，這家公司買進九艘新船，將業務擴及國外，包括美國、日本、東南亞。但一八八三年上海金融恐慌，傷害其資本基礎，輪船招商局的命運因此驟然改變。朝廷也逼輪船招商局將寶貴資源移撥給海軍，以助海軍打一場即將開打的戰爭（後文會談到）。與此同時，由於其他因素，管理碰上重重問題。因金融危機損失慘重的商人董事，被控盜用公款，一八八五年遭撤換，代之以一直在買進輪船招商局股份且已成為最大股東的盛宣懷（1844-1916）。盛宣懷有政府交付的其他任務纏身，無法親自坐鎮，只能在外地督辦局務。一八八五至一九〇二年他督辦期間，資本投入停滯，船隊噸位數維持不變，而外國輪船公司在中國水域的競爭力則急速提升。數家新航運公司也進入市場，包括日本郵船株式會社。中國商人開始失去信心，背離此公司。由於管理和民間資金不足，輪船招商局逐漸失去生意和市占。

買辦使情況雪上加霜。買辦是外國商行在通商口岸僱來協助在華貿易的中國代理人。買辦能夠靠著新企業累積大筆財富，但他們雖然積極供應資本和管理人才給企業，卻大多欠缺技術訓練與知識。許多買辦從事風險投機事業，乃至盜用公司資源。他們牢牢扎根於有強大家族人脈、地區人脈、政治人脈的獨占群體裡，關注那些群體的利益甚於國家的經濟利益。這些弊病阻礙新企業的建設與維持。在各個新企業裡，都有既得利益和官商恩庇網絡妨礙經濟發展。輪船招商局及其他官督商辦企業都遭遇到類似難題。這類企業與政府的密切關係，既是資產，也是包袱。它們肩負政治和商業使命，但這兩個使命相互矛盾、難以調和。

但從另一個方面來說，自強事業意義重大，因為股權迅速成為中國商業傳統不可少的一環。[22]這是重要且影響深遠的制度創新，為企業能夠有效率地籌集資本開了路，也促成買賣股票的資本市場出現。兩者都是往進一步發展邁出的重要步伐。與此同時，這項來自西方的新制度受到修正。在新興的中國股權結構裡，大股東直接參與公司管理，政府以放款人身分扮演吃重角色。因此，早期的股權安排未促成所有權和經營權的分離，也未削弱家族或政府對所有權的影響。

中國大張旗鼓推動自強事業，但受制於不願從根本上改變政治程序和政治制度的心態，成效有限。清廷沒有徹底革新帝國的政治體制，沒有草擬現代憲法或商事法，沒有改革貨幣體制。清廷直到一八九〇年代晚期才開始大興鐵路，輪船發展也受限頗多、進步緩慢。政府一心只想著發展陸海軍力，導致自強運動期間的改革流於零碎。最大的制約因素，是同治中興無法為國防工業，為興建鐵路之類的其他現代化計畫，籌到足夠的資金。民間不願投資，政府稅收又有限。政府歲入不足，是清廷未能廣泛工業化和經濟現代化的主因之一。在這方面，清廷與日本政府迥然有別，後者能收到超過GDP一成的稅收，尤其在德川幕府晚期占比更是高。總的來說，就是當權者無力改革制度，使自強政策無法有更大成果。

雖說如此，同治中興及其對自強的強調，的確在商業領域，尤其在航運業，取得些許成果。晚清政府在某些地方開辦了國防工業，使工業化在這些地方有了薄弱的開始。江南、福建、湖北的造船廠與兵工廠，規模雖小且發展不順，卻引領中國第一階段的工業生產。晚清自強運動未能實現其最初立下的宏圖和使清朝再度富強的厚望，但還是為中國帶來早期的工業化經驗，以及寥寥幾個讓後人可以借鑑的漸進革新制度（尤其商業制度）案例。

中國連連戰敗

西方帝國主義帶來前所未見的軍事威脅，完全不同於中國歷來在北疆所抗擊的那些陸路入侵勢力。歐洲在東亞投射的軍力日增，削弱了清帝國在經濟、政治、制度、意識形態上的地位。十九世紀最後二十五年的幾場衝突，使中國數次割地賠款，顏面大失，朝貢體系瓦解，邊防能力下滑。但從另一個角度看，始於十九世紀中期的動盪時期也彰顯了晚清體制的能動性，從中我們不僅看到這個體制不堪負荷的一面及在改革上面臨的阻礙，也看到它的韌性如何使中國免於徹底分崩離析。[23]

有些軍事衝突肇因於反基督教事件。用武力強行打開中國門戶，催生出日益反洋人、反基督教徒的運動。此運動憂心中國喪失領土管轄權，任人宰割，最初出現於通商口岸，然後擴及中國其他城市和鄉村。主要訴求是要政府更強悍地抵抗外國索求、外國入侵和外國宗教影響。十九世紀中國境內傳教活動，由新教徒首開先河，其背後動力是新教福音派在英美兩國重振聲威。天主教傳教團來到中國的時間比較晚，會眾成長速度卻快許多。一八四〇年代起所簽的諸多條約，允許洋人在通商口岸傳教，基督教傳教團隨之在這些地方迅速興起，巡迴傳道的傳教士開始走訪中國大江南北。《北京條約》（一八六〇年）將此特權的適用範圍擴及帝國全境，授予傳教團購地興建與經營學校、醫院、孤兒院、教堂的權利，並允許傳教團利用上述機構來從事任何有助於實現傳教士目標的活動。一九〇〇年，中國境內有約一千四百個外籍天主教神父、修士和修女，為將近百萬名天主教徒服務。與此同時，中國的新教徒為數或許有二十五萬，由三千多名新教傳教士服務。凡是外國人都享有治外法權，傳教士也不例外。

中國官民都對基督教傳教團極度反感，但這些傳教團卻是大量文化與教育交流的推動者。傳教事業最用心提升的，不是宗教本身，而是教育和科學。傳教工作促進並啟發中國境內多種改革作為，包括引入西藥、建立女校、提倡高等教育及反纏足運動等。[24]傳教活動挑戰傳統信仰、社會習俗和仕紳的領導地位，當然還有中國官員的權威。儘管如此，隨著一些宗教元素和文化轉譯不知不覺成為中國社會制度的一部分，基督教逐漸站穩腳跟。中國老百姓，尤其貧困地區的農民，通常不排斥傳教活動，而且其中有許多人歸依基督教，菁英則往往把傳教士和中國受到的剝削，和威脅到他們地位的新技術、新觀念推廣，劃上等號。最令中國人反感者是傳教士替信教的中國人弄到的特殊好處，法內和法外的特權都有。這些事導致傳教士和信教的中國人在中國社會裡受到敵視。一八六〇年後，反傳教士的暴動時有所聞。一八六〇年代晚期，謠言四起，有的說洋人殺掉中國小孩製藥，有的說基督教孤兒院買賣中國孩童或拿他們獻祭，造成中國人反基督徒的情緒更加高漲。這類醜化說法挑起民眾對基督教的敵意，以致一八六八年，揚州（新通商口岸）迭起騷亂，其中一次是數千憤怒民眾包圍英國傳教總部。類似的謠言導致一八七〇年天津教案。暴亂襲捲天津全城，數日才消，造成三十多名中國籍基督徒和二十一名外國人喪命。這場衝突使中國政府和基督教傳教士的關係全面惡化。一八九〇年代，長江沿岸爆發另一波反基督教暴動。有鑑於民間的敵視，傳教士轉換傳教目標和方法，例如轉向推廣西藥及不牴觸中國價值觀的世俗教育形式。傳教士於十九世紀晚期擴大在華教會組織，引進新的制度基礎，尤其是教育方面。[25]

儘管中國民間反基督教情緒升高，但一八六〇、七〇年代，就中國的對外關係來說，相對而言較為平靜無事。不過，變化正在發生，不久後會引發一連串戰爭，從而給清帝國又一次重擊。一八七〇年代，新的國際秩序開始浮現。中國鄰邦目睹中國內部的改變和清帝國的日益衰弱，漸漸改弦更張，以因應新現實——一個由西方列強而非中國支配東亞的世界。較遠的鄰邦，例如緬甸、泰國，眼看清帝國對世界秩序的支配地位已遭取代，很快決定終止與清朝的朝貢關係。泰國一八五三年派出最後一支貢使團，一八八二年，曼谷正式宣布終止與清朝的朝貢關係。在緬甸，中國不得不向想要取代其宗主地位的英國人退讓。一八五二年起，面對英國人侵逼，緬甸逐漸失去獨立地位。一八八五年，英國將緬甸納為受保護國，一八八六年，緬甸歸英屬印度統治。

但就連文化上、地理上較接近中國的國家——越南、琉球、朝鮮——都看出新時代已到來，必須重新思考與中國的盟友關係。越南千百年來奉中國為楷模，中國在越南所遭遇的歐洲強權挑戰，跟在緬甸遇到的情況類似。[26]法國宣稱中國在中南半島的藩屬，例如安南、柬埔寨，為其所有，並將影響力擴及廣西境內。晚清時期，阮朝（一八〇二至一九四五年）治理越南。但阮朝是個四分五裂的王朝，為法國掌控越南開了方便之門。十九世紀初法國商人、顧問、傳教士開始來到越南。一八七〇年代中期，法國逼迫越南簽訂條約，使法國得以主宰南越和今日柬埔寨。北越的民族主義者反法，法國以一八八二年占領河內、海防回敬。阮朝朝廷向清廷求援。李鴻章希望避免衝突，讓事情能夠上談判桌解決，但清廷否決他的意見，決定開戰，深信經過自強運動一番努力，海軍實力已大增，艦隊戰力也勝以往。於是有了中法戰爭（一八八四至一八八五年）。但清朝新建海軍仍打不過法國戰列艦，後者逼近位於東南沿海的福州，擊沉中國十一艘船中的九艘，自身一艘未失。雙方簽訂和約，清朝放棄對越南的宗主權，越南成為法屬印度支那一部分。把中國勢力趕出越南後，法軍司令想接著進入廣西，但一八八五年清軍反擊，入侵的法軍不敵，逃回河內。法屬印度支那建立於一八八七年十月十七日，將安南、東京、交趾支那（共同構成今越南）和柬埔寨王國合併為一。一八九三年法暹戰爭後，再將寮國併入。不過後來，也有一塊中國領土被併入法屬印度支那，即廣州灣。那是位於中國南部沿海的小飛地，清朝租給法國使用。中法戰爭時清朝最終雖曾成功取勝並守住國界，但此後在西南邊境一帶的影響力下降。

十九世紀最後二十年的一連串涉外戰爭中，最令清廷震驚的敗戰出現在一八九四、一八九五年與日本交手。戰爭肇始於中日爭奪對朝鮮的控制權，結果中國在陸戰和海戰都敗給日本。[27]德川幕府治下的日本，跟中國有著同樣的命運，自一八五三年美國海軍准將培里（Matthew Perry）率艦駛入江戶灣，要求讓美國船駛入港口，而在日本引發一場公共辯論起，即面臨日益嚴重的國內經濟、社會問題。但日本走上的路與中國大相徑庭，經過鍥而不捨地談判，日本同意培里的要求，一八五四年雙方簽訂《神奈川條約》（日本稱《日美和親條約》），依據該約開放兩個港口供美國船補給食物等必需品（不是開放貿易），並答應互派外交官。一八六八年明治維新的啟動，為德川幕府敲下喪鐘。當時，一群受過良好教育的有志青年控制了皇居，代表被稱作明治天皇的十五歲皇帝睦仁宣布成立新政府。他們以過渡性質的諸侯會議取代幕府將軍權力。將軍德川慶喜一度躊躇，後來決定屈服於新政權，不使日本陷入內戰，年輕的明治天皇成為新政府的名義領袖。隨著一八八九年二月十一日明治天皇頒布憲法（亞洲第一部憲法），日本最終被打造成立憲君主國。日本憲法創造出天皇總攬統治權的天皇主權說，天皇任命內閣閣員，對預算以外的任何事務享有最終立法權。與此同時，日本憲法也創造出民選議會「帝國議會」和獨立司法系統，並賦予帝國議會一項極重要的權利，即預算否決權。明治新政府用心擬定長遠計畫，發展現代軍隊取代武士階層，改革教育體系，廢除僵固的士農工商四級結構，推崇具民族主義性質的新式神道教，藉此賦予其改革正當性。日本人也展開雄心勃勃的海軍建軍計畫，企圖更勝清帝國的類似計畫一籌。

明治新政府想要提升日本的國際地位，並且將琉球群島（今沖繩縣一部分）和朝鮮半島等鄰近地區納入勢力範圍。將近三百年來，琉球王一直既是清朝的藩屬，也聽命於日本南部薩摩藩主。一八七一年，中國對琉球群島的宗主國地位受到削弱：來自琉球的漁民遇難漂流至臺灣，被當地原住民殺害。日本向清朝索賠，清朝若應允，將意味著清廷承認日本對琉球群島擁有主權。清廷未有回應，日本即宣布已吞併琉球，數千名日本海軍陸戰隊員登上臺灣。日本於一八七二年宣布對琉球群島擁有主權，一八七五年在該地駐兵，一八七九年占據琉球全境，推翻琉球王室，將琉球改制為日本沖繩縣。中國本寄望英美居中調停能有轉機，結果未能如願。

日本商界也開始在東亞大陸尋找立足點，以取得煤、鐵、小麥及勞力。提議吞併琉球群島的那些擴張主義團體，也力主征韓。日本效法歐洲列強在中國的作為，一八七六年逼朝鮮簽訂通商條約，依據該約要朝鮮王廷宣布放棄其作為清朝藩屬的地位。此後，中日兩國在朝鮮半島上屢起衝突，一八八〇年代中期差點兵戎相向。一八八二年，朝鮮境內的反日抗議，給了日本一個借題發揮的藉口首度出動海軍。一八八四年朝鮮境內暴亂危及外國傳教士性命，日本出兵朝鮮維持秩序，扶植朝鮮改革派主持朝政。袁世凱統領的清軍則助朝鮮國王重登王位。一八八五年，清朝與日本簽訂《天津條約》，以解決雙方在朝鮮的衝突。依據該約，中日都要從朝鮮撤兵，中日若要出兵朝鮮，應先行文知會對方。

北京方面，朝中大臣警覺到，清朝喪失在朝鮮的權威，意味著日本正以擴張主義海上強權之姿崛起，遲早會挑戰清朝對朝鮮、臺灣、乃至中國沿海地區的影響力。一八九四年，東學黨在漢城（首爾）起事，朝鮮王高宗（1852-1919）請李鴻章派兵前來恢復秩序（東學原以重振理學於朝鮮為職志，後來逐漸演變成宗教，即今日所謂的天道教）。中國遵照條約規定接受朝鮮的軍援請求時，日本報界嚴正表示不能讓中國為所欲為。三千清兵抵達漢城時，日本人援引《天津條約》，運送約八千兵力至朝鮮。一八九四年七月，日軍逮住高宗，找來追求現代化的年輕朝鮮親日派成立新政府。這群人公開且明確廢除朝鮮與清帝國的所有關係，包括正式、非正式的關係，並請求日軍驅逐清軍。七月，爆發衝突，八月一日，中日兩國宣戰，甲午戰爭開打。戰場最初在朝鮮半島，後來在遼東半島，但最重要的戰事發生在海上，因為兩交戰國都倚賴海軍將兵力運送至朝鮮半島的戰略要地。一八九四年九月十七日爆發決定性海戰，日本聯合艦隊在鴨綠江口外海域遭遇中國北洋艦隊。這場海戰從接近中午打至薄暮，日本大勝。北洋艦隊幾遭全殲，大部分軍艦逃離或遭擊沉。由於這場嚴重挫敗，中國棄守朝鮮北部。十月，日軍迅速往北推進，進入滿洲和遼東半島。到了晚秋，日本已在海上、陸上都拿下多場大捷，致使清廷只能求和。隔年四月十七日簽訂《馬關條約》，清廷被迫割讓臺灣一省和南滿洲的遼東半島。日本也索取鉅額賠款和在中國的許多通商權利。《馬關條約》允許日本船隻在長江航行，允准日本企業在中國自行興建、營運工廠。中國得賠款日本兩億兩白銀。有兩件戰時發生的事，與日本的這場勝利同樣重要，將在日後引起餘波蕩漾。第一件事發生在旅順港。日軍於一八九四年十一月攻陷旅順後，屠殺該地數百平民。雖然東京有啟動調查並道歉，外籍記者仍在報導中表達震驚與憤慨。另外一個具有重大意義的現象是，此戰期間民族主義、愛國熱情於日本迸發，顯示日本民間對日本政府持續在中國擴張的支持之意。《馬關條約》規定將遼東半島割讓日本一事，威脅到俄國在中國東北的地位，沙俄政府隨即找上德國和法國，俄國希望一旦日本不願放掉到手的遼東半島，三國便共同出兵對付日本。面對歐洲三國的抵制，日本退讓，同意照俄德法三國的要求，接受清朝追加三千萬兩白銀的賠款，抵換遼東半島。根據《馬關條約》和三國協議，清朝要付給日本的錢，約相當於當時清朝國庫的三分之一，是日本政府年收入的六倍多。

代價如此高昂的這條和約，以及令中國人備覺羞辱的這場慘敗，帶來兩個後果。在中國經濟方面，一八九五年後的時期，出乎意料竟成為經濟活動蓬勃發展、成長驚人的階段。一八九五年條約給予日本在中國設廠的權利，而且因為最惠國條款，其他所有外國也順勢得到同樣的權利，從而帶來深遠影響，一是促成外國對工礦事業的投資急劇增長，二則催生出與這些外國企業一較短長的中國私人企業，而後者的重要性並不亞於前者。中國買辦作為外商合夥人的角色式微，中國開始被打造成外國製造業的基地。一九〇四年中國施行有史以來第一部《公司法》，而在此之前的十年裡，已有大批新公司進入市場。新開辦的八十三家中國股份公司，包括九家紡織廠、長江下游地區二十八家蒸汽繅絲廠、八家麵粉廠、一家火柴廠、三家機器製造廠、四家榨油廠、一家酒廠。這場敗戰危機也改變了官方對商業活動的態度，清廷著手設立由政府出資的準官方銀行。中國第一家現代銀行，中國通商銀行，一八九七年成立於上海。清帝國此時投身「商戰」，決意想盡辦法收回落入外國人之手的經濟資源開發使用權。官員積極推動工業，商人非常樂於配合。

在政治發展方面，《馬關條約》的後果則沒那麼正面。一八九四至一八九五年的中日戰爭，中國敗給長久以來被視為小老弟而非平起平坐對手的日本，令朝中群臣震驚不已且惴惴不安，尤其此時清帝國被視為「東亞病夫」，衝擊更是大。《馬關條約》對政治的影響長遠深重。清帝國與西方條約列強自一八四二年起締結的商業、外交、戰略關係結構，一夕崩毀。日本大占上風。這是日本第一次從中國割走廣大領土，此舉危及中國的領土完整，也傷害了歐洲帝國主義列強的利益，尤其是俄國的利益。接下來數年，日本能償還大部分債務、為持續工業化提供資金、擴大教育計畫，以及一九一一年重新議定與美國的不平等條約，全直接或間接受惠於一八九五年後清政府的鉅額賠款。外交上，中國嘗試尋找新的國際盟友，以回應當前形勢。[28]一八九六年春，在莫斯科，李鴻章簽訂一紙條約，給予俄國在中國東北發展工業、派兵占領的權利，期望這會擋住日本在該地區的進一步侵犯。一場範圍更廣且從某些方面來看更具決定性的戰爭，其框架已然確立，日本作為帝國主義強權的發展態勢正在加快。清帝國的復甦則幾乎必定會受阻。

庚子拳亂危機

一八九〇年代中期，外國帝國主義對中國的侵逼已甚劇。日、英、法、俄都已奪走中國的藩屬或領土。英國奪走外界一般認為由中國管轄的不丹、錫金、尼泊爾，並尋求在中國本土建立勢力或支配範圍；法國成功破壞中國對今日越南、寮國、柬埔寨的宗主國地位，還有中國對其西南地區的領土主張；俄國吞併了中國北疆的土地。日本則已接管臺灣，並控制朝鮮。其他列強會在不久後跟進，也想趁中國國力虛弱之際分一杯羹，其中，德意志帝國想要在中國北部覓得一處港口殖民地。一八九七年十一月，兩名德國傳教士在山東西部的曹州遭大刀會成員殺害。大刀會是諸多開始反基督教的自衛會社之一。老早就想找理由出兵占領魯東膠州灣的德國，由此找到藉口。一八九八年三月，德國與中國簽訂條約，德國取得膠州灣周邊土地九十九年的租借權。德國在華利益絕非只限於由德國殖民當局直接統治的這小塊土地。藉由此約，德國也取得建鐵路、在鐵路沿線地帶開礦，以及在山東駐兵的權利。[29]

山東成為德國進入中國市場的主要入口。一八九八年四月，德皇威廉二世宣布膠州灣（在中國稱青島）為帝國「保護地」（Kaiserliches Schutzgebiet），藉此阻止德意志帝國的憲政機關，例如帝國議會，為膠州灣立法。與英國的直轄殖民地香港不同的，膠州灣受到殖民母國政府的嚴密監管，自治或自行管理的空間甚小。德國將膠州灣發展成自己在中國、在東亞擴張的殖民基地。膠州灣成為德國海軍的維修碼頭和補煤站。德國殖民政府也在膠州灣建立了一座大商港。陸續有德國和中國企業在青島落戶，青島不久就成為華北第二大貿易港。柏林政府和膠州殖民當局成立兩大財團（syndicates），一個針對鐵路，另一個針對採礦，均由大銀行、重工業企業、航運公司、貿易商行組成。兩大財團分別為一八九九年創立的兩個公司籌資：山東鐵路公司蓋了從膠州通到山東首府濟南的膠濟鐵路；山東礦務公司則專門開採膠濟鐵路沿線的礦物資源。這兩家公司必須使用來自德國的物資，運用德國的技術和標準，與殖民當局協調價格政策，把一部分獲利上繳德國政府。

不久，在山東德國殖民地周邊，就爆發大規模民亂。從一八九九至一九〇一年，一連串局部的暴力衝突——先是德國與中國之間的衝突，後來也涉及另外七國——升高為國際大危機，引發當時世界史上最大的國際遠征軍出擊。雙方不只陷入軍事、經濟衝突，還陷入文明衝突。衝突發生於德國勢力範圍內及德國殖民地外圍。這塊地區在膠濟鐵路沿線上，境內博山、濰縣一帶有大煤層，是德國經濟利益的重點所在。德國人不只認為建造膠濟鐵路和礦務事業會帶來獲利，還認為要迅速完成，這是促成膠州灣整體發展的先決條件。任何延遲都會給兩家公司帶來虧損，止住殖民地的經濟發展。但幾個月後，危機卻波及到華北數大片地區和數省。

跟在其他許多地方一樣，西方公司在修建鐵路時總會遇到頗多問題。農民不願賣地，因為不滿意公司提出的補償金。儘管招來抗議，即使有些地還未完成購買作業，公司卻還是執意繼續施工。這樣的政策勢必激怒鄉村居民，在此情況下，只消一樁小事就足以引發暴力，例如德國勢力範圍內一名當地農民和一名德國鐵路工人在大呂村市場發生糾紛。憤怒農民聚集，阻止鐵路工人繼續鋪設鐵軌。群眾騷動消息傳到膠州，德國租借地總督葉世克（Jaeschke）決定「教訓一下農民」，迅即命令約百名士兵趕去平亂。士兵強行闖入三個村子，殺害二十五人。[30]

這些事情過後，德軍占領高密兩週。在此地，發生一樁令全中國官員矚目的事件。高密是縣城，較富裕的城市，以文風鼎盛而著稱。[31]許多房子掛了彰顯學術殊榮或官銜的牌匾。德軍住進高密的通德書院，書院有一著名的藏書樓。離開高密時，德軍毀掉書院，燒掉藏書。這不是臨時起意的破壞財產之舉，而是對被其視為異端之儒家經書公開處以火刑，此舉符合當時在華洋人的普遍想法，即受到威脅的不只是一條鐵路的興建。在這些局部衝突裡，他們自認對付的對象不只有不聽話的農民，還有整個中華文明。他們認為開明進步的西方必須打敗落後的儒家文明，如有必要，不惜動武。一九〇〇年，葉世克在寄至柏林的信中說：「此刻，在中國，兩種不同的意識形態正在激鬥：建立在千百年傳統上，執著於本國觀念的中國世界觀，以及願意接納不同觀念的西方世界觀。」[32]

中國人繼續抵抗，農民一再拔掉測量員的標杆。一九〇〇年春，爆發新衝突。在高密北邊的濠里低地，居民擔心鐵路會堵住低地脆弱的排水系統，導致水災。但鐵路公司把這些憂心說成只是要阻止繼續修築鐵路的藉口。[33]該公司再度力促膠州總督動用軍隊確保施工不斷。與此同時，濠里區農村邀請聲勢日壯的義和團領導人前來教武術和法術。

義和團，西方人口中的拳亂（一八九九至一九〇〇年）或單純稱之為拳民，是自發性的群眾運動，以扶清滅洋為宗旨，一般認為是八卦教的分支——八卦教曾在十八世紀晚期、十九世紀初期挑起數場反清民變。但後來，義和團融合兩個傳統，演化出自己的形狀：一個是來自大刀會的刀槍不入觀念，另一個是「神拳」所施行的「降神附體」集體儀式。大刀會從一八九〇年代中期起即活躍於山東西南部，一八九七年殺了兩名德國傳教士。

「神拳」則約略同時興起於山東西北部。義和團成員大多是貧窮農民、季節性農業工人、因沿海航運興起而丟掉飯碗的失業運河工人。他們深信透過神靈附體的法術能變得刀槍不入，擁有高人一等的武功。義和團組織鬆散，成員自發性在農村的拳場和城市的神壇碰面（拳場和神壇往往都附屬於寺廟）。一八九八年八月黃河潰堤，導致大範圍水災後，義和團的自衛、治病保證，讓他們在受災的村鎮收穫大量追隨者。義和團也把山東境內正在發生的衝突視為文明衝突，認為洋人的存在，尤其鐵路的興建，觸怒祖先和神明。義和團認為這是近年來天災降臨山東的真正原因。[34]眼見義和團迅速擴散至中國北部各地，攻擊洋人之事日增，德國殖民當局決定暫時撤退。葉世克命令所有德籍員工回膠州，停止鐵路施工。濠里的義和團慶祝勝利，號召力大增。

清朝官員暗地裡允許，有時甚至鼓勵，神功護體的義和團戰士攻擊山東、直隸兩省各地的外國僑民，尤其是傳教士和他們的設施。[35]整個一九〇〇年春和初夏，義和團勢力擴及華北全境，四處搗毀鐵軌和教堂。數萬義和團民湧入天津、北京，在城裡四處搜尋西方傳教士和信基督教的中國人。隨著拳民開始燒掠西方銀行或商行所在的建築，外國人與中國人之間的緊張、糾紛升溫。外國人，包括外交官，覺得性命堪憂，要外國軍隊保護。西方列強立即有所回應，駐守中國的數國海軍武力集結了兩千名海軍陸戰隊員，組成一支小規模解救部隊，交由英國駐華艦隊司令西摩爾（Edward Hobart Seymour, 1840-1929）統領。此部隊奉命開赴北京，確保外國使館區安全，保護外僑。但這支聯軍人數不多且只有輕度武裝，雖於一九〇〇年六月十日登上火車，卻未能抵達北京。眼見受到拳民和清軍不斷攻擊，聯軍下車，調頭徒步往回走，結果受到更猛烈攻擊。不久他們也彈盡糧絕，六月二十六日終於抵達天津時，已精疲力竭。西摩爾的進兵，以六十二死、二三二傷收場，立即被列強視為難以吞下的奇恥大辱。對拳民來說，則是一大勝利。突然間，在民眾群起支持下，清朝似乎有機會打敗帝國主義者。

與此同時，同聲一氣的列強湊集出更強大的援軍，其兵力主要從亞洲各地的西方海軍基地抽調過來。援軍很快就來到渤海灣，當地駐防清軍猝不及防，六月十七日援軍占領大沽炮臺。清廷稱此攻擊為戰爭行為，而在打敗西摩爾聯軍後，清廷信心大增，迅即調集部隊守衛天津、北京。情勢瞬息萬變。六月十九日，清廷照會外國使節，命他們離京。隔天，德國公使克林德（Clemens von Ketteler）經使館區欲前往總理衙門討論撤離事宜時，在路上遭擊斃。六月二十日，拳民已開始攻擊北京的外交人員，圍攻北京的外國公使館，包括俄、法、日、美、英、德、義、奧匈的使館。一九〇〇年六月二十一日，清廷發出相當於向結盟列強宣戰的宣告，全面戰事隨即在華北爆發。在接下來的混亂和暴力中，兩百五十名左右的外國人（主要是傳教士）遭拳民殺害，數萬中國人（大多是基督徒）也命喪拳民之手。外國公使館幾乎整個七月一直受到攻擊，但始終守住，未遭攻破。

到了八月上旬，由一萬九千名英、法、日、俄、德、奧、義、美士兵組成的八國聯軍，從七月下旬就被列強占領的天津開拔。八月十二日聯軍抵北京，立即準備攻打城門。八月十四日聯軍入京，替前往解救使館區的英軍開路，迅速解除使館區和西什庫教堂之圍。隔天，聯軍開始占領北京城中心，壓制住清軍和拳民，迫使慈禧太后和光緒皇帝（1871-1908）逃離紫禁城，避難於古城西安。

此時兵力更強大的援軍正從歐洲前來途中，即將加入規模之大史上前所未見的海軍軍事行動。一九〇〇年七月二十七日，德皇威廉二世為德國營送行時，在不來梅港（Bremenhaven）發表了著名的「匈人演說」（Hun Speech）。他說：「一遇敵，務必將其擊敗！格殺勿論！不留戰俘！凡是落入你們手裡者，一律不留活口。一如一千年前阿提拉王統領匈人揚名立威，立下直至今日仍讓他們在歷史和傳說裡受人景仰的威名，你們要讓德國揚名於中國，使中國人再也不敢斜眼看德國人。」[36]浩浩蕩蕩的船艦，載運約九萬歐洲士兵，八月上旬抵達天津的渤海灣，其中德國兵兩萬兩千人。這支聯軍的總司令是德國陸軍元帥瓦德西（Alfred Count von Waldersee, 1832-1904），但他們來得太晚，已不需要他們協防北京使館區。軍容壯盛的歐洲艦隊抵華時，清廷實際上已戰敗。這支聯軍轉而在北京、天津各地執行「懲罰性出征」，前後至少七十五次。這些出征是為實質性和象徵性懲罰中國所執行策略的一環，[37]數千人因為據稱殺害歐洲人而喪命。其中一次「懲罰性」出征，是瓦德西與總督葉世克在天津會面，於十月六日、七日籌劃的暴力行動。他們允許德軍在山東執行懲罰行動時，矛頭不只指向拳民，還有被認為向亂民提供援助的廣大平民。十月二十三日和十一月一日，三個村子突遭猛烈炮擊而毀，超過四百五十人遇害，包括許多婦孺。[38]

八國聯軍士官兵，幾乎是一來到中國就轉向劫掠。劫掠行動始於七月下旬占領天津時，延續至一九〇〇年十月的北京。後來，外交官和傳教士加入軍人的劫掠行列。劫掠北京之舉，類似四十年前英法聯軍劫掠圓明園之舉，外國人「劫掠熱」上身，到處洗劫。接下來的縱情掠奪，受害的不只北京和北京西郊的頤和園，還有直隸省的其他許多城鎮。在一九〇〇年十一月的日記裡，德籍聯軍總司令瓦德西坦然寫下劫掠者加諸北京和其他富饒古城的傷害和破壞。

占領〔北京〕後部隊獲准劫掠三天，接著又有人私自劫掠，經此，居民想必苦不堪言更別提可量化的物質損失。各國互指對方為最卑劣的劫匪，但實際上，它們個個盡情掠奪……如今，掠奪品買賣正盛。已有商人，美國來的商人，過來發了財……如果國內有人天真到相信這一切所為是為了基督教文化和基督教宣傳，此人會失望。自三十年戰爭以來，自路易十四在位時法國人大肆掠奪以來，未發生過類似的浩劫。[39]

從一九〇〇至一九〇二年，北京和天津都處於外國人占領下。聯軍在天津蓋了兵營以安置數千外國兵，並在該地成立臨時政府。臨時政府試圖改造、發展天津城，千百年來環繞該城的城牆因此遭拆除，「以利於軍事和衛生」。[40]臨時政府也安裝了自來水、街燈、電話線。城裡出現公共廁所，還有垃圾處理系統。另一項創舉是帶來西式治安體系。

一九〇一年九月七日，即聯軍入京約一年後，簽訂了《辛丑條約》，結束了這場戰爭。[41]這項協定之苛刻不容否認：端郡王載漪（帝位預定繼承人溥儁之父）是義和團的主要支持者，被洋人視為禍首，要求處以死刑（後來慈禧太后獲允撤掉死刑，改將其發配新疆，這是中國法律常用的替代方案）。總共六名大臣遭判死刑，另有多人受到其他種類的懲罰，例如降職。清廷也承諾派遣一名皇族成員赴德日為殺害德日外交官之事表達「悔意」。大沽炮臺必須拆除並解除武裝。中國政府也必須明令禁止成立反外國人的會社。凡是派兵前來平定拳亂的國家，都有權利在華北常駐軍隊。但傷害最大的條款，在於四億五千萬兩的鉅額賠款規定。此金額尚未將利息計算在內，遠非清廷一年二億五千萬兩的預算所能負荷。這是諸國針對出兵支出、財產損失、人命喪失所索賠之金額的總和。但索賠項目和索賠金額，沒有一套程序來評定。各國自行估算損失，據此索賠。俄國的索賠金額占了總賠款兩成九，其次是德國占兩成。中國必須每年賠付約二千萬兩，亦即要花三十九年才能連本帶利還清。這一每年支付鉅額賠款的規定，把未來數十年中國政府預算消耗掉，貽害甚大。《辛丑條約》這一條款壓垮中國政府財政，同時使列強對中國稅收的掌控更加牢固。清朝海關總稅務司赫德（Robert Hart, 1835-1911）和住在中國的其他外僑主張，若不新闢財源，中國還不了這些賠款。為此，他們說服組成聯軍的列強將進口關稅從三．一七%提高到五%，並且開始對原本免稅的某些貨物課稅，尤其是外國人消費的東西，例如歐洲葡萄酒、烈酒、紙菸。這些措施為清朝增添了據估計達一千八百萬兩的可觀稅收，使中國得以償還庚子賠款。

十九世紀末的這些敗仗，將來會被視為重要的轉捩點。國內外人士把中國的諸多挫敗——簽訂嚴苛的外交協定；不堪一擊的軍隊表現；包括首都在內的諸多大城遭外國占領；不計其數的人丟掉性命，其中許多人無辜受害；城市和文化珍寶遭破壞；清朝君臣顏面掃地的出逃——視為清帝國貧弱至極的有力證據。直接的影響就是清廷更加管不住地方，不只邊疆如此，內地亦然。愈來愈多人認為清帝國不再能統治、保衛國家。慈禧太后本人就指出情勢的危急，寫道王朝「一旦顛危至此」。[42]於是，中國社會興起亟欲改造中國的激進改革勢力，而且不久後就成為清朝所抵擋不住的勢力。

中國民族主義與軍國主義的興起

中國連連戰敗，立即帶來兩個後果。首先，隨著中國搖搖欲墜，改革的呼聲和提議變得更為急切且激進。就是在這時期，中國民族主義興起，成為翻攪中國政

圖3.2　八國聯軍在紫禁城內

來源：Wikimedia Commons

局的強有力政治因素。其次，戰場上一連串重挫，使當權菁英相信自強運動沒有對症下藥，中國需要重新擬定與思考因應作為。接下來需要的，是更廣泛且深入的政策，以穩住社會秩序，抵禦來自國內外的威脅。

我們已經知道，十九、二十世紀的中國思想家熱烈爭辯如何使中國在技術方面跟上時代的同時，也能保住自身傳統價值觀和文化。慢慢地才有些思想家承認，光是輸入西方的槍炮機器不足以成事。改革無效使他們日益相信，傳統制度本身既阻礙中國現代化，也使中國無力因應外來的挑戰。十九世紀最後二十五年，隨著列強在中國漸次劃出各自的勢力範圍，這樣的辯論更為激烈。一九〇〇年後，在陸續發生中國與日本爭奪朝鮮支配權時慘敗給日軍、北京和紫禁城遭聯軍占領、列強接著在中國搶劃租界和勢力範圍等事件後，「自強派」較折衷、較實用取向的改革計畫受到唾棄。憂心中國亡國的疑懼升高。

對外國實情和外國觀念的掌握，原本只限於人數不多的改革派，但此時，全國各地的憂國憂民之士也開始關注此事。清末的中國思想家求助於社會達爾文主義、議會制政體、立憲政體、民族主義之類西方的新觀念，想藉此解決中國人憂慮的國家穩定、個人自我修養、經濟表現方面的問題。[43]一八六〇年起的西學中譯，極有助於中國人進一步認識西方國家和國際秩序，但直到一九〇〇年左右，這些譯著才充分發揮作用。美籍傳教士丁韙良（W. A. P. Martin）僱用了一批中國人助手，一八六四年將惠頓（Henry Wheaton）的《萬國公法》（*Elements of International Law*）精心譯為中文，以助中國官員理解西方條約的意義和西方條約所依據的準則。[44]作家暨譯者王韜（1828-1897）譯出談法國歷史的《法國志略》和談普法戰爭史的《普法戰紀》，後一譯作甚得李鴻章喜愛。王韜也創辦中華印務總局，一八七四年開始發行中文報紙《循環日報》。他自任該報主筆，寫下多篇呼籲中國採用英國科學、工業轉型及議會制的社論。[45]黃遵憲（1848-1905）把其擔任駐日參贊的經歷寫成《日本國志》，一八八七年該書問世時少有人注意，但十年後因為日本海軍大敗中國海軍，而開始大受歡迎。[46]與黃遵憲之書同時流行的，還有一批譯作——其中多本出自中國譯介西方思想的最重要人物嚴復（1854-1921）之手——將西方的學說，例如赫胥黎（Thomas Henry Huxley）的社會達爾文主義，以及他認為國家若不進化、不適應外在變化、不成長就會滅絕的主張，介紹給中文讀者。嚴復翻譯赫胥黎談社會達爾文主義的著名演說稿，一八九八年以《天演論》之名首度出版，此後十年該書再版超過三十次。嚴復一九〇二年翻譯出版的亞當．斯密《原富》（《國富論》），也有許多讀者。[47]

與魏源、馮桂芬等先前談論「自強」的著述者不同，嚴復告訴讀者，若不吸取促進西方發展與進步的科學，以及政治體制和教育體制，不可能學好西方的技術。在〈與《外交報》主人書〉中，他主張中國的改革應擴及中國社會的基礎：

> 體用者，即一物而言之也。有牛之體，則有負重之用；有馬之體，則有致遠之用。未聞以牛為體，以馬為用者也。中西學之為異也，如其種人之面目然，不可強謂似也。故中學有中學之體用，西學有西學之體用，分之則並立，合之則兩亡。[48]

嚴復以這段文字批評深信可將西方技術嫁接於中國文化基礎上的張之洞等當時思想家。嚴復主張將法律、政治、思想層面的新制度引入中國，藉以「富國強兵」。他認識到使西方諸國大占上風者，不是西方的技術，而是西方的制度。如果能將這些制度移植到中國社會，中國也會再度強大。嚴復也贊同斯賓塞（Herbert Spencer）的社會達爾文主義，並將演化生物學理論套用在社會問題上，強調個人和國家都需要不斷競爭、適應、進步。他主張中國若不現代化，就只能任外國宰割。他以彼得大帝治下的俄羅斯經歷為例，告誡國人現代化必須全面，光是購買國防技術談不上現代化，只會走上敗亡。嚴復的著作和譯作形塑了當時中國許多辯論的框架。他對西方社會哲學家的評介，以及嘗試將這些人的思想與當前中國現狀、中國自身知識傳統調和之舉，其影響力和他的譯作一樣大。

他打動人心的陳述，為制度變革創造了有利條件。

改革派思想家也受到康有為（1858-1927）改造過的今文經學傳統啟發。康有為賦予孔子儒教教主和先知的形象，[49]不只尊之為今文經的「素王」，還奉之為中國獨特宗教——文化秩序的創教者，角色類似其他世界性宗教裡的耶穌、穆罕默德、釋迦摩尼。在其動筆於一八八〇年代的著作中，康有為尋找儒家從事激進改革和社會政治重整的先例，以拯救中國。他在一八九七年出版《孔子改制考》，稱孔子為「改制」者（即改革者），企圖把儒家學說改造為社會變革哲學，把中國歷史改寫為一個通往烏托邦大同世界終點的線性過程，而非一系列周而復始的王朝更迭。他想要證明全面的改革，包括重組制度性結構和引進新制度，與儒家原則毫不牴觸。在他看來，若不改造儒家，整個帝制會土崩瓦解。他也力倡立憲政體是中國救亡圖存所急需。

康有為及其追隨者梁啟超（1873-1929）、譚嗣同（1865-1898）擬出的改革計畫，在一八九八年所謂的「百日維新」（戊戌變法）期間，曾短暫試行。[50]初期改革得到年輕光緒皇帝核可，但只施行了百餘日，就被慈禧太后和朝中保守派發動政變斷然中止。慈禧及其支持者主要擔心大權旁落。六名改革派成員未經審判就處死，康有為和梁啟超等人則得外國公使館之助逃脫。光緒皇帝自此遭軟禁至死，住在紫禁城的一座湖中小島上。光緒皇帝諸多甚有遠見的改革幾乎全遭推翻。清朝錯失此最後機會，鑄成致命大錯。

光緒皇帝在一八九八年夏天所頒布的敕令和詔書，雖然不久就被廢除而且未能落實，但值得一談。他想改革科舉制度，使時務知識凌駕經書；想改建佛寺為公立學校；想廢除滿人特權和許多官職；想針對商業、工業、農業設立新機關。陸海軍要現代化。要鼓勵地方官、乃至一般士人上書建言。這些改革措施嘗試在既有王朝及政府的基礎上，由中央主導從上而下革新社會、發展經濟。維新派甚識時務，知道朝廷的支持將有助於改造官僚體系，重振其活力。他們無力挑戰清朝，也無此意，反倒受到彼得大帝、明治天皇的做法啟發，贊成以皇帝的專制權力推動革新。

一八九八年秋官方改革政策戛然而止，要求深度改革制度的呼聲卻未就此噤聲，反倒喊得更響亮，而且更激進。較年輕的官員和士人愈來愈認同政治現代化的關鍵在於民權和強大國家之說，強調必須更徹底地採用西方制度以反制國內的保守勢力抵抗，同時反制國外的西方帝國主義和明治日本這股新興國家力量。較年輕的菁英追求既深且廣的改變，樂見以別出心裁的手法運用他們眼中謀求中國復興所不可或缺的幾種觀念：民族國家；公民共同體；兼行立憲君主制和代議制（地方自治和國會）；商業發展。

呼籲改革制度的諸人中，梁啟超的想法影響最深遠。一九一一年辛亥革命之前的十年，他是提倡改革和創新最力的人物。[51] 一八九八年後他流亡日本，在那裡寫作與發行刊物，因此廣受矚目；發行於一九〇二至一九〇七年的《新民叢報》是其中特別暢銷的刊物。他撰文縱論歷史、政治，其看法往往引起爭議，卻影響了形形色色的年輕學者和官員，其中既有深信清廷仍有可為的改革派，也有認為清帝國滅亡不可避免的革命派。

梁啟超跟嚴復一樣，認為在國家可能亡於日本和技術先進、貪得無厭的帝國主義列強之際，追求「富強」是中國唯一的救亡圖存之道。他和其他有心改革的學者想要探明中國王朝體制的弊病根源，找到對應之道。梁啟超是儒家教育出身的博學之士，深信西方富強的根源在於某些制度，尤其是其政治體制。他一再於筆下倡言，弱國為自私君主所統治，強國則誕生於人民能行使權利、權力之時。人民有權利，就認同國家，覺得國家是自己的。梁啟超確信政治制度決定國家的富強程度。他哀嘆中國缺乏「國家思想」，對中華民族的國家未有共同的、出於公民意識的關心。在他看來，人民參與政治過程所產生的民族主義能量，是推動任何社會有活力地前進的關鍵力量。走訪美國、加拿大後，他寫道：

綜觀以上所列，則吾中國人之缺點，可得而論次矣。一曰有族民資格而無市民資格。

> 吾中國社會之組織，以家族為單位，不以個人為單位……二曰有村落思想而無國家思想……三曰只能受專制不能享自由……吾觀全地球之社會，未有凌亂如舊金山之華人者。此何以故？曰自由耳。夫內地華人性質，未必有以優於〔舊〕金山，然在內地，猶長官所及治，父兄所及約束也……夫自由云，立憲云，共和云，是多數政體之總稱也，而中國之多數、大多數、最大多數，如是如是，故吾今若採〔民主〕多數政體，是無異於自殺其國也……一言以蔽之，則今日中國國民，只可以受專制，不可以享自由……[52]

總而言之，梁啟超認為新公民共同體的創立，是中國存亡的關鍵；有了新公民，一個可望成功的立憲體制便能從中生長出來，從而為打造充滿活力的強國奠定基礎。梁啟超堅持新公民（「新民」）應當擁有權利並能行使權利，為此提出了一些既具有民族主義精神、在政治上又屬自由主義的看法。

新思想催生政治、社會的改變。軍事上一再受挫，讓自強的努力受到貶低，也讓眾人更加認識到中國整體的落後。[53]清流派，由堅決反對自強倡議的保守派大將組成，原具有影響力，但在突然迸出大量新式公民協會、學術協會後，其影響力急速流失。而在與清流派對抗的維新派勢力遭移除後，大量資源和心力開始轉而被用於打造現代軍隊，而非用於打造新政治體制，令知識分子和改革派大為氣惱。清朝的封疆大吏主持中國軍事力量的改組，希望能夠擊退帝國主義對中國進一步的侵略，保住清朝江山。著重軍事向來是清帝國的一大特徵。不過，此時從幾乎無休無止的內亂和涉外衝突裡崛起的，是「軍國主義」。「軍國主義」在本書中的意思，意指由軍方支配政治——甚至制定政策使武裝力量能夠取得更大的自主權、榨取一國更多的經濟資源，以及主宰地區性、全國性權力結構之局部、乃至全部——從而提升了軍事價值和軍事象徵在社會生活中所占比重。愈來愈多中國菁英想要鞏固國防、洗刷帝國主義加諸的恥辱，認為必須強化中國人民的勇武精神，使其更嫻熟於軍事技能。[54]

現代新式軍隊的打造，肇始於十九世紀中國國力日衰之時。大部分現代軍隊，最初是地域性軍隊。曾國藩、左宗棠等湖南士人，自力打造出強大的湘軍，馳騁於數百公里的土地上，和太平軍一較高下。湘軍完全歸地方領袖統率——清朝官軍只輔助湘軍作戰——而且自籌糧餉。湘軍籌錢之法有二。首先，在水陸交通要地設關卡，向過往商人收取新開徵的「釐金」過路費。其次，奏請清廷發給空白執照，販售各式各樣虛銜實職以籌錢。另一支重要的地域性軍隊是李鴻章所建立的淮軍。湘淮兩軍都有使用西式武器，但以傳統方式練兵，仍忠於清廷。忠於皇帝者受賜官爵，地方菁英見有此好處，紛紛加入清朝體制和官僚體系。消滅太平天國後，許多湘淮軍士兵解甲歸田，但仍有許多士兵留歸清廷調度，用來平定其他叛亂，抵禦西方和日本的侵犯。但長遠來看，這些地域性軍隊遺留的風氣，助長了地區武裝割據，將給帝國政府帶來嚴重問題。

清朝在甲午戰爭中慘敗，加速了軍事方針的變革。[55]此戰後不久，由於最精良官軍被滅，清廷深覺自身安危堪慮，日益用心於恢復中國軍力，而這一次的做法是打造地域性新式陸軍軍隊。因此誕生的頭兩支新軍，分別是由華北官員袁世凱和湖北官員張之洞編練。一八九五年，時任代理兩江總督的張之洞，在南京創立「自強軍」。此軍共十三營，精心挑選壯丁，仿德國軍制編成，由三十五位德籍軍官負責練兵，編有騎兵、步兵、炮兵和工兵部隊，也有醫療與支援人員。為培養具有專業軍事素養的新式陸軍軍官幹部，張之洞也於一八九六年在南京創辦一所新式軍校（江寧陸軍學堂）。回任湖廣總督後，張之洞在武昌創辦了另一所軍校（湖北武備學堂），開始改革湖南、湖北兩省部隊。張之洞練出的湖北新軍，有兵力七至八萬。漢陽鐵廠、漢陽兵工廠（在當時湖北省會武漢）和許多新式學校的成立，也使長江中游成為新政治勢力的基地。一九一一年，湖北新軍將發動辛亥革命，終止中國兩千年帝制。

此時，袁世凱受榮祿（1836-1903）舉薦，同樣於一八九五年開始編練一支新軍「定武軍」，以強化甲午戰爭後薄弱的防禦。榮祿是影響力日增的滿人大學士，督防北部諸口岸。定武軍建立於天津，袁世凱接手統領後，將定武軍改名為「新建陸軍」。這支新軍共約七千人，也由德籍教官訓練。這支袁世凱的軍隊迅速擴張，最終發展為北洋軍，駐紮京畿附近，不久就成為公認中國最現代化的武力。袁世凱靠地方農業和多項事業籌集軍費。北洋軍有軍官學堂、參謀學院、外籍教官、現代軍備。此外，天津的北洋武備學堂很值得一提，培育出一九一一年後主宰中國政局的一干北洋派軍閥。

從太平天國戰爭起，中國即逐步邁向廣義的軍事化。隨著兵員漸增，那些掌控軍隊者能取得愈來愈多經濟資源，在政治上呼風喚雨。新軍以西方的軍事訓練、裝備、組織模式為基礎創立。與之同時興起的民族主義，則提供了另一股推力，激勵有本事又有野心的年輕人投身戎馬。鍍上中國軍校資歷，即身價不凡。也有人出國赴日本或歐洲讀軍校。職業軍人隨之登上全國舞臺，爭取權力和影響力。大規模亂事和戰爭期間地方菁英的軍事化，與他們日益政治化有關，最終讓他們在推翻清朝上扮演了重要角色。

現代中國人的自我認同是由民族主義和軍國主義形塑而成，而這樣的獨特認同，顯然深受十九世紀最後幾年連串事件的影響。人們不再認為政治體制的核心是皇族與菁英官僚體系，而是國家與軍隊。清帝國的新式軍人從十九世紀危機得出一個結論：中國的命運與國力之強弱密不可分。此外，國家的強大不只有賴於強大的防禦能力，還有賴於將群眾操練、培訓為富戰鬥精神的國家一員並加以動員。但經常被他們忽略的是，這並非唯一可能的結論。另一個觀點則如梁啟超所提倡的，認為大量具公民意識的群眾和募兵制軍隊，是一種不言而喻的暗示，代表在一個由族群紐帶、歷史紐帶、文化紐帶綰合而成的國家共同體裡行使充分政治權利和積極參與該共同體是不無可能的。

✣✦✣

中國十九世紀的衰落之勢，急劇且叫人瞠目結舌。清初中國國力強大，物質豐裕，社會穩定，版圖與人口大增，經濟雖以農業為主，但日益商業化。清初的產業，例如紡織業和製瓷業，先進程度居世界前列。然而到了十九世紀，中國已遠遠落後許多歐洲國家。不到百年，一個相對繁榮、治理良善、離現代化只有一步之遙的國家，變成混亂、腐敗、落後、窮困的國度。原本書院林立、市況活絡、欣欣向榮的鄉村城鎮，轉眼沒落至無人聞問，一貧如洗。原是世界上數一數二驃悍的清軍，因為守不住邊疆、打不贏戰爭而自信潰散。

中國國勢一落千丈，何以致之？幾代西方和中國學者試圖在中國的傳統文化裡找答案，或歸咎於儒家拒斥商業，或歸咎於中國傳統思想在根本上與科學或創新思考相牴觸；或歸咎於行事講究關係（商業交易時偏袒自己社會人脈裡的成員），從而導致貪汙和管理不良。但這些論點無一能讓人完全信服，因為先前清帝國成長、發展數百年，這些傳統並未構成掣肘，反倒提供了穩定和善治使帝國得以繁榮壯大。有些學者則歸咎於西方帝國主義，說帝國主義剝削中國資源，阻礙本土發展。[56]但同時也有人發出合理質疑，認為十九世紀時，除了通商口岸，中國受害於帝國主義的地方不多。

晚近，彭慕然、葛斯通（Jack Goldstone）等學者主張，中國、西歐兩地強勁的經濟擴張，由於生態方面的制約愈來愈強，都在十八世紀末觸了頂。[57]在這兩個地方，這類制約都導致許多人生活困苦，國家歲入減少，動亂頻生，但西歐因其能輕易取得能源，能大規模外移美洲，而渡過這些難關。據彭慕然、葛斯通兩人的說法，這些歷史變數使進一步的政治集權和工業革命得以有機會在歐洲確立下來，而同時的中國和其他大部分亞洲國家則受累於漫長的經濟危機和政治解體。但並非每個學者都相信，煤和殖民地的取得難易，足以充分解釋發展成就上的高低差異。

把中國擺在全球框架裡審視，有助於我們更全面地釐清中國衰落之因——實際上，要找出原因，也非如此不可。晚清中國遇到的危機並非中國獨有，而是十九世紀時各帝國普遍遭遇的難題。[58]從全球格局來看，十九世紀時諸帝國進入劇變期、危機期，其中多個帝國想方設法解決與民族主義擴散、新武器問世、全球氣候改變有關的艱鉅新難題。民族主義危及幾乎所有帝國之多族群架構的內聚力。機槍、爆裂物之類新式、有效且買得起的武器，銷售世界各地，使不滿現狀者更敢造反，使反抗帝國控制的暴亂更易發生。全球氣候模式改變，則使北半球倚賴農業的帝國經濟體處境艱困。這些難題令既有的帝國結構和制度日益招架不住，迫使它們調整因應，不然就會垮掉。

中國十九世紀的衰落是幾個特定歷史因素的匯聚所致，沒有單一解釋，其中某些因素屬全球性，非清廷所能直接控制。聚集於制度發展，能為理解晚清在走上現代化之路上所遭遇的難題和阻礙，提供最佳、最精確的解釋。首先，生態方面的制約因素的確起了重大作用。環境退化和全球氣候模式改變加劇已然岌岌可危的情勢，導致華北降雨量大變，南部洪澇變多。中國的前現代農業在人口成長時期拚命維持既有產量之際，農村貧窮人口變多，加重了清朝制度的負擔。第二，帝國主義效應加深中國的經濟困境。白銀外流和後來西方紡織品等產品進入爭奪市場，導致國內經濟衰退，從而導致價格下跌，農村所得變少。第三，外國資本、技術、知識、制度流入通商口岸，拉大沿海地區與內陸的差距，侵蝕社會穩定。第四，帝國本身的政治制度明顯處理不了日益迫切的問題，而且無法找到有效辦法解決經濟倒退、地區失衡、農村貧窮、社會動盪。從上述可知，在通商口岸體制問世前不久和之後，中國的發展所以受到抑制，是這幾個因素綜合起來的結果，而非普遍性資源限制或文化取向之類單一因素造成一切。

在瞬息萬變的世界，中國欠缺有力領導來回應新挑戰、適應新現狀。國內，中國面臨人口日增、社會情況複雜、人口流動等問題；對外，中國面臨帝國主義侵逼。情勢非常清楚，中國需要能比以往任何時候更大程度調動經濟資源、人力資源的制度。清廷在這方面失敗了，因為朝中官員未能一致認同需要有所作為，更別提擬定具體計畫改造制度性秩序，以及為國家另立新徑。政治權力持續被衰弱的滿清朝廷把持，清廷把保護既得利益和保住權力看得最重要。由於其他考量都不得牴觸這一首要考量，對於改變制度自是避之唯恐不及，因為深怕會削弱滿洲王朝的統治地位。清朝經濟、社會、財政政策的根本問題，在於政治中心擔心失去權力，而對改革體制以因應環境改變一事猶疑不決。

在人口日增、人均稅收停滯而後下滑、全球競爭的大環境裡，制度疲累無力使中國跛腳。缺乏制度改造或創新，限制了中央調動資源來執行新的行政計畫或處理緊急情況的能力。歲入不足，加上沒有針對地方治理擬定財政規定，迫使皇帝要處理大量財務上的違法情事。於是，皇帝得依靠嚴懲和文化象徵、文化慣例，來打擊藉權牟利之事，保衛帝國制度。隨著帝國體制失去內聚力，開始分崩離析，其功能和其存續日益仰仗願意動用本身稀少資源（例如物質獎勵和政治獎勵）來擺平怨言、創造共識的地方權力掮客。中國根本未得到適切的治理，因為有太長時間，政府一直規模太小、太不願意花錢、太弱。[59]中國財政與行政的敗壞，始於道光蕭條時期，整個十九世紀期間日益惡化。與十八世紀中葉的鼎盛時期相比，十九世紀清廷的清償能力變差許多、腐敗無能的程度則大幅高升。僅靠三萬文武官員治理亞洲最大帝國之舉，在過去是人民之福，但在此刻，那意味著中國的行政能力、財力、軍力已遠遠不符所需。面對侵入沿海地區的西方帝國主義，中國不得不因其欠缺治理能力而付出沉重代價。

為何十七世紀時卓有成效且富有革新精神的政治制度，至晚清變得如此不濟？原因可在皇族和官場菁英、學界菁英、商界菁英、地主菁英的沆瀣一氣上找到。沆瀣一氣創造出由既得利益和尋租行為構成的牢固網絡，而此網絡一旦建立，即阻礙制度改造，而且事實表明此網絡極難移除。帝制晚期的中國社會出現一個現象，即正式和非正式的影響力與權力來源明顯相互依存。當官是取得名利的最穩妥管道。與此同時，要通過科考，需要漫長準備，而金錢是做好此準備所不可或缺。成立本土企業的商人，作為晚清自強計畫之一環，或有官職在身，或與官僚體系過從甚密。各層級的官府靠從社會榨取資源來運行，與個人、企業聯手利用各個有利可圖領域裡的尋租機會來圖利自己。經濟資源、身分地位、政治權力三者如此緊密整合，構成穩定的支柱，但也為制度改革和創新帶來令人望而卻步的阻礙。財產權有限且不完整一事，可能也起了某種作用，因為這促成可合理稱之為恩庇經濟的現象。在缺乏穩固財產權且帝王權力未受到制度性約束的情況下，所造就的國內經濟體系，變成只有土地適合作為長期持有的被動式財富。因為所有財務規畫或金錢交易都因人設事。[60]總而言之，一個榨取型體系的出現，因此而受益者是官商，因此而受害者是廣大老百姓。

全球貿易和外國商品輸入中國市場，使中國經濟開始逐漸演化為以城市地區為基礎的現代經濟。促進中國經濟轉型的其他因素是金融、現代工業生產、現代交通體系的建立。外資的流入造就了一個後來被中國企業家進一步發展的體系。中國日益用心於將社會現代化、經濟工業化，雖然付出的努力有限，還是有少許成果。但由於發展太慢且太局限於沿海地區，農村內陸受到的影響甚小。從十九世紀末起，距離商業中心是遠是近，愈來愈左右一地經濟的發展。

社會失序、經濟崩解、制度薄弱無力，導致對內、對外的控制力都大幅流失。隨著人數之多前所未見的外人試圖影響中國的政治、經濟、文化演變，中國成為被外力滲入程度最高的現代大國之一。中國眼見其西南部被法國人占領，東北部被俄國人占領，長江沿岸的南部、中部被英國人占領，西北部被俄國人占領，北部被日本人占領。一八九五年痛失臺灣給日本和一八九八年全面性改革百日維新失敗，被視為清朝變法革新一事無成的證據。此後，更多外國強權要求建立勢力範圍，尤其當有建鐵路、開礦場的需求時。一九〇〇年，八國聯軍平定仇外的華北拳亂，在這過程中摧毀北京許多地方。這每一場挫敗都招來外國更多索求、更高賠款、外國人在沿海地區更大的勢力、外國人對中國政治、經濟生活更大的參與。難怪十九世紀末已有許多中國人擔心國家遭「瓜分」。十九世紀衰落所帶來的長久影響之一，是邊疆不靖和中國人擔心本國部分領土受外人控制——二十世紀這一憂心會繼續縈繞中國人腦海。

清朝危機促使思想家和士人熱烈討論中國一落千丈的原因和扭轉此頹勢的最佳辦法。今文經學強調通古今之變，提倡務實調整制度以因應時勢變化。這些想法，加上實證研究，為日後的改革打下基礎，是通往「現代早期」、開展現代主義者所想像的政治文化轉型的重要墊腳石。最初，討論聚焦於運用西方武器等技術來保衛中國的「體」，即所謂的「體用論」。但籠統的「體用論」是綜合性概念，包括多種不同的看法。出現於通商口岸的改革論，截然不同於自強派的改革論。通商口岸的改革派的確在自強運動裡扮演了一定角色；其中許多人甚至在李鴻章等自強派領導人幕下做事。但一八九〇年前，通商口岸世界和內陸仕紳少有聯繫。在明清社會裡，鄉紳菁英是頻繁往來於鄉村與行政中心之間，書院則大多設在遠離城市商業中心之處。然而當大部分學院和大學坐落在沿海城市，情況便不再是這樣。這與通商口岸的社經效應是同時發生，分析也顯示，十九世紀晚期之前，口岸對內陸的改變作用不大。因此，通商口岸的知識界與仕紳知識界之間，有很大的文化隔閡。一八九〇年代西學首度從通商口岸往外大舉擴散至內陸城市，情況開始改變。這主要拜新的社會性制度出現之賜。傳統書院翻修改造或退場由新式學校取代。課程改革後西學成為重要的教學科目。一八九四至一八九五年甲午戰爭後，教育變革尤其顯著。許多學會出現於士大夫圈子裡，一八九五至一八九八年數量達六十多個。此時另一個重要的制度創新是菁英主導的新聞業。報紙雜誌由士人創辦，大多是政治性刊物，且意識形態甚濃。它們傳播到通商口岸之外，進入內陸城市，在漢地的幾乎每個大城都有發行機構。菁英主導的新聞業有助於消弭仕紳與通商口岸間的隔閡，激起全民關注西學。

接下來，知識界思潮澎湃，百花齊放。各種看法形形色色，聚焦於新社會政治思想，包括張之洞及其追隨者所提倡的自強觀，康有為及其支持者所提倡的立憲改革觀。還有一個自由主義團體，以譚嗣同、梁啟超為核心形成。晚清自由主義知識分子似乎特別看重某些思想，包括社會契約論、國家有機論（organic state）、主權、國家領域化（territorialization）。這些思想興起的脈絡是社會達爾文主義、民族主義盛行，同時試圖用民族和民族國家的鬥爭來解讀歷史發展。[61]這個自由主義團體代表新思想的開端，他們開始挑戰傳統社會、政治秩序的基礎——儒家的宇宙論迷思。這個迷思由家庭倫理和政治倫理結合而成，以如下的宇宙論信念為基礎：社會政治倫理是宇宙秩序的亙古不變之一環。相較之下，心向改革的知識分子傾向強調作為國家命運之根本的中國國民對於國家防衛與福祉的重要性。他們深信，國民的軍事化與動員將使中國有力量挺身捍衛其在世界上應有的權利。總而言之，這些想法不只反映出一種對國家的新觀念，也反映出對於何謂中國人的新觀念。一八九〇年代，激進改革派動搖了清帝國的儒家基礎，開創知識界的民族主義運動，且此運動會在一九一九年五四運動時達到極致。國家和中國國民成為新焦點所在，加上舊宇宙論、舊政治觀解體，由此產生的衝擊，波及各種政治立場的中國知識分子。滿清王朝的帝國統治即將壽終正寢，其存在不再被視為理所當然，反倒愈來愈被視為中華民族富強的阻礙。意識形態和群眾政治動員的新時代正要開始。

現代中國的這個時期，還有一個特點，那就是面對危機所展現的韌性。屈辱轉化為團結的力量，恥辱反倒激發出打造新且現代之國家認同的念頭。此時期也是中國塑造現代政治文化、軍事文化的轉捩點。[62]有識之士痛心於輝煌時代的過去、國家遠遠落後他國，這些羞愧之感演變為急起直追的決心，催逼全國人民奮發圖強，以趕上西方，以重拾自衛的能力，以恢復中國的榮光。清帝國即使衰弱，仍展現出經受得住撞擊的能力，還在蒙受可能使國家癱瘓的災難後展現恢復穩定的能力。使廣大地區殘破不堪的太平天國之亂（一八五〇至一八六四年），揭露清朝統治者的軟弱無能，被通過最高階文官考試（會試）的封疆大吏平定。這些人在自己家鄉省分募集鄉勇、資金，藉此打敗叛軍。這些平亂將領全是漢人，平亂之後把控制權還給皇上，儘管皇上是異族，是當年入主中原之滿人的後代。其他現代早期的陸上帝國都在十九世紀期間瓦解，似乎只有清帝國不失其國家實體的地位。鄂圖曼帝國最終裂解為數國。俄羅斯分割為聯邦架構下的多個民族省。中國的獨一無二，在於它是以統一實體之姿走入革命時代，而這個實體的基礎就是已滅亡帝國的領土。

諷刺的是，使國家不致崩解的那些強韌力量，也在制度改革可能危害支配帝國實體之政治、經濟領導團體的地位、收入或前途時，阻撓那些改革。短期來看，韌性使清帝國在危機期間得以保住領土，但長遠來看，其代價是延後了必要的改變，從而加劇動盪不安之二十世紀的激進傾向和衝突。晚清的制度困境，在於必須揚棄行之已久的制度，代之以能促進經濟重建、刺激技術進步、應對外國軍事侵逼、打造合理政治體制的可行制度，而在一九〇〇年後，有很長一段時間，中國繼續致力於克服此困境，從許多方面來看，如今亦然。自那之後中國所面臨的問題，以及為解決那些問題所提出的許多南轅北轍的解決之道，都源於中國十九世紀晚期的危機。

第二部

中國革命

拳亂兩年後的一九〇三年五月，年輕教師暨作家陳獨秀（1879-1942）協助創辦了名叫安徽愛國會的政治性會社（一九二一年他會成為中國共產黨的第一任總書記）。陳獨秀所幫忙擬定的該會章程載明：「本社因外患日亟，結合士群為一團體，發愛國之思想，振尚武之精神，使人人能執干戈衛社稷，以為恢復國權基礎。」[1]一九一一年後出現的新政治菁英，大多仍未忘懷於十九世紀西方帝國主義侵逼導致國勢一落千丈期間所失去的光榮過往。十九世紀日益被視為國恥的代名詞，年輕新菁英呼籲革命、「救國」以雪恥。對古代輝煌盛世的記憶和對今日中國衰落的憤慨交相激盪，引動中國革命民族主義。一九〇〇年左右起，這一發展不只會迅速終結清朝，還會從根本上影響新共和國的形成。

革命民族主義者認為革命是國家強大和現代化——使中國成為「富強之國」、恢復其偉大、打造國家繁榮興盛時代——所不可或缺。誠如安德森（Benedict Anderson）、巴禮巴（Etienne Balibar）所闡明的，民族主義源於將民族理解為政治共同體，亦即「想像的共同體」。這一想像之物由共同歷史、領土所有權（需要保衛）、族群歸屬、共同歷史目的（必須奮力達成）組成。革命民族主義具有約束性、排他性，因為它強調共同遺產裡獨一無二且具結合力量的部分。[2]中國民族主義者根據他們認定的民族概念，把中華民族國家構想為嫁接在中華民族這個想像之共同體上且具有獨立主權的革命性政治組織。[3]但中國民族主義知識分子和官員雖然追求著類似的目標，卻在如何復興中國、恢復其偉大上，分成南轅北轍的兩派。自那之後，中國的政治領袖和思想家往往意見相左甚大，導致在挑選政治策略、外國模式、方法時相去甚遠。於是，革命問題和革命的實行，支配與塑造了二十世紀上半葉的中國，而且成為這時期中國抹除不掉的特徵。由於政治路線和觀念的多元並立，可以說中國革命不只一個，而是多個。

中國境內的革命不只受到內部因素與地區因素影響，也深受全球論述和全球事件牽動。這些革命可以說是「全球時刻」的一部分，有時甚至可說是「全球運動」的一部分。因此，應該把中國的許多革命視為與同時在別地發生的地方情勢、國家情勢有關連的全球事件，從這個角度來探討這些革命。環視二十世紀初的世界大局，所看到的會是一個正在被國家革命重新塑造的全球政治地景。[4]十九世紀初是緊接在帶來劇變的「革命大西洋」(revolutionary Atlantic，即法國大革命和美國獨立革命）之後，十九世紀中期則有印度民族起義（Great Rebellion in India，一八五七至一八五八年）和美國內戰（一八六一至一八六五年）。二十世紀初迎來多場革命，分別發生於一九〇五年的俄國、一九〇五年的伊朗、一九〇八年的土耳其。這些革命聯合起來足以說明革命為何是有效且快速造成歷史改變的途徑，也似乎在告訴中國人，單憑革命就能解決中國問題。

在大部分漢人眼中，「革命」一詞的原始意義——變革天命，改朝換代——貼切說明了滿清王朝的覆滅。但此後，這個詞有了新的意涵。今日革命一詞的用法，是源自日本，較貼近西方的革命觀。這個涵義更廣且到後來變得更激進的概念，迅速傳遍思想界和政治菁英圈。革命漸漸有了以暴力推翻君主政體的意思（如在法國、俄國革命中所見），從而也有了徹底轉變民族和國家的社會經濟情況、乃至知識情況的意思。在中國近現代時期，與革命有關的詞語暴增。在中國和在其歷任政府裡，革命一詞的確意指打敗對手，不管對手是軍閥、對立政黨、相抗衡的觀念、或不同的意識形態（或世界觀）皆然。但加上了其他形容詞便迅即擴大了這個概念的意涵，於是出現可能比用武力或暴力發動革命更加深刻改變中國人民生活的經濟革命、社會革命、文化革命。

此現象所帶來的巨大衝擊，是二十世紀時愈來愈多中國人開始把革命實踐看成建設新國家所需奉行的圭臬。中國人發起的革命，有一些質疑自古即有的思想觀念和常規慣例，有一些著眼於強力推行新的價值觀，但無論是哪一種，都使中國人的生活改觀。隨著新的知識領域和社會實作長期合為一體：包括心理學、行為、法律，以及生產者、消費者、購買者、進口者的作為等等，革命觀念更是四射發散、無孔不入。於是，革命過程中產生的交互影響，使得各式各樣領域和活動得以組織化或再組織化。

要成為革命國家，就要打造具有新正當性來源的新政治秩序。重拾帝制變得不可想像，甚至危險。捍衛既有秩序者被說成老舊和落伍、反動和反革命，至少會被說成「保守」。成為一個革命民族國家是高遠、富企圖心的理想，旨在回應舊秩序所無力解決的種種根深蒂固的問題，從治理到國家安全到經濟。革命人士認為徹底改變或推翻政治體制會解決他們的經濟問題，會保障他們的公民權利，會使他們得以參與政治生活。他們也希望強大的民族國家會更強勢抵抗幾大強權和外國資本家的圖謀。於是，就剛走出清朝帝制而逐漸覺醒的中國來說，這一主張實行國民革命的主流思潮，涵蓋所有至關緊要的議題：外國侵犯、民族自決、「中國性」（Chineseness）的製造和其他民族歸屬形式、公眾政治討論的參與、公立教育、社會平等、繁榮、經濟成長。不只得在所有這些領域想像中國，還得在所有這些領域打造中國。必須把這個願景化為活生生的現實。

一九一一年辛亥革命實現了終結帝制的目標，但這場革命引發了獨裁統治與軍閥割據，尤有甚者，引發了更多的革命。或許最重要的是，辛亥革命使將大大左右中國二十世紀上半葉歷史的新社會團體——學生和知識分子、工人、女人、新興都市資產階級、當然還有軍隊——動了起來。推翻帝制後，革命目標擴大為新國家的建造和新民族的形塑。中國國民黨——先後由孫逸仙、蔣介石領導——承諾要把中國帶進會真正將中國「重建」為現代民族國家和公民社會的共和時代。為打造一個嶄新且強大的民族國家，政府推動雄心勃勃的計畫，投下資金以發展工業、教育、軍隊和政府。然而在一九二〇年代，中國共產黨開始改走一條與國民黨完全相反的路，來達成從清帝國廢墟中建設出富強民族國家的目標。共產主義運動亦有創造新中國的理想，最初屢遭挫敗，但藉由動員並武裝農民，得以在農村地區壯大。中共對中國的願景是，待有朝一日解放其身上的枷鎖，便能將其發展成既現代又平等的共產主義社會。

與革命的盛行有部分時間重疊且與之分庭抗禮者，是對現代性蔚然成風的追求。在許多知識分子心中，革命必須使中國現代化，但現代性也被視為某種自成一體的東西，是能在政治革命之外且幾乎與政治革命不相干的情況下取得並實踐的日常文化和生活方式。尤其是上海及其他通商口岸，在二十世紀初成為現代性美好前程的具體示範。民國時期，風靡萬眾的世俗、都市現代性，在不同地方以不同方式突圍而出，但絕非完全照搬西方的形式。民國時期，形形色色的建築元素、都市組織形式、器物及文化活動，在中國的狹小都市空間裡，往往以極矛盾突兀的方式，結合、交混、並置。因此，在本部諸章也會探索二十世紀上半葉盛行於中國都市地區的文化形式和社會實作，探討它們所揭露、暗示或掩蓋的東西。這一切——建築與都市空間；外貿、商業、勞動力、休閒活動等支撐經濟的事物；流行於大眾間的詞彙與圖像；女人、青年、家庭、公民的新角色——都貢獻並創造了一個革命中國的理想與複雜現實。

一九三七年中日戰爭爆發時，政府、知識界和商界已在為建設新中國進行多種內部努力和大膽實驗，但戰爭爆發使這些努力和實驗戛然而止。日本出兵攻擊，代表數十年的擴張和壓力來到頂點，中國從此遍地烽火，亞洲隨之掀起戰火，比歐洲的第二次世界大戰還早爆發。中國人民同心抵抗勢不可擋的日本戰爭機器，艱苦作戰，付出高昂代價。一九四五年日本投降時，中國已氣力放盡，城市受損嚴重。然後中國兩大政治勢力，國民黨和中國共產黨，並未合力重建家園，反倒為了控制已然殘破不堪的國家展開最後的殊死鬥。

第四章 CHAPTER 4

推翻帝國

一九〇〇～一九一九年

人心早就認為政局會變，但在十年「新政」結束時爆發的一九一一年辛亥革命，還是讓人民大感意外。「新政」是漸進的制度建立過程，革命爆發時，清廷已大抵使中國的行政制度改頭換面。廢除施行千百年之久的科舉制、省諮議局議員透過選舉產生（但由人數甚少的仕紳選出）、成立現代學校和大學、西方商品和技術湧入，上述這些都發生在清朝統治最後幾年。這些改革雄心勃勃，但來得太晚，無法挽回在十九世紀危機期間遭削弱的統治正當性。諷刺的是，這些遲來但有遠見的改革，反倒引爆革命。

辛亥革命帶來直至一九二八年才平息的政治混亂時期。以孫逸仙為第一任短命總統的「亞洲第一個共和國」，不久就被以袁世凱為元首而且同樣短命的立憲君主國取代。革命推翻清朝，拉下滿人皇帝，結果很快地卻發現，無論共和派還是其他任何社會團體，都無法填補這個政治真空穩定大局。帝制打破了，但沒有其他制度出來接替。一九一四年一戰爆發，使局勢更為混亂難料。歐洲列強把資源和力量集中於歐洲、撤離亞洲，日本看到難以抗拒的擴張機會。一戰結束後緊接著爆發的全球抗議潮，鼓舞了學生和知識分子，他們要求解除殖民、民族覺醒及政治參與，為一九一九年的五四運動架設好舞臺。中國將領、日本軍方、共和派和渴望改變的激昂學生，都覬覦令人垂涎的清帝國遺產和殘餘，激烈的權力爭奪隨之展開。

新政

從許多方面來看，企圖將清帝國改造為現代民族國家的政治實驗始於一九〇〇年後，滿清統治的最後十年。清廷推動格局遠超過以往的改革計畫，以回應拳亂所暴露的嚴峻帝國危機。清末新政著眼於許多層面的改革，希望使帝國政府更有效能，更深度參與社會、經濟的各個方面。晚近的研究顯示，新政不僅不完全是仍想抓著權力不放但注定敗亡的搖搖欲墜王朝虛應故事的作為，反而還確實是最終促使中國轉向「大政府」路線，以便在整個二十世紀期間尋求國家復甦與覺醒的「新開端」。帝制改革未能如願——王朝最終難逃覆滅定局——但這些政策影響深遠，長遠來看意義重大。新政是對政府規模與能力長期衰退之勢的扭轉，向打造更有為、更大、更強之國家邁出篤定的一步。這一趨勢會持續很久，直至二十世紀晚期。

一九〇一年一月二十九日，仍流亡西安的慈禧太后頒布變法詔書，推動新階段大刀闊斧的改革。這些改革以西學為本的強度前所未見。詔書曰：「現正議和，一切政事，尤須切實整頓，以期漸致富強。」新方針要求採用「西人富強之始基」，包括「朝章國政、吏治民生、學校科舉、兵政財政等」。慈禧懿旨云：「惟有變法自強，為國家安危之命脈……捨此更無他策。」[1]整頓中國政治體制，於帝國主義世界謀求救亡圖存之道，已成刻不容緩之事。

一九〇一年四月，督辦政務處成立，負責整理多項改革提案，以及督管新政策的落實。[2]改革目標之一是藉由改善行政組織及各機構間的協調，以提升官僚體系的效率。新制度的創立要奠基於有體系的明文化規定，而這些規定則要能夠提供較為包容、有效率的治理形式。例如，改六部為內閣諸部院。刑部改為法部，戶部改為度支部，總理各國事務衙門改為外務部。此外新設了數個此前未有的部。商部是中國有史以來第一個專責職司管理、扶持商業的政府機構。其他新部包括學部（教育部）、巡警部（後來的內政部）、郵傳部。其他新進展還包括一九〇五年創立國家銀行，接著推出國幣，「元」成為新貨幣單位。

這是清廷首度認真思索要以一個新的憲法體制，取代傳統帝國政治體制，立憲議題和法律議題隨之成為改革的核心部分。後來的發展將證明這是中國現代史上最重要的轉捩點之一。[3]現代中國一心要以平等地位加入世界，一心要廢除治外法權，也是促進這些改革的因素。雖然至少一八八〇年代就開始辯論要不要採立憲君主制，一九〇五年前卻一直未嘗試訂立憲法。一九〇五、一九〇六年，派了兩批考察團出國，要他們考察世界各國憲政體制，擬出全面的報告。一九〇五年考察團走訪了歐洲、日本、美國。第二批考察團一九〇六年被派去日本、德國、英國。清廷頒布《宣示預備立憲諭》，斷言「各國之所以富強者，實由於實行憲法，取決公論，君民一體」。[4] 許多官員和知識分子認為中國衰弱源於統治者和被統治者之間隔閡太深——這本就是儒家相當關注的問題。透過立憲改革，國家與社會之間能形成更親近、更有機的關係。有一點應該指出，即立憲用意，與其說是賦予人民權力，不如說是希望使君民的關係更為緊密。

出洋考察團的成果，呈現在一九〇八年清廷頒布的《欽定憲法大綱》。依此大綱，未來的政體要以君主（通常是世襲君主）為國家元首，君主受成文憲法節制。君主的權力不會來自宗教教義或天命或皇位繼承，而是來自載明基本準則的憲法。皇帝保有制定、頒行法律的權力。根據《欽定憲法大綱》，皇帝能發布敕令，但不得利用敕令來更改或廢除法律。議院只有諮詢功能，位階低於皇帝。人民雖獲授予某些基本權利，但《欽定憲法大綱》未給予人民普遍且平等的投票權。這一立憲君主制以一八八九年日本明治憲法為範本。然而清廷最終決定，應經過十至十五年的「預備期」再施行憲政。因此，由於一九一一年辛亥革命爆發，清朝憲法從未生效過，但《欽定憲法大綱》促成地方層級、省級代議機構的設立——議事會（一九〇八年）和諮議局（一九〇九年）——而這些代議機構不久就成為重要的政治平臺。一九一〇年，甚至成立國會準備機構資政院並召開第一次會議。代議機構的議員由符合選民登記條件（牽涉到財力、教育程度）的男性公民選出。大部分議員是來自各省的菁英，包括官員和商人。代議機構沒有立法功能，而是一個辯論平臺，討論政策相關議題。[5]

一九〇二年，清廷成立修訂法律館，[6]由伍廷芳、沈家本這兩位被視為法律事務專家的官員主持。此機構有三大任務：學習、翻譯法律思想和立法方面重要的西方文獻；根據這些文獻評估中國的法律傳統；綜合西方法律和中國傳統，草擬新法。幾年後，清廷開始大幅更動制度結構。清廷詔令成立法部，並在同一詔令中成立大理院（最高法院）。大理院迅速著手推動雄心勃勃的改革計畫。該院共翻譯出版了二十六部外國法律書籍，包括一部談刑罰學的譯作。為探明外國法律，清廷派考察團去了好幾個國家，團員不只蒐集成文法、向重要的法學者請教，還拜訪了警察機關、檢察官、法院、監獄。

改革者推動民法、刑法分立。大理院草擬了民法典、刑法典，以及刑事、民事程序規則。經過冗長討論，這些改革終於在一九一〇年實施。刑期、刑罰的執行是另一個改革重點。一九〇五年，從黥面到嚴刑拷打、凌遲、戮屍、斬首示眾等種種體罰均遭廢除。其他某些體罰，例如鞭笞，同年被廢，代之以罰款。連坐觀念也廢除了。新擬的刑法把處罰方式限制在三種基本形式：罰款、囚禁、死刑。囚禁成為大部分罪行的主要懲罰方式。不久，就不再見到酷刑公開執行。處決也不再公開，而是在獄所裡執行。

一九〇九年，中國採用其第一部國籍法，將「中國人」定義為中國籍父親所生的小孩，不管其住在何處皆然。[7]這一血統主義原則（即根據血統決定國籍），以十九世紀的新興族群思想為基礎，而與根據出生地決定國籍的觀念直接衝突。中國決定將其他國家的華裔視為中國子民，儘管中國無力保護他們。

透過貿易和工業化促進經濟發展，是此時期政府改革計畫的另一個重點。中國第一部公司法於一九〇四年頒布。[8]即使該法藉由規定公司必須登記立案，申明政府對公司的控制權，其主旨仍在讓創業者更容易創辦公司。它推行能保護公司負責人資產的有限責任制、要求公司發布年度報告，並規定採用清楚明確的會計準則。商人出國參加會議、展覽會和開發產品供出口，都得到政府援助。商部積極支持在大部分重要城市和各省設立商會。[9]到了一九〇九年，已有約一百八十個這類商會把地方商人、企業家、仲介掮客聚於一堂。商會很快變成政府與商界溝通的重要管道。商會也是交流討論設立職業協會等事宜的場所。這些新式法定組織的出現，刺激了其他更多新式法定組織的創立。不久，提倡社會改革的團體，就成為和貿易協會一樣重要的勢力。

清末新政也是軍隊發展上的一個重大轉捩點。[10] 一九〇一年八月二十九日，詔令停止傳統武科考試，為現代軍事教育開了路。同年九月十一日發布的敕令，表彰受過訓練之官兵的價值，要各省仿西方模式建立新軍、設立軍校。另一道敕令，發布於隔日，將軍隊編為常備、續備、巡警（即憲兵）三類。清廷也討論了改革傳統綠營、八旗之事，不過不但沒有談出解決之道，還往往把這些傳統武力編為後備部隊。新軍改革成效因省分不同而異。權力大、能力強的總督所在省分，進展最大，例如在袁世凱主政的直隸或張之洞主政的湖南、湖北。在其他地方，成果較不理想，只是將既有的部隊改名或改組，以及派軍官去新軍校受訓。軍校聘外籍教官（通常是日籍教官）培訓中國軍官，偶爾也操練中國軍隊。

一九〇三年，清廷設立練兵處。該處擬出在全國各地編練新軍的計畫，預計編成三十六鎮（即三十六個師），每鎮約一萬二千五百人，共約四十五萬兵力。由各省擔起為一個或多個鎮之組織、訓練、籌錢的責任。由袁世凱統領的北洋常備軍（北洋軍），建軍時轄有華北的兩個鎮，是最早的國家級新軍部隊，也是接下來十年中國最強的軍力。受過教育的人不再像過去那樣鄙視當兵，反而視之為受尊敬的出路，於是，當兵成為重要的社會階級流動管道。

清廷也在教育領域推行影響深遠的改革。最驚天動地之舉，是廢除行之千百年的科舉制，由建立在西方模式上的新教育體系取代，引進整套新科目，同時繼續教授中國典籍。州府級書院改為公立中學，省級書院改為大學，創辦小學。一九〇九年，已創辦了五萬二千所新學校，入讀這些新學校者將近一百六十萬人。

這些改革帶來主事者沒有預料到的後果，而這些後果不久將成為推翻帝國的力量，廢除科舉制就是一個很清楚的例子。早在十七世紀，清廷就開始販售秀才、監生之類功名，冀望藉由這項頗滋物議的作為（「捐納」），為開銷甚大的科考提供經費，為財政拮据的帝國籌得資金。買來的頭銜所占比例快速增加：一八五〇年前，有三成的功名是花錢購得，其後攀升至五成一。接下來幾年，清廷試著限制捐納數量，但只取得部分成果。[11]販賣頭銜帶來未預見到且影響深遠的後果，即削弱了科舉制以能力取士的精神。此舉日益強化政商之間的權錢共生關係，促成政治、經濟特殊利益集團日益蔓延的恩庇侍從關係，從而破壞了科舉制原則上追求以能力取士的規範框架。科舉被視為僵化又落後的制度，要求予以揚棄的人變多。與此同時，新式教育在通商口岸及其他地方擴散開來，結果，帝國科舉制不只失去正當性，而且受到有意識的貶抑。隨著西方觀點傳播，科舉制所尊奉的文學形式與文化形式，成為落後的象徵，尤其在有心改革的中國知識分子心中。

新知識分子散播源於歐美的「現代科學」，說科學是取得知識、啟蒙、國家強大的唯一有效途徑，傳統知識則被斥為迷信。[12]於是，在頗短的時間內——僅幾十年——科舉制就徹底失去正當性，被拉下神壇，一九〇〇年後，廢除科舉制似乎勢在必行。

一九〇五年清廷廢科舉，隨之摧毀了原是其最有力的社會文化控制手段之一。千百年來，科舉制作為帝制中國數一數二成熟完善、務實有效的制度，無疑是使人民接受整個帝國體制的大功臣。廢科舉不該單純歸因於此制度的落伍、科考內容的恪守傳統、官僚的無知或西方現代性更勝一籌。影響更大的原因，或許應該是值此關鍵歷史時刻，科舉制未能與時俱進，未能防止自身基礎遭侵蝕。我們不該假定這個前現代的考試取才制度本質上有礙現代中國的發展或現代化進程。以著重道德教育、政治教育的古典教育為基礎，而非以技術傳授為基礎來遴選人才，還是可能選出菁英幹才擔任朝中大臣；事實上，現代早期，歐洲新興民族國家的菁英挑選和訓練，就強調古典人文教育的重要。我們也不該假定廢除一干古典學問考試，其影響範圍不會波及別的層面。這些古典學問屬於一個文化、社會、政治、教育等制度高度一體化的世界，過去它們共同且有效地滿足了王朝官僚體系的需要，支撐起帝制晚期的社會結構。清廷砍掉國家最根本的一道支柱，從而摧毀了原本把古典價值與王朝權力、菁英地位綁在一塊的多條連結。

清末新政也努力解決預算赤字的問題。此問題積弊已久，隨著推動改革政府支出增加惡化成危機。根本癥結在於中國日益減少的歲入。中央政府收稅的能力，十九世紀期間大減。上繳的稅收被少報，該繳給中央政府的錢往往被省和地方政府扣住。除了義和團事變的賠款，加上必須為創建新學校、法律體系、軍隊之類雄心勃勃的改革提供資金，預算問題更加惡化。歲入減少，加上應負擔的財政支出變多，預算嚴重不足。為彌補資金缺口，清廷向銀行和外國政府大舉借款，也想方設法透過財政改革增闢財源。為增加稅收，清廷要求徹底稽核省級財務，據此要求各省每年上繳一定數目的錢。清廷也將可獲利的產業、礦場、航運公司收歸國有。由於這些政策，中國的歲入在五年期間大增超過七成，從一九〇三年七千萬兩多一點，增加為一九〇八年一億二千萬兩。[13]清末新政似乎至少止住財政去集中化的長期趨勢。

最後，執行新政期間，政府變得更加積極有為，有心藉由引進新式治理方法和技術來改變文化、社會領域的常規慣例。例如，日益倚重社會調查，這反映中國有意從王朝帝國轉型為以人民——而非傳統、經籍或上天——為政治權威和正當性來源的主權國家。一九〇九至一九一一年執行全國人口普查，開啟了大量蒐集中國社會相關資料與知識以使用於治理的趨勢。[14]同樣重要的是，此一新展開的人口普查，使用單一模板來計算全國人口。此舉所傳達的訊息是，這個民族國家的政治共同體乃建立在其國民彼此抽象平等的原則上，而非建立在由社會群體或族群構成的等級體系上。這次普查蒐集到的客觀資訊，包括人口統計數字、社會學和人種誌方面的資料、經濟資料，還有手工藝品和考古證據。經由調查和其他方法取得的資訊，往往用來支持干涉主義傾向愈來愈濃的政策。例如，在鄉村發動掃除迷信的運動，迷信被視為造成義和團擴散的禍首之一。[15]中文詞彙裡原無「迷信」一詞，是十七世紀耶穌會士所引進。附屬於寺廟的土地遭沒收充公，以便將來自這些土地的稅收用於開辦新式公立學校。於是，原本政府以儒家名義所發動、旨在掃除過度執迷特定教派的一場運動，逐漸變成跟追求進步、科學、國防有關。

改革者看出許多使中國停滯不前、妨礙中國發展的社會問題，並著手解決這些弊病。初期發布的改革詔令中，有一則發布於一九〇二年二月一日，取消漢滿通婚的禁令。自清朝立朝以來一直維持此禁令，儘管有些群體不在此禁令之列。新目標是淡化族群區隔，以便打造一個共同且平等的民族。該詔令呼籲漢人拋棄纏足習俗，強調纏足「有傷造物之和」。[16]許多重要倡議，不管是政府所發動，還是民間社會所推動，都旨在改善女性的社會地位。一九〇七年春，清廷頒布女學堂章程，明令女子可受教育。改革者所關注的另一個領域是毒癮。吸鴉片這時被認定為不只傷害上癮者、還傷害整個社會的惡習。清廷下了一道詔令宣布要在十年內根絕中國境內鴉片生產和吸食的計畫。[17] 一九〇六年禁鴉片運動如火如荼展開，鴉片館也因此關門停業。

拉大歷史視角來看，清末新政是現代中國制度史上很重要的一章。二十世紀頭十年的改革政策，旨在創建多種新制度，以將國家引導至現代化、積極有為、財政效率佳的方向。改革派的國家願景是，由中央統合稅收並靈活利用借貸等財政政策來調度足夠的財力，使中國富強起來。為達此目標而著手重建的官僚體系，建立了將深刻影響後來國民黨政府和共產黨政府的制度模式。為尋求社會轉型而展開的各式運動，則奠定後續政權也會採用的新治理方式。公權力深入社會的程度為中國史上所未見。但有些政府職能非中央政府所能控制或持續控制。在軍事、教育、財政等領域，清末新政的政治支配力之所以能提升，要歸功於地方和各省菁英的配合，甚於帝國政府。

整個一九〇〇年代，清廷推動由上而下的改革時，這些改革往往也趕不上中國社會發展的腳步。主宰地方議事會、省諮議局的菁英與清廷日漸疏離。這些地方領袖憑藉經商致富、持有土地、手握軍力和重要職務任命權、受過教育等綜合條件，取得了權力，構成十九世紀末出現的新類型菁英階級。他們的都市化程度遠高於傳統仕紳，不只會共聚一堂討論地方事務和省務，其中許多人還經營報館，主辦對清朝統治批判日趨強烈的系列演講。清末新政所成立的省諮議局是催生反對勢力的眾多新場域之一。

新觀念的傳入促使中國知識分子日趨激進和快速政治化，其中許多人在日本度過一九〇〇年代。他們留學日本，聽流亡政治人物演說，看外國報紙，讀日本人翻譯的西方社會、政治思想書籍。新的政治概念開始流行，例如民族、民權、民主主義、社會主義、共和國，尤其是革命。因此，康有為的立憲儒教君主制之說，一八九八年時尚具有革命意味，到了二十世紀頭十年時，卻被大部分進步思想家和運動者視為無望解決問題且落伍。就連梁啟超這位提倡立憲政體的健將和自由主義的推崇者，其談立憲政體的文章曾風靡一時，這時鋒頭卻被章炳麟（章太炎，1868-1936）之類運動者所組成的文化、政治先鋒群體比了下去。在東京主編《民報》的章炳麟及其許多追隨者，認為在建立新制度過程中有一種全盤西化的傾向，他們不贊成，欲提倡根植於社會平等理念和中國烏托邦傳統的另一種民主。章炳麟和鄒容是最早闡發全面排滿思想的中國人。一九〇三年，鄒容寫了激烈排滿的文章〈革命軍〉，一九〇三年在上海出版。[18]他以激昂語調倡言推翻滿清政府，要求「驅逐住居中國中之滿洲人，或殺以報仇」，以及「誅殺滿洲人所立之皇帝」。章炳麟是中國最早公開割掉髮辮的人士之一——此為一種宣示革命的動作。他和鄒容反對異族滿人統治漢人。在他們眼中，滿人正以原始野蠻的部落文化取代生機勃勃的中國本土文化。

滿清統治所面臨的最嚴峻挑戰，或許源自這類激進民族主義言語的興起。總的來說，清末新政所創立的制度，改變了某些人腦海裡的中國形象，至少對參與新政的那些菁英而言是如此。這批新崛起的人士深信現代民族主義和改革，提倡創立現代制度，質疑滿人統治中國的基礎。因此，這些改革啟動了使中國與清帝國分道揚鑣的過程。[19] 中文裡指稱「China」的詞彙，例如中國、華、漢，的確很早以前就存在，但清末興起的中國觀和「中國人」或「中國國民」身分，儘管有納入古代思想和語彙，卻是非常新且現代的東西。從概念上來說，新中國已經在這危急存亡之秋誕生了。此外，新中國引進海外華人、少數民族之類人口概念，族群地景隨之面貌一新。海外華人被視為能幫助中國解決問題、打破中國對西方之依賴、讓世界他國再度尊敬中國的一個群體。與此同時，多個族群被界定為少數族群，與滿人一樣被視為文明程度低於中國且與中國格格不入。界定這些族群與中國之間以及在中國之內的相對地位與關係，是協商中國由什麼構成和誰是中國人之過程的一部分。整體來看，這些改革所提倡的民族主義很快就不受清廷控制，與報紙上、革命團體裡帶有種族歧視意味的民族主義意識形態合而為一。這一整代人的激進化或許可視為新政改革另一個不在計畫之中的後果。大膽的制度創新未能拯救清帝國，因為來得太遲，但切切實實形塑了新中國。

共和運動和一九一一年辛亥革命

二十世紀第一個十年，清朝受到一個想要廢除君主制、建立共和體制的政治團體施壓。[20]這一團體的處境，大抵一如其領袖孫逸仙本人，在中國國內不如在海外華人社群、香港，以及通商口岸、租界之類由外國人控制的中國地區，來得順遂。孫逸仙一八六六年生於香山縣翠亨村，在今日廣東省中山市，離澳門不遠。要參加科考取得功名，得接受國學教育，但他家供不起他受這樣的教育。結果，一八七八年，孫逸仙被送去投靠人在檀香山的哥哥，在那裡進了教會學校。畢業後他去香港，一八九二年從香港華人西醫書院畢業，是該校最早的華人學生之一。孫逸仙所受的教養明顯不同於當時其他引領風騷的人物。置身海外，比置身中國，更讓他覺得自在，說寫英文，比說寫文言文更為自如。由於所受的教育，他是西化的專業人士，四書五經教育受得甚少。與此同時，孫逸仙自認是南方人，強調其與海外華人社群的關係，以及與南方太平軍、三合會反滿意識的關連。始終直言不諱鼓吹推翻滿清，也是使他在中國成為異類的原因。

一八九四年，孫逸仙開始涉入政治。受到新興民族主義和革命精神鼓動，他回到夏威夷成立第一個以革命反清為宗旨的組織，即興中會。由於其革命活動，他不久就被禁止進入中國，也被禁止進入香港。一九〇五年，靠日本贊助者的金援，他在東京創立同盟會，是為國民黨前身，興中會會旗則在國民黨成立時成為該黨黨旗。他也在一九〇五年於東京創辦前述提到的《民報》，作為同盟會的機關刊物。接下來幾年，同盟會帶頭鼓吹於中國發動共和革命。這個團體善於意識形態傳播和口頭宣講甚於實際行動。儘管多次起事，擬了恢宏的計畫，但同盟會在中國精心策劃的地方起事均未能成功，更別提掀起全國性革命。

孫逸仙有許多外國人脈，而且與外人占領的通商口岸及海外離散華人有深厚淵源，緣此之故，他跟中國內地的革命派、改革派頗有隔閡。他常被指責對中國真實狀況和社會習俗不夠熟悉。但有兩個因素幫助他成為了革命龍頭。首先，孫逸仙能從海外華商覓得支持和金援，這點其他人都做不到。他與從閩粵出洋到東南亞各地和美洲、歐洲經商的企業家，關係尤其好——到東南亞經商的閩粵華僑多於到歐洲、美洲者。孫逸仙向海外華人社群和流亡團體發表演說，也參與募款活動，從中磨練了他的政治本事。他首開先河利用雄辯滔滔的演講才能聚集群眾，創造了日後政治人物爭相仿效的現代中國領導統御模式。其次，只有孫逸仙拿得出堪稱具革命願景的東西示人。從一九〇五年在東京同盟會成立現場發表的演說起，他致力於扼要闡述對中國政治前途、社會前途的看法。他的演說文最後集結出版，是為《三民主義》，他也因此書而聲名長存。他的三民主義（民族、民權、民生）有時被批評含糊不清或是各家學說的大雜燴，但無論如何，三民主義為中國的新未來勾勒出令人嚮往的政治規畫。用他自己的話來說：「三民主義就是救國主義。」[21]

孫逸仙的民族主義強調以民族概念為基礎的民族團結，而非國家概念。三民主義中的民族主義這樣定義：有一個漢族的存在，而中國這個獨特偉大國家的族群基礎即是由漢族構成。孫逸仙解釋道，「四萬萬中國人，可以說完全是漢人，同一血統生活，同一語言文字，同一宗教信仰，同一風俗習慣，完全是一個民族。」[22]中華民族應團結起來抵抗帝國主義支配。孫逸仙痛斥中國人民沒有民族意識：「什麼是民族主義呢？按中國歷史上社會習慣諸情形來講，我可以用一句簡單話說，民族主義就是國族主義。中國人最崇拜的是家族主義和宗族主義，所以中國只有家族主義和宗族主義，沒有國族主義。外國旁觀的人說中國人是一片散沙，這個原因是在什麼地方呢？就是因為一般人民只有家族主義和宗族主義，沒有國族主義。」[23]孫逸仙選擇使用這個術語，讓人覺得他所構想的未來中國，既要保住國家的主權領土，也要保護中國人這個民族。他數次提到擔心「滅族」。

孫逸仙的民權主義強調中國必須建設共和國家，因為君主制引致想做皇帝的人爭鬥不休、自相殘殺。孫逸仙構想透過國民大會，讓中國國民得以有人代表其在政治上發聲，透過選舉、罷免、創制、複決的權利，讓他們得以參政，另一方面他一再強調中國必須對個人自由有所限制，中國需要強有力的政府。他認為中國人的個人自由太多而成一片散沙，為了國家的強盛與獨立自主，個人必須放棄部分自由。他認為中國需要更多社會紀律和可長可久的秩序，要少強調個人主義和人民權利。孫逸仙主張僅需要靠新式且強有力的治理方式，就能使中國富強、受尊敬，他創造的這個論點相當有影響力，此後在中國將不時被抬出。三個主義中，第三個主義，民生主義，定義最不周密，最易招來南轅北轍的解讀。用孫逸仙的話來說，民生就是「社會的生存、國民的生計、群眾的生命」。他搬出民生主義，以回應當時西方資本主義社會的社會問題，尤其是貧富不均、失業、貧窮。但他竭力說明他的回應之道不同於社會主義，認為社會主義者為了馬克思著作的詮釋正確性陷入持續不斷的爭論內鬥。在他看來，「民生問題就是生存問題」。[24] 他設想的中國共和國要關注人民生存問題。所以，孫逸仙的民生主義強調必須透過工業化、公平的土地持有、公正的稅制，來打造成功可期的社會經濟體制，但對於如何達成上述目標的手段仍不大清楚。

一九一一年辛亥革命前夕，清朝統治面臨多方挑戰。社會改變與制度改變，原意本是強化清朝統治能力，實際上卻反倒損害了王朝體制結構。中國內部的民族主義政治行動與海外中國工人、留學生的愛國行動合流，創造出既挑戰清廷、也挑戰外國商行、外國政府（尤其美日商行和政府）的新政治情勢。一九〇五年對美國移民法的抵制、示威，一九〇八年抗議日本不讓中國口岸當局檢查日本船，正是此新情勢的展現。這些公開的政治行動說明了商人、店老闆、坐辦公室的上班族、學生等都市群體與日俱增的影響力。清朝新軍，主要由各省掌控，因而歸漢人統制，也成為滋生漢人民族主義的沃土。隨著新軍對王朝的效忠變得不穩，皇室漸漸控制不了大局。

外國人對中國領土的蠶食，以借錢給中國蓋鐵路、開礦的形式進行，因而在一九〇〇年代中期，引發路礦收回運動。鐵路收回運動（保路運動）尤其重要，是一九一一年辛亥革命的直接導火線。[25]清廷想找省事的辦法來為耗費甚鉅的鐵路工程籌資，在這期間，從鼓勵民間管理到贊成官民合資創業到找外國公司統籌，鐵路政策搖擺不定，最後轉向將鐵路建造事業收歸國有，交由新設郵傳部掌理。郵傳部決定接管原歸湖北、四川兩省政府掌管的鐵路建造工程，並要用外國借款完成這些工程，結果引發兩省菁英和鐵路公司股東帶有仇外、民族主義性質的強烈反彈。後來，抗議鐵路收歸國有之舉擴散為遍地開花的民間抗爭，對象包括帝國主義的侵犯，以及似乎無力甚或不願保護中國的清廷。保路運動反映了當時盛行的「多重民族主義」內涵十分複雜，這些民族主義同時提倡多個團體的多種訴求：表達反對外國侵犯的愛國情操、要求成立立憲政體、要求省自治、譴責滿清朝廷處理鐵路事務不當、痛斥改革政策帶來的經濟負擔。

一九一一年夏，抗議者走上成都街頭，緊張情勢一觸即發。他們上街反對川漢鐵路依照清廷命令收歸國有。川漢鐵路於一九〇四年動工，完全靠四川人的資金，沒用到外國借款。一九一一年五月十八日，清廷指派旗人端方接管該鐵路，出任督辦粵漢川漢鐵路大臣之職。兩天後，郵傳部長盛宣懷簽約取得英德法美四國的聯合貸款，供將川漢鐵路延長至廣州之用。公眾獲告知，為修築鐵路第一段所募集的中國人資本會全數還給投資人，但清廷聲明只會以公債而非現金的形式償還，隨即激起四川人不滿。他們主張政府將鐵路收歸國有的決定，不只形同搶走該鐵路，還形同搶走四川的財產。保路同志會六月十七日成立，在成都糾眾抗議。股東、地方菁英對朝廷的敵意加深，清廷決定派忠貞官員趙爾豐前去處理。趙爾豐擔任西藏、康區（西藏、四川交界地區）邊務大臣時施政嚴酷，因此有「屠夫」之名。此人事案引爆一場民變。此時，同盟會會員滲入成都民間，開始組織革命軍，加入股東大會和保路同志會參與抗議行動。現在，抗議者擴大了訴求範圍，囊括進自治和地方自主。一九一一年九月，抗議群眾要求釋放九名保路同志會領導人，包圍成都官府並縱火，趙爾豐奉朝廷命令，要手下向群眾開火。情勢迅即升高為大型武裝衝突，一方是趙爾豐所部，另一方是湧入成都、由革命人士組織起來的民兵。成都四面被圍，受到成千上萬當地民兵、土匪圍攻，清廷旋即從武漢抽調兵力增援平亂。

此時情勢凶險，且因其他地方的抗稅暴動、搶糧騷亂等小型抗爭而更加不穩，只要一樁小事件，就能把清帝國推向崩潰邊緣。十月九日一顆炸彈意外爆炸後，清朝官府查獲武漢地方軍隊祕密策劃更大的謀反陰謀。[26]官府也拿到據說是革命黨人的名單。當武漢革命黨人得知官府即將派人逮捕他們在當地駐軍中的一些同志，便決定起事，計劃於隔日，一九一一年十月十日，發動政變。不數日，反叛行動就擴及其他省市。為免更多人被捕，尚未被捕的革命黨人攻占武漢的主要軍械庫。經過兩天密集協商，陸軍第二十一混成協協統領黎元洪加入革命黨一方，滿人湖廣總督見苗頭不對，決定逃走。這引發連鎖反應。十一月底，已有十四個省成立革命政府（往往是軍政府），脫離清帝國自立。一九一二年一月一日，中華民國成立，由武漢起義期間人在美國的孫逸仙任中華民國臨時大總統，但四十五天後孫逸仙即辭去該職。

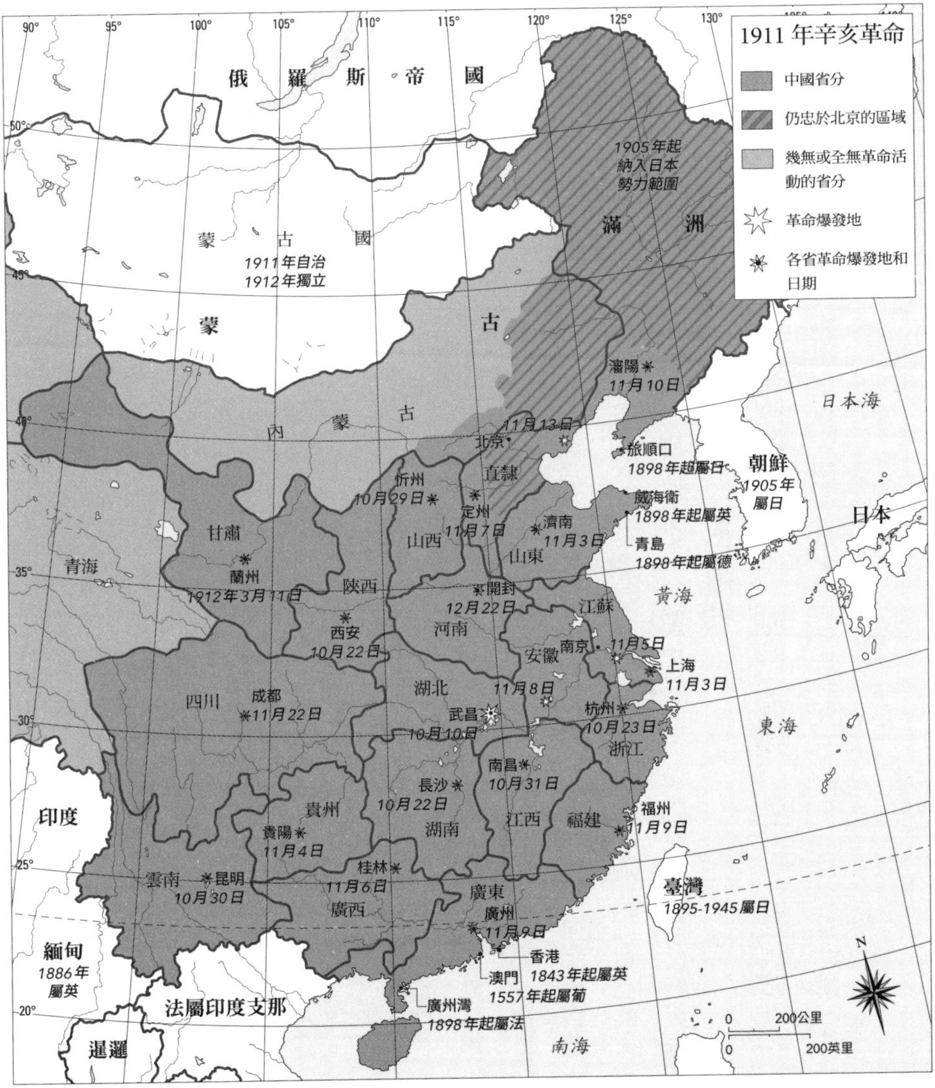
1911 年辛亥革命
中國省分
仍忠於北京的區域
幾無或全無革命活動的省分
革命爆發地
各省革命爆發地和日期
俄羅斯帝國
1905 年起納入日本勢力範圍
滿洲
蒙古國
1911 年自治
1912 年獨立
蒙古
內蒙古
瀋陽
11月10日
日本海
11月13日
北京
旅順口
1898 年起屬日
朝鮮
1905 年屬日
直隸
忻州
10月29日
定州
11月7日
威海衛
1898 年起屬英
日本
甘肅
山西
濟南
11月3日
青島
1898 年起屬德
青海
蘭州
1912 年3月11日
陝西
山東
開封
12月22日
黃海
江蘇
西安
10月22日
河南
南京
11月5日
安徽
上海
11月3日
四川
成都
11月22日
湖北
11月8日
武昌
10月10日
杭州
10月23日
東海
浙江
南昌
10月31日
長沙
10月22日
貴州
印度
貴陽
11月4日
湖南
江西
福建
福州
11月9日
雲南
昆明
10月30日
桂林
11月6日
廣西
廣東
廣州
11月9日
臺灣
1895-1945 屬日
緬甸
1886 年屬英
香港
1843 年起屬英
澳門
1557 年起屬葡
法屬印度支那
廣州灣
1898 年起屬法
暹邏
南海
200公里
200英里
N

清廷幾乎沒做抵抗，該年二月皇帝遜位。也就是說，清帝國的瓦解猶如無聲的內爆：為時甚短且死傷相對不重，這一重大時刻的歷史意義因此容易為人所忽略。此一變局不只推翻了立朝將近兩百七十年的清朝，沿襲超過兩千年的帝制也整個走入歷史。中國在猝不及防的情況下進入預計將有根本性改變和重生機會的新世紀。中國成為亞洲第一個共和國，也成為最早藉由採用民族國家形式來脫胎換骨的大陸型帝國之一。

有一點必須指出，那就是孫逸仙並不是點燃這場革命之火的主動要角。辛亥革命爆發後，他才被公認為革命領袖。他能名正言順擔當這個角色，是因為只有他能信而有徵地聲稱他已為革命奮鬥了數十年、規劃了未來遠景，尤其重要的是，從海外募得可觀的金援。此後，他才把自己塑造成「革命指標性領袖」。既然孫逸仙不在現場，那是何者引爆辛亥革命？諷刺的是，主要發動者也不是孫逸仙同盟會的成員，反而全來自清末新政改革所創立的新制度。新軍、商會、省諮議局——這些制度都由想要對自己的未來有更大置喙權的地方漢人菁英支配。總而言之，清朝遭推翻，是因為清朝自己的軍隊統兵官不願保衛清朝，以及地方漢人菁英不再支持清朝。

可能是因為革命主事者一開始力量太弱，抑或是由於一連串不幸的歷史巧合，辛亥革命後沒多久就面臨袁世凱恢復帝制、登上皇位。一九一二年一月，袁世凱（時任內閣總理大臣）和革命人士展開協商以避免內戰時，手握中國最有戰力的軍隊，因而占據上風。孫逸仙很快意識到袁世凱在華北權力基礎雄厚，他自身得自南方的支持則相對薄弱許多。孫逸仙是務實之人，深知自己實力不足且缺乏治國經驗。於是決定將大總統之位讓給袁世凱，條件是袁世凱得保證將首都遷到南京並支持民主共和政體。結果袁世凱兩件事都沒做到。孫逸仙一九一二年辭去大總統職位一事，常被說成是要命的失策，但這樣做也使他免於落得治國失敗的下場，從而使他的權威免遭毀滅性打擊。此舉也給了他組織國民黨的機會。一九一二年八月二十五日，國民黨正式成立，將成為他此後直至離世，實踐其政治抱負的主要憑藉。

袁世凱統治中國四年，從一九一二年開始到一九一六年他去世，基本上實行軍事獨裁統治。他的主要支持者是北洋軍主要將領，他是第一個經常著一身軍服公開露面的中國領導人。[27]民國初年，袁世凱與前革命黨人為了最高權力當屬國會還是總統一事爭鬥不休。袁世凱作風較傳統，偏好由強勢統治者領導的中央集權政府，認為只有等級分明的中央集權制能使國家免於分崩離析。一九一二年末開始選舉國會議員後，衝突終究爆發。[28]選民資格受到性別、財力、教育程度方面的限制，但四千萬男性，占全國人口約十分之一，在中國史上第一次全國性選舉裡投下選票。數個政黨推出候選人，國民黨拿下最多席次，成為第一大黨。宋教仁（1882-1913）是國民黨贏得大選的主要操盤者，出任總理的呼聲最高，一九一三年三月遭暗殺身亡——有人說刺客是袁世凱所指使——南方的革命領導人（在孫逸仙支持下）隨即與袁世凱政府決裂，起兵反袁，是為「二次革命」，但遭袁世凱迅速弭平。消滅反對勢力並以威脅利誘手段逼國會議員就範後，袁世凱選上總統，然後查禁國民黨。孫逸仙避難日本。袁世凱接著逮捕孫逸仙的支持者，一九一四年一月十日關閉中國第一屆國會。總統自此享有軍事獨裁大權。

但這場大戲的最後一幕還在後頭。一九一五年袁世凱做出恢復帝制、稱帝的致命決定，儘管此帝制有幾個舊帝制沒有的特點。袁世凱認為立憲君主制或許能解決中國的政治亂局。國名從中華民國改為中華帝國，顯示這是有別於滿清王朝的現代漢族君主國。國民黨、進步黨的領袖、地方菁英、日本激烈反對恢復帝制。到了一九一六年初，由新軍事統治者掌控的省分也站到袁世凱的對立面。另一股反對聲音來自袁世凱的嫡系下屬，即勢力已大到讓袁世凱想壓制也壓制不了的段祺瑞（1865-1936）和馮國璋（1859-1919）兩將領。袁世凱找他們求援時，他們兩人都未出手相助。一九一六年三月二十二日，袁世凱宣布廢除新帝國，皇帝位只坐了八十三天。但反叛勢力繼續蔓延，更多軍事領袖宣布本省獨立。此時，袁世凱得了重病，同年六月六日去世。

袁世凱當總統和短命皇帝期間，儘管政局詭譎不穩，還是繼續改革制度。這些改革頗值得注意，特別是重新啟用考試取才制。一九一六年，袁世凱雄心勃勃欲恢復考試取才制，希望在歷史基礎上打造優良且現代化的制度。他的目標是建立標準化、規範化、有規則可循的國家治理機器。他制定了新的文官等級制和人事升遷程序，[29]也針對全國文官資格考試訂立了規章，旨在檢測應考者的讀寫能力和技術知識。考試及格後要經過兩年實習，成績優良者得候補薦任職。新的考試制度會成為取得文官職的主要管道。這些考試只在袁世凱死後辦了一次，然而經此制度成為文官者，後來成為北洋政府行政的骨幹。雖說這是一個短暫的嘗試，但仍為制度創新指出了方向。把傳統規則和新的內容整合為一之舉，成為其他制度創新的仿效藍圖。

袁世凱稱帝失敗後，段祺瑞等北洋軍將領掌控政權。他們任命黎元洪為總統，認為他與南方革命黨的關係會化解南方人對北洋軍重掌大局一事的抗拒。搬出黎元洪能向全國人民表明重啟共和之意，但他不久就淪為無關大局的配角。實權漸漸落在一九一六年六月起握有國務總理之職的段祺瑞手裡。八月一日國會重新開議，國會議員確認段祺瑞為國務總理，選另一個新崛起的北洋軍派系首腦馮國璋為副總統。整個中央政府很快陷入派系權力鬥爭之中。

一九一一年辛亥革命至一九一六年混亂局面的情勢演變，對日後局勢影響甚大。辛亥革命是中國第一個被冠上革命之名的革命，卻也是在成功之後立即變調的革命。革命燃起深切的期望，但碰上嚴酷的中國政治現實，期望破滅。袁世凱不照憲法規定行事和解散國會之舉創下惡例，而在日後，當政府為了政治目的再度向外國借款時，這些惡例會被如法炮製。中國有共和國之名，但骨子裡施行以槍桿子和幕後操縱為基礎的專斷統治。許多對共和實驗寄予厚望的人，對這場實驗的結果感到失望；長久期盼的議會制和學生、官員、商人、知識分子之類新社會群體所期盼的更平等社會、更平等公民權依舊虛無縹渺，從而促成中國知識分子長達十年的自省。這些自省的最著名產物是魯迅中篇小說《阿Q正傳》，小說主角是個既對成為真正的公民不感興趣也無法成為這類人的虛構革命黨人。[30]要如何把中國的諸多阿Q打造成公民？隨著一九一〇、二〇年代期間全國迅速墮入軍閥割據、派系爭鬥的局面，而非如辛亥革命所預示的結合為強大、健全、有機的社會，找出一條以科學理性和客觀真理——簡而言之即新文化——為本的新路徑，被視為唯一的解決之道。但尋求新動力、新模式時，全球局勢已有翻天覆地的改變。

中國和第一次世界大戰

隨著國際秩序開始有深刻改變，新創建的中華民國碰上嚴重的內部危機。令人不安的國際危機，七月危機（July Crisis），始於一九一四年六月二十八日斐迪南大公在塞拉耶佛遇刺身亡，在八月四日英國對德宣戰時達到最高潮，導致歐洲全境爆發戰爭，而且不久即升高為規模前所未見的大戰：世界大戰。在全球歷史裡，第一次世界大戰代表一個重大轉捩點，為諸多全球性帝國雖緩慢但勢不可擋的解體和世界各地反殖民獨立運動的同時興起，揭開了序幕。這兩個新情勢都會劇烈影響中國尋求新生。中國的國內情勢和全球局勢變化開始交織在一塊。沒有哪個國家能不受外力影響——透過貿易、遷徙、走私、疾病——何況中國是把門開得最大、外力最易滲入的國家之一。來自歐洲、美洲和鄰國（例如日本）的許多外力，施加影響在中國的政治、經濟和文化發展上，而且有時是在未經中國政府許可、乃至不顧其明確反對的情況下。一戰期間，四分五裂的中國愈來愈擺脫不掉全球局勢的牽動。[31]

日本於一戰時積極執行目標深遠的策略，原因在於此戰提供了絕無僅有的軍事良機，有利日本展開新的行動計畫和改變東亞地區均勢。反之，對中國這個已被德英日等國在境內劃出勢力範圍的半殖民地國家來說，一戰使它一再陷入險境的領土完整再次受到威脅。但此戰也是中國提升在全球舞臺地位的機會。

一戰帶給中國的危險，大多和日本有關。中國境內戰場是德國在山東膠州灣的殖民地，德日兩國在中國的軍事對抗最終在此展開。一九一四年八月七日，英國政府根據一九〇二年英日所簽條約的一項條款，請求盟邦日本在東亞水域對付德國海軍。一九一四年八月十五日，日本照會柏林，要求德國從東亞撤出艦隊，並且把德國殖民地膠州灣的治理權轉交日本。藉由此舉，日本希望達成下面幾個目的。日本很想投入大戰，很想成為協約國（法俄英）陣營的正式成員，一起對抗德義奧匈。日本也把膠州灣這塊德國殖民地視為重要的海軍基地和戰略要地，若能拿下，將有助於日本在大陸的軍事擴張。最後，日本希望藉由掌控膠州灣促進中日貿易，裨益日本商業活動。德國不願交出膠州灣殖民地，日本即在一九一四年八月二十三日對德宣戰作為回應，一戰戰火隨之擴及亞洲。與此同時，日本帝國海軍攻擊德國在太平洋的其他領地——德國太平洋艦隊急返歐洲，拋棄德屬馬里亞納群島（Mariana Islands），日本隨即拿下位在該群島的補煤站。

德意志帝國立即召令中國境內所有成年德籍男子保衛膠州灣。接下來發生的膠州灣戰役，在中國和德國都被廣泛報導。此役被視為一戰在中國的第一場大型軍事對抗。日本宣戰五天後，三萬多日軍來到青島的外圍海域。日軍開始圍攻青島，封鎖所有船隻往來。一九一四年九月二日，日軍登陸，切斷青島對外的陸路通道。兩週後德軍欲突圍而出，雙方交火。一九一四年十月三十一日，日本猛烈炮轟青島市內和周邊的防禦工事。德軍反擊，力戰至日本對該市發動最後一輪猛攻為止。剩下的四千德軍，槍炮數量不如對手，士兵疲累不堪，又無望得到援兵，一九一四年十一月七日投降。兩百多名德軍戰死。日軍傷亡較高，陣亡者多達四二二人。[32]

中國數次抗議日本無故占領中立國領土。就是在此時空環境下，日本於一九一五年一月提出惡名昭彰的「二十一條要求」，以穩固其在中國取得的權益。日本領導人擔心戰後會敵不過西方列強，於是要求中國政府認可其在山東省的鐵路權、採礦權；給予日本在滿洲數項特許權；讓日本獨占漢冶萍公司的礦場；允許日本人進入中國沿海港口、海灣、島嶼；聘用日籍顧問管理中國財政、政治、安全方面的機構。總統袁世凱不願簽字，日本揚言出兵干涉。五月二十五日，袁世凱終究簽下一連串中日協定。對於日方的要求，除了最後一點（聘用日籍顧問），袁世凱照單全收。此事使情勢一舉改觀，中國人民反日心態升高——日本從此成為中國獨立地位的最大威脅。

中國冀望得到國際支持和在國際政治上取得更大置喙權，因此於一九一六年中期決定派華工赴歐，期盼藉由增援協約國的勞動力，打好和這些國家的政治關係，即使理論上中國仍是中立國。英法兩國政府為了彌補勞動力不足，以及把在法國港口工作的英國碼頭工人調上戰場，一九一六至一九一八年僱用了超過十四萬名華籍契約工。[33]旅居法國期間，華工受僱從事多種與戰爭有關的工作，有後方的工作（運輸、軍備與彈藥生產、機器維護、機場興建），也有前線的工作（修路、挖戰壕、埋葬陣亡者）。在中國留法學生所開設的夜校裡，華工學習讀寫。戰後他們返回中國，成為推動社會改變、政治改變的重要力量。他們在法國時也已成為堅定的工運人士，學到政治動員的技能和手法，尤其是曾在法國工廠待過的華工。

圖4.1　幾名一戰華工正在清洗一輛英國坦克，約攝於1918年。
來源：IWM / Q9899（David McLellan攝影）

一九一七年初德國宣布打無限制潛艇戰，美國隨之對德斷交，要求其他中立國跟進，包括中國。中國內部隨之出現密集的公共討論。[34]此事本身很值得注意：此前對重要外交決策的公共討論從未到如此程度。此事反映共和國的存在已在短短數年裡催生出讓公民敢於就攸關公共利益的議題與政治領導人唱反調的政治生活。政府和公眾對於中國是否要參戰，意見非常分歧。總統黎元洪反對參戰，但國務總理段祺瑞贊成朝參戰的方向走。人在上海的孫逸仙主張，中國無法從參戰得利，因為中國是被殖民的國家。他認為參戰反倒會加劇來自日本的禍患。但梁啟超、張君勱等素孚眾望的知識分子主張，此戰是中國提升國際地位的機會，中國亦可趁戰後和談之機收回十九世紀被帝國主義列強奪走的某些主權。國會禁不住段祺瑞的強大壓力，最終表決贊成對德斷交，黎元洪受其國務總理之逼而同意此事。

然而當四月美國參戰，爭辯再起。段祺瑞希望中國跟進，但同樣遭黎元洪反對。[35]五月二十三日，黎元洪免去段祺瑞總理之職，全國形勢危急，於是電召督軍團首領張勳入京調解。張勳也是北洋軍將領，贊成君主制。張勳要求黎元洪解散國會，他才願意擔下調解任務。六月十三日，黎元洪勉為其難解散國會。隔天，張勳帶兵入京，著手復辟。旋即諸省督軍和將領紛紛發電報入京，譴責張勳及其政變之舉。一個月後的七月十四日，段祺瑞收復北京，終止了第二次的恢復帝制意圖。段祺瑞再度大權在握，北洋政府於一九一七年八月十四日對德宣戰。北洋政府下這一步棋的背後考量是認為只有正式成為協約國陣營一員，中國才可能在戰後和會占得一席之地，讓中國外交官在會中利用世界輿論和外交管道拿回青島，並推動關於不平等條約的談判。日本於一九一七、一九一八年提供約一億四千五百萬日圓的借款給段祺瑞，藉此強化在中國的地位。這些「西原借款」，類似一九一三年的善後大借款（北洋政府向英法德俄日五國銀行團的借款），意在支持中國內部的親日派。北洋政府則以默許日本駐軍滿洲和蒙古、將其勢力伸入山東，作為回報。

就在中國渴望國內、國際體制皆能有所改變之際，一戰爆發，世界政治局勢隨之洗牌，給了中國藉由積極加入協約國陣營在世界事務上展露身手的機會。一戰標誌著由帝國支配之既有國際體系的瓦解和新世界秩序的到來。中國雖已四分五裂，國力貧弱，卻仍自認是全球級玩家。結果，一戰這件全球大事深刻影響了中國外交與涉外關係的發展，以及民間對中國在世界上角色的看法。

全球新情勢與中國境內新情勢之間的牽動關係，戰後變得更清楚。世界各地出現獨立運動，要求承認殖民地為主權國家，並期待以民族自決原則為基礎創造一個無殖民的世界新秩序。許多因素促成此一局勢：歐洲殖民列強由於一戰時蒙受的損失而國力變弱；日本等新強權興起；一戰為被殖民人民打開政治空間；全球經濟大搬風給了殖民地新的經濟動能。[36]也有新穎且大膽的觀念在發揮作用，例如美國總統威爾遜一九一八年一月八日的〈十四點和平原則演說〉。他宣布：

> 有一個顯著的原則，貫穿我所勾勒的整個方案。此原則旨在讓所有人民和民族得到公正對待，無論強弱皆有權利在同等的自由、安全條件下共存。若不以此原則作為國際正義結構的基礎，該結構的任何部分都不可能安然屹立。美國人民只會依此原則行事；為證明此原則正確無誤，他們願意獻出生命、榮譽和他們所擁有的一切東西。爭取人類自由的最後決戰，最重要的道德時刻，已經到來，他們願意讓自己的力量、自己的最高目標、自己的正直與奉獻之心接受考驗。[37]

威爾遜的十四點原則大受讚譽與肯定，尤其在殖民地。這些原則被視為後殖民世界新秩序即將到來的信號。

當時令受壓迫者感到鼓舞的，不只有威爾遜撼動人心的話語。威爾遜自己也說，他在國會的演說只是回應了幾個月前布爾什維克所頒布的《和平法令》，而且該法令羅列的保證比十四點原則明確許多，影響也更深遠。在《和平法令》中，列寧用最強烈的字眼強調自決權，認為這一分離自立的權利無可置疑且放諸四海皆準，清楚表明此權利也適用於海外領土的被殖民人民。這項法令獲得第二次全蘇聯蘇維埃代表大會通過，載明：

如果有哪個民族被強行留置在某國疆域裡，如果違背〔該民族〕所表達的意願——不管是在報紙、在國會、在政黨關係或在反抗民族壓迫的抗議與起事裡表達——不給予他們藉由自由投票決定其國家生活之形式的權利，不讓他們完全免於有意的併吞或被迫讓比之強大的國家在其境內駐軍，那麼，該強國對該民族的支配就是併吞，意即以武力和暴力強占。[38]

一九一九年三月共產國際在莫斯科成立，宣告其具體目標是解放全球工農，包括殖民地裡的工農，實現世界革命。這個組織也在戰後時空環境裡起了一定作用。這些種種因素表明，一戰結束時，帝國主義主宰的世界秩序正面臨重大挑戰和劇變。殖民統治的正當性受到新願景和新價值觀挑戰，意味著不能再拒絕給予受殖民人民在國際舞臺上平等地位。人們憧憬一個新的世界和世界秩序，在那個世界將不會再以適者生存或勝利者眼中的正義為標準，而會以自決、平等、自由諸原則為基礎。

而清楚表達此一憧憬者，也不再限於歐洲或美國的政治人物、知識分子；殖民地的思想家和運動者也扮演了決定性角色。這一全球共同打造的憧憬立刻擄獲全球各地人心，在中國等國家受到熱烈支持。一九一九年上海學生聯合會的英語小冊子上寫道：「威爾遜濟弱扶傾的話語，已如先知之言，傳遍全世界……中國人聽到了，也聽進去了。」[39]

全球許多殖民地爆發爭獨立、爭自治的抗議。埃及的「一九一九年革命」未能使其要求獨立的聲音傳達至凡爾賽和會會場，但觸發了另一場抗議運動，最終在一九二二年二月實現埃及獨立。這樁大抵平和的埃及反抗事件，在殖民地世界受到密切關注，啟動了全球抗議浪潮。埃及起事之後，印度甘地意識到抗議與公民不服從所能發揮的力量。與埃及革命幾乎同時發生，印度國大黨於一九一八年十二月通過「印度自決」決議案。但到了一九一九年三月，誰都已看出英國不會讓印度殖民地地位問題列入凡爾賽和會議程。當甘地於此時首度以獨立運動全國領導人之姿出現，呼籲公民不服從和全國罷工時，英國以暴力回應。這一血腥鎮壓激起對印度受到殖民占領不滿的眾怒，國際報界普遍報導。如同埃及、印度的民族主義者，朝鮮人也想在凡爾賽表達他們追求獨立的心聲。朝鮮於一九一〇年遭日本併吞。一九一九年三月一日，示威者組織了向全國公開宣讀《獨立宣言書》的活動，強調朝鮮人當家作主的權利。抗議活動持續到初夏，前後大概共有一百多萬朝鮮人參與。日本當局回敬以暴力和壓迫：約五萬抗議者被捕，一萬五千人受傷，七千五百人遭處死。在拉丁美洲和北非，也發生類似的示威和街頭抗議。[40]

中文媒體仔細報導了這些國家的動態。一九二〇年代期間，鄒韜奮（1895-1944）在《生活》週刊刊出數篇談甘地的文章，將甘地譽為印度獨立運動領袖。鄒韜奮是當時最有影響力的記者和評論家之一，《生活》週刊則是民國時期發行最廣的雜誌之一，一九三三年定期閱讀該刊者可能多達一百五十萬人。[41]在其中一篇文章〈甘地的救國方案〉中，鄒韜奮寫道，甘地最大的成就在於其以公民不服從對抗殖民當局莫大權力的民族主義方案。該文最後寫道，中國務必要以甘地為師。鄒韜奮也寫了數篇文章談凱末爾（Kemal Atatürk）及此人在一戰後終止聯軍占領、實現土耳其獨立的奮鬥事蹟。他說，近東的土耳其與遠東的中國有諸多共同之處，中國人知道土耳其是如何擺脫危機之後，必須竭盡所能，讓中國也能把未來拿回到自己手裡。

中國與世界上其他爭取獨立的地區休戚與共一說，傳播甚廣且傳至鄉間。一九一九年諸多抗議動搖世局時，二十七歲的毛澤東（1893-1976）人在長沙。在他創辦的《湘江評論》上，他發表了數篇談印度、埃及、土耳其、阿富汗、波蘭、匈牙利諸國局勢的文章。

一九一九年七月十四日，他在該刊物上寫道，阿富汗正效法印度反抗其英國殖民主子，說：「狐死兔悲，那得不執戈而起？」[42]兩年後，毛澤東主持長沙「湖南自修大學」時，認為認識世界上的反帝鬥爭，攸關政治意識的發展成敗。例如他建議他的學校派通訊員赴紐約、莫斯科、東京、開羅、加爾各答，好讓學生可以讀到關於世界局勢的定期報導。

不同國家的反殖民運動者，不只遙相彼此鼓舞，有時還親身相會。凡爾賽和會讓成千上萬來自殖民地的運動者，有一個在巴黎舉辦長期群眾大會的好理由。此外，出身背景南轅北轍的人也能共聚一堂交流討論：一九一九年一位支持愛爾蘭獨立運動的美國人，在紐約為印度的運動者拉伊（Lajpat Rai）辦了歡送會，會上，一支中國代表團以孫逸仙的政治理念為主題發表演說。[43]除了紐約和巴黎，上海的公共租界也成為反殖民運動者聚集、交換想法的重要地方。朝鮮、越南獨立運動的重要領袖（包括李承晚、胡志明），常在上海逗留，並與當地中國知識分子往來甚密。

一九一九年這波前所未見、擴及全球的抗議浪潮，得力於全球性遷移和跨國界流動，而全球性遷移和跨國界流動之所以能夠實現，則得益於新式通訊、流動、交換形態的誕生。二十世紀，相隔遙遠的異地有了往來，儘管在地理、文化上有距離，還是發展出或可稱之為政治概念上的親近感。這樣的跨國聯繫能夠發生，全是因為觀念、人員在二十世紀開始全球流動，而如此規模的流動，是拜新科技擴散之賜。

十九世紀下半葉的「第二次媒體革命」（第一次源於印刷機的發明），極為倚賴電報所打造的跨大陸「世界線路網」。以十九世紀末的倫敦為起點，透過海底電纜網，能安全且符合成本效益地聯繫上英國在印度、東南亞、澳洲、南美、南非的殖民地。[44] 丹麥大北電報公司（Danish Great Northern Telegraph Company）自一八七一年起活躍於東亞：西伯利亞電纜線一九〇〇年完成。第二道電纜線從美國拉到東亞。由加拿大、英國、美國共同營運的太平洋電報局（Pacific Cable Board，一八七九至一九〇二年），負責統籌橫貫太平洋電纜線的鋪設，一九〇二年此纜線對大眾啟用。當中國在一九〇〇年左右連上世界電報網，其所在地區隨之被整合進即時、幾無延遲的全球訊息中繼網裡。從此之後，示威與遊行運動輪番出現在全球政治行事曆上，世界各地的抗議活動遙相呼應。

新的流動方式與這一新的通訊體系相輔相成。拜汽輪等新科技和蘇伊士運河、巴拿馬運河等工程壯舉之賜，移動更頻繁，速度也更快。十九世紀期間，跨大陸移動有了根本性的改變。靠自己背貨或用小船載貨的跑單幫小本商人群體退出舞臺，大型貿易商行之類大公司取而代之。路上不再見到隻身行走的朝聖者或神職人員，他們轉而建立網絡廣大的宗教組織（例如基督教傳教團），不只傳播其信仰，還傳播其語言、著作、建築風格。過去幾百年，相隔遙遠的社會是由屈指可數的大無畏冒險家、軍事指揮官、旅人串連在一塊，而今，數千、甚至數百萬逃到國外的難民、移民，以及後來在世界各地遊歷的觀光客，取代了他們的角色。這些移動加深且擴大相距遙遠異地之間的聯繫，使貨物、觀念、文化的轉移更為容易。大型群體的流動是一九一九年左右全球化的顯著特徵，而這些大型群體，除了觀光客、外交官、貴族之外，還有大批學生和無專門技能的工人。[45]

學生和運動者藉由這些行旅機會來往於國與國之間，以及來往於東亞城市之間。二十世紀初，旅居國外或留學國外成為接受高等教育所必需、幾乎必不可少的一部分。歐美各主要大學裡都成立了中國、朝鮮、日本同學會。例如，不少中國學生就讀哥倫比亞大學教育學院，其中數人後來成為五四新文化運動的重要發言人。胡適、孫科、陶行知三人尤其值得一提。學生與知識分子的國際交流催生出跨國的鼓動、解放活動。勞工流動也起了一定的作用。十九、二十世紀，可能有一千九百多萬華工遷居東南亞和印度洋、南太平洋周邊地區。[46]一九〇〇年奴隸買賣先是受到限制，然後徹底廢除，此後，對亞裔工人的需求暴增。

不隸屬於政府組織的非國家行為者（non-state actors）一個個登場，致力於影響、擴展人與貨的轉移。他們成立獨立且影響深遠的非政府組織。一九一二年，李石增、吳稚暉及其友人在北京組織儉學會。李石增和吳稚暉是無政府主義者，奉法國理論家雷克呂（Élisée Reclus）為師，這位理論家認為教育與革命有辯證關係。總的來說，他們相信社會革命成敗取決於科學、教育的發展，因而主張社會應鼓勵學生犧牲安逸生活、節儉度日，以及赴法國留學。學生在法國大學學習現代科學、技術時，應半工半讀，靠己力過活。當時，法國以科學昌明著稱於中國，是中國學生出洋留學最中意的地點。一九一二至一九一三這兩年間，儉學會送了一百個學生赴法。一九一六年，出現一個後繼組織，華法教育會，由李石增、蔡元培、吳稚暉等人創立於巴黎。[47] 一九一九至一九二一年，約一千六百名中國學生透過該會的領導人和法方對口單位領導人的共同安排，來到法國。此會在北京、廣州、上海設有分會。一九一八、一九一九年在北京、成都、重慶、保定設立預備學校，供有意留法者就讀，為期一年。第一批送去法國的學生，一九一九年三月抵法。由於財政問題，此計畫於一九二一年晚期停擺。其中有幾個學生，後來成為中國共產黨領導人，包括將深刻影響中國之興衰超過五十年的周恩來、鄧小平。許多在法的勤工儉學學生受惠於接受高等教育，有些人也受僱從事一般工人、教師、技師、記者的工作。在工廠裡，他們也學到政治性群眾抗議的手法，例如示威、罷工、抵制。早在馬克思、恩格斯或列寧的著作翻譯成中文之前，法國工廠裡的中國學生已接觸到歐洲勞工運動圈子。

對全球反殖民抗議浪潮的報導，以及與世界諸多不同地方的密集接觸、交流，使當時的中國公眾體認到兩點：中國應投身這股往後帝國新時代前進的國際趨勢，以免持續處於無可救藥的落後，又被時代拋在後頭；受殖民者、受壓迫者如果不向列強施壓，列強是不會主動給予獨立和自決的。這兩點認識都對一九一九年五月四日抗議活動爆發於北京等城市一事，起了重要作用。

喚醒中國：五四運動

中國學生和知識分子效法世界上各殖民地的抗議者，也走上街頭。聚於凡爾賽議定戰後世界格局的西方列強領袖，有意確認並接受日本占領山東東部（前德屬膠州灣），而非將其歸還中國，是促使中國人上街抗議的近因。[48] 五四運動（狹義的五四運動）始於當北京中學、大學學生得知凡爾賽協商情況。他們義憤填膺，便在一九一九年五月四日上街示威——不只為抗議西方列強漠視中國的領土權，也為抗議中國政府太軟弱，無法挺身維護中國的利益。不數日，示威浪潮擴及中國各城市。人在法國的中國工人、學生也積極行動，想要左右國際政局。中法兩地互通聲息，請願書一封接一封。人在巴黎的學生、工人更靜坐封路，不讓中國代表團進入會場協商。

示威者的訴求，具體來說，包括重建領土主權；廢除自鴉片戰爭以來訂立的不平等條約，以確認中國擁有完全的自決權；廢止治外法權。凡爾賽談判桌上的列強，不理會這些抗議，繼續照他們的計畫走。但中國代表團由於國內人民抗議而拒簽和約。

與埃及、印度或朝鮮相比，中國的五四運動（學生愛國運動）不只來得很晚，而且規模較小。中國有十三萬所左右的新式學校，學生超過四百萬，但上街示威者只占其中一小部分。中國的處境畢竟跟上述地方大不相同而且好上許多：中國保有獨立地位，不用討論如何取得獨立。中國在凡爾賽和會上其實屬協約國陣營。一九一九年中國最大的難題在國內，緣於軍閥割據、內戰頻仍。一九一九年春北京等中國城市爆發政治抗議、公共示威之際，有件比之意義更重大的事件正在醞釀，那就是發生於一九一五至一九一九年、且在一九一九年達到頂點的社會與文化劇變，通稱「新文化運動」（廣義的五四運動）。此運動始於一九一五年九月陳獨秀將其刊物名稱從《青年雜誌》改成《新青年》，並以法文「La Jeunesse」為第二期的副刊名之時。陳獨秀熱愛法國文化，後來曾出任北京大學文科學長。一九一七年這份刊物從上海遷至北京後，聲名大噪而影響力大增。一九二五年五月三十日上海公共租界警察向抗議者開槍，引發中國各地群眾示威，標誌著狹義五四運動的結束，因為該運動的初衷是走非暴力抗議路線，而非武裝革命路線。

學界對五四新文化運動的解讀頗為分歧。有些學者認為它是「中國啟蒙運動」的開始，此後中國逐漸轉為擁抱西方現代性。但有些學者認為它是激進盲目反傳統主義的第一階段，其間撒下了文化大革命的種子。[49] 五四新文化運動的確表現出深度的典範轉移，程度之劇烈應可說是要與過去一刀兩斷，有別於當時所盛行、認為中國從傳統過渡到現代的過程中須維持連續性的看法。但就這點而言，中國其實是在追隨受殖民世界興起的一股大風潮。在中國和其他地方，陸續有革命以徹底破舊立新之姿毅然決然展開。但這也意味著，首先，有許多東西需要拆除。於是，十九、二十世紀之交的流行字眼是「破」或「破壞」，那是貽害甚大的概念，將成為陳獨

圖4.2　1919年5月4日，來自北京各大學的學生，聚集於天安門廣場。

來源：Wikimedia Commons

秀和後來毛澤東常掛在嘴上的詞。在一九一八年〈偶像破壞論〉中，陳獨秀寫道：「破壞！破壞偶像！破壞虛偽的偶像！」而這破壞的對象會是傳統上屬於中國的一切事物。在此大環境下，胡適於一九二一年喊出流行口號「打倒孔家店」。《新青年》第一期的文章，包括陳獨秀為該刊物寫的發刊詞〈敬告青年〉。與之前的改革者不同，陳獨秀在文章中主張，中國所需要的，不只是技術的強化，還有精神的覺醒。陳獨秀提倡擁抱世界、自決、科學、自由之類新觀念，把這些當成他所開藥方的主要成分。這篇向青年喊話的文章，夾用了少許達爾文主義的觀念支撐其論述。也就是若因應不當，中國便將遭到淘汰，獨立國家地位不保。「適者生存」這句流行語，催生雙重策略。終極目標是救國，而為達成此目標，必須喚醒人民，尤其是青年。文學和藝術應促使新一代受過教育的有為青年都矢志於打造「新中國」。許多中國作家在書籍和其他媒體（例如報紙、雜誌）斬釘截鐵地說中國沒有真正的社會。他們批判中國人，說中國人是愚昧無知、目光偏狹的愚民，既不具民族主義意識，也沒有能力參與政治。這種對中國缺乏有用社會制度的焦慮，呼應了早些時候梁啟超呼籲要改造中國人為「新民」，或孫逸仙說中國是由四萬萬個人構成的「一片散沙」之類看法。對梁啟超和孫逸仙來說，要建設國家，就得修補不完整、殘缺不全的社會制度，以利中國社會成為具凝聚力的「民族團體」。辛亥革命後的混亂和爭鬥，似乎證實了知識分子的憂心，顯示為新社會打造啟蒙公民一事刻不容緩。五四新文化運動最盛時，傅斯年、陶孟和等社會科學界的龍頭人物，表現出同樣的憂心，認為必須建立由真正政治公民構成的新有機社會。二十世紀多不勝數的社會改造方案和政治運動，如建國大綱、新生活運動、農村重建、土地改革……等等，均可視為各個不同政治陣營為打造各自心中理想社會或「新社會」所做的嘗試。從這類論述，明顯可見五四新文化運動領袖拒不接受民族國家和個人是分開獨立的實體。在他們看來，這兩者需要形成一個有機的連結。在他們筆下，他們想像個人首要之務是做國家的公民和新社會的成員。

此一運動嚴格區分新舊之舉，對後世影響深遠。在陳獨秀眼中，舊東西就是落後，因此如同必須消滅的敵人。中國的問題出在傳統文化的本質。自此，反傳統走上激進之路，而且在中國，此趨勢持續了整個二十世紀。當然，舊東西必須代之以新東西，這個新東西則是被稱作「西方」的想像之物。從而，「新」這個字贏得意想不到的地位，浮濫使用於當時的書籍文章裡。陳獨秀是屬最早一批宣告支持新世紀及以進步和現代性為基礎之新文明的人。在〈一九一六年〉一文中，他寫道：

諸君所生之時代，為何等時代乎，乃二十世紀之第十六年之初也。世界之變動即進

> 化，月異而歲不同。人類光明之歷史，愈演愈疾……然生斯世者。必昂頭自負為二十世紀之人，創造二十世紀之新文明，不可因襲十九世紀以上之文明為止境。人類文明之進化，新陳代謝，如水之逝，如矢之行，時時相續，時時變易。[50]

陳獨秀在文章裡所強調的，當然不只是創造二十世紀新文明的必要，還包括希望同胞對時間、歷史有新意識。文明這個新詞來自日語，不久就流行開來，成為五四新文化運動的常用詞彙之一，和「東方」（東亞）、「西方」（西歐）之類詞語並用，以將東方文明、西方文明界定為判然兩分、截然不同之物。這奠立於下述看法：西方文明以動態進步為特點，因動態進步而走上富強。陳獨秀把西方文明裡他認為不見於中國文化的許多部分理想化。

學生和教授自然而然開始想像這一新文明會呈現的樣貌。陳獨秀強調法國在此中能起的作用，因為最重要的現代學說，就是創發於法國：人權說（拉法葉〔Lafayette〕）、演化論（拉馬克〔Lamarck〕）、社會主義（聖西門〔St. Simon〕和傅立葉〔Fourier〕、後來的德國人拉薩爾〔Lassalle〕、馬克思）。國際因素在五四運動一干抗議、示威、辯論裡所扮演的重要角色，這只是其中一例。不過，也有知識分子在甘地或凱末爾身上找尋行動靈感。對五四新文化運動的研究，目前為止主要著眼於西方對該運動成員作為的推動作用，但該運動的眼界遠不僅局限於西方，具有十足的全球性。五四新文化運動成員始終把這個新時代視為具有全球性的新時代。一般認為這與全球公共領域出現於一九一九年——或許是史上頭一遭——有關連。透過全球公共領域，不同大陸的行為者開始溝通與交換觀念。

然而新文化運動也促進文化改變。曾受教於美國哲學家杜威的胡適，提倡使用白話文寫作，不用文言文。一九一八年時，《新青年》的撰文者已大多用白話文寫作，不久，其他刊物和報紙跟進。北京大學學生創辦了自己的文學刊物《新潮》。該刊成為受西方文學形式啟發、發表實驗性新文學作品的主要場所。許多新文學刊物跟著創立。有人發表了用新文體和新技法探索中國混沌不明文化情況、政治情況的新小說。話劇也興起了。藝術創造力大迸發的時期於焉開始。

五四新文化運動的運動者個個都想以新的政治制度、社會制度取代儒家學說，藉此幫助中國跟上現代世界。此運動證明，要動員全國新一代學生、工人、乃至商人，並非不可能的事，他們透過罷課、罷工和停工表明了他們的意向。一股政治勢力已透過群眾動員和公開抗議展現力量。此後，五四新文化運動被視為現代中國史的一個轉捩點，一個日後中國政治運動將不斷從中汲取靈感的群眾動員時刻。但與此同時，一九一九年後不久，運動者之間出現爭執。自由派和後來成為馬克思主義者的那群人意見分歧，分歧的癥結在於政治權力問題。針對俄國一九一七年十月革命的反應，更加深兩派人的歧見。胡適和自由派認為該革命對中國來說無可取之處，但陳獨秀及其支持者贊同該革命，想要借鑑。根本歧異在於到底該藉由武裝革命還是緩慢漸進的改變，來解決中國的問題。

第五章

CHAPTER 5

民國時期的重建

一九二〇～一九三七年

袁世凱去世後，中華民國遭遇難解的困境。中央政府形同虛設，實權掌握在地方軍閥手裡。軍閥頻頻為爭權而交相殺伐，給中國社會帶來生命財產損失和破壞，也助長日本和新外力蘇聯擴大在華勢力的野心。日本利用軍事威脅擴張勢力範圍。蘇聯與國民黨、中國共產黨兩黨都合作，並促成國共合作，其目標是重新打造一個對蘇聯友善且願意接受蘇聯影響的中央政府。在蘇聯支持下，一九二六至一九二七年國民革命軍北伐，一統中國，重新建立了中央政府。結果卻與蘇聯的期望背道而馳，蔣介石或打敗或成功拉攏最大的幾個軍閥後，立即打破國共同盟，反共清黨。

五四運動知識分子從清朝滅亡後中國可悲的情勢得出一個結論，即新成立的制度，例如新政府、新國會，效能都不理想，必須藉由灌輸全體國民有一新集合體叫作「中華民族」予以補強。蔣介石和執政黨國民黨所領導的新中央政府，其主流想法也是如此。一九二八年中國重歸一統，新政府在首都南京掌權時，國家建設成為首要的施政事項。新政府展開許多作為，以落實將中國改造為現代共和國這個延擱已久的計畫。「國家建設」一詞指的是由中央啟動、統籌某些作為或計畫，要將經濟與社會現代化，要使人民同質化，要進一步落實主權在民理想，要生產進步的歷史觀，要打造國民與民族國家間無中介、內化於人心的關係，要增進全國文化的一致性。但展開國家建設大業的同時，採用新的制度模式創建民族國家及其組織等工作也在馬不停蹄地進行。很明顯的，這意味著要打造一系列新制度，來支持新的革命共和體制，使其運行不輟。難處在於這一體制該達到何等開放、廣納的程度，該允許哪些團體參與決策。國家建設與制度打造這兩個計畫，彼此並非毫無牴觸，大部分政治陣營視之為各自獨立的事業——但理想狀況下兩者應相輔相成。從國家建設和制度改革的角度看，這時期的中國成果斐然，但這些成果大多僅見於城市地區。

然而，一九二八年中國重歸一統之說，其實願望成分多於現實成分。有數大片區域，或只是鬆散地整合在中央政府之下（例如由軍閥控制的邊疆地區），或不受國民黨直接控制（例如通商口岸，或是由共產黨人建立及藏身的反中央政府叛亂區）。在通商口岸和中共控制區，出現兩個重要但分歧的新情勢。在仍由外國人治理的通商口岸，現代產業和具有國際色彩的城市文化繼續蓬勃發展。相對不受限制且自由的公共領域興起，讓一干與文化、社會相關的熱烈政治辯論和討論，在中國獲得生長空間。上海等沿海城市經歷了一段繁榮、創造力豐沛、多元的「黃金時代」。相形之下，中共控制區則位在遠離沿海城市的鄉村地區，難管控、不穩定且貧困。這些地區成為重啟革命的舞臺。共產黨人逃離其原位在上海的大本營，不得不改走農民革命路線。共黨不再走罷工路線，而是從事武裝起義。不再追求工人控制工廠，改以土地分配為最優先事項。但與國民黨並無不同的是，中共內部在根本政策上歧見甚大，血腥的黨內清洗隨之出現。內部不和也使其地盤難以抵禦國民黨軍的攻擊。一九三四年底，中共再度出逃，踏上長征之路最終抵達陝西延安。

軍閥割據的中國

當時的中外觀察家普遍認為，中國一九一一年後未能擺脫困境，有兩個原因。除了外來的帝國主義壓力，內部的軍閥割據危機也使中國前景一片黯淡。軍閥是窮兵黷武的地方山頭，趁中央政府下放兵權給省或地區領袖之機取得權力。從晚清開始逐漸發生的中央權力分散，至此時演變成民間秩序瓦解、地方社會軍事化。到了民國時期，這帶來嚴重的社會後果，因為窮兵黷武、崇尚暴力的文化盛行於更廣大地域，大大影響社會風氣，使中國動盪不安。此過程最終也在一九一六年袁世凱稱帝失敗緊接著去世後，導致中央管不住許多地方。[1]此後，袁世凱底下的北洋軍諸將領開始爭奪大權。這些將領被稱作北洋軍閥，統有效忠於他們個人的軍隊，行事不受中央節制。北洋軍閥爭奪大權之時，中國其他地方也落入地方軍閥掌控。

從一九一六年至國民黨終於在南京重新建立新中央政府的一九一八年為止，多個地方山頭崛起，而且他們幾乎個個是軍人出身。這些人自稱督軍，但一般被稱作軍閥。個別軍閥當家時間有時很短，其中只有少數人長久持續統治一地。軍閥間的殺伐幾乎無日無之。袁世凱死後，統領北洋軍的段祺瑞控制中央政府殘部，成為最後一個北洋軍大當家。他的權力建立在北部與東北部軍閥組成的鬆散結盟上。中央政府（在官方文書裡稱作「北洋政府」）顯然因上述情勢而遭削弱，但未徹底垮掉，直到一九二〇年「直系」軍閥逼段祺瑞出逃，迫使段在天津尋求日本人庇護，北洋政府才正式瓦解。直系以京畿為大本營，首領是曹錕和吳佩孚兩位軍閥。

北洋政府漸漸失去對中國許多地方的支配時，仍控制著首都北京。有時，經由與其他軍閥結盟，北洋政府也能控制華北部分地方。外交部繼續代表中國參與國際政治。關稅收入也是進入北洋政府口袋，但大多用於支付十九世紀中國輸掉戰爭欠下的賠款。北洋政府甚至也繼續改革制度，尤其是教育領域和法律體系方面的制度。北洋政府在外交政策上捍衛中國利益，並與列強談判提高中國關稅。這些成就均成為有助於日後政府站穩腳步的利基。

由於軍閥林立和諸軍閥政策不一，難以陳述這個時期的總體特色。[2]有些軍閥暴虐無道，允許士兵劫掠地方村鎮，殺害地方百姓。由於有這種人掌權，此時期風氣凶殘，經常強取豪奪社會資源。有些軍閥展露出特別鮮明的個人特色：張宗昌（1881-1932）喜歡打俗稱「吃狗肉」的牌九，因而有「狗肉將軍」之名，以殘暴和愛玩女人著稱。他於一九二〇年代統治山東，但也數次揮軍南下。一九二五年他曾控制上海、南京，不過為時不久。張宗昌的傭兵隊伍人數約五萬，包括原為沙皇對抗布爾什維克黨人、在布爾什維克掌權後逃到中國的俄國白軍。一九二八年他遭國民黨軍擊敗逃到日本，一九三二年回到山東時遇刺身亡。馮玉祥（1882-1948）以歸信基督教後的傳教熱情聞名，因此綽號「基督將軍」。他在動盪不安的中國北部崛起成為一方之霸，大本營在陝西。據說他偶爾會用消防水管為整個部隊的士兵施洗，要士兵隨著聖誕節頌歌〈聽啊！天使高聲唱〉（Hark! The Herald Angels Sing）的曲調行軍。他在其掌控地區施行受十九世紀中期基督教社會主義啟發的政策，[3]致力於改善所有老百姓的社會處境、經濟情況，對象不分貧富。他大力掃盪賣淫、賭博及販賣鴉片。另有些軍閥，例如來自山西省的「模範省長」閻錫山（1883-1960），也在其控制區追求長遠的穩定和經濟發展，關心民眾福祉。

租金、地主貢賦、稅捐、來自幫派的錢和鴉片買賣的收入，構成軍閥的重要資金來源。這些取自老百姓的資源本可以用於提供百姓公共財和公用事業；但更常見的情況是用於購買軍火。軍閥掌有兵權，但極不得民心。所以，軍閥時期的大部分時候，其政治正當性缺乏明確的基礎，儘管能為所欲為，軍閥政權卻先天不穩。大部分軍閥只關注自己統治的地區，對整個國家的福祉不大關心，因而也削弱了已建立的中央制度。郵政和海關則是例外，在整個軍閥割據期間，兩者運行不輟，令人驚訝。沒有單一貨幣，也沒有統一的全國行政體系或一體化的國防體系，中國在社會、政治、經濟上日益裂解。

然而中央控制力孱弱這點，有弊亦有利。知性思辨和藝術創作可以不受政府干預，進入一段充滿實驗性、樂於創新、創造力豐沛的時期。例如，一九一〇年代和二〇年代初這段社會、政治劇變期間，上海電影業製作出大量有聲有色的通俗娛樂，包括音樂劇、輕鬆喜劇、取材自傳統小說和戲曲的片子、功夫冒險片、偵探故事片、道德劇。[4] 出版業成長，期刊、報紙發行量來到史上新高。令人振奮的新文學出現，作者嘗試以新形式和新鮮主題創作。許多今日被視為現代中國文學經典的作品，就是在這個時期撰寫、出版。在通商口岸，中小學和大學變多，而且營運所受限制甚少。被外國人支配的沿海城市，不只讓其中的居民免遭掠奪成性的軍閥傷害，也把日本人的擴張拒於門外，孕育出形形色色、富創造力、充滿布爾喬亞情調和國際色彩的文化。

軍閥割據和內戰打亂了原有的秩序，但就在這戰火連連的歲月裡，出現重大的經濟變化。商業發展主要出現在通商口岸，但晚近的研究顯示商業化和國內外貿易發展也深入農村經濟，尤其是沿海農村經濟。隨著日益擴大的商業網提供新就業機會，老百姓看到除了持有土地，還有別的生財管道。一次大戰後，外來的經濟競爭降低，在這期間，中國人持有的企業在輕工業裡所占比重愈來愈大。其實，在戰後時期，中國公司和貿易商行靠著滿足西方對原物料和農產品的需求，獲利甚豐。一九二〇年代貿易重振，往百廢待舉的歐洲出口的貨物更多，中國的貿易赤字減少。在沿海地帶，中國的小規模現代經濟領域也有成長。[5]一九二〇年代，現代工廠產量每年成長八至九%，由此可見此時期工業化腳步之快。工業勞動力達到約兩百萬人，其中四分之一在上海。中國的銀行家數增加，銀行資本擴張。許多新法通過，從各個方面規範經濟秩序。值得注意的是，在沿海地區，儘管政治動盪，新經濟體系的發展勢頭依舊猛烈。

軍閥林立帶給社會的最大後果，就是軍隊在社會裡的角色愈來愈大。這段軍閥時期從根本上削弱了文人統治觀念在中國的地位。軍隊成為主要制度之一，而且軍隊偏愛用軍事手段去解決控制、治理方面的問題。同時，出現如此分裂且地方軍事化的社會，使整個中國成為更易得手的目標。此政治情勢給外來干預提供了大好機會。

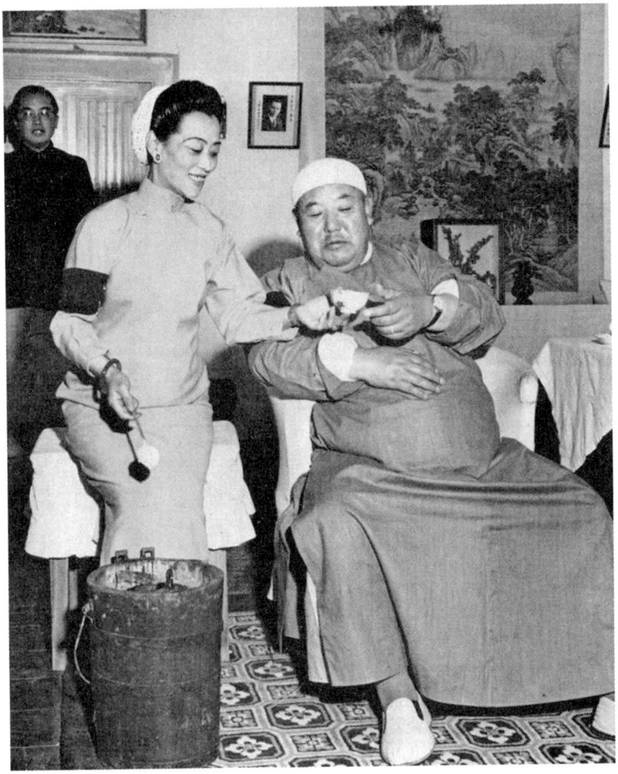

圖5.1　擔任寧夏省政府主席的穆斯林軍閥馬鴻逵，從他妻子手上接過冰淇淋。攝於1948年。

來源：*Life* 25: 18 (1948.11.01), p. 60.

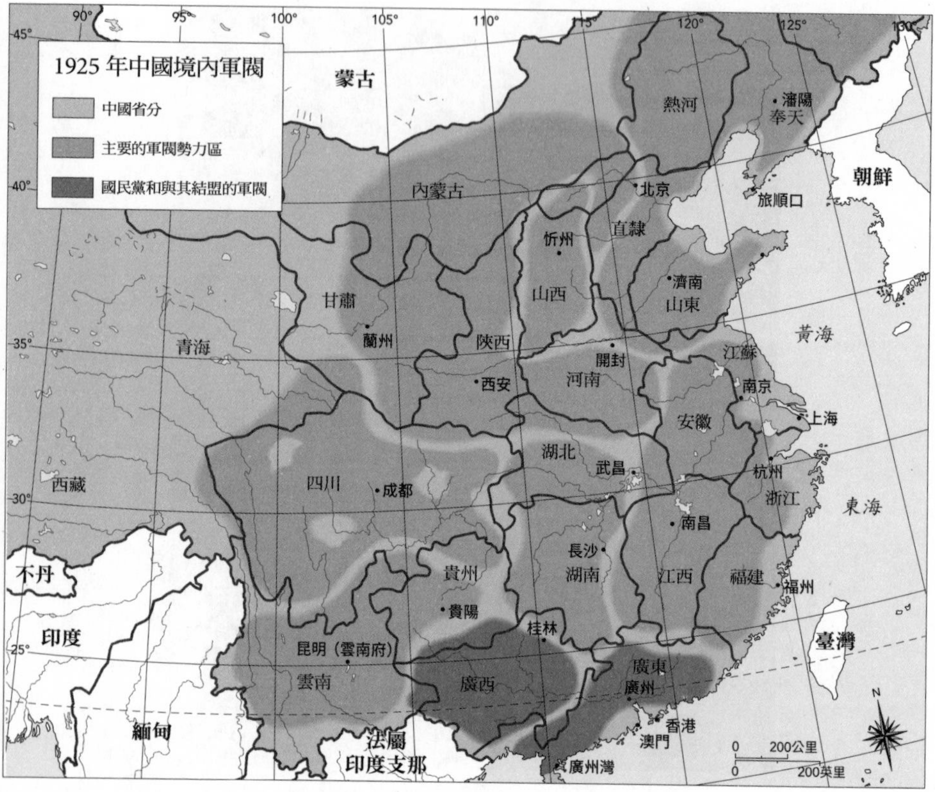
1925 年中國境內軍閥
中國省分
主要的軍閥勢力區
國民黨和與其結盟的軍閥
蒙古
內蒙古
熱河
瀋陽
奉天
朝鮮
北京
旅順口
直隸
忻州
山西
濟南
山東
甘肅
蘭州
青海
陝西
西安
開封
河南
江蘇
黃海
南京
安徽
上海
西藏
四川
成都
湖北
武昌
杭州
浙江
東海
南昌
長沙
湖南
江西
福建
福州
不丹
貴州
貴陽
桂林
印度
臺灣
昆明（雲南府）
雲南
廣西
廣東
廣州
香港
澳門
緬甸
法屬
印度支那
廣州灣
200公里
200英里

革命統一戰線

五四運動促進外國觀念的流入，中國的學生和運動者受這些觀念啟發，開始鑽研西方政治思想。幾個新情勢促成左派思想風靡中國，首先是一九一七年十月俄國革命的成功和蘇聯在一九一九年七月「加拉罕宣言」（Karakhan Manifesto）裡廢除對華不平等條約一事。[6]其次，世界列強投入大戰和反殖民解放運動在世界各地興起，也有推波助瀾的作用。最重要的，則是五四運動分裂為自由主義實用派和左傾革命派，以及中國國內危機日益惡化，促使中國知識分子在國際上另闢蹊徑，尋求更有力的解決之道——這一次，經由俄國。

年輕知識分子最初是對於俄國虛無主義者、恐怖主義者的理念和活動感興趣，這些俄國人的思想大多帶有無政府主義的政治哲學色彩，而無政府主義是當時最激進、散播最廣的社會改造哲學。[7]例如，中國作家丁玲（1904-1986）最著名的短篇小說〈莎菲女士的日記〉（一九二八），主角莎菲之名即是來自一八八一年因涉及暗殺沙皇亞歷山大二世而遭處決的俄國革命人士莎菲（蘇菲亞）・佩羅夫斯卡婭（Sofiya Perovskaya）。[8]無政府主義者提倡蓄意使用暴力來達成政治目的，這在當時許多中國年輕人眼中，似乎是一條不可避免的路。簡單地說，無政府主義支持地方村社自治，反對君主制，反對帝國主義，反對任何期望建立一個大型、中央集權政府來施展統治的民族主義主張。以村社為社會秩序與經濟福祉來源一說，得到許多中國思想家的共鳴，這時期許多人認同無政府主義思想的某些成分。無政府主義的問題，究其本質而言，在於不談組織和紀律。知識分子早已開始憂心中國分崩離析，於是有愈來愈多人漸漸認為俄國布爾什維克路線——由立場堅定的運動者組成一個中央集權的黨，然後由這個黨出來領導社會實現共同追求的目標——更有吸引力，也更適合用來解決中國社會的問題。

當無政府主義風靡知識界之際，馬克思主義此時卻較不為中國人所知。一九〇六年初，有份《共產黨宣言》的簡短節錄中譯在中國出版。兩年後，一九〇八年，中國無政府主義者翻譯了恩格斯為一八八八年英語版《共產黨宣言》寫的序。這是第一份全文呈現於中國的馬克思主義文本。人稱「中國馬克思主義之父」的李大釗（1889-1927），受一九一七年布爾什維克革命啟發，是使馬克思主義在中國獲得注意的第一位先驅。在其發表於一九一八年十月號《新青年》的〈布爾什維克的勝利〉一文中，李大釗贊同蘇聯的革命新秩序，簡短討論了作為該秩序之基礎的馬克思主義社會與經濟理論。[9]跟李漢俊（1890-1927）一樣——此人大概是當時對社會主義理論最為精熟的中國人——李大釗也是透過日文著作接觸馬克思主義。他所創立的「馬克思學說研究會」，定期聚會討論革命理論。五四運動之後，眾人對威爾遜流於空談的自決保證感到失望，促使愈來愈多中國學生和知識分子紛紛開始研讀馬克思主義。一九一九、一九二〇年，北京日報《晨報》和《晨報副刊》，出版解讀馬克思主義理論之文章的譯作，大多譯自日本出版品。最初，馬克思主義對中國人而言似乎是談論解放的廣博思想體系，令許多想要擺脫過去束縛和外力支配的年輕學生大感興趣。對俄國布爾什維克革命的讚賞，更加深了他們對馬克思主義的關注。然而啟發中國第一批共產主義者的學說，是列寧主義，不是馬克思主義。[10] 還有一點值得注意，即這些早期的共產主義者大多是民族主義者。他們最關心的事就是救國，儘管從馬克思主義的國際主義信條及其後來的列寧主義變種來看，這或許讓人覺得諷刺。認識這點，有助於釐清後來的發展和馬列主義在中國最終呈現的樣貌；確切來說就是，這解釋了為何是蘇維埃革命的實踐原則和組織，令中國共產主義者感興趣，而不是馬克思最早的哲學思想。列寧主義似乎指出一條打造組織與新民族國家之路，工具即是列寧和後來史達林所用來打造蘇聯的那些。

此時，共產國際這個創立於一九一九年、旨在向全球推廣共產主義的俄國組織，決意助共產黨在中國成立。此舉用意明顯是想在與俄國有漫長陸地邊界的中國取得影響力。[11] 共產國際代表從莫斯科審視形勢，判定以北京大學李大釗為中心的一群人，最有可能參與此一事業。他們也找出一批與上海《新青年》有關係的知識分子，包括陳獨秀、李漢俊等人，認為他們或許可以構成新成立之中國共產黨的核心。鑑於當時中國的社會—思想環境，共產國際此時在華物色人選，正是時候。示威、抗議、請願活動頻仍，要求政治革新，但中國依舊陷在落後、軍閥割據的困境裡。找出新路已是刻不容緩。一九二〇年八月，一個共產主義團體在上海成立，成員包含學生、教師和新聞從業人員。從一九二〇年秋至一九二一年上半年，類似的共產主義團體陸續成立於北京、武漢、長沙、濟南、廣州等城市，以及日本、法國。組織名稱和組織形式因地而異，這些共產主義小組祕密運行、不為法律所容，共同構成共產主義運動的骨幹。社會主義青年團較能公開經營，負責透過其與都市青年的關係為黨吸收新血。最後是馬克思主義學會，公開運作，致力於推廣共產主義。[12]

一九二〇年十一月，上海的共產主義團體草擬了〈中國共產黨宣言〉。[13] 這是以中國共產黨名義發布的第一份公開文件，由三個部分組成：「共產主義者的理想」、「共產主義者的目的」、「階段鬥爭的最近狀態」。該宣言清楚揭櫫共產主義者企圖打造一個新社會的抱負，這個新社會將廢除私有制，生產工具將共有共用，將摧毀舊國家機器，將消除社會階級。宣言中宣告，「共產主義者的目的是要按照共產主義者的理想，創造一個新的社會。但是要使我們的理想社會有實現之可能，第一步就得剷除現在的資本制度。要剷除資本制度，只有用強力打倒資本家的國家。勞動群眾——無產階級——的勢力正在那裡發展和團聚起來，這個勢力是會使資本主義壽終正寢的。這種勢力是在那裡繼續增長，這正是資本家的國家內部階級衝突的結果。這個勢力表現出來的方式，就是階級爭鬥。」該宣言表示，中國的無產階級必須投入階級鬥爭，用武力打倒資本主義，因此，必須「組織一個革命的無產階級的政黨——共產黨」，在其領導下，奪取政權，建立無產階級專政體制。

一九二一年七月，中國共產黨第一次全國代表大會在上海法租界召開，中國共產黨正式成立。出席者是七個地方共產主義小組推選出來的十二名代表，包括毛澤東、董必武（1886-1975）。創黨人陳獨秀和李大釗（1888-1927）未能出席。共產國際的兩名代表，馬林（G. Maring, 1883-1942）和尼克爾斯基（Nicolsky），以觀察員身分出席。馬林是化名，原名斯內夫利特（Hendricus Sneevliet）。中國共產黨認為先前的中國革命（一九一一年、一九一九年）動員的人民群眾不夠廣泛，忽略了工人和農民。中國共產黨對俄國十月革命的高度推崇，也使其拒斥第二國際這個國際社會主義組織所支持的社會—民主路線。中國共產黨從一開始就把自己定位為馬列政黨，工人階級的革命政黨。它信奉社會主義和共產主義，決定在中國發動革命。此次代表大會議定，中國共產黨此階段的基本任務是糾集工人成立工會和「在工會裡灌輸階級鬥爭精神」。[14] 於是，第一次全國黨代表大會決定採取黨同伐異傾向的嚴格無產階級路線，完全不考慮與城市商店老闆、商人或知識分子之類的其他社會群體合作。此代表大會所通過的綱領，主張以「無產階級革命軍推翻資產階級」，[15] 要求建立無產階級專政。大會出爐的兩份文件——中國共產黨的第一個綱領和第一個決議（要求成立工會）——都堅決反對和其他黨派、或群體、或知識分子合作。大會選舉陳獨秀為總書記，並與李達（1890-1966）、張國燾（1897-1979）共同組成中央局。

這一獨重工人階級和敵視資產階級的做法，牴觸共產國際所支持的政策。此後一段時期的主要情勢，是蘇聯一再試圖逼迫中國共產黨改行與其他群體合作的政策，特別是與以孫逸仙馬首是瞻的國民黨人。共產國際主張合作，既出於意識形態考量，也出於實際利害考量：列寧及他的接班人認為中國是未開發的貧窮農業國，還未做好無產階級革命的準備。因此，中國需要先進行民族主義式的、資產階級式的革命，才能把社會主義提上日程。共產國際派來的代表馬林，肩負說服中國共產黨配合共產國際計畫行事的使命。他建議中國共產黨與孫逸仙的國民黨進行黨內合作。中國共產黨和國民黨的確有一些共同目標，都抱持革命黨的世界觀，都想要建立獨立、強大、不受外國帝國主義欺凌的中國。

但此時華北、華中仍牢牢掌握在與北洋軍有關連的軍隊手裡。絕大部分軍閥對國民黨和中國共產黨都存著戒心，甚至懷有敵意，只有少數軍閥予以支持，其中之一的陳炯明，一九二一年協助孫逸仙領導廣州國民黨政府及改組國民黨，並且在南方成立革命政府與北方的北洋政府相抗衡。然而孫逸仙知道，沒有外來支持，他的流亡政府無法重新主宰中國大局。當西方列強猶疑再三仍不願支持他，蘇聯卻是透過共產國際積極運作，替他的國民黨撐腰。接著，共產國際派代表越飛（Adolf Joffe, 1883-1927）來廣州，表明共產國際願意提供建議、資金、軍火，但前提是建立全國性的大聯盟，成員要包括尚未成氣候的中國共產黨。一九二三年，孫逸仙組建由國民黨、中國共產黨、蘇聯組成的聯盟。孫逸仙對共產主義有所批評，但覺得他的目標和蘇聯的意圖有頗多共同之處，不妨暫時攜手合作。

一九二三至一九二七年，國民黨（和中國共產黨）與蘇聯密切合作。[16] 共產國際派來的大批顧問，也就政事提供意見，幫助國民黨在新成立的軍校，也就是仿莫斯科紅軍學院成立的黃埔軍官學校，打造現代化且戰力強的軍隊。革命思想在黃埔軍校的教學大綱裡扮演吃重角色，角色如同政治委員的國民黨代表向學員講授外國帝國主義在華歷史，強調政治覺醒的重要。[17]蔣介石（1887-1975）出任黃埔軍校首任校長，日後他能幾乎完全掌控國民黨軍隊，即靠他在這間軍校打下的基礎。蔣介石一八八七年生於浙江省奉化縣溪口鎮的鹽商人家，幼時受四書五經教育，養成濃厚的修養心性、自律、遵守傳統社會禮儀的觀念。如同他那一代的許多人，感慨於中國接連抵禦不住外侮，加上科舉制廢除，他棄文從武。他想進修戰略、戰術、新式武器，於是負笈日本就讀軍校，覺得日本軍校能給予他救國所需的知識和技能。一九一三年，他在日本見到孫逸仙，開始襄助他。一九二三年八月，孫逸仙派蔣介石赴莫斯科考察軍事和政治組織，因此，黃埔軍校開校時，蔣介石理所當然成為校長的不二人選（後來在中國共產黨位居二把手的周恩來，出任該校政治部主任）。

中國共產黨從一開始就對共產國際屬意的政策成效有所懷疑，未立即執行，共產國際新代表鮑羅廷（Mikhail Borodin, 1884-1951）來華後，即強推國共合作。蘇聯承諾增加金援，加上一九二四年一月國民黨終於改組，加快了國共合作進程。由於蘇聯的支持，到了一九二五年，國民黨已大不同於以往，實力增強許多。這時的國民黨按照列寧主義原則組成，亦即要成為組織嚴密且高度中央集權的政黨。革命的矛頭根據共產國際的指示，主要指向外國帝國主義者和與之勾結的中國人。中國共產黨在國共合作期間一邊打擊這些對手，一邊強化在國民黨內的地位，以及藉由控制農民運動與勞工運動，強化在民族主義陣營裡的地位。一九二四年一月列寧去世後，史達林接掌蘇聯，在「統一戰線」政策的落實上扮演了重要角色。他先是要中國共產黨與國民黨內的左派結盟，藉以提升在國民黨內的影響力。即使國民黨內的非共黨人士痛斥中國共產黨員挖國民黨牆腳，這位蘇聯領袖仍堅決認為中國境內共產黨人能走的政治道路，只有和國民黨結盟一途。史達林的政策為這場奇特而不穩定的合作關係提供了極其重要的援助，使雙方不致拆夥。

這一國共合作關係，正式名稱叫「革命統一戰線」（一九二三至一九二七年）。此舉有助於中國共產黨擴大黨員數，使共產主義者得以與黃埔軍校之類組織裡的國民黨軍人、官員，發展出日後受用無窮的私交。一九二〇年代躋身孫逸仙心腹圈的汪精衛（1883-1944），在黃埔軍校政治部與周恩來共事，兩人在該部設計了宣傳戰打法。一九二四年一月至一九二六年五月，共產黨人在國民黨內的勢力持續壯大，中國共產黨從一九二五年一月的將近一千名黨員，增加為一九二七年四月的將近五萬八千名黨員。五四運動的示威活動（一九二五年），尤其提升了共產主義者在城市地區的影響力。中國共產黨在南方有了國民黨軍隊的庇護，也能到鄉村活動，培養其在廣大農民間的影響力。

中國共產黨成功挑起革命，從中學到寶貴經驗，但也為此付出代價。他們既無法在中國城市地區發展出自己的權力基礎，也無法在南方鄉村打造出堅實的民意支持。由於與國民黨合作，中國共產黨無法針對農村地區擬定周詳而連貫的政策。他們從原本對農業政策漠不關心，轉向採行激進的土地沒收計畫——但此計畫後來遭國民黨右派反對，中國共產黨不得不收回。作為革命統一戰線裡的夥伴，中國共產黨不得不妥協、調整。以致到最後，中國共產黨因為置其為數不多的黨員於遭受盟友嫉妒和猜疑的險境中，而與自身基層支持者漸行漸遠。

一九二五年三月十二日孫逸仙死於癌症，國民黨內幾乎立刻就爆發左右派權力鬥爭。孫逸仙兩個最被看好的接班人是右傾的蔣介石和左傾的汪精衛。兩人的政治直覺也有異。蔣介石已開始對聯俄政策的效用心生懷疑，認為蘇聯是在利用革命統一戰線削弱國民黨領導地位。汪精衛堅持續走聯俄路線和革命統一戰線政策。蔣介石迅速出手穩固其接班人地位，把對手汪精衛打入冷宮。一九二六年六月五日蔣介石正式出任國民革命軍總司令後，隨即著手北伐。北伐由孫逸仙首先倡議，視此舉為追求國家一統的革命統一戰線的核心使命。[18]

蔣介石北伐有兩個目的，即穩固他在黨內和南方政府的領導地位，以及消滅仍割據

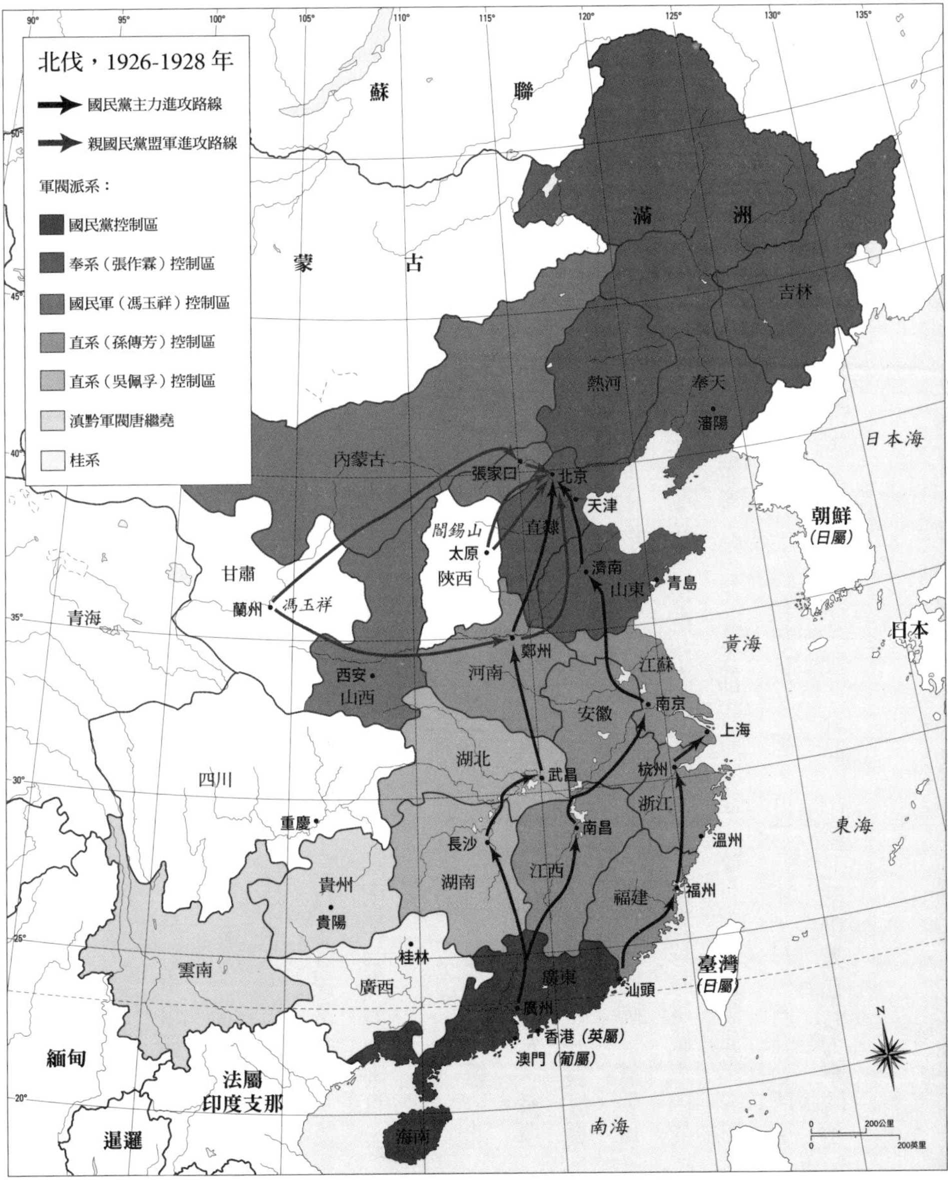
北伐，1926-1928 年
國民黨主力進攻路線
親國民黨盟軍進攻路線
軍閥派系：
國民黨控制區
奉系（張作霖）控制區
國民軍（馮玉祥）控制區
直系（孫傳芳）控制區
直系（吳佩孚）控制區
滇黔軍閥唐繼堯
桂系
蘇
聯
蒙
古
滿
洲
吉林
熱河
奉天
瀋陽
日本海
內蒙古
張家口
北京
天津
朝鮮
(日屬)
閻錫山
太原
直隸
甘肅
陝西
濟南
山東
青島
蘭州
馮玉祥
青海
黃海
日本
鄭州
西安
山西
河南
江蘇
南京
安徽
上海
湖北
四川
武昌
杭州
浙江
重慶
南昌
東海
長沙
溫州
貴州
湖南
江西
福建
福州
貴陽
桂林
雲南
廣東
臺灣
(日屬)
廣西
汕頭
廣州
香港（英屬）
澳門（葡屬）
緬甸
法屬
印度支那
暹邏
海南
南海
200公里
200英里

華北大部的北洋軍閥殘餘勢力。一九二六年七月，靠蘇聯供給物資的國民革命軍共十萬兵力，從根據地廣州出征討伐軍閥。蔣介石北伐軍的每支部隊都配有蘇聯軍事顧問，另有蘇聯飛機和飛行員在敵方陣地上空偵察敵情。與此同時，共黨的煽動家和宣傳家四出，勸軍閥手下改投國民黨陣營，同時鼓勵罷工農民造反。但軍閥未輕易屈服，可說寸土不讓。北伐是慘烈的內戰，奪走的性命或許達三十萬。一九二七年三月，國民革命軍已攻下湖南、湖北、江西、貴州、福建數省，拿下許多大城，包括中國南部的上海、南京、武漢。

眼看勝利在望，蔣介石決定過河拆橋，和原本提供極重要支持的勢力分道揚鑣。北伐期間，黨內兩陣營的衝突已加劇，一方是蔣和蔣的支持者，另一方是中國共產黨、蘇聯籍顧問、國民黨左派。隨著蘇聯籍顧問開始懷疑蔣介石想建立軍事獨裁政權，雙方裂痕更深。一九二六年底蔣介石終止與共產國際的合作，不久，禁止中共黨員任職國民黨委員會。一九二七年四月十二日，他決定動用殘酷的撲殺和血腥屠殺，徹底清除黨政軍內的共產主義者。但國民黨內各團體和領導人，並非全都聽命於他。據有工業重鎮武漢的汪精衛，反對對中國共產黨及其同路人施加「白色恐怖」。但一九二八年一月，蔣介石所部占領武漢，將長江沿岸地區全納入一體化的軍事治理。此時，中國北部仍握在有力軍閥手裡。一九二八年四月七日，蔣介石重啟北伐，矛頭指向剩下的軍閥勢力。許多將領改變立場，不是轉為中立，就是投入蔣介石一方。一九二八年底，中國已大部歸蔣介石控制，但有幾個北方軍閥依舊不願受其節制，直到一九三七年日本全面侵華才改變態度。

這番追求國家統一的努力，是清帝國瓦解後就已開始的中國漫長內戰的延續，某種意義上，更可說是這場內戰的最高潮。北伐是為了統一中國而打的一場仗，但北伐不是為了爭奪中國主宰權而打的最後一場仗。此後數十年，中國將陷入無休無止的戰火中，並為此付出龐大代價。[19]不過北伐成功仍屬了不起的成就，大幅提升了蔣介石的威望。接著，他一一剷除黨內和國民黨所控制城市裡的共產黨人和共產黨嫌疑人，把中國共產黨逼到滅黨邊緣。於是，最終的結果是：共產國際一九二〇年起所擬定、貫徹並寄予厚望的革命統一戰線政策，對於中國共產黨來說是一場巨大災禍。

南京十年期間的國家建設大業

一九二八年，蔣介石已除掉黨內外主要對手，重新一統中國，實現統一的共和國。北京易名北平（去除原名稱的京城意涵）。蔣介石決定定都南京，這是中國最後一個漢人王朝明朝的都城。一九一一年以來，中國首度再由一主號令天下。那是由一人——大元帥蔣介石——領導的一黨專政。這一成就廣受推崇和看重，但從許多方面來看，根深蒂固的地區勢力或省級勢力只是表面上靠向中央，本身實力仍在。有些省不願將稅收上繳中央政府。國家公權力的施行範圍依舊不大，政府對國內數大片地區的掌控並不穩。蔣介石的領導地位也談不上穩固，繼續遭遇嚴峻挑戰。之所以反蔣基本上源於對蔣介石個人權力日漲心存提防，以及擔心南京政府權力一把抓。因此接下來，蔣介石和想要擴大地盤或陰謀倒蔣的各路軍閥上演了一場漫長且複雜的爭鬥，尤其是一九二八年至一九三〇年代初期這段期間，雙方在政治角力上頻頻出招，間或大戰一場。蔣介石的挑戰者包括一九二九年桂系軍閥、一九三〇年馮玉祥和閻錫山兩位軍閥、一九三〇年代初江西境內共黨反叛勢力、一九三一年國民黨保守派領袖胡漢民所率廣州部眾、一九三三年福建籍異議人士、一九三六年再度舉事的兩廣地方武力。[20]這些勢力全都是公開起事，企圖扳倒蔣介石的政權。數十萬士兵捲入其中，數萬人喪命。蔣介石的回應同樣凶狠且招致物議。情蒐、祕密活動、暗殺，以及厚賂軍閥，是蔣介石用以保住權位的手段。這場亂局代價甚大。在遭戰火波及的區域，大大小小衝突使已然困苦至極的人民生活得更苦，往往導致百姓流離失所，從而與政府離心。以致後來中國共產黨向難民、逃兵、遷徙者、窮人揮一揮手，便輕易將他們招為己用。

一九二七年後，大部分國民黨領導人在一些大的政治目標上達成共識，包括反共和堅持一黨專政、中央集權、高度控管社會和經濟。[21]理論上，國民黨主宰國政，會透過所謂的訓政體制統治，直到中國社會成熟到足以實行民主之時。國民黨的官方思想體系，是孫逸仙所揭櫫的民族、民權、民生三民主義。一九二七年後成形的政權，既非極權政權，也非民主政權，而是游移於政治光譜的這兩端之間。就一黨專政政權來說，國民黨的組成出奇多元，黨內有數個派系。這些派系都自認是國民革命的一分子，從而在大目標上意見一致，但政治立場和利益各異。國民黨基礎黨員的政治立場，從左派到傳統到保守，形形色色。一再有來自黨內的競爭者，就理論基礎和實際的治理問題，挑戰蔣介石的權威。蔣介石發覺黨政官僚體系難以操縱。總的來說，蔣的權力仰賴國民黨支持者和地區盟友（軍閥和地方菁英）組成的不穩定聯盟來維繫。這些支持者的共識，僅僅只在於對領袖蔣介石或是對黨本身仍懷抱薄弱的效忠之心。

聯盟的不穩定狀態，可從黨內最高層的關係看出。從一九二八至一九四七年，蔣介石四次出任行政院長（通常為期甚短）。這時期其他出任過行政院長的有孔祥熙（1881-1967）、宋子文（1894-1971），或是他們的政治盟友。宋子文是蔣介石夫人宋美齡（1897-2003）

之兄，國民政府要角。他於一九一五年拿到哈佛大學經濟學碩士學位，一九一五至一九一七年在哥倫比亞大學攻讀博士。一九二八年，宋子文進入國民政府，出任財政部長（一九二八至一九三三年）、中國中央銀行總裁（一九二八至一九三四年）、外交部長（一九四二至一九四五年）、代理行政院長（一九三〇年代理兩個月，一九三二至一九三三年再度代理，一九四五年真除至一九四七年）。但在政府開支用度和對日政策上，他常與蔣介石意見不合。[22]孔祥熙也是國民政府要角，繼宋子文之後，擔任這時期大半時間的中央銀行總裁和財政部長。人稱他是當時中國最有錢、也或許是最腐敗的政治人物。孔祥熙和宋子文構成政學系核心，此派系大抵而言提倡發展經濟為主的政策。整個民國時期，孫、孔、宋、蔣四大家族一直是金融、政治複合體的核心。

蔣介石的統治也倚賴CC系首腦陳氏兄弟（陳立夫、陳果夫）。[23]此派系權力來自黨內，更準確地說，來自國民黨的組織部。組織部掌管從中央到地方基層的各級黨務，仿布爾什維克政黨結構而建立。CC系的勢力展現在它能左右黨、中央政府和省政府的人事，並監控媒體及其他教育、文化機構。此派系整體來說抱持民族主義、傳統主義的知識分子觀點，反對激進改革，強烈反共，致力於重振傳統道德觀。陳立夫奉蔣介石指示，也掌管黨內情報機關「組織部調查科」。後來，蔣介石要黃埔出身、受其信賴的戴笠出掌

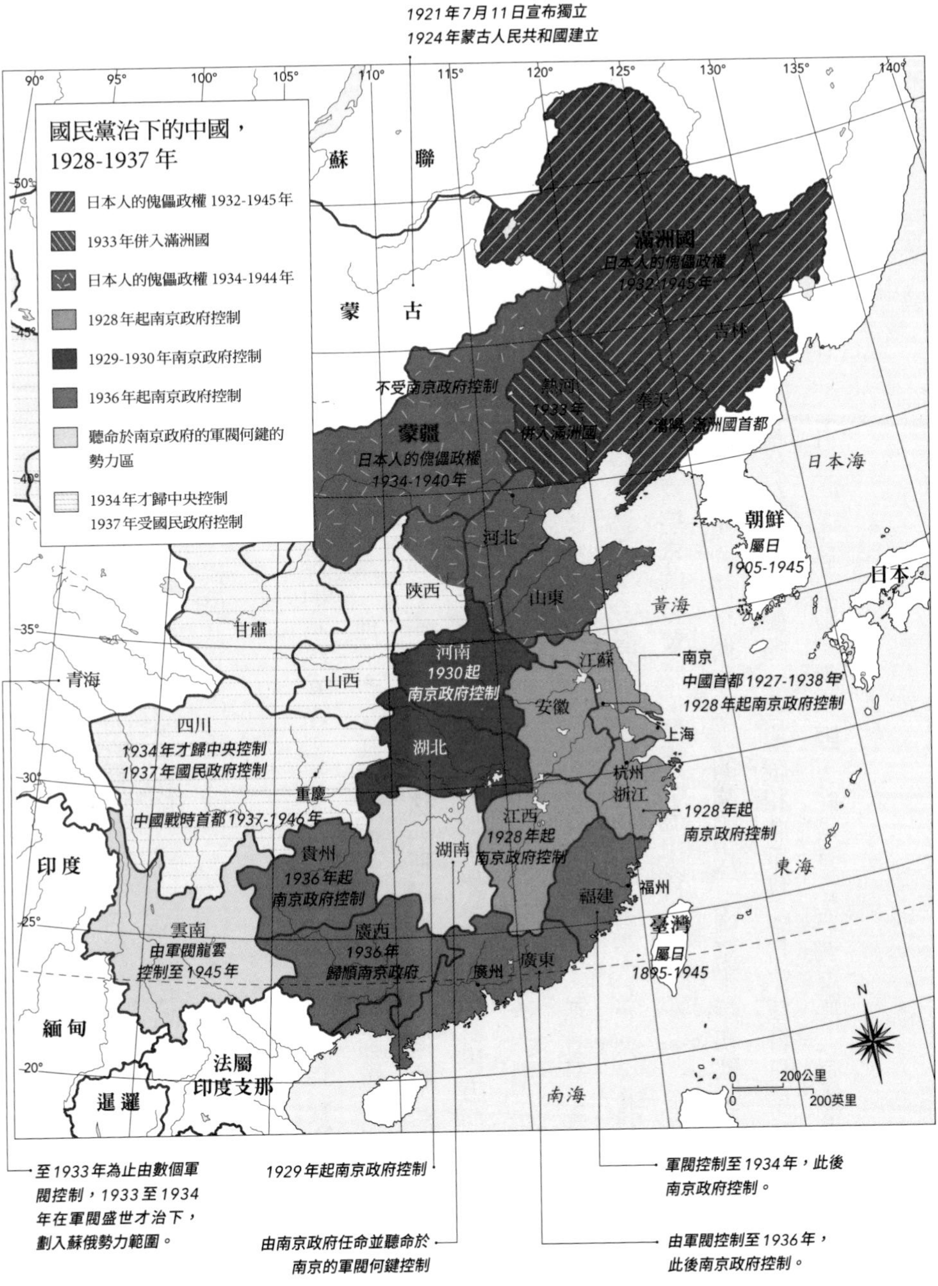

國民黨治下的中國，
1928-1937 年
日本人的傀儡政權 1932-1945 年
1933 年併入滿洲國
日本人的傀儡政權 1934-1944 年
1928 年起南京政府控制
1929-1930 年南京政府控制
1936 年起南京政府控制
聽命於南京政府的軍閥何鍵的勢力區
1934 年才歸中央控制
1937 年受國民政府控制
1921 年 7 月 11 日宣布獨立
1924 年蒙古人民共和國建立
90°
95°
100°
105°
110°
115°
120°
125°
130°
135°
140°
50°
45°
40°
35°
30°
25°
20°
蘇
聯
蒙
古
滿洲國
日本人的傀儡政權
1932-1945 年
吉林
不受南京政府控制
熱河
1933 年
併入滿洲國
奉天
瀋陽，滿洲國首都
蒙疆
日本人的傀儡政權
1934-1940 年
日本海
朝鮮
屬日
1905-1945
日本
河北
山東
陝西
黃海
甘肅
河南
1930 起
南京政府控制
江蘇
南京
中國首都 1927-1938 年
1928 年起南京政府控制
青海
山西
安徽
上海
四川
1934 年才歸中央控制
1937 年國民政府控制
湖北
杭州
浙江
1928 年起
南京政府控制
重慶
中國戰時首都 1937-1946 年
江西
1928 年起
南京政府控制
印度
貴州
1936 年起
南京政府控制
湖南
東海
福州
福建
臺灣
屬日
1895-1945
雲南
由軍閥龍雲
控制至 1945 年
廣西
1936 年
歸順南京政府
廣州
廣東
N
緬甸
法屬
印度支那
南海
0
200 公里
0
200 英里
暹邏
至 1933 年為止由數個軍閥控制，1933 至 1934 年在軍閥盛世才治下，劃入蘇俄勢力範圍。
1929 年起南京政府控制
由南京政府任命並聽命於南京的軍閥何鍵控制
軍閥控制至 1934 年，此後南京政府控制。
由軍閥控制至 1936 年，此後南京政府控制。

「國民政府軍事委員會調查統計局」（軍統），此舉符合蔣介石成立只忠於他一人、但相互牽制之組織的一貫治理風格。這兩個情報機關都暗中對付公開與蔣介石唱反調和他認為唱反調的人。它們收買敵人，搞暗殺，搞反共宣傳，透過滲透、拷問、威脅、賄賂等方法，暗地裡蒐集情資。[24]

另一個派系是黃埔系，成員大多是前軍隊參謀和黃埔軍校生。他們支配掌管國民革命軍的軍事委員會，對蔣介石極為忠誠。他們也組織了名叫「藍衣社」的團體，以打擊自由主義、貪汙、共產主義、日本威脅。藍衣社仿歐洲法西斯團體建成，但蔣介石對法西斯主義的興趣似乎流於浮面，大多著眼於法西斯主義的個人崇拜、強調紀律方面。[25]藍衣社的祕密核心是力行社，成員最多時達五十萬人，利用保安訓練、政治洗腦、集體招募、地下活動、滲入地區軍閥軍中、宣傳等作為，鼓動共產黨人變節。藍衣社主掌軍隊訓練，影響力可及於警方、大學、高中夏令營、童子軍及新生活運動。CC系、政學系、黃埔系都非常忠於蔣介石，但各自追求的首要政治目標不盡相容。

蔣介石在黨內有兩大對手：左傾的汪精衛和保守的胡漢民。南京十年初期，兩者都想削弱蔣介石的力量。兩人最終依舊淪為配角，但繼續和蔣爭權。日本威脅日增，兩人才不得不和蔣介石合作。一九三一年蔣介石短暫下野，此是有意要展現無人有能力取代他的領導，一九三二年一月復出掌權，主持重組後的政府，經過艱難折衝，汪精衛出任行政院長。汪精衛及其改組派自此被拉回新政府陣營，但無實權。

一九二八年採行的政府架構，遵照孫逸仙在其「民權主義」裡勾勒的五權分立方案。五權中的三權師法西方自由主義政治制度：透過各式各樣部會掌理日常政務的行政院；職司通過法律的立法院；掌管各類訴訟之審判的司法院。剩下的兩權源自傳統的儒家官僚體系：監察院職司官箴，有彈劾、糾舉、諫議、審計之權；考試院負責文官的考選。

考試院值得更深入探討，因為透過此機構可適切說明國民黨制度的優缺點。考試院下轄兩個部門：考選委員會（後來改組為考選部）和銓敘部。考選委員會職司考選事宜，銓敘部負責嘉獎、升遷、官階事項。兩個部門加起來，只構成一個小組織；民國時期，考試院職員僅兩百人。[26]第一任考試院長是戴季陶（1891-1949）。戴季陶是相當有影響力的國民黨理論家，一九二〇年代擔任黃埔軍校政治部主任，一九二四年主持國民黨宣傳部。在其著作中，他試圖結合並調和孫逸仙的學說與儒家傳統思想。

一九三一年，考試院在南京第一次舉辦高階文官考試，稱之為高考（今日中華人民共和國也把大學入學考試叫作高考，勿混淆兩者）。一九三三年，在南京辦了更多考試，這一次是檢定考試和普考。考試科目大多沿襲北洋政府時期的考試架構，分為三試。涵蓋最廣的一試，測驗一般知識和語言能力。許多試題與傳統哲學、文學、歷史有關，必須精於文言文才應付得來。第二試考財政、行政等專業科目。第三試考黨義，測試考生對國民黨全代會文件的熟悉程度，試題多出自孫逸仙的著作。從主題上看，黨義考試最重民族主義、現代化、反共。這些考試意在甄拔人才，因此考題難度很高。考試院定期舉辦考試，為此投注甚多心力。跟帝制時代一樣，閱卷者不知作答者的名姓。閱卷者關在特定考試大樓裡批改考卷數日。完成閱卷後，考試院長戴季陶會宣布並公開展示結果。

而與帝制時代的科舉制不同的是，民國時期考試院的影響力甚微。大部分公務員由未經考選之人出任。南京十年期間，只有約一％的公務員是經由招考而來。幾乎所有職務都是透過個人推薦找人。一九三六年，考試院穩定下來，應試過關者通常出任行政職。但仍只有小比例當上公務員者是走考試途徑。

國民政府也著手推行數個重大作為和改革，以落實國家重建與發展計畫。民國時期是改變、創新時期，尤其在城市地區。其中有些改革卓有成績，例如，成功地慢慢改善了中國的國際地位。中國成為國際聯盟之類國際組織的重要成員。中華民國也逐步廢除外國人在華特權，並透過修約和關稅改革，使中國在貿易上的待遇日趨平等。一九三〇年，國民政府順利恢復關稅自主，有權自行決定貨物輸入稅率。同樣在這期間，掌理關稅事務的海關開始以華人職員取代洋人職員。[27]中國收回一些外國租借地，例如英國在山東的租借地威海衛。也就是說，國民政府部分實現了許久以前中國民族主義者所立下的遠大目標。結果，關稅收入增加至足以支應政府約一半支出的程度，其餘支出則靠來自工農業的收入。

這段訓政時期依循特別制定的臨時憲法《中華民國訓政時期約法》（一九三一年），其間不舉行選舉。訓政時期的設計，是作為從以黨領政轉型到民主憲政之間的過渡期。《約法》的一項重大創新，是在種族、宗教、階級之外，將不得以性別為由歧視國民也列入基本人權。永久憲法的草擬、施行和多黨制國會，因是重要議題，引發黨內和社會辯論。經過一九三〇年代初期長時間的討論和政治操作，新憲草案於一九三六年五月公布。這部憲法明顯以三民主義為基礎，甚至載明中國是「三民主義共和國」。此憲法賦予人民參政權，但清楚限制國民的基礎民權。如因情勢需要必須廢除個人權利，經國會簡單多數通過即可成定局。[28]

南京政府把法律和刑事司法列入施政要務。[29]大抵而言，國民政府沿用了北洋政府制定的所有重大法律，但竭力修改，使其符合新的政治和制度秩序。一九二八年，也頒布了經立法院通過的修正版刑法，以及新的刑事訴訟法。一九二八年通過修訂後的監獄規則，沿用至一九四九年，在這期間只有幾次修改。一九三〇年代開始，針對上述法律有進一步的修訂，同時，公眾和立法院內也為此展開熱烈討論。一九三五年一月一日，新刑法頒行；一年後，修訂後的刑事訴訟法頒布。一九二九至一九三一年通過現代民法，以明確文字強化女人在結婚、離婚、繼承方面的權利。但真正受這些改變影響者，實際上只有城市地區。

一九二八年後，南京政府也努力實踐新法律體系及增設新法律機構。一九三〇年，南京政府制定了一個詳盡的計畫，目標在十年內撤換所有傳統衙門法庭。新成立的法院區分為民事法庭和刑事法庭，而且分成三級：最高法院、高等法院、地方法院。每個法院設一檢察官，所有刑事案件的起訴只能由他一人提出。刑事審理必須採口頭指控程序，檢察官於聆訊期間提出控訴，被告則有權舉出有利還其清白或減輕罪行的證據來自我辯護。刑法草案引進由律師代表被告和原告打官司的制度。[30]在中國各大城市，律師協會迅速冒出。

南京政府也計劃從根本改革教育領域，特別是擴大中國的高等教育體系，以滿足國家發展之需。[31]一九二八年通過高等教育組織法。該法規定，每所大學都應設有理學院、工學院、醫學院或農學院。一九三二年，在教育部長朱家驊（1893-1963）領導下，改革如火如荼展開。這位留學德國的地質學家，長期積極參與制定國民黨的國家發展政策，挾著堅強的學術經歷、政治歷練走馬上任後，不久就給教育帶來新氣象。一九三六年，大學院校已增加至一〇八所，在學學生四萬一九二二人，教職員一萬一八五〇人。這些院校大多位在中國東部大城。這一蓬勃發展的高等教育體系，包括公立院校（北京大學、交通大學、中央大學）和一所純研究型的機構（中央研究院），還有多所私立院校（聖約翰大學、北京協和醫學院、燕京大學）。中國的公立大學大多按照德國洪堡式大學的研究型大學模式設計，許多頂尖的私立院校則有賴美國機構支持、提供意見、乃至經營。教育部也開始把高等教育的教學重心，由人文科、社會科轉向理工科，中學方面，則轉向職業訓練。政府對應用學科的金援顯著增加。從一九三一至一九三六年，公立學校理工領域學生所占比重增加了一倍。擴大教育體系的同時，政府也加緊對該體系的控制。一九三〇年代，國民黨規定高等教育機構的教育必須符合政治需要。教育部下令所有學校增設軍訓課和國民黨黨義課，以培養紀律和忠黨之心。[32]國民黨政府也廣為增設六年制義務小學、中學，同時務求這些中小學受到中央管理和監督，因為教育的存在是為了滿足國家的實際需要。要使人民忠於國家、忠於黨、忠於以三民主義為根本的思想體系，中小學教育是關鍵。

改革者也以解決城市貧窮和其他「社會問題」（例如毒癮、賣淫、賭博）為目標。[33]他們採行以進步派理念為基石的都市社會改革計畫，當時這些理念也盛行於西方。民國時期，上述一干社會問題被視為中國現代化的主要障礙。社會救濟和介入以感化院、濟貧院和其他公營機構（例如孤兒院）等形式呈現，機構強制裡面窮人從事勞動，接受訓練當個有用之人。嚴厲程度不一的監禁，成為處理城市人口中這類人的主要方法，政府認為不用這些方法，無法將他們改造為其所認可的國民。從這些作為可窺見當時風氣之一二，即不只將罪犯，甚至也將痲風病人、瘋子、異族和異教人士、窮人，關進往往令他們覺得帶有懲戒意味、甚至以懲戒為主的特殊空間。官方大力打擊賣淫、賭博、吸毒，但這些活動依舊相當普遍。

南京政府努力建造現代國家時，也把宗教機構納入管理。儒釋道傳統深植於農村生活肌理中，使大部分農民的生活較有意義感和社群感。中國始終沒有出現等級分明的國教。「宗教」一詞，以及它所帶有的在會眾裡實踐個人信仰的基督教意涵，十九世紀晚期才進入中文詞彙，源自日語漢字「宗教」一詞，而日語的「宗教」則是對德語中指稱宗教之詞的譯名。二十世紀初，改革者想要把中國傳統宗教改組為等級分明、受政府節制的會眾，基本上仿西方教會予以改造，藉此促使中國傳統宗教改頭換面並現代化。例如，政府明令中國佛教會為全國佛教徒的正式代表。針對其他宗教，也成立了類似組織。但這些組織本身未被視為宗教組織，而是被當成某種「文化團體」。也就是說，官方把各式各樣宗教當成中國文化傳統的形形色色支流。宗教協會也必須向社會事務局和國民黨地方黨部登記。這意味著它們和所有文化性協會一樣受黨和國家控制。它們被要求忠於黨、國家、官方意識形態，並透過慈善事業、福利救濟，以及推廣倫理道德和教育活動，積極促進公益。至於中國民間往往混合不同宗教信仰且與拜祖先、拜地方神祇有關的禮俗，國民政府把它們視為迷信，竭力根除。[34]

蔣介石政府看重軍事，外部情勢自然也讓他更加往這方向走，於是，軍隊在政府裡的勢力愈來愈大。蔣介石深信中國需要靠外援才能完成軍事現代化，但只有一個國家願意持續提供軍事援助，就是德國。受迫於一九一九年《凡爾賽條約》的規定，德國縮減軍力，許多高階軍官因此另尋出路，其中有些人落腳於蔣介石幕下。鮑爾（Max Bauer，曾是陸軍元帥魯登道夫〔Erich Ludendorff〕的作戰部長）和另外四十六名戰功彪炳的德國軍官，會在十年歲月裡為中國中央軍的現代化擬出雄心勃勃的計畫。他們擬定了三十年計畫，受命予以落實。[35]當時頂尖的軍事戰略家法肯豪森（Alexander von Falkenhausen, 1878-1966），一九三四至一九三八年統領這些軍事顧問。這是一群人數頗眾、組織嚴密的德籍前殖民地軍官，具有打「小戰爭」（往往是殖民地平亂戰役）的經驗，此前曾被派赴非洲、中東、中國等騷亂地區。這些德籍顧問除了制定軍事現代化方針，也協助國民政府擬定鎮壓共黨革命的戰術和戰略。例如，法肯豪森建議採用英國人在非洲川斯瓦爾（Transvaal）所用的碉堡策略，而在一九三三年秋至一九三四年秋蔣介石對共黨盤據區展開第五次圍剿時，此策略證明非常有效。這些顧問也針對打造一支人數相對較少但訓練有素、裝備精良的軍隊擬了計畫。在法肯豪森領導下，德籍顧問也訓練了一批向蔣介石呈報軍事作戰和決策事宜的軍事參謀。

隨著蔣介石自覺黨內政敵環伺、受到日益壯大的共黨叛亂勢力挑戰、要攻打不肯屈服的軍閥、要回應一九三〇年代初日本人的入侵，他認識到必須採取攻勢作為，並且提出令人信服的指導性政治思想。只有能感動人心的願景，才能有效打擊共產主義的號召力。新生活運動於一九三四年在江西省（該省有共黨蘇維埃根據地）發動，透過海報、小冊子、公開演說、組織群眾示威，傳揚開來。[36]新生活運動欲透過一連串旨在改造社會習俗的運動，革新社會風氣。此運動兼採中國傳統道德觀和基督教道德觀，以促進社會、文化的轉型，深信日常生活的改變會促成中國文化、社會的重生，從而強化國力。由蔣介石執筆的新生活運動綱要解釋道，此運動提倡以禮義廉恥為圭臬的規律生活。「以禮義廉恥之素行，習之於日常生活食衣住行四事之中，故禮義廉恥者，乃發民德以成民事，為待人、處事、持躬、接物之中心規律；違反此規律者，無論其個人、國家與民族，未有不為之敗亡者。」[37]此運動為推動禮貌、乾淨、守秩序而展開的日常行動，大致交由警察、軍隊、乃至童軍團執行。全國各地廣設新生活指導委員會，一九三五年已有一千一百多個縣設置了這類委員會。隨著新生活運動開始仿效一九三〇年代在法西斯歐洲迅速流行開來的歐洲右翼青年團體的作風和服飾，此運動的軍國主義性質日濃。官方明言新生活運動用意在「使全國公民的生活完全軍事化」。但此完全軍事化著眼於精神，而非習武，因為其目的是「培養勇敢和敏捷、吃苦耐勞，特別是統一行動的能力和習慣」。然而新生活運動對人民影響甚微，從未能在民間風行。一九三七年後它慢慢銷聲匿跡，但直到一九四九年才正式終止。中國二十世紀歷史的一大特點，是出現許多由官方主導的大型群眾運動，新生活運動雖然沒有得到民眾青睞，卻是這些群眾運動的第一樁。新生活運動創造出至今仍叫人費解的口號，卻為欲達政治目的而制定的重新教育、動員群眾政策，立下可供效法的模式。後人常把新生活運動拿來和歐洲的法西斯運動相提並論，但拿來與一九四九年後中國的群眾運動相比，更耐人尋味，更有啟發性。群眾運動成為共黨政府號召人民支持其目標、落實其政策的重要手段，尤以一九四九年後為然。結果，新生活運動所提供的組織原型，比它所想要傳達的任何中心思想，影響都來得大。展開繞過正規體制的全國性政治運動以便快速且靈活地實現政治目標，是深具意義、影響深遠的創新之舉，且會在一九四九年後以更大許多的規模呈現於世人眼前。

南京政府也希望透過新生活運動之類作為控制公領域。一九二〇年代孫逸仙已構想要建立宣傳國（propaganda state）體制。[38]蔣介石領導的國民政府，一九二八年開始落實此想法，但從未能完全控制公共知識界。在宣傳國體制裡，各種公共傳播都受政府影響、規制，其目的是使公共生活符合官方意識形態的規範。官方以中國人民需要「教育」，好為享有言論自由、出版自由之類基本自由做好充分準備為由，合理化這類舉措。也因此，南京政府審查書報，努力透過官方宣傳左右輿論，也逮捕或威嚇公開批評政府的知識分子。

南京政府試圖打造一套以合理的責任劃分、高度的技術專業、以常規法律程序為基礎的全國性官方制度，而且成果斐然。這些制度雖然把權力下放到省和地方，仍能堅持中央的管轄權。從許多方面來看，此舉延續了始於晚清時期（一九〇〇年）想要提升中央集權和現代化程度的政策，但其成效因幾個缺點而打了折扣。要招募到受過訓練、有能力且人數足夠滿足需要的公務員始終不易，尤以在鄉村為然。官僚體系最弱的層級，大概是農村地區的地方政府。貪汙、尋租行為盤根錯結且猖獗。光靠這些資源，南京政府根本打造不了強有力且效率高的行政體系。而欠缺強有力的文官體系，南京政府就無法從中國社會榨取所需資源。地方層級的稅務官員，利用收稅職權，向農民強索各種非法律許可的額外費用，其行徑和晚清、軍閥時期的官員根本大同小異。收到的稅費大多未上繳國庫。整個南京十年期間，政府得在收稅效率不彰的情況下，利用不足的稅收盡力建設國家。令情況更為雪上加霜的是，大部分稅收（例如關稅收入）是用於國防。國民政府因此得不斷另尋財源，對鴉片的種植和消費課稅便是它找到的答案。雖然這類課稅是官方為減少毒品吸食而推出的防制辦法之一，但無論如何，對鴉片的種植、配銷、消費所課徵的稅，始終是中央重要的收入來源之一。[39]

一九三〇年代中期，國民政府的運作已更上軌道，但財力仍然薄弱，政治上依舊禁不起打擊，碰上危機總是瞻前顧後。不過，國民政府對漢地大部分地方——由產米的中部城市和工業化的東部城市構成的經濟心臟地帶——的控制程度已相當高，也已打造了正竭力要將中國發展、改造為工業化現代國家的新制度。西方史家長久以來貶低民國時期的成就和該時期的主要領導人孫逸仙、蔣介石。威權主義、貪汙、「過度膨脹的軍事統治集團」這些標籤，使國民政府成了壓迫人民的政府，那個時期成了「注定失敗」的時期。[40]晚近有些研究則是給予較正面、有所修正的看法，從較同情的角度陳述蔣介石保國衛民的愛國者角色。持修正史觀的歷史著作，也駁斥南京十年期間政治如鐵板一塊、唯蔣介石一人馬首是瞻的主流看法。當時的國民政府實際上內部分裂與鬥爭的情況很嚴重。至於制度性環境的缺點及其開放、包容程度，學界看法依舊極為分歧。但持平來看，我們必須承認當時的國民政府取得了對中國的發展來說，尤其是制度方面的發展，意義重大且深遠的成果。南京政府或創立或延續了讓中國共產黨得以在一九五〇年代據以更上層樓的先例和模式。儘管有種種失敗，南京政府仍無疑是十九世紀中期以來中國最有成效的政府。

中國發展型國家體制的興起

如果說國民政府的第一要務是建造強大、有防衛能力的威權國家，經濟發展和工業化應是其施政事項的第二要務。國民黨各派系一致認同，經濟現代化是國家復興和中國民族自信恢復的關鍵。一項工業發展政策出爐，涵蓋從基礎設施改善到電氣化和絲業改良等多個領域。緊接著，一九三〇年代中期，中國的經濟官僚體系改組並擴大，以利發展出能夠刺激、規範、控制經濟的計畫和工具。中國的發展型國家（Developmental State）

體制於焉誕生。[41]

有兩個相牴觸且相抗衡的概念在競爭。第一個是汪精衛和宋子文的經濟政策。此經濟政策所構思的民族經濟發展，是官方既要控制也要支持中國的私有經濟。其計畫是改善農村所得，讓工業產品得以發展出國內市場。此計畫建立在既要由官方控制、規劃，但又給予私人企業發展空間的經濟發展構想上。藉由推動私人企業成長，經濟也會開始成長，但官方控制將確保中國不致權力下放，反倒有助於中國轉型為統一且中央集權的國家，以及達成經濟上的自給自足，免受外國經濟控制。但蔣介石卻偏好軍事導向的重工業。此一偏好可推溯至晚清改革，不只強調官方控制，而且視官方為工業企業的所有人、管理人。如此一來，私人企業和國內消費會受到漠視，國防工業導向的重工業發展，則是重中之重。南京十年的頭五年，汪精衛的觀點占上風。一九三〇年代中期，隨著來自日本的威脅步步進逼，蔣介石的觀點得勢。[42]有一點也值得一提，那就是這兩個觀點在民國時期之後繼續起作用：毛澤東一九五〇年代偏重重工業之舉，類似蔣介石一九三〇年代的工業政策，鄧小平一九七八年後的政策，則類似南京十年早期的民族經濟計畫。

全球經濟情勢使國民政府的恢宏計畫碰上難關。一九二〇年代中國經濟已有顯著改善，中國的產業，從紡織到菸草，欣欣向榮。但一九二九至一九三三年西方深陷經濟大蕭條，國際貿易垮掉，中國的絲、菸草、棉花、大豆出口隨之暴跌，例如中國絲出口就少了三分之二。農村收入大跌，在某些地方，數萬人死於營養不良。世道不佳使南京政府——此時已是不穩定、四分五裂的政治聯盟——更加難以改革財政和農村。

大蕭條過去後，中國東北、江南諸省、東部沿海和東南沿海地區增長的城市人口（一九三八年占全部五億人口的五至六％），受惠於商業化都市市場擴大和進出口復甦，再度嘗到經濟大幅成長的滋味。這個成果大抵是明顯偏重城市的經濟政策所帶來。例如，新首都南京收到鉅額投資，希望用於將這座古都轉型為現代都會。[43]一九二八年大型都更計畫啟動，要把這座古城改造為擁有政府部門大樓、大學、西式住宅區的現代首都。古老的內城拆除，以便在上面蓋新建築和寬闊的新式林蔭大道。林蔭大道縱橫穿過市區，交會於大圓環，大圓環是新首都的中心。新南京要能「一方以觀外人之耳目，一方以策國民之興奮」，要能「發揚光大本國固有之文化」。[44]在其他城市，例如天津、廣州、成都，也執行了類似計畫，重新設計都市空間和改善基礎設施。

或許最令人讚嘆且規模無疑最宏大的成就是建設全國基礎設施。政府投注資金建造國家所亟需的港口、水道、公路、鐵路、機場。這些工程經常是與國際機構或基金會合作推動，包括國際聯盟和洛克斐勒基金會。在一九三七年之前的十年裡，中國鋪設的道路翻倍成長，達到十一萬五千公里。鐵路系統也改善，至一九四五年，國民政府已把鐵路總長度增加了將近一倍，達到約二萬五千公里。防洪蓄水方面有長足進展。官方也透過與泛美、漢莎航空合資組成的聯營企業，推動民用航空事業，南京十年近尾聲時，中國各大城市之間已有定期航班銜接。但總體來說，基礎設施建設欠缺整體規畫，大多局限於東北部某些區域、東部沿海地區和江南。內陸縣受惠於這些新發展者微乎其微。

面對日本對華政策愈見侵略性，國民政府也擬定了藉由增加軍事支出促進國家經濟發展的具體計畫。在這方面，國民政府以義大利、德國為師，因為此前德義兩國都是利用類似的政策結束了經濟停滯期。這對中國的政治經濟影響甚大。經濟結構中的關鍵領域歸官方控制，但私人企業仍是經濟結構中的重要組成部分。兩個機構肩負起發展經濟和國防相關工業的責任：創立於一九三一年的全國經濟委員會和一年後成立的祕密機構國防設計委員會（後來改組為資源委員會）。後者的職責是研擬出能夠兼顧重建與國家安全的全國發展策略，一方面努力強化政府和國家安全，同時推動廣泛建設經濟基礎設施。為此，國防設計委員會產出了五十多項研究計畫，並提出多份報告，主題從經濟發展到基礎設施再到人口統計等琳瑯滿目。這些經濟規畫的最終成果展現在一九三六年編訂的《重工業五年建設計畫》。該計畫將江西、湖南、湖北指定為日後重工業和軍火業的集中地。鄰省提供的自然資源，將透過尚待興建的鐵路送達。該計畫也提議於湖南湘潭蓋鋼鐵廠，在四川開設鐵銅礦場，在中國中部、西南部開設煤礦場，以及開設機械和電子工業廠（同樣在湘潭）。[45]上述這些大多是國營企業。按照五年建設計畫的構想，假使內陸能夠自產鋼、機械、軍火、卡車、航空器、電子設備，中國便能在軍事和工業上自給自足。該計畫也致力於建造由「單位」組成的獨立自足事業。一九四〇年代初期起，政府和國營企業常以「單位」一詞來指稱組織和這些組織的下轄部門。在大渡口鋼鐵廠這個最大的國營企業，職員和管理人員都編屬於不同的行政「單位」。「單位」也提供社會福利救濟。員工住在工廠套間和宿舍裡，在工廠合作社買日常必需品，買工廠農場種出來的蔬菜，去工廠附設診所、醫院就醫。後來，在中共統治下的中國社會，「單位」無所不在，但其實早在將近十年之前，國民政府就開始試行這種社會組織。

一九三〇年代後期，中國政府察覺日本進犯的可能性愈來愈高，於是計劃讓官方在經濟結構裡扮演更吃重角色，以及更直接、更干預地涉入經濟發展。在相關舉措裡可看到「將成為毛澤東治下中國之特色的計畫經濟」的開端。[46]在這個階段，社會或政府並不倚重資本家，蔣介石領導下的黨也反資本家。蔣介石在其整個從政生涯裡始終牢牢控制中國城市地區的各種銀行家組織與商人組織。[47]他會找他們籌錢，有時也借助杜月笙的青幫力量，而為達目的，青幫不吝動用威脅、破壞財產、乃至擄人等手段。

南京政府的軍事預算，從政府總支出的角度看，相對偏多，軍事支出占每年支出的四〇至四八％。[48]（但一九三〇年代的軍事支出大概從未超過中國GDP的百分之二。）以一九三〇年代用於運作、維持文官行政體系的經費為例，只占總預算八至一三％。這些軍事支出也可能給經濟帶來意料之外的重大影響：道路開始鋪設、農民出身的士兵學會如何操作和修理機器、工業有所發展（例如發展出可用於彈藥、鋼、基礎建設的化學工業）。然而大部分計畫從未落實。因此，南京政府從經濟抽走資源以支應龐大軍事支出的結果是，儘管政府的確強化了中國的國防能力，卻耗掉了本可用於私領域投資或消費的資源。

雖然人口正成長，工業部門年成長率估計達五．五％，農業部門則是一至二％，但南京十年的發展極為不均。[49]一九三一至一九三六年，工業年成長率為可喜的六．七％，但此成長率來自非常小的基數，對整體經濟的貢獻不大。一九三〇年代的總體經濟發展，造福了中國東部沿海地區、東北和長江上游省分城市地區，但對內陸農業的現代化進程幾無貢獻。政府有注意到農村普遍貧窮且愈來愈窮，農村改革卻仍然不在南京當局的施政之列。其政權的安穩大抵倚賴與有錢菁英之間的互利關係，這些菁英身為既得利益者，樂於維持既有的經濟紐帶。

都市性和中國現代化

對國民政府及其菁英來說，所謂的現代性，主要指合理改革官僚體系，以及出現工業技術、城市規畫、都市化、專業化、民族國家興起、奉公守法新國民、民族主義論述。這些都是以國家整體作為發展對象。但在都市空間，日常的現代性有其另一面，較主觀、較堅持己見、較個人主義的一面。上海及其他城市，諸如天津、武漢、廣州，在貨物與觀念的跨國交換、全球企業及跨國資本主義的推動下，社會結構和日常生活的物質基礎改頭換面。國際連結和創業雄心，塑造出一個公共文化與社會行動的新時代，也帶來日常生活的物質轉型，讓此一充滿活力的公共文化得以穩固。城市是生產場所，是不同文化接觸的區域，也是能夠實驗如賺錢、革命、建設新國家等方案的地方。這些變化發生在沿海、長江上游許多經濟繁榮的城市。除了國族之外，國際性城市也是民國時期打造中國現代性的主要場域。[50]

近幾年，愈來愈多研究以上海等都會區的都市文化、商業活動為主題，讓學界能站在新的視角理解中國現代性。[51]這些研究闡明，不能單從採用外來事物這個角度理解中國現代性。中國取用外來事物，其實發生於特定地方，在這些地方，中國一般消費者和文化菁英在打造都市現代性時，都會融合外來與傳統影響。所以，應把中國的現代化經歷視為一個複雜的過程。對於中國現代性，看法非但不只有一種，而且是有很多種不同的觀點在較量、互動、相互影響。十九世紀中國的物質文化愈來愈兼容並蓄，全球元素與國內元素的交融程度，高到無法區分哪個是外來、哪個是中國本有。這些新興都市是跨城市、跨地方、跨國的連結基地，而人員、貨物、觀念就在之間移動交流。因此產生的都市風貌，促成了大量文化實驗出現，對原有文化形式進行創新利用，例如改造中國傳統戲曲。在上海，城市的開放和作家別出心裁嘗試新體裁、新主題（部分體裁和主題來自世界其他地方）的能力，使這個城市成為創造、改造中國文化的「文化實驗室」，也造就了「上海摩登」效應，亦即上海版現代生活與現代文化。在上海等城市誕生的文化環境，將報章雜誌、戲院、書店、戲曲、話劇院及其他藝術表現形式串連起來。有心做些改變的年輕出版人、編輯、作者，不再想著從理論角度創造新中國和新中國人民（如十九、二十世紀之交以來梁啟超、陳獨秀之類知識分子所為），而是致力於向公眾傳播「新」知識、「新」習慣、「新」風格，以及與現代化有關的價值觀。[52]

就都市設計來說，由此誕生的是盡情混合不同國家風格的繽紛多樣建築。源自西方建築的新古典風格和中軸式布局，與日益流行的中國復古風格元素，融為一體。全球互動對社會文化的影響，並不局限於都市建築或都市文學。在這時期，西式學校、醫院、多層建築、汽車、電話、自來水，連同現代基礎設施工程和工廠一起出現。西方電影、舞蹈、撞球、西服也很受都市居民歡迎，這些人過的生活和西歐、美國大城市居民的生活差不多。上海成為國際性城市，其文化和日常生活緊追當時的全球潮流。改變和適應改變的能力，普受世人稱頌，認為是在現代世界生活的要素。[53]

這一切能成真，大多要歸功於新制度的普及。最重要者是活絡且具競爭性的報章雜誌市場，尤其在通商口岸（一九三〇年代大部分通商口岸仍受外人控制）。在報章雜誌市場，業者藉由提供資訊或意見，吸引願意花錢買此服務的形形色色讀者。有位學者稱這是「印刷資本主義」（print capitalism）。[54]這個詞指的是以營利事業形式營運，靠廣告收入和印刷品的訂閱、銷售來取得資金的媒體事業。循此模式運作的出版商，十九世紀就存在，不過到了二十世紀初才興盛茁壯。隨著中國的知識分子懂得操作、利用這一逐漸形成的公領域，此一資訊、娛樂市場遂成為消息、觀念、思想傳播的制度性基礎。

文化、日常生活領域裡的這些改變，對政治、社會影響深遠。現代性不是只有一種經驗、一個活生生的現實；從學術角度看，現代性是與過去、與現在的批判性交鋒，反映了歷史條件和未來可能發展。一九三〇年代期間，中國都市地區往更開放的社會演進。個人和群體能在貿易、旅行、社交關係上自己作主，對社會事務的興趣也日趨濃厚。這些討論裡出現的政治主張，可能是自由主義的、保守主義的、改良主義的或革命的。以對民主主義的熱烈討論為例，許多自由主義知識分子強調自由民主主義的重要，自由民主主義的主要內容有不記名票選、獨立司法、結社自由、出版自由。這類知識分子以歐美為榜樣——某種程度上也視日本為模範。但政治不穩定、暗殺、專制訓政使其他知識分子認為，民主在中國不會很快出現或不易運行。有些中國思想家和作家因此質疑西式自由民主主義是否適用於中國，從而想尋找另一種「民主」（人民作主）。無政府主義者試圖以另一種方式，透過普通老百姓的工作地點（不管是農田、作坊或工廠皆然），賦權於他們。他們想要掃除高壓的國家機構和自由民主主義流於形式的部分。馬克思主義者則表示民主應以階級為基礎，讓特定的經濟階級受惠——按照馬克思的政治經濟模式，這個階級是工人或無產階級。他們主張一種為無產階級服務、而非資本家或軍國主義者的民主（但有些較務實的共產主義者承認，「資產階級民主」是通往社會主義、共產主義途中可能會經過的暫時歷史階段）。民國時期公共知識界百家爭鳴，多種思想互爭短長，為中國的現代性提供了學術和哲學上的支撐。[55]

教育家、記者、作家、學生、一般讀者都投入參與蓬勃的辯論風氣中，辯論主題五花八門，從一則傳得沸沸揚揚的婚配消息、一樁情殺命案、一個法庭判決、一件警察施暴案、一樁本地尋仇事件，到一個有意挑釁的言論，都有可能觸發。見諸媒體的轟動事件或醜聞常在城市裡餘波盪漾，流言滿天飛，並引發公眾共鳴。茶館、街角、小巷成為分享消息和流言的所在。就是在這些地方，人們暢所欲言，反覆思考行動和動機，也探究可能的動機和肇因。這些空間如同街坊鄰里散播地方和全國消息的中心。記者和評論員表達對受害者的深深同情，接著痛批凶手、貪官或有權有勢者。這些辯論很快就擴及更大的社會議題。有些人想要在日益政治化的氛圍裡重新評估浪漫愛情的本質和規則，有些人深入探究正義問題、女人應有的角色、公平問題、性慾扮演的角色、軍閥統治之惡，或是現代政治人物乃至中央政府的道德。這些非正式的論壇成為政府與社會之間、菁英與凡夫俗子之間的角力場。大眾媒體製造的轟動效應，是現代公眾容易被動員的原因之一，公眾可能因此強力批判想積極介入的中央政府或想施計操縱社會輿論的行政官員。中國城市街頭不時出現黑壓壓的抗議者。寺廟、茶館、平價旅舍為關心政治的文學社團、政黨大會、工會會議提供會場。

在媒體、在公開場合辯論這些內容有部分重疊之議題者，包括保守派、自由派、社會主義者。左派並非鐵板一塊，包括數個團體。例如，一九二六、一九二七年在上海武裝起事的上海工人和工會代表。組織這些起事的中共黨員，把這些作為說成是想打造「上海巴黎公社」，從中體現一八七一年巴黎革命的原則。[56]以馬克思主義和歷史唯物論為指導原則的知識分子，也有參與辯論。除了這些較激進、較暴力的團體，還有溫和社會主義者。在各城市的許多區域，他們的理念，比起較緊守原旨的馬克思主義或列寧主義變體，更能打動人心。此時期，許多知識分子和學生偏好某種民主社會主義變體，這一民主社會主義變體，作為政治理念和政治運動，接近社會民主主義更甚於接近馬列主義。一九三〇年代中國出現第一批人權運動團體，而這些團體中的運動者，大多是對政府持批判立場的自由派知識分子。[57]他們創立中國民權保障同盟，此同盟特別關注遭拘禁者和政治犯的人權（其中許多人是左派分子）。察覺到蔣介石和國民政府的政治高壓手段，此同盟要求政府承認言論自由、出版自由、集會自由之類的基本政治權利。他們捍衛自己所主張的基本權利，力抗批評他們的馬克思主義者和支持政府的保守派。

另一股不容小覷的勢力是保守派。這股勢力的出現，應當看作是對五四運動激進反傳統作風的反彈。中國保守主義以幾種不同形式呈現，但在保存中國文化──道德遺產上有志一同。中國保守主義奠基於曾國藩等十九世紀先驅提出的理念，受到一戰恐怖浩劫和啟蒙時代現代主義的刺激而興起。中國保守主義者的思想養分來自尼采、柏格森（Henri Bergson）、倭鏗（Rudolf Eucken）、杜里舒（Hans Driesch）、羅素（Bertrand Russell）等人的哲學，也來自新儒家。[58]例如，一九二〇年代，梁啟超認為應以中國歷來對人文主義、慈悲、自我修養的強調，補充現代性重視技術面之不足。出身杭州、浸染國學的學者章炳麟，則上溯中國傳統思想的源頭，尋找「國粹」（日本人造的新詞）。對章炳麟等革命人士來說，漢人身分是國粹的重要部分，但漢人身分不是建立在種族上，而是建立在文化上。保守主義思想家認為中國傳統文化是兼容並蓄的複雜融合體，可以提供對現代世界來說仍然重要的有意義價值觀。梁漱溟（1893-1988）呼籲他那一代人以批判的角度重新發掘中國傳統思想的價值。他寫道：必須「〔以〕批評的〔心態〕把中國原來態度重新拿出來」。[59]所以後來，人們講起所謂國粹派，率先想到的就是那些求索於歷史，企圖在搖搖欲墜的儒家道統之外另尋可行之道的學者。他們也對佛家、道家學說感興趣。經過一段時日的發展，文化保守主義開始關注與民族主義、現代性有關的政治事務。一個主要關懷環繞於如何在現代重振中國人對自己文明的信心及如何拯救中國。文化保守派是民族主義者，但他們與國民黨政治秩序之間的關係若即若離，在他們看來，國民黨並不真正信奉中國核心價值和「國粹」。他們想要找回與保存傳統的根源，想要在全球現代性的大時代背景下闡述傳統文化價值，在這番追求中留下一批至今仍是理解中國本土主義者思想很重要的參考著作。

第三股勢力是現代中國的自由主義知識分子及其自由主義願景。例如，自由派大將胡適提倡實用主義，也就是他較喜歡稱之為「實驗主義」的思想體系。他勸當代人勿死守抽象原則或「主義」，要針對具體問題找出明確的解決之道。他寫道，「我們不去研究人力車夫的生計，卻去高談社會主義；不去研究女子如何解放，家庭制度如何救正，卻去高談公妻主義和自由戀愛。」[60]他批評馬克思主義的論點，呼籲將工廠情況和女人地位當成個別問題去理解，勿視之為大體制生病的症狀。他想要以明確且漸進的改革方式解決中國的問題，拒斥全盤變更體制的革命。民國時期的自由主義者既強調自由和實用主義，也提倡有效率的治理、有計畫的政府、菁英治國。他們往往身處在既有的政治制度之外，於是不可避免地和統治菁英起衝突，尤其是一九二八年後採行不同國家建設方案、堅持實施訓政和一黨專政的國民黨。自由派眼中的現代性，與馬克思主義者和國民黨黨國所追求的現代性，都存在分歧。

公共辯論的蓬勃、非政府乃至反政府協會與組織的壯大、政治運動團體的壯大、許多地方在文化事務上自主程度提高，這些現象招來國民政府重手回應。政治壓迫成為國民黨統治的主要工具。早在一九三〇年，國民黨政權就開始擔心失去民意支持。它決意壓下日益高漲的不滿和多元聲音，加緊對國民政府批評者的控制。唱反調的政治人物遭暗殺，批評時政的記者遭逮捕，報紙雜誌遭審查。國民政府不把人權放在眼裡，但其所控制的領土仍然有限，因此批評者常能在由外國人治理的通商口岸租界或由蔣介石政敵控制的省分，找到安全的棲身之所。蔣介石也因為在日本對華侵逼日甚的情況下繼續打擊中國共產黨而受到批評。然而從蔣的角度來看，反對國民黨，會使中國不堪抵禦外力攻擊，尤其是日本的攻擊。攘外必先安內。在他看來，國內反抗勢力，尤其是一九二七年後已把重心轉向農村的共黨，是更緊急也更直接的威脅。

在農村根據地重啟革命

一九二〇年代中期仍以廣州為主要活動地之時，毛澤東就在尋找另一套革命策略。毛澤東生於湖南湘潭縣韶山沖一戶農家，家境相對來講較富裕。受完師資培育訓練後，他來到北京，工作於北京大學圖書館。在這期間，他開始讀馬克思主義書籍。一九二一年，他是中國共產黨創黨成員之一，在湖南成立了共黨基層組織。蔣介石開始清黨後，毛澤東退居湖南農村，在那裡開始相信農民的力量。一九二七年三月（即同年四月國共合作瓦解前不久），他向黨呈上四十頁的〈湖南農民運動考察報告〉。在這份熱情澎湃的報告中，他描述了最窮的農民如何在湖南奪權，地主如何受到農會羞辱。他盛讚村莊秩序徹底翻轉，女人擺脫丈夫束縛，地方民兵、祕密會社、乃至黑幫都起來造反，反抗當局和鄉紳。他也以同情的語調描述了農民在懲罰「土豪劣紳」過去不當所作所為時所懷的報復心理。毛澤東並隱微批判共產國際和城市知識分子所施行的革命策略。他未明言放棄讓無產階級當家作主，但他的報告著墨於貧農的角色和力量。他深信在中國搞革命要成功，農村動員是唯一途徑。他寫道，「很短的時間內，將有幾萬萬農民……起來，其勢如暴風驟雨，迅猛異常，無論什麼大的力量都將壓抑不住。」[61]毛澤東也清楚表示農民運動過分暴力不可避免，是為打垮反革命分子和鄉紳勢力所不得不為。以村之類既有社群為基礎的共產黨行動小組，應滲透進工作、防禦、教育、社會生活等各領域，並建立祕密革命根據地，一步步擴張至全國各角落。毛澤東開始支持以結合農民社會主義、無政府主義、馬列主義理論的策略，使農村改頭換面。一九二七年，位於城市的黨基層組織大多遭國民黨剷除，許多中共黨員開始大致相信，毛澤東的農村動員策略，甚至他的農村動員思想，是唯一剩下的選擇，指出了一條重啟革命的可行之路。

毛澤東曾在彭湃於廣州主持的農民運動講習所擔任所長，從中見識體察到農民的革命力量。彭湃（1896-1929）生於廣東富裕地主家庭，在中國的新式學校受教育，一九一八至一九二一年就讀日本東京早稻田大學。從日返華後，彭湃加入新成立的中國共產黨，回到位於廣東的家鄉，開始組織農民協會，反抗鄉紳額外收租、欺凌、找惡訟師欺負弱小的劣行。一九二七年後期，彭湃在東南沿海成立海陸豐蘇維埃（革命政府委員會）。這個蘇維埃政府一九二八年二月下旬就結束，只維持了四個月。該政府所在區域被稱作「小莫斯科」——區內甚至有「紅場」，入口長廊仿效克里姆林宮——由農民、土匪、共產主義者所組成的聯盟統治。[62]其支持基礎大多是沒有土地的季節性工人、遊民、土匪、逃兵、走私者、娼妓。農民聯盟站在廣大的貧窮、無地農民那一邊，助他們對抗千百年來剝削群眾而被稱作惡霸的地主集團。根據毛澤東的說法，這整個過程用意在打造某種「民主恐怖」。這種恐怖高舉階級正義之名實行，群眾賦予其正當性，因而被視為民主。「民主恐怖」對付反對者的方式確實凶殘。在公審大會上，被告遭羞辱、毆打、戴高帽。許多遭指控的地主被判死刑，以砍頭處決，而且一如帝制時期，頭顱擺在竿子上，展示於市場，以儆效尤。甚至傳出進行食人儀式之事；在傳統中國，吃掉敵人的器官，才算完成報仇。血淋淋的報仇場景，是聚攏農民、鬥臭政敵、傳達明確政治主張的有效辦法。在這類運動期間，數個村子全村遭夷平。毛澤東肯定恐怖做法的革命威力，卻不認同海陸豐的暴力程度。莫斯科也非常不贊同「無目標、無章法的迫害和殺戮」。[63]

一九二七年共黨差點被滅之後，針對遭此災難的原因，有過一場辯論，朱德（1886-1976）則是此次辯論的要角。他是傑出的軍事將領，後來成為毛澤東最親信的同志之一。朱德出身貧農家庭，也上過新式學校。一九〇九年入雲南講武堂，一九二〇年代先後去了德國、蘇聯學習軍事。留學蘇聯的經歷，使他的發言頗有分量。他在兩個要點上同意毛澤東的看法：中國共產黨要有自己的軍隊，黨應把工作重心轉移到農村。也就是在這個脈絡下，毛澤東於一九二七年八月七日一場緊急的黨會議上講出「槍桿子出政權」一語。[64]結果，一九二八年五月，由烏合之眾組成的「革命軍」改名「紅軍」。朱德提出的這些意見，也讓農村包圍城市的策略浮出檯面。毛澤東和朱德擬出吸收農村社會最底層人民的計畫，包括季節性工人、土匪、遊民。在他們的支持下，不只要把農村裡為數不多有錢地主的土地沒收，按照貧農、無地工人的需要改分配給他們，也要對小地主和富農如法炮製。

一九二七年國民黨發動「白色恐怖」撲殺共產黨人，殘餘的共黨分子不得不逃離武漢、上海。這些共產黨員避難於江西鄉村，該地井岡山區峰巒疊嶂，是將國民黨追兵阻絕於外的天然屏障。井岡山區是典型的法外之地，由匪幫控制。當地土匪與不法之徒對共產黨人心存提防，毛澤東抵達該地後，不得不跟他們打好關係。中國共產黨經由數次的實驗摸索，找到中國特有的農村革命之路，而井岡山就是最早的實驗所在地。共黨開始擬定並測試後來成為「毛澤東思想」最典型特色的社會、文化、軍事、經濟政策。[65]但由於此地區貧窮，加上黨員屬性多元，這些初始作為頗無章法。有些政策簡直和傳統土匪行徑沒有兩樣，這個無法否認的事實多年後仍是爭議話題。

在俗稱朱毛軍隊的紅軍勢力籠罩下，井岡山的社會、文化和經濟生活，有將近一年半的日子苦不堪言。一九二八年六月，該區域大部分土地都已被共黨新勢力沒收，改分配給貧窮無地的農民。然後，新的土地所有人必須向新當權者繳稅。毫不意外，這些激進社會政策，不只招來地主激烈反對，也招來許多農民激烈反對，其中甚至包括經由重分配領到土地的人。井岡山的大地主不多，農民大多貧窮且只擁有小塊土地。認為土地重分配有利於己的人很少。但他們支持減租減稅。這一貧窮多山區域的農業產量，根本不足以讓農民繳得起稅、供養得起一支規模較大的軍隊。加上紅軍索求日甚，當地百姓與共產黨人的關係於是更加惡化。

紅軍抵達後，井岡山迅速成為國民政府民兵與正規軍聯合圍剿的目標。蔣介石一心要剷除共黨威脅，而這些圍剿就發生在中國共產黨的內聚力因數個因素而開始弱化之時。共黨內部出現齟齬。一九二九年，奉共產國際指示，當時的中共領導人李立三遭撤換，改由王明和一批從蘇聯派到上海、受過共產國際訓練的革命分子領導。莫斯科派王明及其他「二十八個半布爾什維克」（蘇聯莫斯科中山大學的中國留學生所組成的鬆散團體）成員來華接管中共領導權，他們的到來引發黨內衝突。未來該走什麼策略也成為亟待解決的問題：黨該把重點擺在動員農村地區，還是致力於在城市地區挑起動亂和叛亂？忠於李立三的人、不喜歡被共產國際遙控的資深黨員、不喜歡王明個性和風格的黨員，開始反對王明領導。中共對共產國際有意主宰黨內事務、勒令中共遵照莫斯科所設計的政治路線走等事心存戒備，但還是無法擺脫莫斯科的監管。由於在其所統治的貧窮區域難以覓得資源，中共極倚賴蘇聯軍火、後勤、金錢方面的援助。一九二九年一月，情勢顯示井岡山已守不住，必須撤離。轉戰各地一年多後，一九三〇年初，毛澤東及其追隨者已是飽經戰役、疲累不堪。最後他們落腳於江西南部平原上，一座叫瑞金的小城。

一抵達瑞金，即爆發激烈的黨內衝突，從而改變了黨管理內部紀律、安全的方式。在江西，毛澤東及其追隨者碰上早就存在於當地的農民運動團體，該團體不願放棄自主權，不願聽命於剛來的領導人和部隊。此外，毛澤東日益強調以農民為基礎的革命路線，擺明挑戰上海中央委員會主張以城市地區為主的路線。在此次通稱「富田事變」中爆發開來的緊張情緒，出於兩個近因。[66] 一個是土地改革。毛澤東提倡單純以家戶口數為基礎的土地重分配政策，提議口數愈多的人家，就能從土地重分配中分到愈大塊的地。江西本地的領導人，傾向顧及本地人的原有利益，支持較不激進的土地重分配政策，以家戶勞動力（實際下田幹活的家庭成員數）為分配基礎。第二個爭議則與要用哪種戰術保衛江西共黨根據地，以抵禦咸認遲早來犯的蔣介石軍隊，有密切關係。毛澤東主張「誘敵深入」，也就是應把敵軍誘入當地，再予以痛擊。井岡山時期，紅軍便是靠此戰術在敵人優勢兵力下存活。但江西本地的共黨領導人擔心這一方針會讓自己家鄉飽受摧殘，即使長遠來看誘敵深入戰術是有效的。而一個存在事實有待商榷的祕密反共團體，使這些衝突更為複雜難解。當時的傳聞是，有個叫作AB團的團體——AB代表反布爾什維克（anti-Bolshevik）——由當地國民黨人組成，企圖透過滲透和祕密情報工作削弱中共勢力。毛澤東宣稱江西本地共黨基層組織由「AB團員、富農」組成，把他的對手扣上「客觀上反革命」之名。雙方開始失去互信。新來的共產黨員以剷除AB團為藉口，與本地共產黨員公開交火。一九三〇年十二月，此一衝突導致富田本地共產黨人慘遭屠殺。接著出現大範圍血腥整肅，毛及其支持者最終占了上風。一九三一年底，已有數千名江西本地共產黨人被逮捕殺害。毛澤東確實不是這些肅清行動的唯一主使者。整個領導階層都支持此舉，儘管他們追求的目標不盡相同。肅清後來失控，很快蔓延開來，四處點火，由地方自主發動，一度不受任何黨內高層領導人控制。但無庸置疑的是，肅清事件的結果很清楚是有利於毛澤東，因為黨內反對他政策的人顯然都遭鎮壓。

富田事變是第一樁大規模且血腥的黨內清洗，發生在共黨陷入困境、人心疑懼的時刻。但此事變也揭示了日後將成為模式的一項作為：發動凶狠肅清對付黨內異議分子，迫使底下的人乖乖服從聽令。黨的紀律、安全問題，甚受領導階層關注。富田事變之前，黨紀由一九二九年成立的中共省級機關肅反委員會負責。因為富田事變的關係，肅反委員會的肅反工作，在一九三一年底被集中轉移到名為「政治保衛局」的新機關，並且在各個革命根據地都設有分局。接下來幾年，政治保衛局建立了龐大的特務網，特務滲入各級黨組織、紅軍和政府機關。政治保衛局奉命訓練特務，挖掘敵方國民黨的情報，偵查反革命活動、間諜行動和反情報事務，以及情蒐、囚禁、處決任何被認為是敵人或正在訓練蘇維埃共和國跟紅軍敵人之人。這是影響深遠的制度創新。在此基礎上，一個難以捉摸、暗中行動、權力甚大的保安機關出現，專門對付黨內被懷疑為敵人之人。[67]

一九三一年，黨準備在瑞金召開中華蘇維埃第一次全國代表大會時，王明被召回莫斯科，在那裡待到一九三七年才離開。一九三一年九月擊退國民黨軍隊的第三次圍剿後，中共領導階層深覺必須趁一九三一年十一月召開的這個全國代表大會，宣告成立中華蘇維埃共和國政府。毛澤東被任命為政府領導人，身兼主席和總理。在瑞金建立的中共中央機關，與當時中共總書記博古所領導的上海中央機關互不統屬。這個新成立的反國民黨政權，人口約有三百萬，以一套全新的制度為基礎。為與新政府的定位相稱，領導階層頒行種種關於土地與勞動的新法，並通過一部憲法大綱。土地改革綱領載明，凡是無地者或擁有土地相對較少者（小農和中農）會分配到足以讓他們溫飽的土地，土地來源則是沒收自大地主（富農和地主）。由此可見，這次在江西施行的政策相對較為溫和。家戶獲授予的土地面積，是根據他們的耕種能力範圍，剩下的土地重新分配給無地農民和季節性工人。但在這裡，土地改革同樣常遭抵制。由於不信任土地的分類標準或分配標準，衝突時而發生。共黨政府端出單一土地稅，比起國民政府課徵的土地稅，稅率稍低（約實際收成的三成八）。共黨政府也向店家課稅籌措經費，用來建設此地區生活福利設施，包括修路以利貨物安全送抵市場。

瑞金市和周遭一些鎮有了電、電報、電話——這些在中國，是離開了大城市，就鮮有人知道的新東西。除了印刷事業，中共也成立了無線電廣播臺。一九三一年頒行了憲法。除了保護居民的財產，憲法載明承認住在此地區之苗、彝、黎、壯四族的財產權、文化自主權、參政權，明確保障少數民族地區擁有脫離自立的權利。婚姻法禁止包辦的婚姻，禁止嫁妝，夫妻任一方都可要求離婚。公立學校開設，男女學童都可就讀。

政府發動公共衛生運動，建立初步的醫療體系，廢除在農村地區似乎仍很普遍的肉刑，禁止不人道對待犯人。毛澤東把這稱作偉大的歷史改革。[68]為此，成立了兩個新部級機關，承諾以較明文正規的方式處理治安與司法事務，結束數年來流於民粹的權宜性做法。這兩個機構分別是司法人民委員部和內務人民委員部，整個根據地的法院、監獄、民警、法律事務都由這兩個部掌管。監獄這一塊通常是由司法人民委員部掌管。該部實質上取代了此前一直掌理羈押業務的肅反委員會。

毛澤東在江西爬上權力頂峰後，很快受到來自領導階層的批評和壓力。一九三二年初他實際上失勢了。反對他者是「國際派」，該派成員主宰中共中央委員會，有莫斯科（共產國際）支持。這些在莫斯科受過訓練的年輕中國共產黨人，批評不像他們有國外經驗且幾無馬克思理論家資歷的毛澤東，也反對毛澤東殘酷的游擊戰及激進土地革命政策。毛澤東被貶，徒具虛職。一九三三年五月下旬蔣介石親自組織、指揮第五次「剿匪」時，江西共產黨人已揚棄毛澤東的機動戰術，聽從德國共產黨人李德（Otto Braun, 1900-1974）的意見，改採較中規中矩的防禦戰。蔣介石從前幾次圍剿失利學到教訓，依其德籍顧問的建議，開始集中力量打造緩慢向前推進並且相互策應的碉堡群。一支約八十萬兵力的大軍，以土與磚築起一個又一個有機槍火力保護的前哨基地，形成包圍之勢。雙方多次交手，傷亡數千，但到了一九三四年，國民黨軍已在戰區建成共一萬四千座碉堡、二千五百公里長的新道路，有效封鎖了共黨盤據區。一九三四年初夏，中共領導階層認識到情勢無望。傷亡有增無減，逃亡者愈來愈多，補給因封鎖而減少。最後中共中央決定撤走主力部隊。一九三四年十月二十五日，紅軍突破第一道包圍圈，進入湘南，從此踏上往西北的著名長征之路。約九萬人踏上征途，大部分人命喪途中。[69]

長征大軍蜿蜒西行，一九三五年一月上旬在貴州遵義停住腳步。為爭奪一處湘江渡口，與國民黨軍打了五天，失去一半兵力。眼見一連串失利和人員傷亡，中共中央政治局會議請毛澤東復出掌權。內部鬥爭直到一九四〇年代初才結束，但四十一歲的毛澤東此時已成為黨的最高領導人。他重拾兵權，能隨心意執行其所偏好的政策。與此同時，共產國際的牢牢掌控終於鬆動。一九三五年十月，倖存部隊抵達由共產黨人劉志丹（1903-1936）統轄的陝北地方蘇區，長征結束。紅軍在保安縣設司令部（後來，根據劉志丹之名，保安改名志丹）。長征長達一年，在那期間紅軍走過十一省，行走距離超過一萬公里，翻過五座高山峻嶺，渡過多條河流。長征讓中共損失甚鉅。只有八千士兵捱過這場煎熬。長征是勇氣過人但鋌而走險之舉。但最終它的意義在於建構神話和賦予統治正當性。這批共產黨人面對困厄所表現出的求生意志和堅忍毅力，被視為不只證明其革命目標的正當，最後還證明了領導人毛澤東及其政策的正當。

第六章

CHAPTER 6

中國戰火不斷

一九三七—一九四八年

當國民政府重建中國頗有成果，且也幾乎就要消滅它最大的內部挑戰者中國共產黨之際，因為與日本之間的敵對爆發為戰爭，而不得不調整施政的輕重緩急。政府內外要求全國攜手一致抗日的呼聲高漲。但直到蔣介石在西安遭劫持，扣押了兩週後，他才同意停止攻打中共，願意開啟第二次國共合作。這次國共合作比第一次更加貌合神離，但至少表面上中國不分黨派同心抵禦外侮。

接下來，中國打了漫長艱苦的抗戰，生命財產損失甚鉅，民生凋敝，中國歷史也因此有了重大轉折。日益升高的損失和普遍的破壞，使先前取得的進展大多化為泡影。前面幾年，中國得到的外援甚少，大多來自蘇聯，蘇聯援助了顧問、資金、裝備、軍火。一九三七、一九三八年，東部沿海地區幾乎全面落入日本之手，中央政府不得不於一九三七年遷到重慶。一九三九年，蘇聯開始放慢援助速度，並簽訂了《德蘇互不侵犯條約》，最後在一九四一年停止援華；中國前途黯淡，徹底失敗似乎就在眼前。然而令日本大為困擾的是，中國頑抗不屈，總能挫敗日本的進一步攻勢。

此後直至戰爭結束，中國全境形同分裂為數區。蔣介石和國民黨控制中國內陸大半，處境艱困，戰時首都重慶地處偏遠而且頻遭空襲。中國共產黨在華北建立並擴大其所控制的農村地區。從滿洲到廣州的沿海地區則由受日本操控的通敵政府統治。

一九四一年日本攻擊珍珠港後，中國不再孤軍奮戰，因其正式對德義日宣戰，加入同盟國陣營，中日戰爭隨之成為第二次世界大戰全球戰場一部分。中國從此能得到來自西方、尤其來自美國的支持。同樣重要的是，進入全球戰爭也給了中國政府收回在十九世紀所失去權利的機會。其中最重要的莫過於通商口岸由外國人治理和治外法權均遭廢除。取得這一重大成就，讓中國終於能拋掉令其備覺羞辱的帝國主義貽害。

這場全球戰爭結束後，儘管美蘇兩大超級強國彼此敵意漸深，仍同意在華促成結合各黨派的聯合政府。戰後民生凋敝，百廢待舉，聯合政府似乎是最合理的道路。一九四五年夏蔣介石、毛澤東進行了數週的會談，一時之間，雙方妥協共建民主統一的中國似乎真有可能。但國共敵意日濃，加上爭相搶占日本人離開後的戰略要地，使這個遠景成為轉瞬即逝的奢望。飽受摧殘且精疲力盡的中國得再承受一場戰爭。一九四九年戰爭結束，結果大出意外：人口第一大國，中國，成了共產國家。

日益緊張的西安情勢

這場中日衝突醞釀已久，然而日本並非一直是中國的敵人。二十世紀初，如同先前所述，日本成為有心改革的中國知識分子和學生效法的榜樣，但隨著日本把自己改造為覬覦大陸且日益擴張的帝國，它變成了競爭者。日本列島的資源、領土有限，因此想要掌控對中國北部糧食、金屬、礦物等資源的使用權——日本人愈來愈常把這個地區說成是日本的生命線。[1]一九三〇年代經濟大蕭條更助長了日本對大陸的野心。美國、歐洲走保護主義路線，日本出口經濟因而萎縮，不得不尋求建立自己的經濟自給自足區。此外，在日本人眼裡，蔣介石及其政府跟掠奪成性的軍閥政權沒有太大差別，不具有代表中國的正當性。日本自認是歷來東亞帝國（包括清帝國）的真正繼承人。日本提倡大亞洲主義，主張東方各國應在日本領導下合力抵抗西方物質主義和帝國主義。在日本的軍事領導階層和經濟界，其中許多人相信日本在華有特殊使命和獨享權利。

中央權威衰落，使軍閥有機會坐大，也為日本軍事政權在華擴張勢力提供了空間。一九二八年中國東北軍閥張作霖揚言阻撓日本人侵犯，日本將其暗殺。張作霖遇害一事，清楚展現日本想要控制滿洲的決心。日本軍官在中國領土執行這些及其他行動，並非總是奉正式命令而為；他們屬於一個「連結軍官和文官理論家、由祕密研究團體和學會所構成的遍及整個帝國的網絡」。[2]他們力促日本在中國大陸擴張，企圖藉此強化日本的天皇體制。日本駐華軍隊關東軍，因懷上述想法而分裂為對立嚴重的兩邊。例如，一九二九至一九三九年擔任關東軍作戰官的上校石原莞爾（1889-1949），對國際局勢看法悲觀。他深信日本與美國之間必有一場大戰。在此設想下，據有滿洲是日本能夠存活的基本先決條件。於是，他贊同在滿洲展開大膽的祕密行動。一九三一年九月十八日，石原的部隊炸掉奉天城（今瀋陽）附近一段南滿鐵路，指稱此事是中國軍隊所為。東京軍事領導階層是否知道當地日軍計劃了此一行動？如果知情，是否同意施行？這些問題至今仍未有定論。

走了這一步，讓關東軍民族主義軍官在一九三一年，實現了一九二八年希望藉由暗殺張作霖取得而未能如願的東西。日本軍接著奪取滿洲，表面說法是當地人舉事反抗據說相當貪汙腐敗的張學良（1901-2001）政府，關東軍出手是為支持這場起事。張學良是張作霖的兒子，張作霖死後，由他接掌東北。關東軍也出兵攻擊了滿洲地區的當地中國軍隊。十二月，日本軍已控制滿洲大部。不久，獨立的滿洲國成立。日本當局說服末代皇帝溥儀（1906-1967）出任滿洲國「執政」。

隨後，在中國，針對如何對付日本，出現熱烈的公開辯論。九一八事變成為重要轉捩點。失去東北，比此前任何一次領土喪失，更加令中國群情激憤。澎湃的愛國熱情迸發，張寒暉（1902-1946）一九三五年填詞譜曲的〈松花江上〉就是明證。這首歌曲後來傳唱大江南北：

我的家在東北松花江上，
那裡有森林煤礦，
還有那滿山遍野的大豆高粱。
我的家在東北松花江上，
那裡有我的同胞，
還有那衰老的爹娘。
九一八，九一八，
從那個悲慘的時候！
九一八，九一八！
從那個悲慘的時候，
脫離了我的家鄉，
拋棄那無盡的寶藏，
流浪！流浪！

整日價在關內，流浪！
哪年，哪月，
才能夠回到我那可愛的故鄉？
哪年，哪月，
才能夠收回那無盡的寶藏？
爹娘啊，爹娘啊。
什麼時候，
才能歡聚一堂？[3]

鄒韜奮主編的《生活》週刊也刊出多篇文章，報導日本人的擴張和中國的救國運動，拜這些報導之助，《生活》成為中國最暢銷的刊物，包括在上海等南方大城（此刊物就是在上海印製）。東北流亡人士之類的運動者，透過名為「東北民眾抗日救國會」的遊說團體，要求政府堅決抗日，愛國學生也發出同樣的要求，然而蔣介石堅拒。[4]他認為中國的軍力還不足以抗衡日本軍。他保證會抵抗日本侵略，並視之為中國所面臨的最大威脅，卻也在日記裡示警：「徒憑一時之興奮，不具長期之堅持，非惟於國無益，而且反速其亡。」[5]

占領東北後，日本把上海訂為下一個入侵目標。一九三二年一月十八日，發生五名日本男子遭毆打的事件，其中包括兩名日本僧人，一般認為這是一名日本特務所籌劃，卻栽贓說是中國暴民所為。住上海的日本人開始在當地行凶作亂，燒房子，殺害一名中國警察，打傷多名警察。中國人受此刺激，起身抗議日本人施暴。先是抵制日貨、日本公司，還有罷工，接著引發全市學生示威，共產主義團體也重現街頭，甚至出現反國民黨的抗議活動。一月二十七日，日本軍方向上海市政府下達最後通牒，要求公開譴責反日活動，賠償日本人財產損失，鎮壓市內所有反日抗議。上海市政府同意這些要求，但還是有三千日本兵進城。蔣介石隨即命令中國第十九路軍進入上海堅守。中日交戰數月，是為一九三二年上海戰爭（又稱淞滬戰爭或一二八事變）。儘管中國軍隊武器性能較差且死傷慘重，日本人還是拿不下上海。日本人甚至增兵至將近九萬，並有八十艘軍艦、三百架飛機助陣。日本海軍炮轟、攻擊中國人所控制的上海地區。空襲徹底摧毀閘北一地，即公共租界北邊以工人和移工為主的區域，導致二十三萬人逃到公共租界或其他地方避難。三月二日，由於補給、兵員漸少，十九路軍撤出上海。五月五日經由國際聯盟調解，中日簽署《淞滬停戰協定》，上海成為非武裝地區。中國同意不在上海、蘇州、昆山周遭區域駐兵，並被迫接受一些日本軍事人員駐在上海。中國人普遍認為此協定是個恥辱。

上海住宅區慘遭轟炸一事令全世界矚目，因為它讓世人看到平民百姓遭遇空襲有多駭人。四千中國軍人喪命，日本軍戰死者大概也有數千人；中國百姓死亡者在一萬左右。[6]

此後不久，一九三三年，日軍繼續入侵華北，接管張學良所控制的滿洲熱河省。眼見日軍不斷擴張，蔣介石想和日本簽訂協議。他希望爭取到更多時間和休養生息的機會，以利國民政府做好準備應對他和大部分中國人都認定即將到來的最後衝突。一九三三年五月三十一日，中日簽訂《塘沽協定》。一個非武裝地區在熱河南邊建立，作為滿洲國與中國的邊界。日本人由此推進到原本是長城線之地，鞏固了他們所攫取的長城以北領土。從此，對北京和全中國而言，日本人成為時刻存在的軍事威脅。《塘沽協定》有利於日本，而且似乎再度坐實國民政府是行姑息政策之說，但實際上的確達到避免中日於接下來幾年全面開戰的效果。直到一九三七年，中日戰爭才終於爆發。

《塘沽協定》兩年後，日方再度動員日軍，兵鋒直入中國心臟地帶。一九三五年，日本在河北省扶植成立中國人「自治」政權，任命當地中國官員殷汝耕（1885-1947）為行政首長。[7]此政權名為「冀東防共自治委員會」，轄六百萬人口，受日籍軍事顧問控制。在中國漢地成立通日政權的模式於焉建立。日本皇軍已逼近到可攻打北京、天津的地方。日本侵逼益甚，中國公眾和數名國民黨將領要求南京政府投注更多心力抵擋日軍。

日本在華步步進逼，令史達林和蘇聯驚恐。莫斯科對當下東亞情勢看法悲觀，並將此看法告知中共。蘇聯領導階層認為，日本就要全面進攻中國，遲早也會進攻蘇聯遠東地區。一九三五年七月，共產國際第七次代表大會呼籲創建全球反法西斯「人民陣線」。於是，中共黨員接到指示，要他們想辦法結束對抗國民政府的戰事，把鬥爭矛頭指向日本帝國主義。一九三五年八月一日，中共發布聲明，強調這些指示。聲明標題為「為抗日救國告全體同胞書」，呼籲國民黨停止內戰，組成「抗日民族統一戰線」。這份聲明又稱「八一宣言」，顯示中共政策由「反蔣抗日」轉向國共兩黨再度合作抗日。

中共找上國民黨將領張學良，當時他正統領陝西、甘肅境內的東北軍和西北軍負責剿共。[8]經過幾次初步接觸，一九三六年四月至六月或七月，張學良與中共第二把手周恩來祕密會談了數次。會談目的為協商終止剿共、開放與中共控制區貿易、國共再度合作一同抗日，以及組成一支抗日聯合軍隊。經過幾番周折，雙方於十二月上旬達成暫時協議。張學良也提供資金給周恩來，供中共購買其所亟需的糧食、燃料、衣物——因為經過長征，中共元氣大傷，資源耗竭。但後來張學良勸蔣介石停止剿共，蔣拒絕。事實上蔣介石的打算是調動增援部隊，對中共發動或許將是決定性的最後一擊。他深信圍剿大業已勝利在望。

但張學良轄下的地方部隊抗命不出征，推遲了「剿匪」行動。蔣介石惱火於他們在全面進攻中共大本營上進展緩慢，於是在十二月四日搭機親赴西安，約有五十名高階國民黨將領隨行，包括他的高級參謀。他想親自考察當地情勢，催促張學良西安司令部軍隊展開最後的大圍剿。[9]但張學良不配合，反倒決定扣押蔣介石。這次扣押，史稱一九三六年西安事變，將近兩週才落幕。十二月十二日凌晨，張學良向麾下將領透露了捉拿蔣委員長的計畫，張學良的前親信幕僚盧廣績回憶了當時的情景：張學良神色嚴肅地告訴他們，他是逼不得已才提議兵諫。張學良用過多種方法勸蔣介石，但蔣完全聽不進去。沒有別條路可走了。張學良說今天要他們過來，是因為他不知道自己能否活到明天。[10]「兵諫」是古老的中文詞彙，意指大臣出於正當理由擒住皇帝，以逼皇帝修改有害的政策。張學良覺得，國家處於危急存亡之秋，他不得不這麼做，這一兵變是正當合理的。十二月十二日清晨，張學良動手逮捕蔣介石，透過電報向中共告知其行動。毛澤東和周恩來大吃一驚，但還是很高興聽到這消息。雀躍的毛澤東和中共想要以叛國罪名把蔣介石押至人民法庭受審——若果真如此，大概會將他處死——但史達林從莫斯科出手阻攔。這位蘇聯領導人主張，將蔣介石審判然後處死，會加劇中國社會內鬥，弱化中國防衛能力，這樣只會令日本的侵略政策得利。史達林深信蔣介石有能力領導中國抗日，於是，他指示中共勿公審蔣介石，更別提處死，反倒命令中共設法和平解決。周恩來代表中共赴西安參加談判。蔣介石夫人宋美齡及其兄行政院長宋子文也來到西安。

與此同時，張學良開始和蔣介石協商。他要求蔣停止剿共，領導全民抗日。雙方達成非正式協議，蔣介石口頭答應會領導各黨派抗日，但後來不願在陳述此意向的書面聲明簽字。經過冗長談判，雙方談定由他的妻子和妻舅（宋家兄妹）代他簽字。但這不為張學良軍隊的許多軍官和中國共產黨所接受；他們要求蔣介石白紙黑字載明終止國共戰爭、開始抗日。談判陷入僵局，情勢變得緊繃。這時，南京政府動員軍隊，派兵向西安進發。張學良擔心蔣介石一旦遇害或被扣押更久，會爆發新內戰。他判斷自己必須盡快釋放蔣介石，並和他同機飛回南京。張學良把蔣介石和宋美齡送上飛回南京的飛機，事前並未告知中共或其部隊。十二月二十六日蔣介石返回南京，結束十四天的階下囚生涯，支持蔣的民意高漲。

經過八個月協商，國共兩黨敲定第二次國共合作計畫。與第一次國共合作不同，第二次合作的國民黨和中共各自保有獨立地位。國民黨同意釋放所有政治犯，停止進剿共黨控制區。中共則保證停止武裝起事和激進土地政策。第二次國共合作針對可能爆發的抗日戰爭擬定了計畫，但兩黨都認為最重要的還是蘇聯的支持。張學良卻立即遭蔣介石逮捕，此後五十餘年，直至一九九〇年為止，都在軟禁中度過。

西安事變的結果耐人尋味、令人始料未及且影響深遠。在那緊張的兩週裡，雙方在古都西安談判，你來我往討價還價，沒人料到會是這樣的結果。此結果源於一連串決定所起的作用。西安事變最終影響中國和世界，而且影響極大。綜觀現代歷史，少有事件能如此徹底翻轉大局或產生如此大的影響。由於西安事變，中國開始調動全副軍力抵禦日本的進一步侵略。接下來幾年，日本為打敗中國頑強的抗日力量，耗去不少資源。日本最終無法在戰場上令中國屈服，無法占領全中國。此外，若非日本被牽制在中國，一定會把更多兵力和作戰物資用於太平洋戰場上對付美國和在東北對付蘇聯。沒有西安事變，二次大戰很可能會是另一番面貌，不管在歐洲戰場還是在太平洋戰場皆然。西安事變也標誌著俄國在華軍力和政治影響力從此有增無減的起點。蘇聯以行動表明它是活躍於中國的最重要、最有影響力外國，而且將持續大力左右中國政局。一九三七年八月，蘇聯和中國簽訂《互不侵犯條約》，前者迅即開始送來資金、軍火、軍事顧問，以及三百多架飛機和蘇聯飛行員。[11]戰爭頭幾年，蘇聯幾乎是唯一支援中國的國家。

西安事變也對中國國內情勢有決定性影響，因為此事證明中國民族主義對政治的強大影響力能超越政黨政治，使包括學生、軍隊在內的龐大公眾動起來。事實證明民族主義熱情是主導中國政局發展的一股極重要力量，即使蔣介石一直以來堅持反共，不願屈服於強逼，最終還是在民族主義力量面前低了頭。一九三六年後，他成為各方一致公認的全國抗日領袖。然而長遠來看，毛澤東和中共獲正式承認為全國性勢力，受益更大。他們不再是叛亂分子或土匪（蔣介石原稱他們為「匪」），而是被視為民族主義聯盟名正言順的一分子。[12]政治領域全面重組，出現將大幅影響戰後中國局勢的結構。西安事變啟動強力抗日，但也為國民黨的垮臺埋下種子。

抗戰開打

國共第二次合作和蘇聯的支持，未嚇阻日本，反倒使日本領導人物相信全面戰爭不可避免，晚打不如早打。一九三七年七月七日，中日兩國軍隊在北京附近盧溝橋的一場小爭端，終於引爆兩國公開敵對，並升級為中日雙方未正式宣戰仍自此揭幕的一場亞洲大戰。日本政府努力了數週，本希望就地解決爭端，不想事態擴大。但在中國，輿論要求斷然抵抗日本進一步的侵略。民眾不想見到中國軍隊再度退讓。七月十七日，蔣介石宣布，「如果放棄尺寸土地與主權，便是中華民族的千古罪人。」[13]七月下旬戰事爆發，

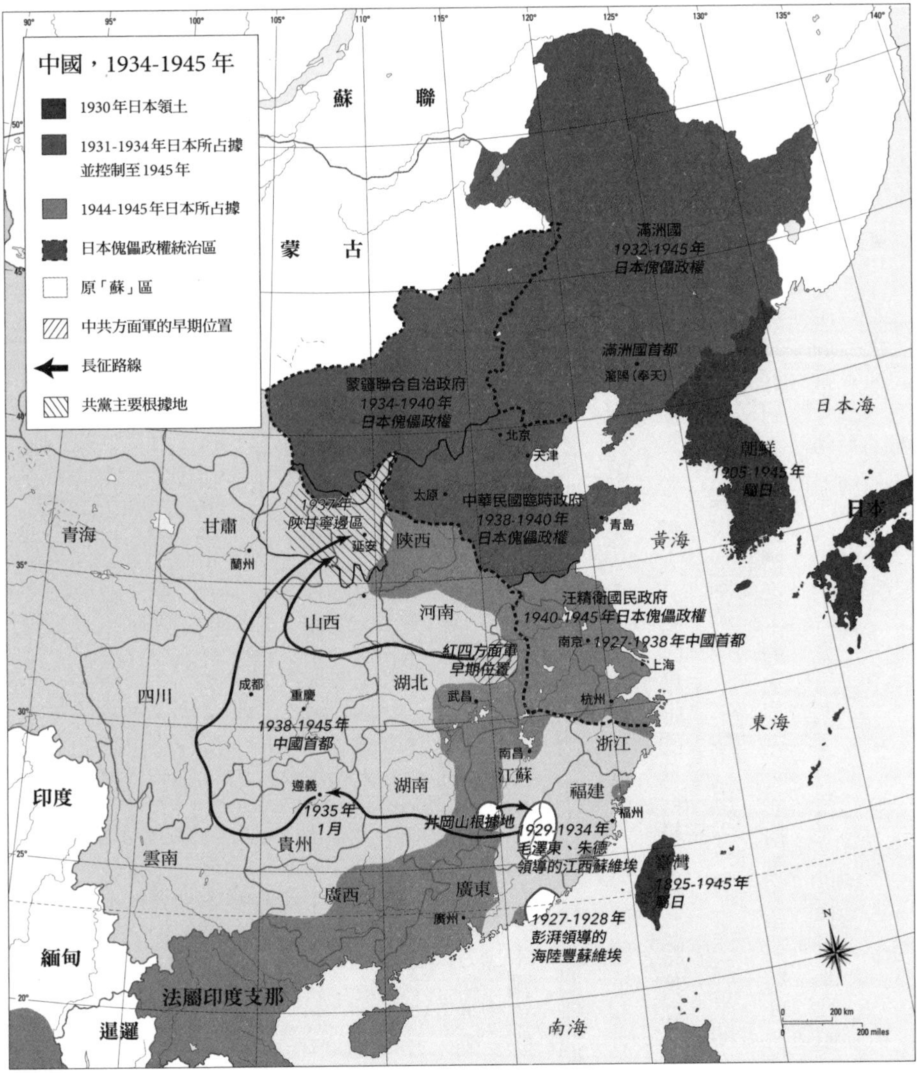
中國，1934-1945 年
1930年日本領土
1931-1934年日本所占據並控制至1945年
1944-1945年日本所占據
日本傀儡政權統治區
原「蘇」區
中共方面軍的早期位置
長征路線
共黨主要根據地
蘇　聯
蒙　古
滿洲國
1932-1945年
日本傀儡政權
滿洲國首都
瀋陽（奉天）
蒙疆聯合自治政府
1934-1940年
日本傀儡政權
北京
天津
日本海
朝鮮
1905-1945年
屬日
日本
太原
中華民國臨時政府
1938-1940年
日本傀儡政權
青島
黃海
1937年
陝甘寧邊區
延安
陝西
青海
甘肅
蘭州
山西
河南
汪精衛國民政府
1940-1945年日本傀儡政權
南京・1927-1938年中國首都
上海
紅四方面軍
早期位置
成都
四川
重慶
湖北
武昌
杭州
1938-1945年
中國首都
東海
南昌
浙江
印度
遵義
湖南
江蘇
福建
1935年
1月
井岡山根據地
1929-1934年
毛澤東、朱德
領導的江西蘇維埃
福州
貴州
雲南
臺灣
1895-1945年
屬日
廣西
廣東
廣州
1927-1928年
彭湃領導的
海陸豐蘇維埃
緬甸
法屬印度支那
南海
暹邏
200 km
200 miles

華北爭奪戰開打。日軍迅速拿下北京，接著攻下天津。戰事一路延續到八月，但很快勝負之勢便已分曉，中國軍隊顯然守不住華北地區。

一九三七年八月十三日，中日兩軍在南方也交手，這一次的爭奪標的是中國最重要城市上海。[14]最初的局部小衝突因何事而起，並不清楚，但小衝突一發生，旋即失控。接下來三個月激戰，上海受創極重，蔣介石為保衛上海動用了超過五十萬的兵力。蔣想要盡快與日本打成僵持不下的局面以利取得上風，然後把敵人逼入決戰，於是將裝備最精良、由德國人訓練的部隊投入這個城市戰場。大部分士兵有去無回。根據中國方面的資料，僅僅這三個月，就有十九萬左右的中國軍人戰死或重傷。而日本軍方和外國觀察者的估計，則把數字推高到三十萬。不管確切數字為何，毫無疑問的是，中國軍隊雖英勇作戰，但受到嚴重打擊，在上海保衛戰中失去最精銳的部隊和大部分最有價值的裝備。

平民死傷情況也很駭人。開打第二天，八月十四日（後來人稱「黑色星期六」），數百平民遇害。更多人受傷，包括數名外國人。起因是中國飛行員不小心將其高殺傷力炸彈丟在公共租界的南京路和大世界遊樂場。兩週後，上海出現另一個「血腥星期六」，日軍空襲北邊的閘北，當時正好有大批平民擠進上海火車站，想搭乘火車逃離四處冒火的殘破城市，其中數百人因此被炸死。不久後的一九三七年八月二十八日下午四點，華裔攝影師王小亭趕去火車站記錄這場殺戮。後來他回憶當時情景：「實在太可怕了。鐵軌上、月臺上到處躺著炸死炸傷的人，斷肢殘體處處皆是。只是由於想到了工作，才使我忘了所看到的東西。我停步裝上片子，看到腳上的鞋子已滿幫是血。」[15]然後他拍下二十世紀最著名、最有影響力的戰爭照片之一。照片中一個孤零零的嬰兒坐在已被炸得殘破不堪的上海火車站鐵軌旁，痛苦地嚎啕大哭。這張照片攝於西班牙內戰期間德國轟炸格爾尼卡（Guernica）事件的幾個月後（該事件被畢卡索繪成一幅有名畫作），它告訴世人，現代空戰的恐怖已同時降臨亞洲，並且是加諸在人數多出許多且毫無保護的平民身上，造成更為慘重的死傷。

慘烈的上海爭奪戰，顯示國民政府保衛中國的決心千真萬確，付出了巨大的犧牲。中國人的決心也令日本吃驚，因為日軍死傷高出日本預期，而且不得不動員超出原本規劃的作戰物資和兵員。但終究是日本投入的兵力更多，武器性能也高出許多。日本的海空優勢，決定了戰局。日本海軍持續炮轟加上空軍不斷空襲，打垮了中國的防禦，造成嚴重傷亡。戰爭頭一年，即使中國頑強抵抗，日本還是連戰皆捷。一九三七年十月，中國政府開始遷往武漢，繼而遷至位於長江更上游、有群山屏障的四川省重慶。[16]

十二月下旬，上海、南京都已失陷，一九三七年十二月至一九三八年一月，日軍在

圖6.1　1937年8月，上海火車站被日本空襲炸毀，一個中國寶寶坐在殘骸間嚎啕大哭。
來源：Wikimedia Commons

南京幹下惡名遠播的大屠殺暴行。[17]為擊潰中國民心並逼國民政府求和，長程轟炸機毫不留情猛攻南京三個月。中國軍隊終於投降，日軍進城。長達六週，日本士兵恣意姦淫擄掠、殺人施虐，似乎把所有約束甩到一旁。進城後日本人不但不恢復秩序，反倒任由南京陷入一片混亂。中國目擊者和少數在上海竭力保護當地居民的外國人，例如拉貝（John Rabe, 1882-1950），訴說了想像得到和想像不到的日軍暴行。拉貝是任職於德國公司西門子的德國人，也擔任南京國際安全區國際委員會的主席。這個委員會由約二十四個傳教士、醫生、教授組成，其中大多是德國人、美國人。他們在南京設立安全區，作為中國難民棲身之所。拉貝在日記裡寫到遭槍殺的人、遭淋上汽油活活燒死的人。他看到被日軍用啤酒瓶、竹棍刺入體內的女人屍體。光是一九三八年一月三日這一天的日記，拉貝就寫下數件令人髮指的事：

> 昨天清早，日本軍人想要強暴劉先生的妻子。劉先生進來，甩了他幾個耳光，把這個日本人逼走。早上沒攜帶武器過來的那個軍人，那天下午又來，帶著一把槍，到處找劉先生，在廚房裡找到，槍殺了他，不顧劉先生的所有鄰居替他求情，甚至有一人在那個日本軍人面前跪下……昨天開啟的漢中門已再度關上。克勒格爾在這座

> 城門附近的乾溝裡看到約三百具屍體，他們都是死於機槍掃射之下的當地平民。他們（日本軍人）不想讓歐洲人出城門，大概擔心此地的情況很快會公諸於世。[18]

日本人在南京恣意施暴這幾週共殺了多少人不得而知，各方估計差異甚大。中國的歷史學家估計達三十萬。

與此同時，在華北，日本人遭遇愈來愈強的抵抗。太原之役，日軍打了將近兩個月，死傷慘重，才終於在一九三七年十一月拿下該城。拿下太原後，日軍利用中國鐵路系統，沿東海岸迅速南下。一九三八年四月，蔣介石部隊在江蘇省拿下難得的一勝，提振了民心士氣。另在艱苦的山東台兒莊戰役中，中國軍隊也擊退敵人，暫時止住日軍攻勢。但不久，重要的鐵路樞紐徐州一地失陷，日軍得以繼續往西、往南挺進。

一九三八年六月至十月底，日軍向重慶進攻，雙方在長江南北岸打了好幾場戰役。眼見情勢危急，國民政府對自己人民犯下一樁重大暴行。[19]為止住日軍攻勢，蔣介石下令炸掉黃河堤岸。這一六月做出的決定，導致漫漫洪水淹沒中國中部平原，使或許將近百萬人喪命、三百萬至五百萬人被迫離開家園。此舉只延緩了日軍攻勢幾週而已。出於類似的考量，撤離長沙的中國軍隊，選擇燒掉該城，以免資敵。這導致在日本人開槍之前，就有據估計兩萬人丟掉性命。後來中國軍隊擊退敵人對長沙三次進犯，直到一九四四年日軍才終於占據該城。此「焦土」戰略遲滯了日軍腳步，但終究擋不住他們前進，反倒切切實實地給中國人民帶來嚴重的生命財產損失。

在這些戰役發生的同時，日軍持續於各地強力猛攻。日本海軍飛機空襲廣州十四個月，十月二十一日日本陸軍拿下該城，打斷了武漢的鐵路補給線，而武漢是中國臨時軍事指揮部所在地。日軍也在十月二十五至二十六日拿下武漢三市（武昌、漢口、漢陽）。沒多久，日本人便已掌握中國所有重要鐵路線和城市。

戰爭頭一年無休無止的戰火和炮轟，重創無數中國城市，毀壞基礎設施，奪走數百萬條性命，使另外數百萬難民流離失所。這些難民從中國北部、東部移動到尚未被日本人占領的西部。此戰爭產生多少難民，無可靠統計數字，但據分析，在此戰爭的某個階段，高達八千萬至一億人在遷徙。此數字占中國當時總人口一成五或兩成，是中國歷史上最大規模的遷徙之一。人民被迫離開家園，破壞了中國社會的穩定，使社會秩序、政治秩序解體；這是將在整個戰爭期間和那之後帶來重大衝擊的鉅變。

戰爭第一回合結束，國民政府就失去它最精銳的現代部隊、空中武力、兵工廠和中國大半現代工業、鐵路所在的東部沿海地區大部（中國主要稅收來源）。至一九四〇年底為止，中國的成功之處，就只是耗盡日本的攻擊能量。日軍侵華腳步受阻。在戰爭第二階段（至一九四三年底的約三年時間），戰線變動甚小，但有許多地區性的小衝突。在這個相對處於僵持的時期，日軍竭力鞏固其所攻下的領土，並利用這些地方的資源。國共的軍事行動都以在敵後打游擊為主。中國可說被分割為至少七個地區，大部分中國人若非受日本人統治，就是受通日政權統治。在這些地區建立起來的諸多制度，將塑造出各異其趣的經驗和習慣。

重慶國民政府

戰時四川重慶被指定為新臨時首都，直到一九四五年戰爭結束為止。除了四川，國民政府還能宣稱據有的地方為：雲南、湖南、江西南部、湖北與河南西部、陝西南部和兩廣零星地區。上述地區內的大半地方，特別是四川和雲南地區，自一九一一年起由不同軍閥掌控，深受軍閥間的長期交相伐所苦。而這也使國民政府很難控制當地，直到一九三五年，國民政府才在四川站穩腳跟，比在其他地區晚。即使一九三五年後，國民政府的掌控仍然非常不穩。窮兵黷武者，以及青幫、紅幫之類會社，在這個公權力不彰的地區依舊橫行霸道。國民黨將行政中樞遷到如此西邊之地，等於進入一個他們所不熟悉且覺得難以控制的地區。也就是說，蔣介石是在極艱難的環境裡努力重整軍隊及重建政府。重慶是中國西南部的重要商業中心，但深處內陸，不靠海，相對較落後。重慶的工業發展落後沿海地區。四川境內鐵公路極少，煉鋼之類現代工業也基礎薄弱。但四川有高山丘陵提供天然屏障，日軍若要從陸路進入不易得手。此地區也有豐富的天然資源和高生產力農業。

隨著國民政府西遷重慶，重慶和周邊區域的發展顯著加快。政府撥款建造基礎設施和住宅。[20]連接雲南、緬甸兩地的滇緬公路建成，迅速成為連接國民黨中國——或其所自稱的「自由中國」——與外界的生命線。重慶也成為航空中心。一九四一年後（此時滇緬公路部分路段落入日本人之手），美國的補給就是透過空運送抵重慶。約兩百家工廠和企業也西遷落腳於周邊區域，而且到了一九四〇年已成長到超過四百家。它們構成龐大的工業複合體，而且是當時中國西部唯一的工業複合體。重慶成為鋼鐵、機器、武器製造業中心。

國民政府不只把產業和國防設備遷來，也把圖書館藏書、博物館文物、無線電臺遷來。中國的文化心臟地帶已大部分落入日本之手，重慶作為戰時首都，成為中國的新文化中心。中國各大報社和出版社跟進。許多高等教育機構也搬遷到這裡。[21]當時中國共有一〇八所高等教育機構，其中五十七所遷到西南部，之中又有將近一半在重慶。活絡且多元的文化於焉誕生。

國民政府這些建設新首都的作為，發生在艱困且叫人氣餒的戰時環境裡。日軍頻頻空襲，攻擊對象不分軍民。首都重慶和國統區的幾乎每座城市，包括桂林、昆明、西安，皆遭到有計畫地轟炸。從一九三八年五月至一九四一年四月，日本空軍空襲重慶二六八次。一次空襲可能出動多達百架飛機，丟下燃燒彈和炸彈。空襲目的主要不在摧毀軍事設施和工廠，而在打擊民心，令中國人民害怕。跑防空洞幾乎成了每日例行活動，嚴重影響城中居民生活。一九三九年五月頭兩天的大規模空襲，就奪走數千條市民性命。當時住在重慶的曾永清女士回憶道，日本轟炸機飛到重慶，除了丟炸彈，還用機槍掃射地上的人。子彈像傾盆大雨般傾瀉，炸彈如雷暴般轟然落下。[22]共有超過一萬五千居民死於空襲，重慶市大半地方被毀。

老百姓的苦，不只有躲炸彈。重慶多半時候處於經濟封鎖狀態，因為日本已切斷國民政府與中國東部的大部分交通線。製造品缺稀，價格又因囤積而節節升高。政府無法切實執行配給和控制物價，但盡力供應政府雇員和居民配給米。在重慶市，許多人為了購買日益高昂的食物和基本必需品，不得不用掉全部積蓄並賣掉家當。一位有三個小孩的重慶當地母親回憶道：為了餵飽孩子和自己，她把屋裡能找到的東西全賣了。[23]

因此，這個區域也應付不了從東部湧入重慶和鄰近地區的大批難民。一九三七年底中國東部、中部淪陷後，數千萬中國人收拾起能帶走的家當，離家尋找安全的棲身之地。隨著後來難民湧入重慶，該地人口暴增。七年戰爭期間，重慶居住人口翻了一倍有餘，從一九三七年約五十萬，增加為一百多萬。如此多難民從中國各地湧入，使重慶社會活力十足，但也帶來緊張和挑戰。鑑於社會問題日增，國民政府首度建立福利救濟體系。國民政府也發放身分證給難民，用來作為配發工作、房子、食物的憑據。為確保糧食供應無虞，國民政府也改革農業，農民拿到貸款和殺蟲劑。

總體而言，國民政府一直設法維持對政治與社會生活的控制。由於和中共達成協議要二度合作組成統一戰線，國民政府不得不允許共黨及其他政黨參與重慶政務。一九三八年，國民政府仍在武漢時，同意成立國民參政會。此機構是類似議會的論壇，旨在提供各界一個參與國民政府政務的平臺。它最初有約兩百名成員，共產黨和所謂的第三黨占其中約五十席。這些較小的「第三」黨中，有幾個黨把自己的政治立場定位在中國共產黨與國民黨之間，其中最有影響力的黨是民主同盟。此黨由六個誕生於一九二〇至一九三〇年代期間的少數黨和團體在一九四一年合併而成。無黨無派的獨立人士拿到七十席，國民黨擁有約八十席。這個新諮議組織是個頗值得注意的機構，反映了抗戰頭幾年對於舉國團結、超越黨派和意識形態衝突的追求。在重慶，中共甚至能販售自己黨的出版品，其他政黨亦然。上述這一切，促成了一個成員包容廣泛、有志一同渴望實現立憲民主政體的運動興起。但一九四〇年後，許多參政會成員批評政府日益漠視抗日統一戰線的原則，並加強了對出版品的審查和對自由的限制。這些批評者通常是知識分子，往往喝過洋墨水，對政治獨裁極反感。雖然官方騷擾日甚，但抗戰期間的重慶，其一大特點，仍是可暢所欲言並公開辯論多黨制的好處，以及民主自由在中國施行的可能性。政治反對勢力能如此盡情表達看法，能如此公開且強勢地要求參與政治事務，無論是在此前還是此後的中國，都很罕見。[24]

國民政府也強化其對戰時經濟的控制。隨著戰爭持續，經濟計畫部門逐漸擴大，成為重慶最大的官僚機構之一。[25]計畫內容包括擬定軍事相關產業發展和鐵公路、機場之類新基礎設施建設的藍圖。重要產業收歸國有。國民政府最初經營六十多個國營企業，一九四四年時增至一〇三個。[26]菸草、糖、鹽、火柴由政府專賣。一九四一年四月，國民政府恢復在控制區徵收土地稅，並接管各省收稅業務。一九二八年起，田賦由省政府或更下級政府徵收，折算成現金繳稅。於是，中央政府必須在公開市場上買米，以供養龐大軍隊。但隨著米價失控飆漲（一九四一年六月的平均米價比戰爭前夕高了超過二十倍），養軍隊的成本變得高到吃不消。接管土地稅徵收業務後，政府開始不以現金而以實物收稅，而實物大多是米等穀物。中共掌政在一九四九年後沿用這一做法，因為這樣做具有雙重好處，既能提供政府軍隊所需的糧食，亦可減少政府印鈔票的需要。但此舉也使得穀物難以在市面上買到，進一步激化了物價飆漲與民憤。沉重的納稅負擔同樣激起民眾不滿。隨著中國東部大半淪陷，國民政府也失去來自中國最富庶地區的農業、貿易等重要財源。此外，一九四一、一九四二年收成較少，在河南、山東引發饑荒，政府徵收穀物只會造成缺糧情況更加嚴重。除了要養兵員有時超過三百萬的大軍，國民政府還得養龐大的官僚體系，因此政府的稅收來源仍然不敷所需。一九三七至一九三九年，總歲入減少六成三，總支出卻增加三成三。[27]

鑑於赤字有增無減，國民政府不顧儲備金不足，訴諸印鈔票一途。其結果是，通膨飛漲動搖經濟體制。從一九四二至一九四五年，一年通貨膨脹率高達二三〇%，在國民政府統治區漲勢幾乎控制不住。政府薪資從實質角度來講下滑，導致官場貪汙橫行。受害特別深重的群體——包括知識分子、公務員、學生——對政府政策的批評日益激烈。

然而批評政府者可能遭逮捕、甚至暗殺。政界派系傾軋和內鬥，使政務停擺。曠日廢時的戰爭，逐漸削弱國民政府實力，從而為中共打開了一扇難得的機會之窗，毛澤東決意好好利用。

共黨統治區

長征期間，中共遭國民黨軍不斷騷擾，實力大減，疲累不堪，一九三五年秋避難於陝西保安縣，結束長征。其後在同年十二月遷到瓦窯堡。此後幾年，中共領導人住在從陝西黃土坡鑿出的窯洞裡；世界各地的人則透過美國記者斯諾（Edgar Snow）拍下的照片，看見了窯洞的模樣。由於國民黨接連幾次圍剿，一九三六年共黨據有的領土範圍大不如前，但西安事變（一九三六年十二月）和接下來中日戰爭爆發，給了中共亟需的休養生息機會。一九三七年一月，中共領導階層得以遷入陝北最大的城市延安。在這裡，中國領導人終於擺脫無休無止的戰鬥和攻擊，可以喘息。他們便趁此良機重新思考並調整革命路線。

中共最初在荒涼的陝西、甘肅、寧夏三省邊區發展出兩個根據地。一九三七年九月六日，中共正式宣布將這兩個根據地合併為陝甘寧邊區。延安是邊區首府。[28]這個邊區有約一百五十萬人口，非常貧窮，只有農業，深受天災所苦。全區大部分地方殘破不堪。數年的軍閥混亂、土匪橫行、乾旱和疫病，已削弱當地經濟與社會秩序。儘管環境如此惡劣，共黨組織仍於中國抗日期間，在這裡取得豐厚能量。它始終是唯一位在敵後且與日本所控制的沿海地區、國民政府所控制的區域皆不相連的根據地。

陝甘寧是安全且相對穩定的邊區，黨領導階層，包括毛澤東，均坐鎮於此。除了陝甘寧，另有三個較大的邊區，都位在華北。中日戰爭爆發後不久，八路軍即渡過黃河進入山西省，開始在該省建立一個邊區。一九三八年一月正式宣告成立晉察冀（山西、察合爾、河北）邊區，不久這裡即成為最重要、最成功的邊區。中共也於一九三七年初在山西西部建立了兩個根據地，在綏遠省（今為內蒙古的一部分）中部建立了一個根據地；一九四二年將這三個根據地合併為晉綏邊區。最後是晉冀魯豫（山西、河北、山東、河南）邊區。此邊區創立於一九三七年十月，初為冀豫晉交界上的太行游擊區，後來範圍擴及河北南部、東至山東境內，一九四一年七月終於正式成立邊區。位於中國中部、東部較重要的小型根據地則有蘇皖（江蘇、安徽）邊區、蘇北（江蘇北部）邊區、鄂豫皖（湖北、河南、安徽）邊區、湘鄂贛（湖南、湖北、江西）邊區、淮北（安徽、河南、江蘇）邊區。

抗日戰爭時，中共滲入中國北部、中部的敵後農村，建立根據地或游擊區。八路軍領袖在抗日統一戰線的大架構下運作，所採用策略基本上是根據先前的游擊戰經驗。他們派小縱隊進入日軍已拿下但缺乏人力控制的中國北部區域，在那裡吸納殘兵，並組織當地居民，由他們提供糧食、兵丁、庇護所給攻擊小股日本駐軍的游擊隊。有了這些根據地後，中共一方面努力擴大政治控制區，一方面向日軍和通敵偽軍發動游擊戰。一九四〇年中期，中共已控制數個區域，控制區總人口估計超過五千萬。

抗戰期間中共與日軍打了一場大戰役，名叫百團大戰，從一九四〇年八月二十日打到十二月五日。中共數個軍團出其不意攻擊華北交通網，挑鐵路、公路、橋梁和基礎設施下手。重要煤礦場的設施也遭毀，產煤因此停擺將近一年。日軍猛烈回擊，不斷進攻共軍，包括使用毒氣，企圖徹底殲滅。日本人也封鎖共黨控制區的對外貿易，使鄉村糧食耗盡，百姓苦不堪言。據說共軍於百團大戰期間死傷超過十萬。據說毛澤東十分氣惱，因他事前曾警告過別打這場仗（此役共軍指揮官為彭德懷），認為這極有可能危害中共牢牢統治其控制區的實力。而日軍和偽軍的連綿攻擊，確實大幅削弱了共黨勢力，使中共統治區大減。此後至一九四二年，共黨控制區少了將近一半。此役和游擊戰都未能擊退日軍或嚴重威脅日軍。他們所能做的，頂多就是持續牽制與消耗日軍戰鬥力。

抗戰結束時，共黨已走出挫敗恢復元氣，控制區面積大增，在華北坐擁四個邊區和二十多個根據地。一九四〇年代，中共政策有重大改變。毛澤東花了頗多時間研讀馬列主義經典著作後，開始在受過俄國人訓練的祕書協助下撰寫綱領性著作，想要發展他自己的思想體系，即後來所謂的「毛澤東思想」。基本上，毛企圖將馬克思主義本土化，因而很強調地方實踐應對理論的未來發展有所影響與作用。他公開批評那些盲目遵循馬克思主義經典的人：「許多同志的學習馬克思列寧主義似乎並不是為了革命實踐的需要，而是為了單純的學習。所以雖然讀了，但是消化不了。只會片面地引用馬克思、恩格斯、列寧、史達林的個別詞句，而不會運用他們的立場、觀點和方法，來具體地研究中國的現狀和中國的歷史，具體地分析中國革命問題和解決中國革命問題。」[29]也就是說，毛澤東思想有意把「馬克思列寧主義的普遍真理和中國革命的具體實踐」相結合。[30]此提議相當大膽創新。

這一修正主義做法帶來諸多重要改變，其中一些最重要的改變與想將中國社會革命化的策略有關。從許多方面來看，中共改變了它的根本政策。一九三六年七月十六日，毛澤東已告訴斯諾：「今天中國人民的根本問題是抵抗日本帝國主義。」[31]令人日益憂心的日本威脅，使共黨認識到中國民族主義有助於實現其政治利益，促使共黨找上它先前列為打擊對象的社會團體。共黨爭取都市中產階級成員、富農和小地主，要他們與自己共同獻身於民族抗日大業。絕大部分中國人，不只農民，都可能成為「愛國」、「革命」的抗日統一戰線一員。換句話說，毛澤東不再強調階級鬥爭，而是向「愛國」的「資產階級」成員保證，他們會受到共黨歡迎，他們的財產與地位會得到尊重。中共的實際作為隨之有了清楚的改變。先前激進的沒收土地重分配政策遭揚棄，代之以較溫和、也受歡迎許多的減輕農村地租、利息、稅賦等政策。減租減息，尤其是稅改，讓世人見識到共黨在追求農村收入、土地持有的公平方面，做法頗有新氣象，試圖透過將稅負從較窮農民慢慢轉移到較富農民身上、同時維持政府歲入水準的漸進過程來實現此目標。不再僵固的經濟政策，使延安得以在經濟上更為自給自足，也能夠更有效地應對經濟封鎖和一九四二年華北饑荒。總之在延安，中共追求漸進改造，以靈活身段因應當地情勢，不再追求一體適用的翻天覆地革命性改變。

中共既然開始收斂階級鬥爭措辭，隨後便也調整了與中國社會其他社會階級、團體合作一事的看法。身為抗日統一戰線的一員，中共明確表示歡迎都市專業人士和知識分子共襄盛舉，認為他們的知識、技能、參與有助於革命成功。藉由採用溫和政策與提倡民族主義，延安取得正面的社會改革形象。中共不斷宣揚自己的抗日成就及其背後的平等主義、積極參與和樂於合作精神，許多城市人因此被打動，投奔共黨控制區。這些新加入者大多是高學歷的作家、教師、知識分子，還有記者。他們前來尋找安全的避難所，但更重要的是，想在可暢所欲言的解放區找到嶄新、光明的未來。據中共說法，自抗戰開打至一九四三年後期，有約四萬知識分子來到延安。他們的知識和技能正是打造中央政府、積聚資源、生產必需品、拉攏民心所亟需。中共兵力日益壯大，既需要大批工程師、技師、醫師，也需要大量統兵官、教官、參謀。不管是建立表演藝術團隊、新聞從業團隊、軍事學等學科的師資團隊，還是擴大邊區的工業、財務、商業、農業，都需要這些人才挹注。中共原本大多是貧農、土匪、軍人，但此後，成員變得較多樣。

抗日統一戰線政策的另一個效應，是出現一波政治選舉風潮，投票選出根據地參議會的議員和官員。在較穩固的根據地，基層民主得以施行。這些選舉活動採取群眾動員形式，不僅深入農村，也有助於教育村民及擴大政治參與。然而雖有村級選舉，中共絕不允許其當家地位受到任何挑戰。

落腳延安才幾年，抗日統一戰線政策的成功已是有目共睹。延安的改變引人注目。數百家機器製造廠、化學廠、紙廠、紡織廠及其他種類工廠，以及多個層級的官方行政機構，在此邊區各地開始運行。中共建立和接收銀行、貿易商行、診所。許多奔赴延安者投入文藝和教育領域。劇團、作家團、文化協會紛紛創立。學校數量多了好幾倍。黨運作著二十多個它視為大學級訓練中心或研究機構的單位，還有三十份報紙和雜誌。雖然這些設施大多設備簡陋，克難營運，但它們的存在與運行使這個地區改頭換面。

毛澤東也竭力賦予中共更一致的共同語言、存在正當性和目標。鑑於過去的激烈辯論，他覺得是時候著手強化、統一黨的政治思想了。在敲定新黨綱和一貫說詞後，毛澤東立即於一九四二年發動「整風運動」，藉以導正黨員想法與鞏固政治權力。在毛澤東看來，這是正當化其領導地位的一個途徑，因為該運動使他對革命的看法，包括他從馬克思主義角度對武裝農民起義之作用所做的解讀，得到正式認可。黨先前的政治策略和針對黨必須如何做才能挫敗日本帝國野心所提出的其他看法，在運動中遭到嚴正駁斥。最重要的是，整風運動使毛澤東有機會批鬥王明、張聞天、博古之類在俄國待過且得到莫斯科支持的黨內對手。這也是毛澤東著作被定於一尊的開始。製造對毛澤東的個人崇拜，以及摧毀知識分子和黨工的獨立思想或異議空間，整風運動都是關鍵。整風運動期間，毛澤東於多次談話裡強調一致、正統的重要，並且說這需要透過「思想改造」予以強化。[32]要打造一個「協調一致的話語社群」，而且此話語社群會牢牢扎根於一個定義非常明確的觀念、語言體系裡。原本鬆散湊在一塊的黨工，會被改造成充滿活力、志同道合、已把中國共產黨的準則和價值觀內化於心、且會遵循同樣一套行為規範的黨員群體。為此，黨幹部被要求組成學習團體，一起集體研讀、討論精心挑選的文件（十八份必讀文件集結為名叫「整風文件」的小冊子）。這類學習的重點，不在於記住某些信條，而在於使人投入不設限的自我檢查過程。例如，參與者被要求寫「思想檢查」報告。毛澤東認為透過不斷學習、自我檢查和思想檢查，會揭露錯誤思想、邪惡野心和惡劣念頭。幹部要改正自己的想法，尤其要透過自白交心來改正。

黨期待黨員自發擁抱理念，但也動用一套強制性措施來使整風運動運行不輟，包括令黨員膽戰心驚的訊問和群眾大會。在公開集會上，年輕的志願者當著廣大群眾，被迫坦白自己當過特務，也被迫告發他人。[33]為取得這些自白，往往動用暴力和刑求。執行這類強制性作為的同時，中共擴大並強化黨的保安機關。[34]黨利用情報偵蒐和內部監視網，監控被整風的黨員。中共偵查員和保安員訊問人，逮捕人，以揪出敵方派來的特務，還有叛徒、托派。有些被認定是敵人者，在群眾公審後即遭處決，未經真正的法庭聆訊。

整風運動的推動，既出於鞏固領導地位的需要，也為因應延安黨員結構的改變。誠如前面所述，投奔延安的高學歷分子，思想觀念駁雜。其中許多人才來延安不久就入黨。許多本地的農民、軍人，也是在這時期入了黨。一九四〇年代初，全國黨員數已來到八十萬，抗戰開打時黨員數為四十萬。一九四五年中共黨員更增加至約一百二十萬。整風是在日益壯大的共黨團體裡導正思想與組織偏差的重要手段。

在延安，黨也繼續收到來自蘇聯的大筆援助。莫斯科送來資金、燃料、軍事物資及其他攸關長遠發展的物資。[35]共軍實力大增。一九三七年，紅軍有七萬訓練不佳、武器原始的士兵。日本投降時，兵力已大幅成長，成為有百萬正規士兵且均訓練精良、裝備完善的軍隊。此外還有數百萬編入地方民兵的農民。

抗戰快結束時，中共舉行了第七次全國代表大會，會期從一九四五年四月二十三日至六月十一日。中國共產黨黨章做了修訂，以毛澤東思想為黨的指導思想。新黨章載明，「中國共產黨，以馬克思列寧主義的理論與中國革命的實踐統一的思想，毛澤東思想，作為自己一切工作的指標。」在此次代表大會期間，中共強調其對統一戰線和戰後組聯合政府的堅定信念。由共黨領導人的談話，可看出上面這點，分別是毛澤東所提出的「論聯合政府」政治報告，以及周恩來闡述黨對統一戰線看法的「論統一戰線」報告。七大制定了黨的政治路線，即「放手發動群眾，壯大人民力量，在我黨的領導下，打敗日本侵略者，解放全國人民，建立一個新民主主義的中國」。因此，一九四〇年代中期，中共清楚表明其有意成為戰後時期的重要政治勢力，有意和中國其他政黨組成多黨聯合政府。

後來的發展證明，延安時期是中共歷史上極重要的一段時期。一九三〇年代初和一九四〇年代初的情勢殊若天壤。一九三〇年代開始時，共黨風雨飄搖，陷入內鬥困境，在農村基礎薄弱，不得不撤出江西蘇區，長征上萬公里以躲避國民黨軍的追剿。到了一九四〇年代，中共已控制中國北部一大塊地區，建立了穩固的地方政府，也開始施行社會改革，而且管理地方經濟有成。國共合作的確使中共免遭國民黨攻擊，給了它休養生息的機會，而且，中共統治的根據地和邊區受創於日軍攻擊的程度的確也比飽受轟炸的國民黨控制區輕微，但中共的統治還得解決其他諸多難題，包括一九四二年饑荒、經濟封鎖、統治區的普遍貧窮。無可否認的，中共善加利用了延安時期的機遇。中共投資地方發展和改革，同時藉由貫徹紀律和中央集權，完成黨的鞏固和統一。中共也不斷改善黨內組織，擴大黨地盤，並尋找使黨更能打動人心的辦法。一九三〇年代初，中共在軍事上只是個雜牌軍，在政治上只是令國民黨覺得麻煩；十年後，它已非吳下阿蒙，就要成為政權爭奪戰的強勁對手。

淪陷區

中日戰爭期間，日本在中國領土上維繫著一個戰時帝國。此帝國涵蓋中國東部、北部的大半部分，由數個互不統屬、獨立行政的地區組成。從一八九五年開始，臺灣一直受日本殖民統治。至於滿洲和中國大陸其他地方，日本則在本地中國官員合作下，透過日籍「軍事顧問」予以間接統治。戰前和戰時，日本在滿洲、內蒙古、中國北部和中部的部分地區，扶植了幾個這類短命政權。

這些「傀儡」政權裡，以滿洲國最為重要。滿洲受日本控制的時間，只短於朝鮮、臺灣。清帝國覆滅之後，滿洲局面已在短時間內改觀。來自中國北部的移民變多，滿洲人口增加，墾殖廣大平原。一九三〇年左右，人口據估計為三千萬，其中兩千八百萬是漢人或滿人，[36]其餘是蒙古人、朝鮮人、日本人。連接南部口岸牛莊（營口）與北部哈爾濱等地方的鐵路建成，加上一九一〇年代大連等幾個口岸的開闢，促成以農產品出口為大宗的經濟快速發展。此地區的主要商品是大豆。大豆和相關副產品占滿洲出口約八成，直到一九二〇年代後期為止一直是此地區最重要的出口品，占全球大豆產量五成九。滿洲大豆大多被日本人吃掉，但後來也出口歐洲作為牛飼料。哈爾濱、大連等城市，受益於農業成長、貿易發展和外來投資，開始在服務性事業、繁榮程度、都市生活方面與上海不相上下。滿洲攸關日本的經濟利益，因此日本有意將此地區納入控制。此前，滿洲長期由俄國人、日本人、中國軍閥所組成的分合不定聯盟所統治，與中華民國的融合程度不高。

一九三一年後期日本占領滿洲後，當地居民對新統治者的抵抗甚少。[37]歡迎日本人入主的當地人或許微乎其微，但當地人對先前張作霖、張學良的軍閥政權也缺乏支持熱情。他們同樣不認為位在遙遠南京的國民政府，是切實可行的另一條路。滿洲遭占領後，國民政府找國際聯盟行政院討公道，欲以和平手段收回東三省。英國外交官李頓伯爵（Earl of Lytton）奉命率團調查滿洲情況。一九三二年十月發布報告，報告以同年四月李頓調查團赴滿洲考察的結果為本。該報告不承認滿洲國為具有正當性的國家，針對該如何讓其復歸中國提了幾個辦法，但也強調滿洲是中華民國一部分之說「名過於實」，認為滿洲國「與中央政府的關係，在軍事、文官、財政、外交等各種事務上，都視其是否主動配合而定」。[38]但日本不接受該報告的建議。一九三五年，日本退出國聯以示抗議。

一九三二年三月，無視國聯意見，獨立的滿洲國（「滿人的國度」）宣告成立，其政府元首是末代皇帝溥儀，以新京（今吉林省長春市）為首都。滿洲國被構想為多文化政治實體，由多個族群組成，這些族群，包括日本人、中國人、朝鮮人、滿人、蒙古人，和平共存。但滿洲國其實毫無獨立自主可言，因為日軍監督並牢牢控制政府各部門和決策過程。「傀儡國」一詞含糊籠統，但常被用來形容此政權。此外，要職均由日本人出任，掌管國防、鐵路、港口等。一九三四年，滿洲國改制為帝國，溥儀再度當上皇帝，而這次是滿洲帝國的皇帝。

新式日本帝國主義著重於領土的經濟發展和公用事業的提供，而日本人有意將滿洲國打造成為展示此帝國主義之優越性的櫥窗。對改革派日籍官員來說，滿洲國正好可拿來測試新的治理方法、工業管理方法及規劃方法。一九三六年，滿洲國政府宣布第一個產業開發五年計畫。以政府為最大股東或大股東的國營企業，在礦業等特別挑選出來的經濟領域裡成立。政府打算推動重工業化，藉由滿洲國展現日本的工業實力。這個新帝國的經濟發展的確令人刮目相看。一九四〇年代，滿洲國已打造出堅實的工業基礎，小麥、木材產量甚豐，豐富煤鐵蘊藏得到全面開採。經過一段時日，滿洲國逐步發展成工業化頗有成就的大國，擁有龐大的煤鐵資源、活絡的消費品市場，日本投下鉅資發展教育、基礎設施、公共衛生。滿洲國在公關操作上也成效甚佳。日本的出版、廣播、電影、新聞短片企業和組織，很快即在此建立。

從一開始，就有中國人與日本人合作，協助這個新政權創建政府結構、執行其政策。國民政府的歷史書寫往往視此舉為漢奸行為，但對那些與日本人合作的中國人來說，除了這麼做，沒什麼別的路可走；出於現實利害考量，這似乎不得不然。此外，與日本人合作者，動機不一。滿洲國政府把拉攏地主菁英視為施政要務。這些菁英從未認同國民政府的革命說詞，他們最關心的是維持穩定和護衛既有秩序，而日本看起來能做到。極力支持滿洲地區自治的滿人也與日本人合作，他們希望借助日本人之手實現脫離中國自立的夢想。最後是醉心於東方精神性的虔誠救世主義者，他們認為滿洲國的成立對建立有利於他們信仰的新東亞宗教—政治秩序來說，是一個好機會。透過強逼或勸說，日本人讓這幾群人都加入了「治安維持委員會」，這是一個行政組織，隸屬於前不久創立的自治指導部。

雖然與日本人合作成為常態，但也發生了幾起著名的抗日事件。這些抗日者都遭日軍以極殘酷手段對付。一九三二年九月十六日發生在奉天省工業城撫順附近的平頂山慘案，是最著名的事件之一。該村抵抗日軍，日軍為報復，出兵突襲查抄，將近三千名百姓遇害。滿洲國的漢人居民，若被控犯法，也強迫入集中營服勞役。溥儀在其回憶錄裡寫道，一九三〇年代滿洲國廣設矯正勞動營。[39]營中犯人被迫從事體力勞動，地點大多在礦場或與戰爭有關的產業裡。日本軍方也設立拿犯人做醫學實驗的設施。一九三二年，哈爾濱南邊約一百公里處的偏遠小村背陰河，被挑選為中馬拘禁營的設立地點。營區占地遼闊，內有多棟建築，四周有磚造高牆圍繞，牆頂架設帶刺鐵絲網和高壓電線。拘禁營分成左右兩區，一區設有監獄、實驗室、屍體焚化爐，另一區設有辦公室、營房、倉庫、小賣部。按照設計構想，此拘禁營可囚千人，但實際囚禁人數平均不到五百。被囚禁者包括「匪賊」（通常是中國人和朝鮮人）、間諜疑犯、刑事犯。然而拘禁這些人的目的，是拿他們充當活體實驗對象，用以研發細菌戰武器。囚犯死亡率甚高。通常，囚犯關進來做實驗僅一個月就會被殺害。供科學家做實驗的「匪賊」不虞匱乏。這些實驗全都令人髮指，重點擺在三大疾病：炭疽、鼻疽、鼠疫。

背陰河於一九三七年後期遭棄置，但取而代之者是面積大上許多的拘禁建築群，位在更靠近哈爾濱的平房區。一九三七至一九四五年，七三一特別部隊拿囚犯做實驗，部隊長是陸軍醫官石井四郎。在這裡，日本人也拿活人試驗從炭疽到黃熱病等多種疾病。除了測試病原體在人體身上的反應，也針對生物戰劑的培養與散播做祕密研究。數千人遇害。一九四五年，眼見蘇聯紅軍逼近，撤退的日軍將此拘禁中心摧毀。

關東軍在滿洲國的發展與治理上扮演吃重角色。在關東軍指示下，一批新制度創立，目標為打造「模範社會」。這些新制度可以說是「軍事法西斯主義」元素和儒家規範如尊卑有序、順服、禮敬的綜合體。重要計畫透過官方贊助的群眾組織「協和會」執行。協和會充當地方與中央的協調者，吸收所有官員、教師和社會名流，要他們在各自身處的制度裡執行新國家的重要計畫。滿洲國想建立一個統合主義體制（corporatist system），在體制中每個群體都有固定的位置，於國家內部肩負著明確職能。然而與此同時，個人權利遭到漠視，不聽話的人遭到獨裁且往往殘暴的手段制伏。

滿洲國在打造日本殖民思想體系上扮演著重要角色。滿洲不只是日本帝國和蘇聯之間的戰略緩衝區，還是殖民的邊境，甚至是一個充滿美好可能的烏托邦，等著大無畏日本移民來開發此地區的龐大潛力。日本政府想利用移民鞏固其對滿洲國的掌控，數次派送大規模移民團來滿洲。但其中許多人最終打道回府，因為他們發現此地區的生活環境十分艱苦，尤其冬天。激進日本軍官不只希望滿洲在物質上造福日本，還希望在精神上也令日本受惠。他們的具體計畫和重要作為，是基於東西方必然走上對抗的這個文化想像上。滿洲和中國將在日本領導下打一場為使東亞擺脫西方控制的聖戰，然後在日本引導下完成現代化和開發工作。一九三〇年代中期，這一想像先是發展成「東亞聯盟」和「東亞共同體」，繼而發展成「大東亞共榮圈」構想。

在中國其他地方，也湧現與日本合作的政權。[40]一開始是冒出一堆小型地方政府，由日本特務機關幹員隨機應變所創立，像是拉攏占領區的地方菁英，設立所謂的地方治安維持委員會。日本決意阻礙蔣介石政府運作，於是決定成立規模較大、經濟上較能獨立自主的政權，三個這類政權於焉誕生（不包括滿洲國）：華北的中華民國臨時政府、蒙疆聯合自治政府、江南的中華民國維新政府。

一九三七年十二月，在日本「大本營」（日本軍隊最高統帥機關）協助下，華北的中華民國臨時政府成立。大本營擬定策略，要在中國與日本控制的滿洲國之間建立自治緩衝區，中華民國臨時政府的成立即是該策略的一環。先前於一九三五年成立的冀東防共自治委員會，併入此新政府。於是這個臨時政府名義上控制華北一大片地區，包括河北、山東、山西、河南及江蘇諸省。[41]前北京政府財政總長，也曾留學日本的王克敏（1879-1945），出任以北京為首都的臨時政府首腦（「行政委員長」）。臨時政府採共和制，行政、立法、司法三權分立，有自己的貨幣，也有自己的軍隊「華北治安軍」，並以一九一二年北洋政府所用的五色旗為其國旗。與日本合作的中國官員，有許多曾任職於北洋政府。他們始終對國民政府極反感，認為北洋政府才是清朝的正統繼承者，而日本人的到來，讓他們看到在日本帝國協助下使北洋政府復活的機會。

內蒙古的蒙疆聯合自治政府，一九三九年九月在關東軍支持下創立，也有自己的貨幣。第三個與日本合作的政府，成立於長江下游地區，叫作「中華民國維新政府」，閣僚也多為前北洋政府官員。[42]「維新政府」一名，反映了明治維新的影響，同樣主張要恢復善治、重建國家。維新政府也以北洋政府旗幟為國旗，控制江蘇、浙江、安徽三省和南京、上海兩個特別市，首長為曾效力於軍閥段祺瑞、也曾任職於北洋政府的梁鴻志（1882-1946）。維新政府採立憲共和制，首都為南京，但在上海設有政府機關。其十點「政綱」也保證採行政、立法、司法三權分立制和多黨制。在施政目標上，維新政府強調反共、經濟重建、以「中國國有之道德文化」取代當世淺薄學說。[43]維新政府始於一九三八年三月，終於一九四〇年三月與中華民國臨時政府一起併入——至少名義上併入——以汪精衛為首的新南京國民政府之時。

在這些地區，中國人對占領的回應，合作多於抵抗。受到歐洲歷史修正主義指出所謂「法國全民抗德」為以訛傳訛之迷思的啟發，學者也開始重新審視中國的英勇愛國事蹟政治宣傳。[44]在長江下游地區，當地菁英幾乎是在日軍趕走國民政府守軍後，就立即與日本人合作。雙方出於利害考量，一拍即合。對日本人來說，決定創立占領政權，用意在與中國人建立更穩定的關係。有效運行的政府機構，有利於恢復占領區的秩序和生產力，從而助日本的征華大業一臂之力。日本人催促當地村民回去殘破的家鄉，重拾「安居樂業」的正常生活。眼見在華征戰的開銷升高，日本也認為讓占領區開始自力更生勢在必行。對中國人來說，生活能否恢復正常和穩定，攸關生存。戰爭已帶來可怕的破壞和苦難，而且帶來破壞和苦難者，除了日軍，還有中國軍隊。因此，雙方的合作順理成章。日本占領期間，當地人的考量是以務實為先。

整個抗戰期間，日本政府一再找國民政府談判，提議共覓外交解決之道。平均來講，日本的外交出擊一年達四次，一九三八年則達十一次。[45]蔣介石堅拒日本的提議，因為不願喪失任何主權和領土。但國民政府裡，有些人對事情的輕重緩急有不同看法。在他們看來，戰爭繼續下去，加上空襲的徹底破壞，中國要付出的代價太大。他們指出中國國疲民困，動盪不安，不再承受得了日益加重的重壓。他們也激烈批評和共產黨建立抗日統一戰線及國民政府過度依賴蘇聯等事。汪精衛尤其想要和左派、社會主義者、工運人士堅決劃清界線。他最初支持國民黨抗日政策，但一九三二年與蔣介石和解後，轉而力主應與日本進行協商。他認為相較於英國或美國，更別提蘇聯，日本尚有可取之處。他似乎也認同共建大亞洲未來之說。但隨著日本侵逼益甚，包括汪精衛在內的「親日」派遭邊緣化，在國民黨內形單勢孤。最後，在遇刺大難不死後，汪精衛轉向「和平運動」，決定跟日本合作。汪精衛及一批「和平派」分子出走河內，努力尋找與日軍事衝突的和平解決辦法。他跟日本談了一年多，最後，一九四〇年，在日本支持下，新的「中華民國國民政府」成立於南京，汪出任國民政府代主席。蔣介石和共黨都視他為漢奸，但他及他的支持者對自己的角色和目標有不同看法。

與日本合作的汪精衛政權，以「和平反共救國」為口號，從一九四〇年三月至一九四五年八月，控制日占區大部（上海不在其中）。[46]他成立了經過改組且形式上自主的國民黨政府，但日本當局嚴密監控汪精衛政府，所有決定都要日本陸軍說了才算。儘管如此，汪精衛強調國家的戰時角色是保護人民，是重建國家經濟，是發展密切的中日關係，顯示他的動機並非只是爭權。為打造他所憧憬的新世界秩序，他將其眼中所見的民族主義、大亞洲主義、三民主義融為「汪精衛主義」。他也發動所謂的「新國民運動」，並於該運動納入孫逸仙三民主義的民權學說元素。汪精衛認為，孫逸仙已證明要將大亞洲主義和中國民族主義結合是有可能的。因此，與日本合作，不牴觸孫逸仙的民族主義計畫。汪精衛認為蔣介石領導的國民政府，若非不願就是無力在戰時保護人民，他也是從這點切入，辯駁漢奸指控，以及說明與日本這位「友人」合作是有利的。

在汪精衛所統治的地區，地方持續保持自治。地方自行維護治安，享有暫時遠離戰禍的好處。上海和長江下游的商家，大多未隨國民政府遷往內陸，反倒竭力在日本人統治下維持自家工廠運行不輟。在這些地區，經濟小幅復甦，而這得部分歸功於大東亞共榮圈所追求目標的支持——大東亞共榮圈的宗旨，即是要協調朝鮮、滿洲國、蒙古軍政府、臺灣、中國大陸上的占領區、被日本占領或支配的其他國家（從菲律賓到泰國諸國）等日占區之間的經濟發展。戰爭打到此時，日占區與中國其他地方的貿易也已非常活絡，合法的與非法的都有。

全球戰爭

中國從一九三七年就開始打艱苦、絕望的抗日戰爭。當歐洲也開戰，第二次世界大戰隨之於一九三九年夏末爆發，這時，中國已經在自己領土上打了兩年多的殘酷戰爭，損失慘重，影響廣泛。二戰爆發，左右了中國戰場局面，但長遠來看，主要改變還是在中國的國際地位。全球戰爭開打，既帶來錯綜複雜的風險，也讓新的倡議得到多重發展機會。中國各黨派都知道局勢即將大變，卻不知道這將帶來怎樣的具體後果。

一九三九年八月底，蘇聯和德國簽訂條約允諾互不侵犯。[47] 這兩個原在意識形態上誓不兩立的國家，誓言在歐洲攜手合作。幾天後，希特勒揮兵入侵波蘭，二次大戰爆發。對中國來說，尤其對國民黨來說，這不只意味著蘇聯對其作戰支援會中斷，也意味著日本將能調動原本部署在俄國邊界沿線的兵力，轉而部署在中國。一九三九年後期，日本的確重啟攻勢，頻頻展開新的大動作，希望擴大占領區，進而打敗蔣介石政府。更糟的是，一九四〇年七月，英國政府暫時讓步，同意日本要求，關閉連接英國殖民地緬甸與中國的滇緬公路。英國軍力在歐洲已備多力分，眼下無力在東南亞另闢戰線。英國這項決定基本上使國民政府無法再透過滇緬公路取得其所亟需的軍事裝備和作戰物資。一九四〇年九月下旬，又一個打擊襲來：日德義三國組成軍事同盟，即軸心國，尚在中國的德籍軍事顧問隨之撤離中國。中國從此得完全靠一己之力抗日。國民黨孤立無援，沒有可靠的國際支持，對未來情勢深感惴惴不安，中共亦然。在此時期，國共抗日統一戰線運作得最為順暢，兩黨在軍事、政治上都有合作。

同時，蔣介石也在尋找新盟友。歐洲所有國家已被在歐洲大陸肆虐的戰火吞噬，中國能覓得的盟友，就只有美國。一九四〇年底，美國重新考慮其中立立場，開始回應中國求助。十一月下旬汪精衛政府獲東京正式承認時，美國政府宣布借款給重慶，要援華五十架軍機。一九四一年春，羅斯福（Franklin Delano Roosevelt）政府將《租借法案》擴大適用於中國。一九四一年一月通過的《租借法案》，最初用意主要便是為讓美國得以軍援外國。此法授權總統可以將武器或其他由國會撥款生產的任何防衛性物資，轉移給「任何一個國家政府，只要總統認為該國國防攸關美國國防」。[48]

一九四一年底，戰局出現突如其來的重大轉折。十二月七日日本無預警偷襲、摧毀珍珠港，促使美國參戰，從而也結束了中國在國際上原本較為孤立的處境。多年來中國首度能結成新同盟。幾週後，中緬印戰區確立，蔣介石為戰區最高統帥。從此，中國與盟國協力抵抗軸心國。美援開始注入，這對維持中國抗戰能量尤其重要。美國透過成本高、困難且危險的空運，翻越喜馬拉雅山，送來必需品、軍事裝備和顧問。

美國人提供裝備給蔣介石最有戰力的部隊，並訓練他的行政官員，也派專家前往指導蔣的情報機關。例如，在重慶郊區的白公館和渣滓洞，中華民國政府設立了惡名昭彰的看守所，其中一個看守所就有美籍軍官在裡面工作。根據一九四二年簽訂的一項祕密協定，成立了中美合作所，所址距離此看守所不遠。從一九四三至一九四五年，都有美國警官和情報人員奉命派駐該所，負責訓練中國密探和間諜，並教導國民政府特務機關訊問技巧。[49]

一九四二年二月，美國也派了一位首席顧問到重慶，即曾榮獲高級勳章、備受敬重的將軍史迪威（Joseph Stilwell, 1883-1946）。身為少數說得一口流利中國話的美國軍官，史迪威常與蔣介石直接起衝突，蔑稱蔣為「花生米」（Peanut，意指他愚蠢無用）。撇開私人好惡不談，雙方眼中的優先事項可說是南轅北轍，相互牴觸。史迪威的職責是說服蔣介石放手出擊，進攻日軍陣地，蔣介石則希望在緬的英軍、美軍大舉出擊，以減輕中國軍隊在本土奮戰的壓力。蔣介石不滿史迪威和美國出力不夠，要求美國展開更多軍事行動。史迪威也指責中方將領不願派中國地面部隊上戰場，而且懦弱、貪汙、無能。

不過無論如何，加入反希特勒聯盟，讓中國得到國際認可和看重，使中國有機會清除令其備覺羞辱的十九世紀帝國主義貽害。一九四三年一月，中英美三方簽訂新條約，商定廢除尚存的西方帝國主義殘餘、廢掉治外法權，以及戰後將所有租借地歸還中國治理，包括上海公共租界和法租界。這些條約也一筆勾消了一九〇一年《辛亥和約》所規定的中國賠款。[50]

一九四三年十一月，蔣介石出席開羅會議，這是唯一一場中國有正式代表參加的國際戰爭會議。開羅會議對蔣介石至為重要，因此他用心準備，懷著遠大計畫前去開羅。如同三十年前一戰期間的北洋政府，蔣介石認為中國參與這場世界大戰，是在爭取對戰後世界秩序之塑造有些發言權的機會。他深信中國作為同盟國裡面唯一的非西方國家，會有特別的發揮空間，他的主要目標很清楚；取得至關緊要的軍事援助。但除此之外，他還要求收復所有失土，不只有那些被日本占領的領土，還有在西藏的領土（英國在西藏有影響力），以及外蒙古、新疆（在軍閥盛世才統治下，此地區基本上已成為蘇聯衛星國）、東三省，乃至香港和各通商口岸。還有一個目標是，確立中國在同盟國陣營裡與他國平起平坐的大國地位，使中國從此能為非西方的被殖民世界發聲。

會議前，蔣介石與羅斯福有過私下交談，他在談話中表示，希望羅斯福「對英國帝國主義之政策，亦能運用成功，以解放世界被壓迫之人類」。[51]這招來英國強烈反對。英國首相邱吉爾（1874-1965）強調，英國沒有擴張領土之心，但「決意『保住其所擁有的』，包括新加坡和香港，不會未經一戰就放棄其殖民地」。[52]反之，後來在德黑蘭，史達林表示會完全尊重中國對滿洲的領土聲索，接受戰前的滿洲邊界線。[53]邱吉爾也明言反對蔣介石寄望甚大的「海盜行動」（Operation Buccaneer），亦即盟軍在孟加拉灣執行兩棲登陸作戰的計畫。最終同盟國同意在歐洲開闢第二戰線，以及於一九四四年在緬甸打一場陸上戰役。他們也發表聯合聲明，要日本將其占領的滿洲、臺灣、澎湖群島歸還中國。對蔣介石來說，開羅會議成果豐碩。

開羅會議的確讓世人見到中國的政治地位已大為改善，不再是十九世紀連遭慘敗的那個國家。中國躋身「四強」之列，在現代史上首度被視為大國。[54]中國也首度在國際舞臺上扮演起維護被殖民世界利益的角色。然而會議上的爭執和緊張關係，顯示中國要被其他大國平等看待，還有很長的路要走。蔣介石焦急地請求更多援助，但英美兩國頗滿意於現狀，無視中國在現狀下所承受的重擔。他們會繼續送來補給和支援，不過只夠使中國讓日軍日子難過。西方顯然未把幫助中國擊敗日本當成首要之務。

從開羅離開後，蔣介石強調中國支持成立一個國際組織在戰後時期維繫和平，此即後來的聯合國。開羅會議結束後不久，他於一九四四年發電報給羅斯福：「蓋東方人民如無代表，則此次會議（在敦巴頓橡樹園針對創立聯合國舉行的籌備會議）將對於世界之一半人類失去意義。」[55]一九四四年在華府附近的敦巴頓橡樹園（Dumbarton Oaks），中國代表顧維鈞力主將表達普世性、平等、正義原則的句子納入《聯合國憲章》。西方諸國又是一再拒斥這類言語，偏愛強調國家主權的絕對性質。抗拒中國所追求目標的國家，主要是英國，但美國亦在其列，只是抗拒程度較低。英國擔心人權條款會使英國直轄殖民地更敢挺身爭取獨立。美國代表團的一名團員甚至憂心「這類條文會對我國南方黑人問題造成影響」。[56]

一九四四年，按照開羅會議所談定的，緬北戰役開打。英美聯軍著手收復一九四二年被日本占領的緬甸，蔣介石也調遣精銳餘部的一部分前往助陣。史迪威領導的地面戰未能達成目標，原因之一在於史迪威與蔣介石失和——雖然一九四四年初中美曾在對日密支那之役攜手取得一些艱辛戰果。隨著日軍因補給線愈拉愈長、本身空中掩護漸少而兵力漸減，中國在美國空軍日益加大的援助下更積極抗日。

就是在這期間，日本發動日本皇軍自開戰以來的最大一場也是最後一場戰役。「一號作戰」（豫湘桂會戰）從一九四四年四月十七日打到一九四五年二月上旬，日本想經由這一仗，打通中國心臟地帶，開闢出一條從朝鮮釜山直通印尼的陸上通道，另一個目標則是毀去四川、廣西境內美國用來空襲日本城市的機場。日本動員五十萬兵力，與國民黨軍七十萬兵力交手。從一九四四年四月至十二月，中國遭遇一連串重大挫敗，國民政府又在數省失去更多領土，還有許多寶貴兵員。美國空襲日本本土加劇，使一號作戰不再是首要之務；一九四四年底叫停，以便盡可能抽調兵力回國防禦日本本土。但一號作戰令國民黨軍隊和政府元氣大傷，從而影響了後來的國共內戰。

二次大戰亞洲戰事的結束，來得又快又突然。一九四五年八月六日，一架美國飛機在日本廣島丟下一枚原子彈，其威力約相當於二萬噸傳統炸藥。挑中廣島，是因為它是工業城市，而且未因先前幾次攻擊受創，這樣一來有助於精確評估此炸彈的威力，二來可以重擊日本民心士氣。三天後，又一枚原子彈落在長崎。不到四天，在這兩個城市，就死掉將近二十萬人。廣島、長崎的慘劇，使這場奪走無數生靈的戰爭終於告終。一九四五年八月十五日，日本投降。

國共內戰

抗戰最後幾年，國共抗日統一戰線已名存實亡。一九四一年一月，國民黨軍攻擊企圖在中國中部建立根據地的共軍（新四軍），幾乎將其殲滅。國民黨軍也發動經濟封鎖，阻止共黨邊區與國民黨控制區之間的貿易。此後，雙方幾乎徹底撕破臉。重慶動用五十萬兵力阻止共黨擴大其在西北的邊區。國共兩黨都認為打敗日本後，中國定將爆發內戰。但一九四五年八月美國在廣島、長崎丟下原子彈，逼使日本驟然投降時，共黨和國民政府似乎都還沒有做好要開戰的準備。日軍撤離中國、臺灣、滿洲國，留下大部分軍備。57

一九四五年八月十四日，蘇聯與國民政府締結《中蘇友好同盟條約》。此約內容顯示，蔣介石對蘇聯關於蒙古和滿洲中蘇邊界的要求幾乎照單全收。外蒙古脫離中國，是二十世紀中國最大一筆領土喪失。蘇聯也有計畫有步驟地將滿洲的工業設備運回俄國，並以行動重中其過去對中國長春鐵路的所有權。西方列強命令在華日軍向國民政府部隊投降——日軍也奉命照辦——但中共堅持自己有權利解放日本控制的領土。共軍無視蔣介石要他們留在原地的命令，往東急馳，因而比國民黨軍先一步抵達接收地，尤其是滿洲國。在已被蘇聯紅軍解除日軍武裝的那些區域，中共部隊拿到大量武器和彈藥。國共兩軍起衝突是遲早的事，因為雙方都想擴大地盤。

外國強權和國際援助在擊敗日本上居功厥偉，因此，戰後外國勢力仍是影響中國局勢的極重要因素，也就不足為奇。中國內戰始終不盡然是中國家務事，從一開始就和國際因素有千絲萬縷的牽連。[58]蘇聯和美國密切注視中國情勢，但雙方對各自在中國的盟友並非全然力挺。莫斯科和華府都未針對如何處理中國局勢擬出明確計畫。

蔣介石與美國的關係，戰時已惡化，蔣雖然一派樂觀，卻也對後羅斯福時代華府領導階層會走的方向沒把握。美國意向含糊，既因為中國相比於歐洲較不受重視，也因為美國政界對中國局勢的評估南轅北轍。美國領導高層有些人深信中共聽命於莫斯科，中共若打贏內戰，會使亞洲局勢轉而有利於史達林。他們主張，美國不應任由蘇聯控制中國，應繼續援助蔣介石。有些人則指出中共鮮明的民族主義傾向，主張毛澤東思想主宰下的中國未必會與美國為敵，何況蔣介石必敗無疑。他們力阻美國政府選邊站，如果有可能阻止一場內戰就阻止，阻止不了的話，美國只需旁觀。

蘇聯，原則上承諾支援中共，心態上卻也同樣有矛盾。史達林不願為他口中的「穴居共產主義者」毛澤東做犧牲。他跟美國總統杜魯門（1884-1972）一樣，不想見到中國局勢危害到自己在歐洲遠更迫切的國家安全計畫。由日本投降後幾個月裡蘇聯的作為，可看出史達林的猶疑。在滿洲的蘇聯軍隊忽而為中共提供武裝，忽而把他們推開，忽而回應蔣介石的要求，忽而無視那些要求。毛澤東老早就向黨內心腹透露，搞不懂蘇聯的政策。[59]

在一九四五年的夏天，蘇聯、美國的對華政策都是以建立國共聯合政府為目標。毛澤東對美國猜疑甚深，但又沒把握蘇聯必會支持他，因此歡迎美國居中調解。中共還未準備好再來一戰。甚至在日本投降前，美國官員就在蘇聯同意下嘗試平息國共兩黨爭鬥，希望可以阻止內戰。日本一投降，行事特異的美國駐華大使赫爾利（Patrick J. Hurley, 1883-1963）就認為他能居間促成可長可久的聯合政府。[60]戰後美國的頭一番努力，促成蔣毛於日本投降後不久面對面商談。毛澤東飛往重慶，一九四五年八月二十七日抵達，同日與蔣介石共進晚餐。這是兩個死對頭二十年來第一次見面。前後六週裡兩人私下晤談多次，往往在蔣介石的庭園裡邊走邊談。幕僚雄心勃勃，積極草擬如何打造民主新中國的構想，提議首先要召開全國性諮詢會議，以為國民大會選舉制定規則，也建議中國所有武裝部隊統歸蔣介石節制。表面上兩人的晤談順利愉快，一九四五年十月十日中華民國國慶日，發表了予人光明希望的聯合聲明，承諾追求「和平、民主、團結、統一」。但雙方的地面部隊繼續往前推進。一九四五年十一月，蔣介石對共軍發動一輪猛攻，所有談判中止。一九四五年十一月下旬，赫爾利心感沮喪突然辭職。

一九四六年國民政府返回南京。同年，美國再度謀求和平的解決之道。總統杜魯門重申美國協助建立「強大、統一、民主中國」的決心，派馬歇爾將軍（1880-1959）使華。馬歇爾是甚受敬重的美國政治家，也是美國於二次大戰打敗德國、日本的最大功臣。馬歇爾的使命是說服蔣毛二人結束敵對、國共合組聯合政府。幾乎整個一九四六年，他都在為此任務而奔走。但該年年中，誰都看得出他的使命不可能達成，因為蔣毛二人明顯都不願放下對對方的惡感和敵意。[61]雙方都無意妥協，一九四六年十月戰事再起。毛澤東開始相信美國力挺國民黨。反美宣傳於焉啟動，指責美國想要宰制中國，把蔣介石說成是美帝的「走狗」。美國的回應是實施武器禁運，並於一九四七年五月後援助蔣介石。蔣介石決定全面開戰，麾下軍隊開始採取攻勢。

中國全面內戰爆發，從一九四七年中期打到一九四九年中期。美蘇互盯著對方，但都未派兵干預。其實，這兩個新興的超級強權互相嚇阻，只要對方也旁觀而不插手，自

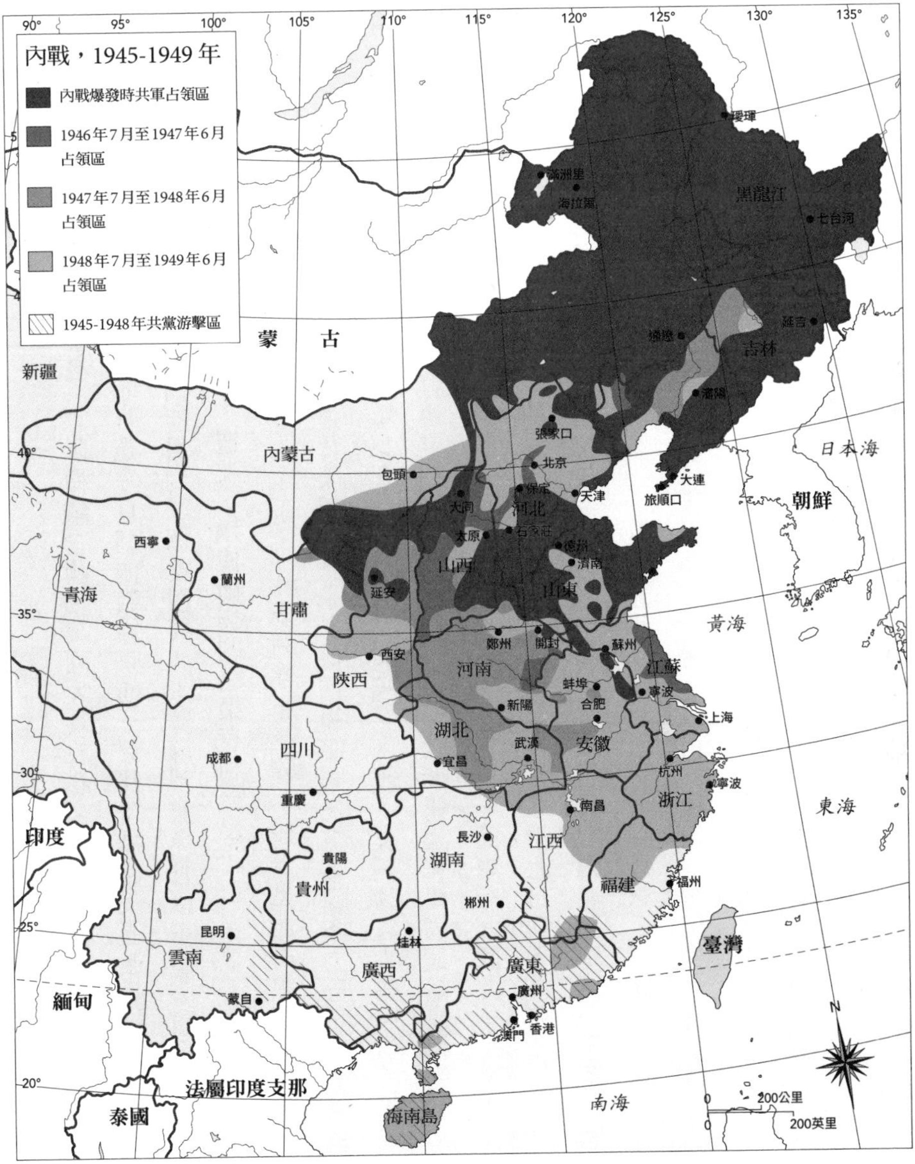
內戰，1945-1949年
內戰爆發時共軍占領區
1946年7月至1947年6月占領區
1947年7月至1948年6月占領區
1948年7月至1949年6月占領區
1945-1948年共黨游擊區
蒙古
新疆
內蒙古
青海
甘肅
陝西
山西
河北
山東
河南
江蘇
安徽
湖北
四川
浙江
江西
湖南
貴州
福建
雲南
廣西
廣東
黑龍江
吉林
朝鮮
日本海
黃海
東海
南海
臺灣
印度
緬甸
泰國
法屬印度支那
海南島
瑷琿
滿洲里
海拉爾
七台河
延吉
長春
瀋陽
大連
旅順口
張家口
北京
天津
保定
大同
包頭
太原
石家莊
德州
濟南
延安
西寧
蘭州
西安
鄭州
開封
蘇州
蚌埠
合肥
新陽
上海
寧波
武漢
宜昌
成都
重慶
杭州
南昌
長沙
貴陽
郴州
福州
昆明
桂林
廣州
蒙自
澳門
香港
200公里
200英里
N

己就無意派兵入華。看到蘇聯軍隊撤離中國，美國大為放心。蘇聯不曾有過什麼積極的大動作以助共黨打贏內戰，而且幾乎直到內戰結束前一刻都還擔心美國派兵干預。在這個冷戰初起的大環境下，我們能看到一個典型模式：美蘇都避免直接軍事干預，而是武裝其所信賴的代理人、衛星國、盟友，以使衝突的結果有利於己。

蔣介石部隊向各戰線出擊，一九四七年三月拿下延安，接著迅速占領華北和東北——在美國援助下，不過此舉違背美國意見——但這卻使國民黨軍備多力分，兵力被綁在城市和鐵路線上。蔣介石急欲以迅疾的出擊結束國共內戰，反倒鑄成大錯。這些戰略敗筆，加上一九四八年後期打決定性的淮海戰役時犯下戰術錯誤，使國民黨輸掉內戰。一九四七年底共軍反擊時，國民黨軍孤立於城市。叛逃猖獗。共軍一九四九年一月拿下天津、北京，四月向南進擊。四月二十三日拿下南京，五月二十七日拿下上海，六月二日拿下青島。六月，共軍兵力已增長至一百五十萬，蔣介石兵力則減為兩百一十萬。國民政府逃到廣州，繼而重慶、成都，一九四九年十二月上旬落腳臺灣——此前，蔣介石已把三十萬大軍、美國人所提供的大部分軍事裝備、政府的所有黃金儲備、北京故宮的許多珍貴文物送到臺灣。

一九四九年，美國政府討論用軍事干預在最後一刻挽救蔣介石的可能性。國務卿艾奇遜（Dean Acheson, 1893-1971）堅決反對。在歐洲，美國堅決圍堵蘇聯。但在亞洲，艾奇遜相信情勢不可相提並論。他在某份報告裡寫道：

連給予中國境內任何尚存的知名反共人士政治支持，恐怕都對我們沒有好處。他們最終很可能成不了氣候，就和南斯拉夫的保王派差不多。反中國共產黨的重要政治勢力，還未露出端倪。那股勢力要經過一段時日才會出現並壯大；但它必然會出現並壯大，因為共黨統治下的中國會孕育出這股勢力，就和蔣介石的國民黨催生出共黨一樣為勢所必然。[62]

但隨著中國落入共黨統治，美國開始暗中運作反毛。美國很快就開始避不表態，既不擁抱中共，也不對抗中共。

共黨打贏國共內戰，毫無疑問出人意料。最初，政府軍兵力為共軍兵力三倍之多，獨占空中武力，擁有威力大大優於對手的坦克和重炮。事實證明毛澤東和中共領導人的戰略極高明，而蔣介石及其將領在戰術、戰略上所犯下的大錯，也讓中共受益良多。中國菁英和老百姓不再如從前那樣支持國民黨政權，也有助於中共得勝。國民黨領導人接收沿海地區時，指控留在淪陷區受日本統治的企業家、知識分子、為市民表達心聲者通敵，從而失去他們的支持。在東北、中國西南部、新疆之類邊陲地區，國民黨從中央空降大員，要當地行政官員聽命於他們，也把當地菁英推到自己的對立面。戰前支持國民政府的地方菁英，因此不再同情國民黨。管理不當、軍隊和官員貪汙、破紀錄的通膨，一點一滴消耗掉尚餘的民心。蔣介石的部隊和官員前去接收淪陷區，往往把劫掠、貪汙、重創民生的通膨也帶去。中國失控的通膨，主要肇因於持續的財政赤字，而國民政府因應財政赤字的辦法，就只有印鈔票。沒有錯，財政赤字最初是因抗戰頭幾年中國最富庶的幾省落入日本之手而起，八年抗戰和三年內戰又加重了赤字情況。但同樣沒有錯的是，面臨這種險境，國民政府在遏制通膨上著力甚少。反觀共黨所解放的區域，治理較良善，軍隊紀律較佳，共黨溫和的土改計畫更是贏得農村廣大民心。

直至國民黨退出大陸為止，一直都有別的團體針對中國的未來提出其他構想，包括自由派、學生運動派系、地區性組織、祕密會社、教派、乃至國民黨本身的派系。一九四四年改組為政黨、提倡民主路線的中國民主同盟，尤其值得一提。民盟的綱領走第三條路，介於走資本主義路線的國民政府和共產黨之間。民主同盟的黨綱載明：我們想要結合蘇聯的經濟民主和英美的政治民主，建立中國式民主。[63]一九四五年後的中國人權討論，也很強調經濟權利、社會權利與政治權利之間的密切關係，以及集體權利與個人權利之間的密切關係。周鯨文（1908-1985）批判，政治權利在西方明載於憲法，卻仍有許多人因為經濟不平等或社會不平等而無法行使這些權利。從一九四四至一九四八年，張君勱（1886-1969）發表了數篇談人權的文章。對基本權利頗有保障的一九四六年《中華民國憲法》，就由他主導起草。[64]在這些文章裡，他論證人權觀念是歷史互動的結果，是中國與歐洲跨文化交流的產物。因此，他主張儒家的政治哲學不只和人權觀念毫無牴觸，而且已在歷史長河裡充實了人權觀念。張君勱認為人權是東西方思維彼此錯綜流轉的結果，而且文化流轉不僅未傷害此觀念，反倒促成其改善和成熟。這些投身民主與人權的團體沒有外國支持且不具政治影響力，卻在內戰期間提出令人信服的另一條路。

✣

二十世紀上半葉的中國，從強烈的危機、瓦解、受鄙視氣氛下走出，極渴望破舊立新，重新開始，東山再起。中國歷任政府，乃至軍閥，都想要有某種革命性鉅變。許多書籍文章探索可能的革命之路，把拒斥革命者扣上「反革命分子」之名。文藝作品經常在傳揚革命觀。企業為了國民革命而販賣國貨。「革命」一詞含糊不定，對不同的人來說，意味著不同的事物。因此，對革命的渴求無可避免導致不同革命路線之間關係緊張。中國社會裡以正確革命道路為主題的辯論，加深政治分歧，撕裂社會，即使外患當頭時亦然。這段期間的革命往往被後人評價為失敗或夭折。這些革命眼高手低，連往其崇高目標靠近都談不上，遑論實現。國民黨的共和制願景轉瞬即逝，五四運動知識分子所提倡的第一場文化革命，則始終沒有連結上廣大群眾。共黨革命大半時候接近破壞，甚於接近成功。中國的大大小小革命大抵而言似乎較善於破舊而非立新。儒家書院消失，寺廟遭關閉，習俗遭廢除，菁英受攻擊，沿襲千百年的觀念遭貶抑。但這些革命方案，即使未能實現其目標，卻往往啟動中國社會的深刻轉型。一批新制度被引入並試行，新的社會慣例在社會中確立下來，新技術獲採用，工作環境改變了，新的流動模式和日常生活模式建立了。在城市地區，改變最顯著，但改變的腳步也深入內陸農村。縱橫交錯的鐵公路和行走於河海的汽輪帶來新技術、新機會，還帶來新挑戰、新風險。由於對市場的倚賴升高，全球貨幣波動開始影響農村生活水準。此前中國社會從未在如此短的歲月裡經歷如此紛至沓來的種種改變，而且這些改變往往有害且從數個不同方向過來。

除了革命，戰爭也是這個時期的主流現象。二十世紀上半葉，中國幾乎無時無刻不在打仗，或起內戰，或禦外敵。戰爭帶來無窮貽害。戰爭造成兩千萬條人命喪生，有的死於中日軍隊交戰，有的死於被俘受虐，有的則是飽受戰火摧殘的平民。還有數百萬人死於基礎設施失修和疏於防杜、因應水災等天災。一九二〇年代後期至一九四〇年代後期，饑荒和天災普遍且頻仍。將近三十年殘酷戰爭不斷，可能奪走高達四千萬中國人民性命。同樣重創中國的，還有基礎設施、工業、建築遭破壞，以及中國民心受到的打擊。但這些戰爭也證明二十世紀中期時中國已有長足進步。數十年整軍經武、招募和訓練兵員、尚武精神傳播，使中國從軍事角度看已強大許多，自衛能力提升不少。一九〇〇年，庸弱的中國軍隊幾乎無役不敗，但五十年後，中國軍隊卻能在艱苦漫長的抗戰中，牽制住世界上數一數二耐打、能打的軍隊。一九四九年，中國即便滿目瘡痍，戰力仍頗強。

第三個統攝現象是民族主義的壯大和傳播。費約翰（John Fitzgerald）在其研究中華民國如何發展成獨立主權國的研究中，認為緊接於一九一一年後的一段時期，中國既「無國家」也「無民族」，意即雖然民族國家概念的確存在於中國菁英心中，但不管是國家的形式，還是民族的形式，都尚未被決定或確立。[65]這方面到民國時期有了重大改變。在這一時期，民族認同感較明確。民族在抵禦外侮、建設國家的脈絡下形成。隨著國家持續動員人民抵抗外國入侵，民族有了形狀。這個民族界定過程，是民族建構必經之路，使「中國」

成為有意義、具體可感、關乎個人的概念。領土遭外國強權瓜分、占領，也激發了中國的領土觀念，即國家的範圍涵蓋整塊大陸。中國——這或許是中國史上頭一遭——在民族主義觀念下團結起來，以國家名義動員民眾投入國際戰爭。最重要的是，民族主義是使軍力不致潰散的主要因素之一——原本軍力潰散的可能性看起來相當大，尤其是抗戰剛開打時。但中國作為一個概念，並未就此牢牢確立，因為有形形色色的國家打造方案，以不同方式界定、表述民族。而兩個誰也不服誰的建國政黨，都想要一手決定民族的內涵和代表該民族之國家的形式，為此爭鬥不休，中華民族則在此爭鬥中創立、再創立。

這個時期出現許多重建制度、實驗制度的作為，但大部分政府存在甚短，它們的制度改革流於片斷、不完整。北洋政府和軍閥政府的軍事獨裁統治，大多建立在既有的傳統制度上，在教育或軍隊方面有些小革新。軍閥政權通常具排他性、榨取性，不輕易吸收外人進入，傾向獨占權力和財富。國民黨在南京、重慶建立了一黨專制政權，其制度的設立，旨在透過向黨領導階層負責的有效率官僚體系來控制社會、經濟。這是由上而下的統制性體制，榨取社會資源供建設國家之用。排他性低於軍閥政權，但仍把國家和黨的利益擺在私人利益之上，當然也擺在與黨—國無關連的弱勢群體和勢力之上。延安的中國共產黨建立了另一種的一黨專政體制：以精心掌控並培養的草根動員力量為基礎，透過控制公共論述和懲戒性討伐來建立紀律。溫和的社會改革，在某些方面有益於農村社會，使延安在經濟方面較具包容性。但徵用資源仍是其改革主要目的之一。最後，在滿洲國和中國其他地方由日本人扶植的政權，提出的又是一種不同的制度秩序。這些傀儡政權行事受外部利益驅動。雖然推動開發和工業化，但目的是為滿足日本戰爭需求。這些制度的榨取性、排他性都很高。此時期留下令人困惑的制度拼圖，各式各樣拼塊之間的拼接並不完全吻合，但這些區域和地區有一共通點，即都由少數菁英統治，他們把社會組織起來是為達自己目的，即使犧牲大部分中國人民的福祉也在所不惜。政治權力集中在一小撮人手裡，主要用來為當權者創造財富和培養軍力。經濟制度具榨取性，因為這本就是這些制度的設計用意；這些制度的建立多是為了榨取大部分人民的收入和財富以造福當權者。

在由革命、戰爭、民族主義塑造出的這個四分五裂環境裡，中國政府制度的目標和結構，經歷了一個重大且全面的改變，成為所有地區和秩序的特徵。在這期間，可看到一股明顯的趨勢，即往強化國家公權力的方向發展。從最早的軍閥政權到最後的國民黨政權，每個政權為了維持獨立自主和發展經濟，都必須加強對社會和經濟的控制。這一趨勢始於抗戰前許久，但在抗日那幾年力道更是大幅增強。同一期間，我們也看到統治著不同地區的不同政府都一再努力動員群眾。政府官員認為，戰爭的恐怖與顛沛流離使人心恐懼失序，為此，他們致力於設立、擴大能叫民眾刮目相看的政府機構，以安定內部秩序。另一個我們一眼即可注意到的現象是，維護國家安全的公權力持續強化，而且這股不斷擴張的力量干預著現代中國社會的形成。權力愈來愈大的國家能找到數代的情報人員、執法幹員為其賣命，同時取得他們的效忠。戰時各政權熱中於打造強有力的政府機構，好將撲天蓋地的控制網籠罩整個社會。獲授予全權的祕密警察、執法機構、情蒐機構出現，這些機制有能力處理掉大量變節者和反對者。這一權力集中趨勢，與國家在其他關心領域所展開的重要行動息息相關，這些行動包括中央統一登錄國民、透過中央課稅體系榨取資源、愛國教育、透過學校課程和官方出資蓋的公共紀念物建構社會記憶、傳播國家認同。

國家經濟發展成為政府的施政要項之一，而且最終會重視到因此開始管理、控制、甚至國有化（抗戰時）幾乎所有產業。經濟發展計畫很簡單：靠政府之力發展產業，以及藉由課徵高農業稅，覓得發展產業所需的資源。經濟生活的私人領域因此受到限制。[66]當然，在這期間，政府的經濟控制和開發計畫，只取得局部成果。到最後，這些制度可能如同朱莉（Julia Strauss）所言，是「弱政治實體裡的強制度」。[67]國民黨和共產黨都是在抗戰結束後，才得以將其經濟生活或政治生活構想強行落實在廣大人民身上。直到那時，兩黨才有能力在自己所牢牢控制的地區這麼做。戰時政權要求對社會施以更大程度的控制，呼籲國民為集體利益做出更大犧牲，但也必須證明它們會在國民貧困受苦時伸出援手。國家與社會的新契約出爐，向社會提供貨物與服務的新觀念，在此契約中甚具分量。但中國各政府雖在這方面有些成就，卻大多未能履行它們在此契約中的責任。中國各政府最終要求的多而提供的少。整個民國期間，飽受戰禍、災難之苦的人民所得到的救助，主要來自非官方機構和國際救濟組織，例如聯合國善後救濟總署（United Nations Relief and Rehabilitation Administration）、紅十字會、世界紅卍字會。

這段期間儘管暴力橫行、滿目瘡痍，社會和文化卻大幅改觀。中國社會變得更多元、更複雜、流動性更高、更容易受全球情勢牽動。都市中產階級、專業人士之類的新社會群體出現，要求參與，要求得到肯定。此一時期，針對中國哪些事物屬於現代或稱得上現代，五四運動思潮、其他思潮和歷史思潮之間，激盪出許多激辯，而這些激辯本身正說明中國現代性的多元並存。五四運動（又稱新文化運動），強調教育和個人自主，那之後，隨著政治學說變得更憤世嫉俗，更兩極對立，出現日益不切實際、激進的其他文化行動方案。現代性是個複雜、眾聲喧譁的過程，針對如何臻於現代充滿各式各樣構想

——有些看法想打破傳統、著眼於政治，有些構想著眼於現世、日常事物，有些構想由知識分子推動，有些構想由消費者推動。要理解中國如何在全球現代性的大背景下改造傳統，就必須把重點擺在能動性和多元性上。這就不再著眼於評估中國引入西方事物時的忠實程度——這是傳統角度（即使這個角度也承認中國對西方思想有獨特看法）——而是轉而探索在中國追求融入現代世界時，傳統思想和新思想如何被改造、被重新運用。

戰爭和革命也把那些希望採用較寬容、包容治理方式的人邊緣化。不管是哪種民主，都被認為只有擺脫腐敗的政黨政治才得以實現。此時期的歷史常被概括為一場鬥爭，一邊是專制政府，一邊是要求民主的人民運動。誠如史謙德（David Strand）所主張的，這一二分法漏失了民國時期中國城市生活的影響。在當時中國，人們辯論、協商公民身分的意義、愛國精神、權利、正義，甚至在制度失靈、列寧主義政黨體制出現之際也這麼做。[68] 與衰弱、腐敗、壓迫有關的治理問題日增，不斷催生出要求積極領導、公民積極參與的更大聲浪。但人民要求參與政治的呼聲從未促成制度性改變。民國時期的最大困境與依舊排他、依舊被當權者獨占的政治制度有關。如空中樓閣的「新國民」或「新文化」願景，始終未影響實際的政治體制。民國時期是思辨自由程度很高和文藝創造力勃發的時期，但這時期的政治核心，即共和政體，沒有人真心信仰，而且此一政體的共和制度，也沒有人能夠或願意投注心力於其中。[69]要求甚高的中國知識分子漸漸極不信任政治制度。中華民國在某些方面未能實現自訂目標，使其某些核心價值和實踐只能化為崇高理想和未來抱負存世。此外，急欲擺脫封建主義、帝國主義束縛的心態，必然強化「救國」觀，不利於政治改革，並必然使塑造政治準則、政治過程之事交由政府機構負責。總而言之，政治制度的改革常被視為既無望且無用。

一九一一年，中國已站在百年全球變革、更生、革命的浪尖上。它不只成為亞洲第一個民族共和國，而且其實是最早改行共和制及最早採用民族國家政治形式的大陸型帝國之一。後來，歐洲諸帝國於一戰期間相互摧毀時，中國迎來中國資本主義的第一個黃金時代，上海成為充滿國際色彩的亞洲中心、世界中心。中國也著手打造更富活力的高等教育體制——從而訓練出後來幾代科學家和技術官僚。中國強化其軍隊，重建制度，動員並訓導其國民，擊敗敵人保住國家。然而與此同時，關於中國憲政秩序的性質，卻連最起碼的共識都沒有。似乎愈來愈排斥民眾參與的政府和在體制外聲勢日壯的政治運動團體相互對立，使能得到民眾支持的合法憲政體制無緣建立。二十世紀上半葉中國的諸多革命，留下諸多未解決的問題。

注釋

敬告讀者：哈佛大學出版社創立了一個網站，存放本書中的地圖並提供與本書有關的額外資料，包括更新頻繁的進階閱讀書單、完整參考書目、詞彙表和其他資訊，例如重要人物的資料。網址為http://www.makingchinamodern.com/.

導論

1 Benjamin Carlson, "The World According to Xi Jinping," *The Atlantic*, September 21, 2015, https://www.theatlantic.com/international/archive/2015/09/xi-jinping-china-book-chinese-dream/406387/.

2 見chapters by Evelyn S. Rawski, Jack A. Goldstone, Jonathan Hay, and Lynn A. Struve in *The Qing Formation in World-Historical Time*, ed. Lynn A. Struve (Cambridge, MA: Harvard University Asia Center, 2004), 207–241, 242–302, 303–334, 335–482.

3 Daron Acemoglu and James A. Robinson, *Why Nations Fail: The Origins of Power, Prosperity and Poverty* (New York: Random House, 2012).

4 Douglass C. North把制度定義為：「社會中的遊戲規則，或者更正式地說，是人為所設計出來引導人類互動的約束。」North, *Institutions, Institutional Change, and Economic Performance* (Cambridge: Cambridge University Press, 1990), 3.

5 根據Richard Scott的說法，「制度由管制性、規範性和文化認知性的要素構成，而這些要素連同相關的活動與資源，為社會生活帶來穩定與意義。」Scott, *Institutions and Organizations: Ideas and Interests*, 3rd ed. (Los Angeles: Sage Publications, 2008), 48.

6 也就是說，制度由「一個〔被人類占用且〕體現諸多不同作用的結構所組成。這些作用是根據任務及管控這些任務執行績效的規則來定義。」Miller, "Social Institutions," The Stanford Encyclopedia of Philosophy Archive, last modified February 8, 2011, https://plato.stanford.edu/archives/win2014/entries/social-institutions/. 亦可見Masahiko Aoki, "Endogenizing Institutions and Their Changes," *Journal of Institutional Economics* 3.1 (2007): 1–31; Stephan Haggard, "Institutions and Growth in East Asia," *Studies in Comparative International Development* 38.4 (2004): 53–81.

7 Avner Greif, *Institutions and the Path to the Modern Economy: Lessons from Medieval Trade* (Cambridge: Cambridge University Press, 2006), 188–190.

8 North, *Institutions*, 3.

9 Adrian Leftwich and Kunal Sen, *Beyond Institutions: Institutions and Organizations in the Politics and Economics of Poverty Reduction—Thematic Synthesis of Research Evidence* (Manchester: University of Manchester, 2010).

10 Daron Acemoglu and James A. Robinson, "Paths of Economic and Political Development," in *Handbook of Political Economy*, ed. Barry R. Weingast and Donald A. Wittman (Oxford: Oxford University Press, 2006), 673–692.

11 Susan H. Whiting, *Power and Wealth in Rural China: The Political Economy of Institutional Change* (New York: Cambridge University Press, 2001), 19–20.

12 Sabine Dabringhaus, *Geschichte Chinas, 1279–1949* (Munich: R. Oldenbourg, 2006), 118–120.

13 Victor H. Mair, "Kinesis versus Stasis, Interaction versus Independent Invention," in *Contact and Exchange in the Ancient World* (Honolulu: University of Hawai'i Press, 2006), 1–16.

14 Charles S. Maier, *Once Within Borders: Territories of Power, Wealth, and Belonging since 1500* (Cambridge, MA: Harvard University Press, 2016).

15 Alfred W. Crosby, "The Past and Present of Environmental History," *American Historical Review* 100 (1995): 1177–1189.

16 Mark Elvin and Liu Ts'ui-jung, *Sediments of Time: Environment and Society in Chinese History* (Cambridge: Cambridge University Press, 1998).

17 Pierre Bourdieu, *In Other Words: Essays towards a Reflexive Sociology* (Stanford, CA: Stanford University Press, 1990).

18 見Yeh Wen-hsin, "Introduction: Interpreting Chinese Modernity, 1900–1950," in *Becoming Chinese: Passages to Modernity and Beyond* (Berkeley: University of California Press, 2000), 1–30.

19 這是根據經濟史家Loren Brandt、Debin Ma和Thomas G. Rawski的新近研究："From Divergence to Convergence: Re-evaluating the History behind China's Economic Boom" (working paper, CAGE Online Working Paper Series, Department of Economics, University of Warwick, Coventry, UK, 2013), http://wrap.warwick.ac.uk /57944; Dwight H. Perkins, "China's Prereform Economy in World Perspective," in *The Rise of China in Historical Perspective*, ed. Brantley Womack (Lanham, MD: Rowman and Littlefield, 2010), 105–128.

20 Eleanor Albert and Xu Beina, "China's Environmental Crisis," Backgrounder, Council on

Foreign Relations, January 18, 2016, https://www.cfr.org/backgrounder/china-climate-change-policies-environmental-degradation.

第一部 清朝中國的興亡

1 Pamela K. Crossley, *The Wobbling Pivot: China since 1800, An Interpretive History* (Malden, MA: Wiley-Blackwell, 2010), xii.

第一章 盛世：一六四四～一八〇〇年

1 戰後從自由主義角度對中國政治體制發出的批判，大多集中於所謂的規矩僵化、社會等級制、仇外民族主義、威權主義，以及欠缺發展等層面，因此便將清朝社會描繪成停滯不前、閉關自守。近年來的研究大致上駁斥了這種說法。

2 有用的地理資料和地圖可參考Harvard University, Center for Geographic Analysis, China GIS Data, http:// www.gis.harvard.edu /resources /data /china -gis -data . 亦可見Sun Jingzhi, ed., *Economic Geography of China* (Hong Kong: Oxford University Press, 1988); Arthur Waldron, *The Great Wall of China* (Cambridge: Cambridge University Press, 1990); Piper R. Gaubatz, *Beyond the Great Wall: Urban Form and Transformation on the Chinese Frontiers* (Stanford, CA: Stanford University Press, 1996).

3 Robert B. Marks, *China: Its Environment and History* (Lanham, MD: Rowman and Littlefield, 2012); Mark Elvin, *The Retreat of the Elephants: An Environmental History of China* (New Haven, CT: Yale University Press, 2004), 19–85; David A. Pietz, *The Yellow River: The Problem of Water in Modern China* (Cambridge, MA: Harvard University Press, 2015); Mark Elvin and Liu Cuirong, *Sediments of Time: Environment and Society in Chinese History* (Cambridge: Cambridge University Press, 1998); Robert Marks, *Tigers, Rice, Silk, and Silt: Environment and Economy in Late Imperial South China* (Cambridge: Cambridge University Press, 1998).

4 Jonathan Schlesinger, *A World Trimmed with Fur: Wild Things, Pristine Places, and the Natural Fringes of Qing* (Stanford, CA: Stanford University Press, 2017). 關於這個時期產品的全球流通情況，也可參見Timothy Brook, *Vermeer's Hat: The Seventeenth Century and the Dawn of the Global World* (New York: Penguin, 2013).

5 Randall A. Dodgen, *Controlling the Dragon: Confucian Engineers and the Yellow River in the Late Imperial China* (Honolulu: University of Hawai'i Press, 2001); Richards L. Edmonds, ed., *Managing the Chinese Environment* (Oxford: Oxford University Press, 1998).

6 歷史人口學家以經過縝密研究的區域數據或縣數據為基礎所完成的專題論著中，最出色、最全面的是葛劍雄等著，《中國人口史》，六卷（上海：復旦大學出版社，二〇〇一）。以英文寫成的最佳資料，仍是Ho Ping-ti, *Studies on the Population of China*, 1368–1953 (Cambridge, MA: Harvard University Press, 1959) and James Z. Lee and Feng Wang, eds., *One Quarter of Humanity: Malthusian Mythology and Chinese Realities, 1700–2000* (Cambridge, MA: Harvard University Press, 1999).

7 Francesca Bray, *The Rice Economies: Technology and Development in Asian Societies* (Berkeley: University of California Press, 1994); Dwight H. Perkins, *Agricultural Development in China,*

1368–1968 (Chicago: Aldine, 1969).

8 Pierre-Etienne Will and R. Bin Wong, with James Lee, *Nourish the People: The State Civilian Granary System in China, 1650–1850* (Ann Arbor: Center for Chinese Studies, University of Michigan, 1991).

9 Edward H. Schafer, "The Yeh Chung Chi," *T'oung Pao* (1990): 148.

10 但是「中國」一詞如今大概是中文裡意義最接近英文「China」的詞，「中華」則是現今「中華人民共和國」和「中華民國」這兩個國名裡用來正式指稱「China」的詞。見 Lydia Liu, *Tokens of Exchange* (Durham, NC: Duke University Press, 1999).

11 James C. Y. Watt, "Art and History in China from the 3rd through the 8th Century," in *China: Dawn of a Golden Age, 200–750 AD*, ed. James C. Y. Watt and Prudence Oliver Harper (New York: Metropolitan Museum of Art, 2004), 2–46.

12 Samuel Adrian M. Adshead, *T'ang China: The Rise of the East in World History* (Houndmills, Basingstoke, UK: Palgrave Macmillan, 2004), 30.

13 Samuel Adrian M. Adshead, *China in World History* (New York: St. Martin's Press, 1988).

14 Peter K. Bol, "This Culture of Ours": *Intellectual Transitions in T' ang and Sung China* (Stanford, CA: Stanford University Press, 1992); Dieter Kuhn, *The Age of Confucian Rule: The Song Transformation of China* (Cambridge, MA: Belknap Press of Harvard University Press, 2009).

15 這類王朝中最長久的是遼、金（一一一五至一二三四年）、元（一二七一至一三六八年）、清（一六四四至一九一一年）。

16 Evelyn S. Rawski, "Presidential Address: Reenvisioning the Qing: The Significance of the Qing Period in Chinese History," in *Journal of Asian Studies* 55.4 (1996): 829–850; Cho-yun Hsu, *China: A New Cultural History* (New York: Columbia University Press, 2012), 334.

17 「天命」的概念初次出現，是為了滿足周朝（西元前一〇四五至前二五六年）統治者的政治需要。周朝於西元前十一世紀靠武力征服終結了商朝。

18 Prasenjit Duara、Michael Szonyi、David Faure等學者已經清楚說明，宗教在把中華帝國和地方社會連繫起來上扮演了極重要的角色：Prasenjit Duara, Culture, *Power, and the State: Rural North China, 1900–1942* (New York: ACLS History E-Book Project, 2005); Michael Szonyi, *Practicing Kinship: Lineage and Descent in Late Imperial China* (Stanford CA: Stanford University Press, 2002); David Faure, *Emperor and Ancestor: State and Lineage in South China* (Stanford CA: Stanford University Press 2007). 關於祈雨儀式，見Jeffrey Snyder-Reinke, *Dry Spells: State Rainmaking and Local Governance in Late Imperial China* (Cambridge, MA: Harvard University Asia Center, 2009).

19 Benjamin A. Elman, *Civil Service Examinations and Meritocracy in Late Imperial China* (Cambridge MA: Harvard University Press 2013); Alexander Woodside, *Lost Modernities: China, Vietnam, Korea and the Hazards of World History* (Cambridge, MA: Harvard University Press, 2006); Ichisada Miyazaki, *China's Examination Hell: The Civil Examinations of Imperial China* (New York: Weatherhill, 1976); and Benjamin A. Elman, *A Cultural History of Civil Examinations in Late Imperial China* (Berkeley: University of California Press, 2000).

20 擔任考官的清朝官員應該要熟讀這些詳述所有適用規定的手冊。見禮部編，《欽定科場條例》，十二卷（臺北：文海出版社，一九八九）。

21 Benjamin A. Elman, "Political, Social, and Cultural Reproduction via Civil Service Examinations in Late Imperial China," *Journal of Asian Studies* 50.1 (1991): 7–28.

22 Chang Chung-li, *The Chinese Gentry: Studies on their Role in Nineteenth-Century Chinese Society* (Seattle: University of Washington Press, 1955).

23 數目出自Miyazaki, *China's Examination Hell*; Iona Man-Cheong, *The Class of 1761: Examinations, State, and Elites in Eighteenth-Century China* (Stanford, CA: Stanford University Press, 2004). Elman, *Civil Service Examinations and Meritocracy*, 213，描述了這次考試，說該考試舉辦於一七五六年，但是那年並無考試.；他所引用的資料則是提到一七六六的考試。

24 Woodside, *Lost Modernities*.

25 Elman, *Civil Service Examinations and Meritocracy*, 229–230.

26 Benjamin A. Elman, "Changes in Confucian Civil Service Examinations from the Ming to the Ch'ing Dynasty," in *Education and Society in Late Imperial China, 1600–1900*, ed. Benjamin Elman and Alexander Woodside (Berkeley: University of California Press, 1994), 111–149.

27 John Dardess, *Preface to Governing China, 150–1850* (Indianapolis: Hackett, 2010), xii.

28 G. William Skinner, "Introduction: Urban Development in Imperial China," in *The City in Late Imperial China*, ed. G. William Skinner (Stanford, CA: Stanford University Press 1977), 1–32, here 19.

29 T'ung-tsu Ch'ü , *Local Government in China under the Ch'ing* (Cambridge, MA: Harvard University Press, 1962).

30 Joerg Baten, Debin Ma, Stephen Morgan, and Qing Wang, "Evolution of Living Standards and Human Capital in China in the 18–20th Centuries: Evidences from Real Wages, Age-Heaping, and Anthropometrics," *Explorations in Economic History* 47.3 (2010): 347–359.

31 Robert Gardella, "Squaring Accounts: Commercial Bookkeeping Methods and Capitalist Rationalism in Late Qing and Republican China," *Journal of Asian Studies* 51.2 (1992): 317–339; Evelyn S. Rawski, *Education and Popular Literacy in Ch'ing China* (Ann Arbor: University of Michigan Press, 1979).

32 William T. Rowe, *Crimson Rain: Seven Centuries of Violence in a Chinese County* (Stanford, CA: Stanford University Press, 2007), 17–42; David Robinson, Bandits, *Eunuchs and the Son of Heaven: Rebellion and the Economy of Violence in Mid-Ming China* (Honolulu: University of Hawai'i Press, 2001).

33 Lillian M. Li, *Fighting Famine in North China: State, Market, and Environmental Decline, 1690s–1990s* (Stanford, CA: Stanford University Press, 2007), 247. Perdue說明了清朝官員如何與地方仕紳合作擴建湖南省的灌溉及治水設施；見Peter C. Perdue, *Exhausting the Earth: State and Peasant in Hunan, 1500–1850* (Cambridge, MA: Harvard University Press, 1987). 亦可見Will, Wong, and Lee, *Nourish the People.*

34 Jane K. Leonard, *Controlling from Afar: The Daoguang Emperor's Management of the Grand Canal Crisis, 1824–1826* (Ann Arbor: Center for Chinese Studies, University of Michigan, 1996).

35 Julia C. Strauss, *Strong Institutions in Weak Polities: State Building in Republican China, 1927–1940* (Oxford: Clarendon Press, 1998), 14.

36 William T. Rowe, *China's Last Empire: The Great Qing* (Cambridge, MA: Belknap Press of Harvard University Press, 2009), 11–30; Mark C. Elliott, *The Manchu Way: The Eight Banners and Ethnic Identity in Late Imperial China* (Stanford, CA: Stanford University Press, 2001); Pamela K. Crossley, *A Translucent Mirror: History and Identity in Qing Imperial Ideology* (Berkeley: University of California Press, 1999); Franz H. Michael, *The Origin of Manchu Rule in China: Frontier and Bureaucracy as Interacting Forces in the Chinese Empire* (New York: Octagon Books, 1972).

37 王秀楚的《揚州十日記》以第一人稱報導了他對此次屠殺的親身見聞。英譯見Lynn A. Struve, *Voices from the Ming-Qing Cataclysm: China in Tigers' Jaws* (New Haven, CT: Yale University

Press, 1998), 28–48.

38 以下段落的根據是Hsu, *China: A New Cultural History*, 421–424.

39 Pamela K. Crossley, *Orphan Warriors: Three Manchu Generations and the End of the Qing World* (Princeton, NJ: Princeton University Press, 1991), 11.

40 Evelyn S. Rawski, *The Last Emperors: A Social History of Qing Imperial Institutions* (Berkeley: University of California Press, 1998); Crossley, *Translucent Mirror*; Nicola Di Cosmo, "Qing Colonial Administration in Inner Asia," *International History Review* 20.2 (1998): 287–309; Laura Hostetler, *Qing Colonial Enterprise: Ethnography and Cartography in Early Modern China* (Chicago: University of Chicago Press, 2001); Peter C. Purdue, *China Marches West: The Qing Conquest of Central Eurasia* (Cambridge, MA: Belknap Press of Harvard University Press, 2005); Evelyn S. Rawski, "The Qing Formation and the Early-Modern Period," in *The Qing Formation in World-Historical Time*, ed. Lynn Struve (Cambridge, MA: Harvard University Asia Center, 2004), 207–241; Frederic Wakeman, T*he Great Enterprise: The Manchu Reconstruction of Imperial Order in Seventeenth-Century China* (Berkeley: University of California Press, 1985).

41 Richard J. Smith, *The Qing Dynasty and Traditional Chinese Culture* (Lanham, MD: Rowman and Littlefield, 2015), 85–123; Frederic Wakeman, Jr., "High Qing, 1683–1839," in *Modern East Asia: Essays in Interpretation*, ed. James B. Crowley (New York: Harcourt, Brace and World, 1970); Mark C. Elliott, *Emperor Qianlong: Son of Heaven, Man of the World* (New York: Pearson Longman, 2009); Evelyn S. Rawski and Jessica Rawson, *China: The Three Emperors, 1662–1795* (London: Royal Academy of Arts, 2005); Jonathan D. Spence, *Emperor of China; Self Portrait of K' ang Hsi* (New York: Knopf, 1974); Michael G. Chang, *A Court on Horseback: Imperial Touring and the Construction of Qing Rule, 1680–1785* (Cambridge, MA: Harvard University Asia Center,

2007), 428.

42 Smith, *The Qing Dynasty*, 118–119.

43 William T. Rowe, *Saving the World: Chen Hongmou and Elite Consciousness in Eighteenth-Century China* (Stanford, CA: Stanford University Press, 2001); Lin Manhong, *China Upside Down: Currency, Society, and Ideologies, 1808–1856* (Cambridge, MA: Harvard University Asia Center, 2006).

44 Anne Gerritsen and Stephen McDowall, "Material Culture and the Other: European Encounters with Chinese Porcelain, ca. 1650–1800," *Journal of World History* 23.1 (2012): 87–113, here 88; Peter Wilhelm Meister and Horst Reber, *European Porcelain of the Eighteenth Century*, trans. Ewald Osers (Ithaca, NY: Cornell University Press, 1983), 18; Benjamin A. Elman, *A Cultural History of Modern Science in China* (Cambridge, MA: Harvard University Press, 2008), 75–80.

45 《天工開物》已有英譯本：Song Yingxing, *Chinese Technology in the Seventeenth Century = T'ien-kung k'ai-wu* (New York: Dover Publications, 1997). 亦可見Benjamin A. Elman, *On Their Own Terms: Science in China, 1550–1900* (Cambridge, MA: Harvard University Press, 2005).

46 Rowe, *China's Last Empire*, 123.

47 大致上的發展，見Richard von Glahn, *Economic History of China: From Antiquity to the Nineteenth Century* (Cambridge: Cambridge University Press, 2016), 295–347. Richard von Glahn, *Fountain of Fortune: Money and Monetary Policy in China, 1000–1700* (Berkeley: University of California Press, 1996), 113–141，探討了白銀的角色。在Dennis O. Flynn and Arturo Giraldez, eds., *Metals and Monies in an Emerging Global Economy* (Aldershot, UK: Variorum, 1997)可找到數篇與白銀、亞洲貿易有關的文章。

48 Loren Brandt, Debin Ma, and Thomas G. Rawski, "From Divergence to Convergence: Re-Evaluating the History behind China's Economic Boom" (Working Paper no. 117, CAGE Online Working Paper Series, Department of Economics, University of Warwick, 2013), http://wrap.warwick.ac.uk/57944/.

49 Rowe, *China's Last Empire*, 43.

50 Madeleine Zelin, *The Merchants of Zigong: Industrial Entrepreneurship in Early Modern China* (New York: Columbia University Press, 2005); Kenneth Pomeranz, " 'Traditional' Chinese Business Forms Revisited: Family, Firm, and Financing in the History of the Yutang Company of Jining, 1779–1956," *Late Imperial China* 18.1 (1997): 1–38.

51 在中國社會史裡，「宗族」一詞指的是可追溯至同一祖先的一群同姓之人。

52 Klaus Mühlhahn, *Criminal Justice in China: A History* (Cambridge, MA: Harvard University Press, 2009); Chen Fu-mei and Ramon Myers, "Customary Law and the Economic Growth of China during the Ch'ing Period," *Ch'ing shih wen t'i* 3.10 (1978): 4–27; Chen Fu-mei and Ramon Myers, "Coping with Transaction Costs: The Case of Merchant Associations in the Ch'ing Period," in *Chinese Business Enterprise in Asia*, ed. Rajeswary Ampalavanar Brown (London: Routledge, 1996), 252–274.

53 西方人以「Confucius」一詞指稱西元前五五一年生於山東曲阜的孔丘。

54《論語》是孔子和其弟子的短篇語錄，內容描寫孔子的為人，並講述一些他的生平事蹟。此處所引的段落出自《論語》第二篇（為政）第三章。

55 David L. Hall and Roger T. Ames, "Chinese Philosophy," in *Routledge Encyclopedia of Philosophy*, 1998, https://www.rep.routledge.com/search?newSearch&searchString=chinese-philosophy.

56 Wm. Theodore de Bary and Irene Bloom, comp., *Sources of Chinese Tradition*, vol. 1 (New York:

Columbia University Press, 1999), 849–850.

57 Benjamin A. Elman, "Ch'ing Dynasty Schools of Scholarship," in *Ch'ing-shih wen-t'i* 4.6 (1981): 1–44; Kang-i Sun Chang and Stephen Owen, eds., *The Cambridge History of Chinese Literature* (Cambridge: Cambridge University Press, 2010), 2: 157–162, 220–229; On Cho Ng, *Cheng-Zhu Confucianism in the Early Qing: Li Guangdi (1642–1718) and Qing Learning* (Albany: State University of New York Press, 2001); Elman, *Cultural History of Civil Examinations*.

58 Huang Zongxi and Wm. Theodore de Bary, *Waiting for the Dawn: A Plan for the Prince* (New York: Columbia University Press, 1993).

59 Wm. Theodore de Bary and Richard Lufrano, *Sources of Chinese Tradition: From 1600 through the Twentieth Century*, 2nd ed. (New York: Columbia University Press, 2010), 1:35–41. 亦可見 Gu Yanwu, *Record of Daily Knowledge and Collected Poems and Essays: Selections*, trans. and ed. Ian Johnston (New York: Columbia University Press, 2017).

60 R. Kent Guy, *The Emperor's Four Treasuries: Scholars and the State in the Late Ch'ien-Lung Era* (Cambridge, MA: Council on East Asian Studies, Harvard University, 1987).

61 Sebastian Conrad, "Enlightenment in Global History: A Historiographical Critique," *American Historical Review* 117.4 (2012): 999–1027.

62 Evelyn S. Rawski, "Chinese Strategy and Security Issues in Historical Perspective," in *China's Rise in Historical Perspective*, ed. Brantly Womack (Lanham, MD: Rowman and Littlefield, 2010).

63 在此，我利用了以下著作：Takeshi Hamashita, Linda Grove, and Mark Selden, eds., *China, East Asia and the Global Economy* (Abingdon, UK: Routledge, 2008); Jean-Laurent Rosenthal and R. Bin Wong, *Before and Beyond Divergence: The Politics of Economic Change in China and*

Europe (Cambridge, MA: Harvard University Press, 2011); R. Bin Wong, *China Transformed: Historical Change and the Limits of European Experience* (Ithaca, NY: Cornell University Press, 1997); Kenneth Pomeranz, *The Great Divergence: China, Europe, and the Making of the Modern World Economy* (Princeton, NJ: Princeton University Press, 2000); Andre G. Frank, *Reorient: Global Economy in the Asian Age* (Berkeley: University of California Press, 1998); Kaoru Sugihara, *Japan, China, and the Growth of the Asian International Economy, 1850–1949* (Oxford: Oxford University Press, 2005); Anthony Reid, *Southeast Asia in the Age of Commerce, 1450–1680* (New Haven, CT: Yale University Press, 1988).

64 朝貢體制的起源和隱含的觀念、價值觀及信念，可上溯至漢朝（西元前二〇六至西元二二〇年）。漢朝以朝貢體制管理中國與鄰邦之間的貿易和外交。概括性的專題論著包括David C. Kang, *East Asia before the West: Five Centuries of Trade and Tribute* (New York: Columbia University Press, 2010); John King Fairbank, ed., *The Chinese World Order: Traditional China's Foreign Relations* (Cambridge, MA: Harvard University Press, 1968); Zhang Yongjin, "The Tribute System," in *Oxford Bibliographies in Chinese Studies*.

65 Kang, *East Asia before the West* , 56.

66 Alan Wood, *Russia's Frozen Frontier: A History of Siberia and the Russian Far East 1581–1991* (London: Bloomsbury Academic, 2011), 51–52; Jan Burbank and Frederick Cooper, *Empires in World History: Power and the Politics of Difference* (Princeton, NJ: Princeton University Press, 2011), 213–218.

67 Perdue, *China Marches West*, 211.

第二章 中華世界秩序重整：一八〇〇～一八七〇年

1 Pedro Machado, *Ocean of Trade: South Asian Merchants, Africa and the Indian Ocean, c. 1750–1850* (Cambridge: Cambridge University Press, 2014); Kirti Narayan Chaudhuri, *Trade and Civilisation in the Indian Ocean: An Economic History from the Rise of Islam to 1750* (Cambridge: Cambridge University Press, 1985); Donald F. Lach and Edwin J. Van Kley, *Asia in the Making of Europe* (Chicago: University of Chicago Press, 1965).

2 Emily Erikson, *Between Monopoly and Free Trade: The English East India Company, 1600–1757* (Princeton, NJ: Princeton University Press, 2014); Angela Schottenhammer ed. [see ch 3 n4], *The East Asian Maritime World 1400–1800: Its Fabrics of Power and Dynamics of Exchanges* (Wiesbaden: Harrassowitz, 2007); H. V. Bowen, *The Business of Empire: The East India Company and Imperial Britain, 1756–1833* (Cambridge: Cambridge University Press, 2006); Kirti Narayan Chaudhuri, T*he Trading World of Asia and the English East India Company, 1660–1760* (Cambridge: Cambridge University Press, 1978).

3 Philip Thai, *China's War on Smuggling: Law, Economic Life, and the Making of the Modern State, 1842–1965* (New York: Columbia University Press, 2018) chapter 1.

4 William T. Rowe, *China's Last Empire: The Great Qing* (Cambridge, MA: Harvard University Press, 2009), 141–148.

5 引自Frederick Wakeman, Jr., *The Fall of Imperial China* (New York: Free Press, 1975), 101. 關於馬戛爾尼使華，見James Louis Hevia, *Cherishing Men from Afar: Qing Guest Ritual and the Macartney Embassy of 1793* (Durham, NC: Duke University Press, 2005).

6 J. Mason Gentzler, *Changing China: Readings in the History of China from the Opium War to the*

Present (New York: Praeger, 1977), 25.

7 針對中國鴉片問題的歷史研究，已經不再僅限於鴉片戰爭（一八四〇至一八四二年），而是擴及範圍更廣的史學研究及理論議題。這門新學科近年新添的學術著作包括 Timothy Brook and Bob Tadashi Wakabayashi, eds., *Opium Regimes: China, Britain, and Japan, 1839–1952* (Berkeley: University of California Press, 2000); Edward Slack, *Opium, State, and Society: China's Narco-Economy and the Guomindang, 1934–1937* (Honolulu: University of Hawai'i Press, 2001); Joyce Madancy, *The Troublesome Legacy of Commissioner Lin: The Opium Trade and Opium Suppression in Fujian Province, 1820s to 1920s* (Cambridge, MA: Harvard University Asia Center, 2003); Frank Dikötter, Lars Laamann, and Zhou Xun, *Narcotic Culture: A History of Drugs in China* (Chicago: University of Chicago Press, 2004); and David Anthony Bello, *Opium and the Limits of Empire: Drug Prohibition in the Chinese Interior, 1729–1850* (Cambridge, MA: Harvard University Asia Center, 2005).

8 關於鴉片戰爭，見 Stephen R. Platt, *Imperial Twilight: The Opium War and the End of China's Last Golden Age* (New York: Alfred A. Knopf, 2018); Julia Lovell, *The Opium War: Drugs, Dreams and the Making of China* (London: Picador, 2011); Robert A. Bickers, *The Scramble for China: Foreign Devils in the Qing Empire, 1832–1914* (London: Allen Lane, 2011); Madancy, *The Troublesome Legacy of Commissioner Lin; James Polachek, The Inner Opium War* (Cambridge, MA: Council on East Asian Studies, Harvard University, 1992). 此條約之主要條文的英語版可見於 Gentzler, *Changing China*, 29–32.

9 以下諸段落以這兩部著作為依據：Stephen R. Platt, *Autumn in the Heavenly Kingdom: China, the West, and the Epic Story of the Taiping Civil War* (New York: Alfred A. Knopf, 2012), 25–50; and John Yue-wo Wong, *Deadly Dreams: Opium, Imperialism, and the Arrow War (1856–1860) in*

China (Cambridge: Cambridge University Press, 1998).

10 Harry Gelber, *Battle for Beijing, 1858–1860: Franco-British Conflict in China* (Switzerland: Palgrave Macmillan, 2016), 105–130; Michael Mann, *China, 1860* (Salisbury, Wiltshire: Russell, 1989).

11 見James L. Hevia, "Looting Beijing: 1860, 1900," in *Tokens of Exchange*, ed. Lydia Liu (Durham, NC: Duke University Press, 1999), 193–194.

12 引自Arne O. Westad, *Restless Empire: China and the World since 1750* (New York: Basic Books, 2012), 51.

13 Mark Bassin, *Imperial Visions: Nationalist Imagination and Geographical Expansion in the Russian Far East, 1840–1865* (Cambridge: Cambridge University Press, 1999).

14 Sebastian Conrad and Klaus Mühlhahn, "Global Mobility and Nationalism: Chinese Migration and the Reterritorialization of Belonging, 1880–1910," in *Competing Visions of World Order: Global Moments and Movements, 1880s–1930*, ed. Sebastian Conrad and Dominic Sachsenmaier (New York: Palgrave Macmillan, 2007), 181–211; Walton Look Lai, *Indentured Labor, Caribbean Sugar: Chinese and Indian Migrants to the British West Indies, 1838–1918* (Baltimore, MD: Johns Hopkins University Press, 2003); Yen Ching-Hwang, *Coolies and Mandarins: China's Protection of Overseas Chinese during the Late Ch'ing Period (1851–1911)* (Singapore: Singapore University Press, 1985).

15 Rowe, *China's Last Empire*, 172–173.

16 Hans van de Ven, *Breaking with the Past: The Maritime Customs Service and the Global Origins of Modernity in China* (New York: Columbia University Press, 2014).

17 Teemu Ruskola, *Legal Orientalism: China, the United States, and Modern Law* (Cambridge,

MA: Harvard University Press, 2013), 108–151; Pär Kristoffer Cassel, *Grounds of Judgment: Extraterritoriality and Imperial Power in Nineteenth-Century China and Japan* (Oxford: Oxford University Press, 2012).

18 Ann Laura Stoler and Carole McGranahan, "Refiguring Imperial Terrains," in *Imperial Formations*, ed. Ann Laura Stoler, Carole McGranahan, and Peter C. Perdue (Santa Fe, NM: School for Advanced Research Press 2007), 3–44.

19 Jürgen Osterhammel, *Colonialism: A Theoretical Overview* (Princeton, NJ: M. Wiener, 1997), 19; and Jürgen Osterhammel, "Semi-colonialism and Informal Empire in 20th-Century China," in *Imperialism and After: Continuities and Discontinuities*, ed. Wolfgang J. Mommsen and Jürgen Osterhammel (London: Allen and Unwin, 1986), 290–341.

20 Rebecca E. Karl, "On Comparability and Continuity: China, circa 1930's and 1990's," *boundary 2* (2005): 169–200.

21 這個主題的相關文獻非常豐富，重要的著作包含Robert A. Bickers and Isabella Jackson, *Treaty Ports in Modern China* (New York: Routledge, 2015); Bryna Goodman and David S. G. Goodman, *Twentieth-Century Colonialism and China: Localities, the Everyday and the World* (Milton Park, Abingdon, UK: Routledge, 2012); Robert Bickers and Christian Henriot, eds., *New Frontiers: Imperialism's New Communities in East Asia, 1842–1953* (Manchester, UK: Manchester University Press, 2000); Nicholas R. Clifford, *Spoilt Children of Empire: Westerners in Shanghai and the Chinese Revolution of the 1920s* (Hanover, NH: University Press of New England, 1991); John K. Fairbank, *Trade and Diplomacy on the China Coast: The Opening of the Treaty Ports, 1842–1854* (Cambridge, MA: Harvard University Press, 1953); Albert Feuerwerker, "The Foreign Presence in China," in *The Cambridge History of China* (Cambridge: Cambridge

University Press, 1983), 12:129–208; Jürgen Osterhammel, "Britain and China, 1842–1914," in *The Oxford History of the British Empire*, ed. Andrew Porter (New York: Oxford University Press, 1999), 3:146–169; Mark Peattie, "Japanese Treaty Port Settlements in China, 1895–1937," in *Japanese Informal Empire in China, 1895–1937*, ed. Peter Duus, Ramon Myers, and Mark Peattie (Stanford, CA: Stanford University Press, 1989), 166–209; Rudolf G. Wagner, "The Role of the Foreign Community in the Chinese Public Sphere," *China Quarterly* 142 (1995): 423–443.

22 Marie-Claire Bergère, *Shanghai: China's Gateway to Modernity* (Stanford, CA: Stanford University Press, 2009)；熊月之編，《上海通史》（上海：上海人民出版社，一九九九）；Fairbank, *Trade and Diplomacy on the China Coast*.

23 Robert Bickers and Jeffrey N. Wasserstrom, "Shanghai's 'Dogs and Chinese Not Admitted' Sign: Legend, History, and Contemporary Symbol," *China Quarterly* 142 (1995): 444–466.

24 Klaus Mühlhahn, Wen-hsin Yeh, and Hajo Frölich, eds., "Introduction," in "Rethinking Business History in Modern China" special issue, *Cross-Currents* 4.2 (2015): 1–12; Wen-hsin Yeh, *Shanghai Splendor: Economic Sentiments and the Making of Modern China, 1843–1949* (Berkeley: University of California Press, 2007); David Faure, *China and Capitalism: A History of Business Enterprise in Modern China* (Hong Kong: Hong Kong University Press, 2006); Madeline Zelin and Andrea McElderry, "Guest Editors' Introduction" in "Business History in Modern China" special issue, *Enterprise & Society* 6.3 (2005): 357–363; Sherman Cochran, *Big Business in China: Sino-Foreign Rivalry in the Cigarette Industry, 1890–1930* (Cambridge, MA: Harvard University Press, 1980).

25 Bert Becker, "Coastal Shipping in East Asia in the Late Nineteenth Century," *Journal of the Royal Asiatic Society Hong Kong Branch* 50 (2010): 245–302; Howard Cox, Biao Huang, and

Stuart Metcalfe, "Compradors, Firm Architecture, and the 'Reinvention' of British Trading Companies: John Swire & Sons' Operations in Early Twentieth-Century China," *Business History* 45.2 (2003): 15–34; Sherman Cochran, *Encountering Chinese Networks: Western, Japanese, and Chinese Corporations in China, 1880–1937* (Berkeley: University of California Press, 2000); William D. Wray, *Mitsubishi and the N.Y.K., 1870–1914: Business Strategy in the Japanese Shipping Industry* (Cambridge, MA: Harvard University Press, 1984); Hou Chi-ming, *Foreign Investment and Economic Development in China, 1840–1937* (Cambridge, MA: Harvard University Press, 1980); Liu Kwang Ching, *Anglo-American Steamship Rivalry in China, 1862–1874* (Cambridge, MA: Harvard University Press, 1956); Liu Kwang Ching, "British-Chinese Steamship Rivalry in China, 1873–85," in *The Economic Development of China and Japan*, ed. C. D. Cowan (New York: Praeger, 1964), 49–77.

26 Lillian Li, *China's Silk Trade: Traditional Industry in the Modern World* (Cambridge, MA: Harvard University Press, 1981); Wellington K. K. Chan, *Merchants, Mandarins, and Modern Enterprise in Late Ch'ing China* (Cambridge, MA: East Asian Research Center, Harvard University, 1977).

27 Cheng Linsun, *Banking in Modern China: Entrepreneurs, Professional Managers and the Development of Chinese Banks, 1897–1937* (New York: Cambridge University Press, 2003); Niv Horesh, *Shanghai's Bund and Beyond: British Banks, Banknote Issuance, and Monetary Policy in China, 1842–1937* (New Haven, CT: Yale University Press, 2009); Frank H. H. King, *Eastern Banking: Essays in the History of the Hongkong and Shanghai Banking Corporation* (London: Athlone Press, 1983).

28 Sherman Cochran, *Chinese Medicine Men: Consumer Culture in China and Southeast Asia* (Cambridge, MA: Harvard University Press, 2006).

29 Rudolf G. Wagner, *Joining the Global Public: Word, Image, and City in Early Chinese Newspapers, 1870–1910* (Albany: State University of New York Press, 2007); Natascha Vittinghoff, "Readers, Publishers and Officials in the Contest for a Public Voice and the Rise of a Modern Press in Late Qing China (1860–1880)," *T'oung Pao* 87 (2001): 393–455; Natascha Vittinghoff, *Die Anfänge des Journalismus in China (1860–1911)* (Wiesbaden: Harassowitz, 2002); Barbara Mittler, *A Newspaper for China? Power, Identity and Change in Shanghai's News Media (1872–1912)* (Cambridge, MA: Harvard University Press, 2004); Henrietta Harrison, "Newspapers and Nationalism in Rural China, 1890–1929," *Past and Present* 106 (2000): 181–204; Joan Judge, Print and Politics: "Shibao" and the Culture of Reform in *Late Qing China* 1996 (Stanford, CA: Stanford University Press, 1996).

30 Zhang Xiantao, *The Origins of the Modern Chinese Press: The Influence of the Protestant Missionary Press in Late Qing China* (London: Routledge, 2010); Wang Dong, *Managing God's Higher Learning: U.S.-China Cultural Encounter and Canton Christian College* (Lingnan University), 1888–1952 (Lanham, MD: Lexington Books, 2007); Alvyn Austin, *China's Millions: The China Inland Mission and Late Qing Society, 1832–1905* (Grand Rapids, MI: W. B. Eerdmans, 2007); Edward J. M. Rhoads, *Stepping Forth into the World: The Chinese Educational Mission to the United States, 1872–81* (Hong Kong: Hong Kong University Press, 2011).

31 Christoph Kaderas, "The Founding of China's First Polytechnic Institution," *Asiatische Studien* 4 (1999): 893–903.

32 Laurence J. C. Ma, "The State of the Field of Urban China: A Critical Multidisciplinary Overview of the Literature," in "Urban China" special issue, *China Information* 20.3 (2006): 363–389; Joseph W. Esherick, "Modernity and Nation in the Chinese City," in *Remaking the*

Chinese City: Modernity and National Identity, 1900–1950, ed. Joseph W. Esherick (Honolulu: University of Hawai'i Press, 2000); David Strand, " 'A High Place Is No Better than a Low Place': The City in the Making of Modern China," in *Becoming Chinese: Passages to Modernity and Beyond*, ed. Wen-hsin Yeh (Berkeley: University of California Press, 2000); Elizabeth J. Perry, "From Paris to the Paris of the East—and Back: Workers as Citizens in Modern Shanghai," in *Changing Meanings of Citizenship in Modern China*, ed. Merle Goldman and Elizabeth J. Perry (Cambridge, MA: Harvard University Press, 2002); Elizabeth J. Perry, *Shanghai on Strike: The Politics of Chinese Labor* (Stanford, CA: Stanford University Press, 1993); G. William Skinner, "Regional Urbanization in Nineteenth-Century China," in The City in *Late Imperial China*, ed. G. William Skinner (Stanford, CA: Stanford University Press, 1977).

33 Brian G. Martin, *The Shanghai Green Gang: Politics and Organized Crime, 1919–1937* (Berkeley: University of California Press, 1996).

34 Bryna Goodman, *Native Place, City and Nation: Regional Networks and Identities in Shanghai, 1853–1937* (Berkeley: University of California Press, 1995), 14–32.

35 Leo Ou-fan Lee, *Shanghai Modern: The Flowering of a New Urban Culture in China, 1930–1945* (Cambridge, MA: Harvard University Press, 1999), 203.

36 Tsai Weipin, *Reading Shenbao: Nationalism, Consumerism and Individuality in China, 1919–37* (Basingstoke, UK: Palgrave Macmillan, 2010); Rudolf G. Wagner, "The Role of the Foreign Community in the Chinese Public Sphere," China Quarterly 142 (1995): 423–443.

37 此處估計的戶部預算出自Helen Dunstan, *State or Merchant: Political Economy and Political Process in 1740s China* (Cambridge, MA: Harvard University Asia Center, 2006), 446. 關於此改革政策，見Wang Wensheng, *White Lotus Rebels and South China Pirates: Crisis and Reform in the*

Qing Empire (Cambridge, MA: Harvard University Press, 2014), 28. 亦可見 William T. Rowe, "Introduction: The Significance of the Qianlong-Jiaqing Transition in Chinese History," *Late Imperial China* 32.2 (2011): 74–88.

38 Richard von Glahn, *Economic History of China: From Antiquity to the Nineteenth Century* (Cambridge: Cambridge University Press, 2016), 553–564.

39 Lin Manhong, *China Upside Down: Currency, Society, and Ideologies, 1808–1856* (Cambridge, MA: Harvard University Asia Center, 2006); Lin Manhong, "Two Social Theories Revealed: Statecraft Controversies over China's Monetary Crisis, 1808–1854," *Late Imperial China* 2 (1991): 1–35.

40 Pierre-Etienne Will and R. Bin Wong, with James Lee, *Nourish the People: The State Civilian Granary System in China, 1650–1850* (Ann Arbor: Center for Chinese Studies, University of Michigan, 1991), 75–92; Pierre-Etienne Will, *Bureaucracy and Famine in Eighteenth-Century China* (Stanford, CA: Stanford University Press, 1990), 289–301; Susan Mann Jones and Philip Kuhn, "Dynastic Decline and the Roots of Rebellion," in *The Cambridge History of China*, ed. John K. Fairbank (Cambridge: Cambridge University Press, 1978), 10:107–162; Peter C. Perdue, *Exhausting the Earth: State and Peasant in Hunan, 1500–1850* (Cambridge, MA: Harvard University Press, 1987).

41 Pei Huang, *Autocracy at Work: A Study of the Yung-cheng Period, 1723–1735* (Bloomington: Indiana University Press, 1974), 16; Hung Ho-fung, *Protest with Chinese Characteristics: Demonstrations, Riots, and Petitions in the Mid-Qing Dynasty* (New York: Columbia University Press, 2011), 131–133; Madeleine Zelin, *The Magistrate's Tael: Rationalizing Fiscal Reform in Eighteenth-Century Ch'ing China* (Berkeley: University of California Press, 1984); Jones and

Kuhn, "Dynastic Decline and the Roots of Rebellion," 119–130.

42 Wang Yeh-chien, "Secular Trends of Rice Prices in the Yangzi Delta, 1638–1935," in *Chinese History in Economic Perspective*, ed. Thomas G. Rawski and Lillian M. Li (Berkeley: University of California Press, 1992), 35–68; Frederic Wakeman, *Strangers at the Gate: Social Disorder in South China, 1839–1861* (Berkeley: University of California Press, 1966), 133; Wang Yeh-chien, "Evolution of the Chinese Monetary System, 1644–1850," in *Modern Chinese Economic History: Proceedings of the Conference on Modern Chinese Economic History, August 26–29, 1977*, ed. Chi-ming Hou and Yu Tzong-shian (Taipei: Academia Sinica, 1979), 425–452.

43 Ralph W. Huenemann, *The Dragon and the Iron Horse: The Economics of Railroads in China, 1876–1937* (Cambridge, MA: Harvard University Press, 1984).

44 David Ownby and Mary F. Somers Heidhues, eds., *"Secret Societies" Reconsidered: Perspectives on the Social History of Early Modern South China and Southeast Asia* (Abingdon, Oxon, UK: Routledge, 2015); Dian Murray, in collaboration with Qin Baoqi, *The Origins of the Tiandihui: The Chinese Triads in Legend and History* (Stanford, CA: Stanford University Press, 1994); David Ownby, *Brotherhoods and Secret Societies in Early and Mid-Qing China: The Formation of a Tradition* (Stanford, CA: Stanford University Press, 1996); Jean Chesneaux, ed., *Popular Movements and Secret Societies in China, 1840–1950* (Stanford, CA: Stanford University Press, 1977).

45 客家人原居華北，一二七〇年代南宋滅亡時遷至華南（尤以廣東、福建、江西、廣西四省最多）。客家人在華南定居，自成村落，一直未完全被本地人同化。十八、十九世紀期間，華南的環境惡化，土地缺稀問題普遍，客家人經常捲入與本地人的爭地衝突。Nicole Constable, *Guest People: Hakka Identity in China and Abroad* (Seattle: University of Washington Press, 2006);

Sow-Theng Leong, Tim Wright, and G. W. Skinner, *Migration and Ethnicity in Chinese History: Hakkas, Pengmin, and Their Neighbors* (Stanford, CA: Stanford University Press, 1997).

46 對此辯論最精闢的概述，見Paul A. Cohen, *Discovering History in China: American Historical Writing on the Recent Chinese Past* (1984; New York: Columbia University Press, 2010); 亦可見Hou Jiming, *Foreign Investment and Economic Development in China, 1840–1937* (Cambridge, MA: Harvard University Press, 1965); Andrew Nathan, "Imperialism's Effect on China," *Bulletin of Concerned Asian Scholars [Critical Asian Studies]* 4.4 (1972): 3–8; Joseph W. Esherick, "Harvard on China: The Apologetics of Imperialism," *Bulletin of Concerned Asian Scholars [Critical Asian Studies]* 4.4 (1972): 9–16.

47 Kenneth Pomeranz, *The Making of a Hinterland: State, Society, and Economy in Inland North China, 1853–1937* (Berkeley: University of California Press, 1993), 24.

48 Robert Y. Eng, *Economic Imperialism in China: Silk Production and Exports, 1861–1932* (Berkeley: Center for Chinese Studies, University of California, 1986), 11.

49 Cochran, *Encountering Chinese Networks; Elisabeth Kö ll, From Cotton Mill to Business Empire: The Emergence of Regional Enterprise in Modern China* (Cambridge, MA: Harvard University Asia Center, 2004); Aihwa Ong and Donald Macon Nonini, eds., *Ungrounded Empires: The Cultural Politics of Modern Chinese Transnationalism* (New York: Routledge, 1997); Daniel J. Meissner, *Chinese Capitalists versus the American Flour Industry, 1890–1910: Profit and Patriotism in International Trade* (Lewiston, NY: Edwin Mellen Press, 2005); Chan, Merchants, *Mandarins, and Modern Enterprise*, 79.

50 Mike Davis, *Late Victorian Holocausts: El Niño Famines and the Making of the Third World* (London: Verso, 2001); David D. Zhang, Jane Zhang, Harry F. Lee, and He Yuan-qing, "Climate Change

and War Frequency in Eastern China over the Last Millennium," *Human Ecology* 35.4 (2007): 403–414舉出低溫和降雨量減少的證據．．Lillian M. Li, *Fighting Famine in North China: State, Market, and Environmental Decline, 1690s–1990s* (Stanford, CA: Stanford University Press, 2007), 27–30; Qing Pei and David D. Zhang, "Long-Term Relationship between Climate Change and Nomadic Migration in Historical China," *Ecology and Society* 19.2 (2014): 68.

51 Kathryn Edgerton-Tarpley, *Tears from Iron: Cultural Responses to Famine in Nineteenth-Century China* (Berkeley: University of California Press, 2008); Paul Richard Bohr, *Famine in China and the Missionary: Timothy Richard as Relief Administrator and Advocate of National Reform, 1876–1884* (Cambridge, MA: Harvard University Press, 1972).

52 Robert H. G. Lee, *The Manchurian Frontier in Ch'ing History* (Cambridge, MA: Harvard University Press, 1970); Thomas R. Gottschang and Diana Lary, *Swallows and Settlers: The Great Migration from North China to Manchuria* (Ann Arbor: Center for Chinese Studies, University of Michigan, 2000); Philip A. Kuhn, *Chinese among Others: Emigration in Modern Times* (Lanham, MD: Rowman and Littlefield, 2008).

53 Joanna Handlin Smith, *The Art of Doing Good: Charity in Late Ming China* (Berkeley: University of California Press, 2009); Vivienne Shue, "The Quality of Mercy: Confucian Charity and the Mixed Metaphors of Modernity in Tianjin," *Modern China* 32.4 (2006): 411–452; William T. Rowe, *Hankow: Conflict and Community in a Chinese City, 1796–1895* (Stanford, CA: Stanford University Press, 1989), 100–103; Mary B. Rankin, *Elite Activism and Political Transformation in China* (Stanford, CA: Stanford University Press, 1986).

54 Elizabeth J. Perry, *Rebels and Revolutionaries in North China, 1845–1945* (Stanford, CA: Stanford University Press, 1980), 1–9. 亦可見Roxann Prazniak, *Of Camel Kings and Other Things: Rural*

Rebels against Modernity in Late Imperial China (Lanham, MD: Rowman and Littlefield, 1999).

55 Wang, *White Lotus Rebels*, 41–48; Richard Shek, "Ethics and Polity: The Heterodoxy of Buddhism, Maitreyanism, and the Early White Lotus," in *Heterodoxy in Late Imperial China*, ed. Kwang-Ching Liu and Richard H.-C. Shek (Honolulu: University of Hawai'i Press, 2004); Bernard J. ter Haar, *The White Lotus Teachings in Chinese Religious History* (Leiden: E. J. Brill, 1992); Susan Naquin, "Transmission of White Lotus Sectarianism in Late Imperial China," in *Popular Culture in Late Imperial China*, ed. David G. Johnson, Andrew J. Nathan, Evelyn S. Rawski, and Judith A. Berling (Berkeley: University of California Press, 1985); Hok-lam Chan, "The White Lotus—Maitreya Doctrine and Popular Uprisings in Ming and Ch'ing China," *Sinologica* 10 (1969): 211–233.

56 摩尼教是西元三世紀由波斯先知摩尼所創的宗教，在六世紀唐朝期間傳入中國，被認為是一種諾斯底主義（Gnosticism）的思想型態。諾斯底主義是一種信仰體系，基本教義強調用心來領會宗教奧義。Sammuel L. C. Lieu, "Manicheism in China," *Encyclopædia Iranica*, online edition, 2002, https://iranicaonline.org/articles/manicheism-v-in-china-1.

57 Rowe, *China's Last Empire*, 157. 關於八卦教之亂，見Susan Naquin, *Millenarian Rebellion in China: The Eight Trigrams Uprising of 1813* (New Haven, CT: Yale University Press, 1976); Susan Naquin, *Shantung Rebellion: The Wang Lun Uprising of 1774* (New Haven, CT: Yale University Press, 1981); Pamela K. Crossley, *The Wobbling Pivot, China since 1800: An Interpretive History* (Malden, MA: Wiley-Blackwell, 2010), 59.

58 Perry, *Rebels and Revolutionaries*, 96–151.

59 現能找到講述太平天國歷史的最佳著作：Platt, *Autumn in the Heavenly Kingdom*; and Jonathan D. Spence, *God's Chinese Son: The Taiping Heavenly Kingdom of Hong Xiuquan* (New York: W. W.

Norton: 1996). 引文出自 Spence, pp. 116, 160. Tobie S. Meyer-Fong, *What Remains: Coming to Terms with Civil War in 19th Century China* (Stanford, CA: Stanford University Press, 2013)，透過回憶錄和個人文字紀錄，重現了這場戰爭。

60 以下著作探討了太平天國的信仰體系和意識形態：Rudolf G. Wagner, *Reenacting the Heavenly Vision: The Role of Religion in the Taiping Rebellion* (Berkeley: Institute of East Asian Studies, Center for Chinese Studies, University of California, 1984); Philip Kuhn, "Origins of the Taiping Vision: Cross-Cultural Dimensions of a Chinese Rebellion," *Comparative Studies in Society and History* 19.3 (1977): 350–366.

61 Spence, *God's Chinese Son*, 171.

62 《原道醒世訓》，引自Kuhn, "Origins of the Taiping Vision," 360.

63 下面一段文字依據Platt, *Autumn in the Heavenly Kingdom*, chapter 3, and Spence, *God's Chinese Son*, 173–191寫成；亦見於洪仁玕所撰的重要原始文件《資政新篇》，英譯可見於Franz Michael, *The Taiping Rebellion: History and Documents* (Seattle: University of Washington Press, 1966–1971), 3:751–776.

64 《天朝田畝制度》，英譯見於Theodore de Bary and Richard Lufrano, *Sources of Chinese Tradition: From 1600 through the Twentieth Century* (New York: Columbia University Press, 2000), 2:224–226.

65 見Document Nr. 208 in Michael, *The Taiping Rebellion*, 869–897.

66 Theda Skocpol, *States and Social Revolutions: A Comparative Analysis of France, Russia, and China* (Cambridge: Cambridge University Press, 1979).

67 下一段文字根據以下著作寫成：Morris Rossabi, *A History of China* (Malden, MA: John Wiley and Sons, 2014), 307–311; David G. Atwill, *The Chinese Sultanate: Islam, Ethnicity, and the*

Panthay Rebellion in Southwest China, 1856–1873 (Stanford, CA: Stanford University Press, 2006), S. Frederick Starr, *Xinjiang: China's Muslim Borderland* (Armonk, NY: M.E. Sharpe, 2004); Kim Hodong, *Holy War in China: The Muslim Rebellion and State in Chinese Central Asia, 1864–1877* (Stanford, CA: Stanford University Press, 2004); Jonathan N. Lipman, *Familiar Strangers: A History of Muslims in Northwest China* (Seattle: University of Washington Press, 1998); Robert D. Jenks, *Insurgency and Social Disorder in Guizhou: The "Miao" Rebellion, 1854–1873* (Honolulu: University of Hawai'i Press, 1994).

68 Peter Lavalle, "Cultivating Empire: Zuo Zontang's Agriculture, Environment, and Reconstruction in the Kate Qing," in *China on the Margins*, ed. Sherman Cochran and Paul Pickowicz (Ithaca, NY: Cornell East Asia Program, 2010).

69 David Gillard, *The Struggle for Asia, 1828–1914: A Study in British and Russian Imperialism* (NY: Holmes and Meier, 1980).

70 Christopher I. Beckwith, *Empires of the Silk Road: A History of Central Eurasia from the Bronze Age to the Present* (Princeton, NJ: Princeton University Press, 2009), 241–242; Peter Frankopan, *The Silk Roads: A New History of the World* (New York: Alfred A. Knopf, 2016).

71 James A. Millward, *Eurasian Crossroads: A History of Xinjiang* (New York: Columbia University Press, 2007), 124–177.

72 Bruce Elleman and Stephen Kotkin, eds., *Manchurian Railways and the Opening of China: An International History* (Armonk, NY: M.E. Sharpe, 2010).

73 Philip A. Kuhn, *Rebellion and Its Enemies in Late Imperial China: Militarization and Social*

Structure, 1796–1864 (Cambridge, MA: Harvard University Press, 1970), 211–233.

第三章 晚清困境：一八七〇～一九〇〇年

1 Benjamin A. Elman, "Early Modern or Late Imperial? The Crisis of Classical Philology in Eighteenth-Century China," *Frontiers of History in China* 6.1 (2011): 3–25; Benjamin A. Elman, *From Philosophy to Philology: Intellectual and Social Aspects of Change in Late Imperial China* (Cambridge, MA: Council on East Asian Studies, Harvard University, 1984).

2 Elman, *From Philosophy to Philology*, 28. 亦可見Elman, *On Their Own Terms: Science in China, 1550–1900* (Cambridge, MA: Harvard University Press, 2005).

3 Anne Cheng, "Nationalism, Citizenship and the Old Text / New Text Controversy in Late Nineteenth Century China," in *Imagining the People: Chinese Intellectuals and the Concept of Citizenship*, ed. Joshua A. Fogel and Peter G. Zarrow (Armonk, NY: M.E. Sharpe, 1997), 61–81; Benjamin A. Elman, Classicism, *Politics, and Kinship: The Ch'angchou School of New Text Confucianism in Late Imperial China* (Berkeley: University of California Press, 1990).

4 Jane Kate Leonard, *Wei Yuan and China's Rediscovery of the Maritime World* (Cambridge, MA: Council on East Asian Studies, Harvard University, 1984); Jane Kate Leonard, "Timeliness and Innovation: The 1845 Revision of The Complete Book on Grain Transport (Caoyun quanshu), " in *Chinese Handicraft Regulations of the Qing Dynasty: Theory and Application*, ed. Christine Moll-Murata, *Song Jianze, and Hans Ulrich Vogel* (Munich: Iudicum, 2005), 449–464; Jane Kate Leonard, "The Qing Strategic Highway on the Northeast Coast," in *The Perception of Maritime Space in Traditional Chinese Sources*, ed. Angela Schottenhammar and Roderich Ptak

(Wiesbaden: Harrassowitz, 2006), 27–39.

5 今日的江蘇、安徽兩省在清朝時同為一省，名叫江南省。江南省和江西省合稱「兩江」，於是有兩江總督之職。清朝共設有九個總督，負責統轄一省或數省的省政。

6 魏源這句話引自Ssu-yü Teng and John K. Fairbank, eds., *Research Guide for China's Response to the West: A Documentary Survey, 1839–1923* (Cambridge, MA: Harvard University Press, 1979).

7 Orville Schell and John Delury, *Introduction to Wealth and Power: China's Long March to the Twenty-First Century* (New York: Random House, 2013); Helen Dunstan, *Conflicting Counsels to Confuse the Age: A Documentary Study of Political Economy in Qing China, 1644–1840* (Ann Arbor: Center for Chinese Studies, University of Michigan, 1996).

8 Philip A. Kuhn, "Reform on Trial," in *Origins of the Modern Chinese State* (Stanford, CA: Stanford University Press, 2002), 54–79.

9 Schell and Delury, *Wealth and Power*, 11–36.

10 J. Mason Gentzler, *Changing China: Readings in the History of China from the Opium War to the Present* (New York: Praeger, 1977), 70–71.

11 Wm. T. de Bary and Richard Lufrano, comp., *Sources of Chinese Tradition* (New York: Columbia University Press, 1960), 2:47.

12 關於同治中興和總體其工業政策，見Shellen X. Wu, *Empires of Coal: Fueling China's Entry into the Modern World Order, 1860–1920* (Stanford, CA: Stanford University Press, 2015); Elisabeth Köll, *From Cotton Mill to Business Empire: The Emergence of Regional Enterprises in Modern China* (Cambridge, MA: Harvard University Asia Center, 2004); Samuel C. Chu and Liu Kwang-Ching, *Li Hung-Chang and China's Early Modernization* (Armonk, NY: M.E. Sharpe, 1994); Mary C. Wright, *The Last Stand of Chinese Conservatism: The T'ung-chih Restoration, 1862–1874*,

rev. ed. (New York: Atheneum, 1965). 關於曾國藩，見Jonathan Porter, *Tseng Kuo-fan's Private Bureaucracy* (Berkeley: Center for Chinese Studies, University of California, 1972); Hellmut Wilhelm, "The Background of Tseng Kuofan's Ideology," *Asiatische Studien* 3–4 (1949): 90–100; William J. Hail, *Tseng Kuo-fan and the Taiping Rebellion: With a Short Sketch of His Later Career* (New Haven, CT: Yale University Press, 1927).

13 關於曾國藩的〈愛民歌〉，見Stephen R. Platt, *Autumn in the Heavenly Kingdom: China, the West, and the Epic Story of the Taiping Civil War* (New York: Alfred A. Knopf, 2013), 175.

14 曾國藩的著作是近現代中國極為暢銷的書籍，關於這點見Guo Yingjie and He Baogang, "Reimagining the Chinese Nation: The 'Zeng Guofan Phenomenon,' " *Modern China* 25.2 (1999): 142–170.

15 見Richard von Glahn, *Economic History of China: From Antiquity to the Nineteenth Century* (Cambridge: Cambridge University Press, 2016), 570, Table 9.7.

16 見David Faure, *China and Capitalism: A History of Business Enterprise in Modern China* (Hong Kong: Hong Kong University Press, 2006), 50–56. 關於此模式，見Wellington K. K. Chan, *Merchants, Mandarins, and Modern Enterprise in Late Ch'ing China* (Cambridge, MA: Harvard University Press, 1977).

17 Kuo Ting-Yee and Liu Kwang-Ching, "Self-Strengthening: The Pursuit of Western Technology," in *The Cambridge History of China*, volume 10: Late Ch'ing, 1800–1911, Part 1, ed. John K. Fairbank (Cambridge: Cambridge University Press, 1978), 491–542.

18 Liu Yun, "Revisiting Hanyeping Company (1889–1908): A Case Study of China's Early Industrialisation and Corporate History," *Business History* 52:1 (2010): 62–73; Elman, *On Their Own Terms*, 411.

19 David Pong, "Keeping the Foochow Navy Yard Afloat: Government Finance and China's Early Modern Defense Industry, 1866–75," *Modern Asian Studies* 21.1 (1987): 121–152.

20 William T. Rowe, *China's Last Empire: The Great Qing* (Cambridge, MA: Harvard University Press, 2009), 214.

21 Bert Becker, "Coastal Shipping in East Asia in the Late Nineteenth Century," *Journal of the Royal Asiatic Society Hong Kong Branch* 50 (2010): 245–302; Lai Chi-kong, "Li Hung-chang and Modern Enterprise: The China Merchants' Company, 1872–1885," *Chinese Studies in History* 25.1 (1991): 19–51; Albert Feuerwerker, *China's Early Industrialization: Sheng Hsuanhuai (1844–1916) and Mandarin Enterprise* (Cambridge, MA: Harvard University Press, 1958).

22 Faure, *China and Capitalism*, 53.

23 Daniel McMahon, *Rethinking the Decline of China's Qing Dynasty: Imperial Activism and Borderland Management at the Turn of the Nineteenth Century* (London: Routledge, 2015).

24 Dorothy Ko, "Footbinding and Anti-Footbinding in China: The Subject of Pain in the Nineteenth and Early Twentieth Centuries," in *Discipline and the Other Body: Correction, Corporeality, Colonialism*, ed. Steven Pierce and Anupama Rao (Durham, NC: Duke University Press, 2006), 215–242; Dorothy Ko, *Cinderella's Sisters: A Revisionist History of Footbinding* (Berkeley: University of California Press, 2005); Thoralf Klein, "Christian Mission and the Internationalization of China, 1830–1950," in *Trans-Pacific Interactions: The United States and China, 1880–1950*, ed. Vanessa Künnemann and Ruth Mayer (New York: Palgrave Macmillan, 2009), 141–160; Hong Fan, *Footbinding, Feminism, and Freedom: The Liberation of Women's Bodies in Modern China* (London: F. Cass, 1997).

25 談傳教士的專著甚多，重要者包括Daniel H. Bays, *A New History of Christianity in China:*

Blackwell Guides to Global Christianity (Malden, MA: Wiley-Blackwell, 2012); Albert Monshan Wu, *From Christ to Confucius: German Missionaries, Chinese Christians, and the Globalization of Christianity, 1860–1950* (New Haven, CT: Yale University Press, 2016); Alvyn Austin, *China's Millions: The China Inland Mission and Late Qing Society, 1832–1905* (Grand Rapids, MI: Eerdmans, 2007); Michael G. Murdock, "Whose Modernity? Anti-Christianity and Educational Policy in Revolutionary China, 1924–1926," *Twentieth-Century China* 31.1 (2005): 33–75; Daniel H. Bays, ed., *Christianity in China: From the Eighteenth Century to the Present* (Stanford, CA: Stanford University Press, 1996); Kathleen L. Lodwick, *Crusaders against Opium: Protestant Missionaries in China, 1874–1917* (Lexington: University Press of Kentucky, 1996); John K. Fairbank, ed., *The Missionary Enterprise in China and America* (Cambridge, MA: Harvard University Press, 1974); Paul A. Cohen, *China and Christianity: The Missionary Movement and the Growth of Chinese Antiforeignism, 1860–1870* (Cambridge, MA: Harvard University Press, 1963); Jessie G. Lutz, *China and the Christian Colleges, 1850–1950* (Ithaca, NY: Cornell University Press, 1971).

26 Robert Lee, *France and the Exploitation of China, 1885–1901: A Study of Economic Imperialism* (Hong Kong: Oxford University Press, 1989).

27 Kirk W. Larsen, *Tradition, Treaties, and Trade: Qing Imperialism and Chosŏn Korea, 1850–1910* (Cambridge, MA: Harvard University Asia Center, 2008); S. C. M. Paine, *The Sino-Japanese War of 1894–1895: Perceptions, Power, and Primacy* (New York: Cambridge University Press, 2005); Michael R. Auslin, *Negotiating with Imperialism: The Unequal Treaties and the Culture of Japanese Diplomacy* (Cambridge, MA: Harvard University Press, 2004).

28 Pamela K. Crossley, *The Wobbling Pivot, China since 1800: An Interpretive History* (Malden, MA:

Wiley-Blackwell, 2010), 96.

29 Klaus Mühlhahn, "A New Imperial Vision? The Limits of German Colonialism in China," in *German Colonialism in a Global Age*, ed. Bradley Naranch and Geoff Eley (Durham, NC: Duke University Press, 2015), 129–146; Klaus Mühlhahn, "Negotiating the Nation: German Colonialism and Chinese Nationalism in Qingdao, 1897–1914," in *Twentieth-century Colonialism and China: Localities, the Everyday and the World*, ed. Bryna Goodman and David S. G. Goodman (Milton Park, Abingdon, UK: Routledge, 2012), 37–56; George Steinmetz, *The Devil's Handwriting: Precoloniality and the German Colonial State in Qingdao, Samoa and Southwest Africa* (Chicago: University of Chicago Press, 2007), 433–508; John E. Schrecker, *Imperialism and Chinese Nationalism* (Cambridge, MA: Harvard University Press, 1971); Mechthild Leutner and Klaus Mühlhahn, *Musterkolonie Kiautschou: Die Expansion des Deutschen Reiches in China: Deutsch-chinesische Beziehungen 1897 bis 1914: Eine Quellensammlung* (Berlin: Akademie Verlag, 1997); Klaus Mühlhahn, *Herrschaft und Widerstand in der "Musterkolonie" Kiautschou: Interaktionen zwischen China und Deutschland 1897–1914* (Munich: Oldenbourg, 2000).

30 Leutner and Mühlhahn, *Musterkolonie Kiautschou*, 248.

31 山東省取得功名者，六成來自高密或膠州；見Joseph Esherick, *The Origins of the Boxer Uprising* (Berkeley: University of California Press, 1987), 30.

32 Mühlhahn, "A New Imperial Vision," 138.

33 當地居民的憂心後來成真。一九〇二年，該地區整個淹水，摧毀了那年的收成，並將數座村莊完全沖走。德籍總督派了一名專家去濠里調查原因。見工程師Born呈給總督Truppel的報告，日期為一九〇二年九月四日，收錄於Leutner and Mühlhahn, *Musterkolonie Kiautschou*, 300–302.

34 見Paul Cohen, *History in Three Keys: The Boxers as Event, Experience, and Myth* (New York: Columbia University Press, 1997), 84–85. 其他重要的專題論著包括 Robert Bickers and R. G. Tiedemann, eds., *The Boxers, China, and the World* (Lanham, MD: Rowman and Littlefield, 2007); Esherick, *The Origins of the Boxer Uprising*; David D. Buck, *Recent Chinese Studies of the Boxer Movement* (Armonk, NY: Sharpe, 1987).

35 Cohen, *History in Three Keys*, 14–56.

36 Wilhelm II: "Hun Speech" (1900), http://germanhistorydocs.ghi-dc.org/sub_document.cfm?document_id=755。亦可見Susanne Kuss, *German Colonial Wars and the Context of Military Violence* , translated by Andrew Smith (Cambridge, MA: Harvard University Press 2017), 146–147.

37 Mechthild Leutner and Klaus Mühlhahn, eds., *Kolonialkrieg in China: Die Niederschlagung der Boxerbewegung, 1900–1901* (Berlin: Links, 2007); James Hevia, *English Lessons: The Pedagogy of Imperialism in Nineteenth Century China* (Durham, NC: Duke University Press, 2003), 195–240; Xiang Lanxian, *The Origins of the Boxer War: A Multinational Study* (London: Routledge Curzon, 2003); Victor Purcell, *The Boxer Uprising: A Background Study* (Cambridge: Cambridge University Press, 1963).

38 見Leutner and Mühlhahn, *Musterkolonie Kiautschou*, 250.

39 Alfred Graf von Waldersee, *Denkwürdigkeiten des General-Feldmarschalls Alfred Graf von Waldersee*, ed. Heinrich Otto Meisner, vol. 3, *1900–1904* (Stuttgart: Deutsche Verlags-Anstalt, 1923), 36, 48, reprinted in Leutner and Mühlhahn, *Musterkolonie Kiautschou*, 501–502. 關於劫掠，見James Hevia, "Looting and Its Discontents: Moral Discourse and the Plunder of Beijing, 1900–1901," in *Bickers and Tiedemann, The Boxers, China, and the World*, 93–114.

40 Lewis Bernstein, "After the Fall: Tianjin under Foreign Occupation," in *Bickers and Tiedemann, The Boxers, China, and the World*, 133–146; Ruth Rogaski, *Hygienic Modernity: Meanings of Health and Disease in Treaty-Port China* (Berkeley: University of California Press, 2004), 165–192.

41 關於談判，見Chester Tan, *The Boxer Catastrophe* (New York: Norton, 1971); and Xiang, *The Origins of the Boxer War*.

42 Jung Chang, *Empress Dowager Ci Xi: The Concubine Who Launched Modern China* (London: Jonathan Cape, 2013), 298.

43 Charlotte Furth, "Intellectual Change: From the Reform Movement to the May Fourth Movement, 1895–1920," in *An Intellectual History of Modern China*, ed. Merle Goldman and Leo Ou-Fan Lee (New York: Cambridge University Press, 2002), 13–96; Chang Hao, *Chinese Intellectuals in Crisis: Search for Order and Meaning, 1890–1911* (Berkeley: University of California Press, 1987).

44 Rune Svarverud, "The Early Introduction of International Law: Translations and Language," in *International Law as World Order in Late Imperial China: Translation, Reception and Discourse, 1847–1911*, ed. Rune Svarverud (Leiden: Brill, 2007), 69–132; Richard S. Horowitz, "International Law and State Transformation in China, Siam, and the Ottoman Empire during the Nineteenth Century," *Journal of World History* 15.4 (2004): 445–486; Lydia H. Liu, *The Clash of Empires: The Invention of China in Modern World Making* (Cambridge, MA: Harvard University Press, 2004).

45 Paul A. Cohen, *Between Tradition and Modernity: Wang T'ao and Reform in Late Ch'ing China* (Cambridge, MA: Harvard University Press, 1974).

46 Ng Wai-ming, "The Formation of Huang Tsun-hsien's Political Thought in Japan (1877–1882),"

Sino-Japanese Studies 8.1 (1995): 4–21; Noriko Kamachi, *Reform in China: Huang Tsun-Hsien and the Japanese Model* (Cambridge, MA: Council on East Asian Studies, Harvard University, 1981).

47 Huang Kewu, *The Meaning of Freedom: Yan Fu and the Origins of Chinese Liberalism* (Hong Kong: Chinese University Press, 2008); Benjamin I. Schwartz, *In Search of Wealth and Power: Yen Fu and the West* (Cambridge, MA: Belknap Press of Harvard University Press, 1964); James R. Pusey, *China and Charles Darwin* (Cambridge, MA: Council on East Asian Studies, Harvard University, 1983).

48 Yan Fu, "Learning from the West," in *Teng and Fairbank, Research Guide for China's Response to the West*, 151.

49 Wong Young-tsu, "Revisionism Reconsidered: Kang Youwei and the Reform Movement of 1898," *Journal of Asian Studies* 51.3 (1992): 513–544; Chang Hao, "Intellectual Change and the Reform Movement, 1890–1898," in *The Cambridge History of China*, ed. John K. Fairbank and Liu Kwang Ching (Cambridge: Cambridge University Press, 1980), 11:274–338.

50 晚近學界討論過康有為的激進想法（包括他受佛教和基督信仰啟發的大同觀）在這些改革中發揮的作用有多大，但是並未得出共識：Shiping Hua, *Chinese Utopianism: A Comparative Study of Reformist Thought with Japan and Russia, 1898–1997* (Washington, DC: Woodrow Wilson Center Press, 2009). 亦可見Theodore Huters, *Bringing the World Home: Appropriating the West in Late Qing and Early Republican China* (Honolulu: University of Hawai'i Press, 2005); Luke S. K. Kwong, "Chinese Politics at the Crossroads: Reflections on the Hundred Days Reform of 1898," *Modern Asian Studies* 34.3 (2000): 663–695; Luke S. K. Kwong, *A Mosaic of the Hundred Days: Personalities, Politics, and Ideas of 1898* (Cambridge, MA: Council on East Asian Studies, Harvard University, 1984).

51 Joseph Richmond Levenson, *Liang Ch'i-ch'ao and the Mind of Modern China* (Cambridge, MA: Harvard University Press, 1953); Philip C. Huang, *Liang Ch'i-ch'ao and Modern Chinese Liberalism* (Seattle: University of Washington Press, 1972); Hao Chang, *Liang Ch'i-ch'ao and Intellectual Transition in China* (Cambridge, MA: Harvard University Press, 1971); Tang Xiaobing, *Global Space and the Nationalist Discourse of Modernity* (Stanford, CA: Stanford University Press, 1996); Andrew J. Nathan, *Chinese Democracy* (New York: Knopf, 1985); Pankaj Mishra, *From the Ruins of Empire: The Intellectuals Who Remade Asia* (New York: Farrar, Straus and Giroux, 2012).

52 Liang Qichao, "Observations on a Trip to America,"引自*Chinese Civilization: A Sourcebook*, ed. Patricia Buckley Ebrey, 2nd ed. (New York: Free Press, 1993), 335–340.

53 Elman, *On Their Own Terms*, 379–382, 392–393.

54 Joanna Waley-Cohen, *The Culture of War in China: Empire and the Military under the Qing Dynasty* (London: I. B. Tauris, 2006); Nicolas Schillinger, *The Body and Military Masculinity in Late Qing and Early Republican China: The Art of Governing Soldiers* (Lanham, MD: Lexington Books, 2016).

55 Peter M. Worthing, *A Military History of Modern China: From the Manchu Conquest to Tian'anmen Square* (Westport, CT: Praeger Security International, 2007); Richard S. Horowitz, "Beyond the Marble Boat: The Transformation of the Chinese Military, 1850–1911," in *A Military History of China*, ed. David A. Graff and Robin Higham (Boulder, CO: Westview, 2002); Ralph L. Powell, *The Rise of Chinese Military Power, 1895–1912* (Princeton, NJ: Princeton University Press, 1955).

56 Levenson是典型的這類學者，他寫道：「傳統派失去發展傳統的意願，轉而致力於重述傳統時，就改變了傳統的內容。他們認為傳統與西方相對立，發展只會削弱傳統與西方抗衡的能力。傳統原本能帶給他們的力量自此消失。」Joseph R. Levenson, *Confucian China and Its Modern Fate: The Problem of Intellectual Continuity* (Berkeley: University of California Press, 1958), 133. Levenson的分析讓他得出以下結論：發生在中國的改變，是西方壓力造成的直接結果。此論點大多可見於先前韋伯（Max Weber）的《世界宗教的經濟倫理：儒教與道教》（*Die Wirtschaftsethik der Weltreligionen: Konfuzianismus und Taoismus*）——這部著作對西方的中國研究影響很大。在韋伯看來，現代經濟發展不可能出現在中國，因為中國缺乏根據理性和科學而建立的必要「世界觀」（Weltanschauung）。

57 Kenneth Pomeranz, *The Great Divergence: China, Europe, and the Making of the Modern World Economy* (Princeton, NJ: Princeton University Press, 2000); Jack A. Goldstone, "Efflorescences and Economic Growth in World History: Rethinking the 'Rise of the West' and the Industrial Revolution," *Journal of World History* 13.2 (2002): 323–389.

58 見Jürgen Osterhammel, *The Transformation of the World: A Global History of the Nineteenth Century*, trans. Patrick Camiller (Princeton, NJ: Princeton University Press, 2015), 392–468; Pamela K. Crossley, "The Late Qing Empire in Global History," *Education about Asia* 13.2 (2008): 4–7.

59 見Loren Brandt, Debin Ma, and Thomas G. Rawski, "From Divergence to Convergence: Re-Evaluating the History behind China's Economic Boom" (Working Paper no. 117, CAGE Online Working Paper Series, Department of Economics, University of Warwick, Coventry, UK, 2013), http:// wrap.warwick.ac.uk /57944 ; Debin Ma, "Political Institution and Long-Run Economic Trajectory: Some Lessons from Two Millennia of Chinese Civilization," in *Institutions and Comparative Economic Development*, ed. Masahiko Aoki, Timur Kuran, and Gérard Roland (Basingstoke, UK: Palgrave Macmillan, 2012), 78–98.

60 Faure, *China and Capitalism*, 52.

61 Peter Zarrow, *After Empire: The Conceptual Transformation of the Chinese State, 1885–1924* (Stanford, CA: Stanford University Press, 2012).

62 Zheng Wang, *Never Forget National Humiliation: Historical Memory in Chinese Politics and Foreign Relations* (New York: Columbia University Press, 2012). 關於文化背景，見Paul A. Cohen, *Speaking to History: The Story of King Goujian in Twentieth-Century China* (Berkeley: University of California Press, 2009).

第二部 中國革命

1 引自Orville Schell and John Delury, *Wealth and Power: China's Long March to the Twenty-First Century* (New York: Random House, 2013), loc. 2416–2419, Kindle.

2 Étienne Balibar and Immanuel M. Wallerstein, *Race, Nation, Class: Ambiguous Identities* (London: Verso, 1991), 86–106; Benedict Anderson, *Imagined Communities: Reflections on the Origin and Spread of Nationalism*, rev. ed. (London: Verso, 2016).

3 此處要強調的是幾乎所有參與者都不只把建國的嘗試視為民族主義事業，還視之為革命事業。這方面的著作往往把這兩個主題分別看待，或看成彼此無關、各自進行的事態。但此處的陳述強調現代民族國家和革命國家的建立是彼此有部分重疊的工程，兩者協同運作且互相強化。

4 Jürgen Osterhammel, *The Transformation of the World: A Global History of the Nineteenth Century*, trans. by Patrick Camiller (Princeton: Princeton University Press, 2015), 514–522.

第四章　推翻帝國：一九〇〇～一九一九年

1 Chang Jung, *Empress Dowager Cixi: The Concubine Who Launched Modern China* (New York: A. Knopf, 2013).

2 關於新政的諸多面向，見Roger R. Thompson, "The Lessons of Defeat: Transforming the Qing State after the Boxer War," *Modern Asian Studies* 37.4 (2003): 769–773; Richard S. Horowitz, "Breaking the Bond of the Precedent: The 1905–6 Government Reform Commission and the Remaking of the Qing Central State," *Modern Asian Studies* 37.4 (2003): 775–797; Tong Lam, "Policing the Imperial Nation: Sovereignty, International Law, and the Civilizing Mission in Late Qing China," *Comparative Studies in Society and History* 52.4 (2010): 881–908; Douglas Reynolds, *China, 1898–1912: The Xinzheng Revolution and Japan* (Cambridge, MA: Council on East Asian Studies, Harvard University, 1993); Stephen R. MacKinnon, *Power and Politics in Late Imperial China: Yuan Shikai in Beijing and Tianjin* (Berkeley: University of California Press, 1980); Wolfgang Franke, *The Reform and Abolition of the Traditional Chinese Examination System* (Cambridge, MA: Harvard University Press, 1963); Hon Tze-Ki, "Educating the Citizens: Visions of China in Late Qing History Textbooks," in *The Politics of Historical Production in Late Qing and Republican China*, ed. Hon Tze-Ki and Robert J. Culp (Leiden: Brill, 2007), 791–805; Chuzo Ichiko, "Political and Institutional Reform, 1901–11," in *The Cambridge History of China*, ed. John K. Fairbank and Denis Crispin Twitchett (Cambridge: Cambridge University Press, 1980), 11:375–415.

3 Arthur Waldron, *From War to Nationalism: China's Turning Point, 1924–1925* (Cambridge: Cambridge University Press, 1995), 26; 亦可見Andrew J. Nathan, *Chinese Democracy* (New

York: Knopf, 1985), 247.

4 引自Horowitz, "Breaking the Bond of the Precedent," 791.

5 Roger Thompson, *China's Local Councils in the Age of Constitutional Reform* (Cambridge, MA: Harvard University Press, 1995).

6 Klaus Mühlhahn, *Criminal Justice in China: A History* (Cambridge, MA: Harvard University Press, 2009), 60–62.

7 Dan Shao, "Chinese by Definition: Nationality Law, Jus Sanguinis, and State Succession, 1909–1980," *Twentieth-Century China* 35.1 (2009): 4–28.

8 William Kirby, "China, Unincorporated: Company Law and Business Enterprise in Twentieth Century China," *Journal of Asian Studies* 54.1 (1995): 43–63.

9 Chen Zhongping, *Modern China's Network Revolution: Chambers of Commerce and Sociopolitical Change in the Early Twentieth Century* (Stanford, CA: Stanford University Press, 2011).

10 Richard S. Horowitz, "Beyond the Marble Boat: The Transformation of the Chinese Military, 1850–1911," in *A Military History of China*, ed. David A. Graff and Robin Higham (Lexington: University of Kentucky Press 2012), 164–166; Nicolas Schillinger, *The Body and Military Masculinity in Late Qing and Early Republican China: The Art of Governing Soldiers* (Lanham, MD: Lexington Books, 2016), 29–30.

11 Elisabeth Kaske, "Fundraising Wars: Office Selling and Interprovincial Finance in Nineteenth Century China," *Harvard Journal of Asiatic Studies* 71.1 (2011): 69–141.

12 Benjamin A. Elman, *A Cultural History of Civil Service Examinations in Late Imperial China* (Berkeley: University of California Press, 2000), 569–626.

13 Stephen R. Halsey, *Quest for Power: European Imperialism and the Making of Chinese Statecraft*

(Cambridge, MA: Harvard University Press, 2015), 93. 亦可見Zhihong Shi, *Central Government Silver Treasury: Revenue, Expenditure and Inventory Statistics, ca. 1667–1899* (Leiden: Brill 2016), 59.

14 見Tong Lam, *A Passion for Facts: Social Surveys and the Construction of the Chinese Nation-State, 1900–1949* (Berkeley: University of California Press, 2011).

15 Rebecca Nedostup, *Superstitious Regimes: Religion and the Politics of Chinese Modernity* (Cambridge, MA: Harvard University Asia Center, 2009); Prasenjit Duara, "Knowledge and Power in the Discourse of Modernity: The Campaigns against Popular Religion in Early Twentieth-Century China," *Journal of Asian Studies* 50.1 (1991): 67–83.

16 引自Chang, *Empress Dowager Cixi*, 325. 亦可見Dorothy Ko, "Footbinding and Anti-Footbinding in China: The Subject of Pain in the Nineteenth and Early Twentieth Centuries," in *Discipline and the Other Body: Correction, Corporeality, Colonialism*, ed. Steven Pierce and Rao Anupama (Durham, NC: Duke University Press, 2006), 215–242; Fan Hong, *Footbinding, Feminism, and Freedom: The Liberation of Women's Bodies in Modern China* (London: F. Cass, 1997).

17 Frank Dikötter, *Lars Laamann, and Zhou Xun, Narcotic Culture: A History of Drugs in China* (Hong Kong: Hong Kong University Press, 2004); Zhou Yongming, *Anti-Drug Crusades in Twentieth-Century China: Nationalism, History, and State-building* (Lanham, MD: Rowman and Littlefield, 1999).

18 Zou Rong, *The Revolutionary Army: A Chinese Nationalist Tract of 1903, trans. John Lust* (The Hague: Mouton, 1968). 亦可見Peter C. Perdue, "Erasing the Empire, Re-Racing the Nation: Racialism and Culturalism in the Imperial China," in *Imperial Formations*, ed. Ann Laura Stoler,

Carole McGranahan, and Peter C. Perdue (Santa Fe, NM: School for Advanced Research Press, 2007), 141–169.

19 Elena Barabantseva, *Overseas Chinese, Ethnic Minorities and Nationalism: De-Centering China* (London: Routledge, 2011), 18–39; William C. Kirby, "When Did China Become China?" in *The Teleology of the Modern Nation-State: Japan and China*, ed. Joshua A. Fogel (Philadelphia: University of Pennsylvania Press, 2005), 105–116; Pamela K. Crossley, "Nationality and Difference in China: The Post-Imperial Dilemma," in *Fogel, The Teleology of the Modern Nation-State*, 138–160; Lowell Dittmer and Samuel S. Kim, eds., *China's Quest for National Identity* (Ithaca, NY: Cornell University Press, 1993).

20 David Strand, *An Unfinished Republic: Leading by Word and Deed in Modern China* (Berkeley: University of California Press, 2011), 236–382; Audrey Wells, *The Political Thought of Sun Yat-Sen: Development and Impact* (New York: Palgrave Macmillan, 2002); Marie-Claire Bergè re, *Sun Yat-sen* (Stanford, CA: Stanford University Press, 2000).

21 Sun Yatsen, *San Min Chu I = The Three Principles of the People*, trans. Frank W. Price (Calcutta: Chinese Ministry of Information, 1942), 1.

22 Sun, *San Min Chu* I, 5.

23 Sun, *San Min Chu* I, 2.

24 Sun, *San Min Chu* I, 152 and 155.

25 Mary Clabaugh Wright, "Introduction: The Rising Tide of Change," in *China in Revolution: The First Phase 1900–1913*, ed. Mary Clabaugh Wright (New Haven, CT: Yale University Press, 1968), 1–66; Mary Backus Rankin, "Nationalistic Contestation and Mobilization Politics: Practice and Rhetoric of Railway-Rights Recovery at the End of the Qing," *Modern China* 28.3

(2002): 315–361, especially 316–318.

26 Peter Zarrow, *China in War and Revolution, 1895–1949* (London: Routledge, Taylor and Francis Group, 2007), 33.

27 Yong Ma, "From Constitutional Monarchy to Republic: The Trajectory of Yuan Shikai," *Journal of Modern Chinese History* 6.1 (2012): 15–32; Hirata Koji, "Britain's Men on the Spot in China: John Jordan, Yuan Shikai, and the Reorgani zation Loan, 1912–1914," *Modern Asian Studies* 47.3 (2013): 895–934; Jerome Ch'en, Yuan Shih-k'ai, 2nd ed. (Stanford, CA: Stanford University Press, 1972); Ernest Young, *The Presidency of Yuan Shih-k'ai: Liberalism and Dictatorship in Early Republican China* (Ann Arbor: University of Michigan Press, 1977).

28 Joshua Hill, "Seeking Talent at the Voting Booth: Elections and the Problem of Campaigning in the Late Qing and Early Republic," *Twentieth-Century China* 38.3 (2013): 213–229.

29 Julia C. Strauss, *Strong Institutions in Weak Polities: State Building in Republican China, 1927–1940* (Oxford: Clarendon Press, 1998), 31ff.

30 Lu Xun, *The Real Story of Ah-Q and Other Tales of China: The Complete Fiction of Lu Xun*, trans. Julia Lovell and Li Yiyun (New York: Penguin Classics, 2009).

31 Xu Guoqi, *China and the Great War: China's Pursuit of a New National Identity and Internationalization* (Cambridge: Cambridge University Press, 2005); Xu Guoqi, *Strangers on the Western Front: Chinese Workers in the Great War* (Cambridge, MA: Harvard University Press, 2011).

32 Xu Guoqi, *Asia and the Great War: A Shared History* (Oxford: Oxford University Press 2017), 32.

33 Xu Guoqi, *Strangers on the Western Front*, 48.

34 此段和以下幾段，根據以下文章寫成：Klaus Mühlhahn, "China," in 1914–1918 online:

International Encyclopedia of the First World War, last updated January 11, 2016, https://encyclopedia.1914 -1918 -online.net /article /china ; doi: 10.15463/ie1418.10799. 關於政治討論，見Strand, An Unfinished Republic, 1–12.

35 Zarrow, *China in War and Revolution*, 83.

36 Jörg Fisch, *The Right of Self-Determination of Peoples: The Domestication of an Illusion*, trans. Anita Mage (Cambridge: Cambridge University Press, 2015), 129–137.

37 Woodrow Wilson, "Address on the Fourteen Points for Peace," January 8, 1918, transcript available at Woodrow Wilson Presidential Library, http://www.woodrowwilson.org/digital-library/view.php?did=3863.

38 Vladimir I. Lenin, "Decree on Peace" (speech), October 26, 1917, in Izvestiia, *The First World War—A Multimedia History of World War One*, http://www.firstworldwar.com/source/decreeonpeace.htm.

39 Chow Tse-tsung, *The May Fourth Movement: Intellectual Revolution in Modern China* (Cambridge, MA: Harvard University Press, 1960), 93

40 Erez Manela, *The Wilsonian Moment: Self-Determination and the International Origins of Anticolonial Nationalism* (Oxford: Oxford University Press, 2007), 63–136.

41 Wen-hsin Yeh, "Progressive Journalism and Shanghai's Petty Urbanites: Zou Taofen and the Shenghuo Weekly (1926–45)," in *Shanghai Sojourners*, ed. Wen-hsin Yeh and Frederic E. Wakeman (Berkeley: Institute of East Asian Studies, University of California, 1992), 186–238; Parks Coble, "Chiang Kai-shek and the Anti-Japanese Movement in China: Zou Tao-fen and the National Salvation Association, 1931–1937," *Journal of Asian Studies* 44. 2 (1985): 293–310。後續引用出自Rana Mitter, *A Bitter Revolution: China's Struggle with the Modern World*

(Oxford: Oxford University Press, 2004), 129–130.

42 Mao Tse-tung, *Mao's Road to Power: Revolutionary Writings 1912–1949*, vol. 1: The Pre-Marxist Period 1912–1920 (Armonk, NY: M.E. Sharpe, 1992), 335; Jonathan Spence, *Mao Zedong* (London: Weidenfeld and Nicolson, 1999), 57.

43 Manela, *Wilsonian Moment*, 175.

44 Simone M. Müller, *Wiring the World: The Social and Cultural Creation of Global Telegraph Networks* (New York: Columbia University Press, 2016).

45 Adam McKeown, "Global Migration, 1846–1970," *Journal of World History* 15.2 (2004): 155–189.

46 Philip A. Kuhn, *Chinese among Others: Emigration in Modern Times* (Lanham, MD: Rowman and Littlefield, 2008); Evelyn Hu-Dehart, "Chinese Coolie Labour in Cuba in the Nineteenth Century: Free Labour or Neo-Slavery?" *Slavery and Abolition* 14.1 (1993): 67–86.

47 Marilyn A. Levine, *The Found Generation: Chinese Communists in Europe during the Twenties* (Seattle: University of Washington Press, 1993), 24–26; Geneviève Barman and Nicole Dulioust, "The Communists in the Work and Study Movement in France," *Republican China* 13.2 (1988): 24–39; Xu Guoqi, *Strangers on the Western Front*, 218, 73; Chow, *The May Fourth Movement*, 37, 96.

48 Bruce A. Elleman, *Wilson and China: A Revised History of the Shandong Question* (Armonk, NY: M.E. Sharpe, 2002), 33–110.

49 Fabio Lanza, *Behind the Gate: Inventing Students in Beijing* (New York: Columbia University Press, 2010); Vera Schwarcz, *The Chinese Enlightenment: Intellectuals and the Legacy of the May Fourth Movement of 1919* (Berkeley: University of California Press, 1986); Yu Yingshi, "The

Radicalization of China in the Twentieth Century," *Daedalus* 122.2 (1993): 125–150; Milena Doleželová-Velingerová and Old ich Král, eds., *The Appropriation of Cultural Capital: China's May Fourth Project* (Cambridge, MA: Harvard University Asia Center, 2001); Kai-wing Chow, Tze-ki Hon, Hung-yok Ip, and Don C. Price, eds., *Beyond the May Fourth Paradigm: In Search of Chinese Modernity* (Lanham, MD: Lexington Books, 2008); Leo Ou-fan Lee, "Modernity and Its Discontents: The Cultural Agenda of the May Fourth Movement," in *Perspectives on Modern China: Four Anniversaries*, ed. Kenneth Lieberthal, Joyce Kallgren, Roderick MacFarquhar, and Frederic Wakeman, Jr. (Armonk, NY: M.E. Sharpe, 1991), 158–177.

50 Lee, "Modernity and Its Discontents," 161–162.

第五章 民國時期的重建：一九二〇～一九三七年

1 Philip A. Kuhn, *Rebellion and Its Enemies in Late Imperial China: Militarization and Social Structure, 1796–1864* (Cambridge, MA: Harvard University Press, 1970).

2 Edward McCord, *The Power of the Gun: The Emergence of Modern Chinese Warlordism* (Berkeley: University of California Press, 1993); Jerome Ch'en, *The Military-Gentry Coalition: China under the Warlords* (Toronto: Joint Centre on Modern East Asia, 1979). 關於個別軍閥的研究包括：Donald G. Gillin, *Warlord: Yen Hsi-shan in Shansi Province, 1911–1949* (Princeton, NJ: Princeton University Press, 1967); Diana Lary, *Region and Nation: The Kwangsi Clique in Chinese Politics, 1925–1937* (Cambridge: Cambridge University Press, 1975); James Sheridan, *Chinese Warlord: The Career of Feng Yü-hsiang* (Stanford, CA: Stanford University Press, 1966); Edward A. McCord, "Cries That Shake the Earth: Military Atrocities and Popular Protests in Warlord

China," *Modern China* 31.1 (2005): 3–34; Ch'i Hsi-Sheng, *Warlord Politics in China, 1916–1928* (Princeton, NJ: Princeton University Press, 1976).

3 基督教社會主義的始祖是法國哲學家聖西門（Henri de Saint-Simon），他提出以窮人困境為首要關注重點的「新基督教」。聖西門主義者意欲有效終止對窮人的剝削。

4 Zhang Yingjin, *Chinese National Cinema* (New York: Routledge, 2004), 13–57; Paul G. Pickowicz, "Melodramatic Representation and the 'May Fourth' Tradition of Chinese Cinema," in *From May Fourth to June Fourth: Fiction and Film in Twentieth Century China*, ed. Ellen Widmer and David Der-wei Wang (Cambridge, MA: Harvard University Press, 1993), 295–326.

5 Thomas Rawski, *Economic Growth in Prewar China* (Berkeley: University of California Press, 1989); Dwight H. Perkins, "China's Prereform Economy in World Perspective," in *China's Rise in Historical Perspective*, ed. Brantly Womack (Lanham, MD: Rowman and Littlefield, 2010), 118–119.

6 Bruce A. Elleman, *Wilson and China: A Revised History of the Shandong Question* (Armonk, NY: M.E. Sharpe, 2002), 138–140.

7 Arif Dirlik, *Anarchism in the Chinese Revolution* (Berkeley: University of California Press, 1991); Peter Zarrow, *Anarchism and Chinese Political Culture* (New York: Columbia University Press, 1990); Robert A. Scalapino and George T. Yu, *The Chinese Anarchist Movement* (Berkeley: Center for Chinese Studies, Institute of International Studies, University of California, 1961). 當時還有另一種強調科學理性的無政府主義，盛行於留法中國學生群體裡：Gotelind Müller, *China, Kropotkin, und der Anarchismus* (Wiesbaden, Germany: Harrassowitz Verlag, 2001); and Edward S. Krebs, Shifu: *Soul of Chinese Anarchism* (Lanham, MD: Rowman and Littlefield,

1998).

8 Raoul David Findeisen, "Anarchist or Saint? On the Spread of 'Wisdom' (Sophia) in Modern Chinese Literature," *Asiatica Venetiana* 3 (1998): 91–104; Ding Ling, *Miss Sophia's Diary and Other Stories*, trans. William John Francis Jenner (Peking: Panda Books, 1985).

9 Ssu-Yü Teng and John King Fairbank, eds., *China's Response to the West: A Documentary Survey 1839–1923* (Cambridge, MA: Harvard University Press, 1954), 246–249. 亦可見Maurice J. Meisner, *Li Ta-chao and the Origins of Chinese Marxism* (Cambridge, MA: Harvard University Press, 1967).

10 馬克思主張，真正的「無產階級」革命（馬克思以「無產階級」一詞指稱產業工人）只會發生在完全工業化的資本主義國家。列寧則堅決認為，俄羅斯帝國這類不發達的農業國家也能成為共產主義國家。為此，列寧把馬克思主義的城市工人專政理論改成了共產黨專政。

11 Yoshihiro Ishikawa, *The Formation of the Chinese Communist Party*, trans. Joshua A. Fogel (New York: Columbia University Press, 2013); Alexander Pantsov, *The Bolsheviks and the Chinese Revolution, 1919–1927* (Honolulu: University of Hawai'i Press, 2000); Steven A. Smith, *A Road Is Made: Communism in Shanghai, 1920–1927* (Honolulu: University of Hawai'i Press, 2000); Hans J. van de Ven, *From Friend to Comrade: The Founding of the Chinese Communist Party, 1920–1927* (Berkeley: University of California Press, 1991); Lyman P. van Slyke, *Enemies and Friends: The United Front in Chinese Communist History* (Stanford, CA: Stanford University Press, 1967); Stephen Uhalley Jr., *A History of the Chinese Communist Party* (Stanford, CA: Hoover Institution Press, 1988).

12 Tony Saich, "The Chinese Communist Party during the Era of the Comintern (1919–1943)"（未發表文章，日期不詳，pdf檔），https://sites.hks.harvard.edu/m-rcbg/research/a.saich_iish_

chinese.communist.party.pdf.

13 後面引用的宣言內容出自Tony Saich, ed., *The Rise to Power of the Chinese Communist Party: Documents and Analysis* (Armonk, NY: M.E. Sharpe, 1996), 11–13。關於背景，也見Ishikawa, *Formation of the Chinese Communist Party*, 201–206.

14 「中國共產黨關於黨的目標的第一個決定」（一九二一年七至八月），引自Saich, *The Rise to Power of the Chinese Communist Party*, 18.

15 Saich, *The Rise to Power of the Chinese Communist Party*, 16–18.

16 Tony Saich, *The Origins of the First United Front in China: The Role of Sneevliet* (Alias Maring) (Leiden: E. J. Brill, 1991).

17 一九二四至一九四九年，黃埔軍校共培訓了三萬多名軍官。中華民國的高階軍事領導人，有許多是黃埔出身。Chang Jui-te, "The National Army from Whampoa to 1949," in *A Military History of China*, ed. David A. Graff and Robin Higham (Boulder, CO: Westview Press, 2002), 193–209; Richard B. Landis, "Training and Indoctrination at the Whampoa Academy," in *China in the 1920s: Nationalism and Revolution*, ed. F. Gilbert Chan and Thomas H. Etzold (New York: New Viewpoints, 1976), 73–93; Lincoln Li, "The Whampoa Military Academy," in *Student Nationalism in China, 1924–1949* (Albany: State University of New York Press, 1994), 22–40; John Fitzgerald, *Awakening China: Politics, Culture and Class in the Nationalist Revolution* (Stanford, CA: Stanford University Press, 1998), 237–238.

18 Arthur Waldron, *From War to Nationalism: China's Turning Point, 1924–1925* (Cambridge: Cambridge University Press; 1995); Donald A. Jordan, *The Northern Expedition: China's National Revolution of 1926–1928* (Honolulu: University of Hawai'i Press, 1976); Hans J. van de Ven, *War and Nationalism in China, 1925–1945* (London: Routledge, 2003).

19 中國打的最近一場戰爭是一九七九年初的中越戰爭，有時又被稱作「第三次印度支那戰爭」。中國揮師進入越南，以報復越南於一九七八年占領柬埔寨並推翻中國所支持的赤柬政權。Hans van de Ven, *China at War: Triumph and Tragedy in the Emergence of the New China* (London: Profile Books, 2017)介紹了一九三七至一九五二年間發生的戰爭。

20 Peter Zarrow, *China in War and Revolution, 1895–1949* (London: Routledge, 2005), 249.

21 關於這個時期的大致情況，見Diana Lary, *China's Republic* (New York: Cambridge University Press, 2007); Van de Ven, *War and Nationalism in China*; Lloyd E. Eastman, "Nationalist China during the Nanking Decade 1927–1937," in *The Cambridge History of China*, vol. 13, pt. 2, eds. Denis Crispin Twitchett and John K. Fairbank (Cambridge: Cambridge University Press, 1986), 116–167; Robert E. Bedeski, *State Building in Modern China: The Kuomintang in the Prewar Period* (Berkeley: University of California Center for Chinese Studies, 1981); James E. Sheridan, *China in Disintegration: The Republican Era in Chinese History, 1912–1949* (New York: Free Press, 1975).

22 有很長一段時間，宋子文被說成是享受特權的腐敗貪財之人。美國加州史丹福大學胡佛研究所的宋子文檔案公諸於世，學者因而得以對他建立更細緻公允的評價，見吳景平編，《宋子文與戰時中國（1937-1945）》（上海：復旦大學出版社，二〇〇八）。

23 Tien Hung-mao, *Government and Politics in Kuomintang China 1927–1937* (Stanford, CA: Stanford University Press, 1972), 45–46, 50.

24 Frederic Wakeman, *Spymaster: Dai Li and the Chinese Secret Service* (Berkeley: University of California Press, 2003); Chen Lifu, Sidney H. Chang, and Ramon H. Myers, *The Storm Clouds Clear over China: The Memoir of Ch'en Li-fu, 1900–1993* (Stanford, CA: Hoover Institution Press, 1994), 66–67.

25 Frederic Wakeman, "A Revisionist View of the Nanjing Decade: Confucian Fascism," *China Quarterly* 150 (1997): 395–432; Xu Youwei and Philip Billingsley, "Behind the Scenes of the Xi'an Incident: The Case of the Lixingshe," *China Quarterly* 154 (1998): 283–307; Maria Hsia Chang, *The Chinese Blue Shirt Society: Fascism and Developmental Nationalism* (Berkeley: Institute of East Asian Studies, Center for Chinese Studies, University of California, 1985); Maggie Clinton, "Ends of the Universal: The League of Nations and Chinese Fascism on the Eve of World War II," *Modern Asian Studies* 48.6 (2014): 283–307.

26 見Julia C. Strauss, "Symbol and Reflection of the Reconstituting State: The Examination Yuan in the 1930s," *Modern China* 20.2 (1994): 211–238.

27 見*Modern Asian Studies* 40.3 (2006)談赫德與大清皇家海關總稅務司的特刊。

28 Andrew J. Nathan, "Political Rights in Chinese Constitutions," in *Human Rights in Contemporary China*, ed. R. Randle Edwards, Louis Henkin, and Andrew J. Nathan (New York: Columbia University Press, 1986), 77–124.

29 Klaus Mühlhahn, *Criminal Justice in China: A History* (Cambridge, MA: Harvard University Press, 2009), 63–67; Xu Xiaoqun, *Trial of Modernity: Judicial Reform in Early Twentieth Century China 1901–1937* (Stanford, CA: Stanford University Press, 2008); Kathryn Bernhardt and Philip C. C. Huang, eds., *Civil Law in Qing and Republican China* (Stanford, CA: Stanford University Press, 1994).

30 Allison W. Conner, "Training China's Early Modern Lawyers: Soochow University Law School," *Journal of Chinese Law* 8.1 (1994): 1–46.

31 探討教育的書籍文章愈來愈多：Paul J. Bailey, *Reform the People: Changing Attitudes towards Popular Education in Early Twentieth Century China* (Edinburgh: Edinburgh University Press,

1990); Paul J. Bailey, *Gender and Education in China* (London: Routledge, 2007); Robert Culp, *Articulating Citizenship* (Cambridge, MA: Harvard University Asia Center, 2007); Suzanne Pepper, *Radicalism and Education Reform in Twentieth Century China* (Cambridge: Cambridge University Press, 1996); Stig Thøgersen, *A County of Culture: Twentieth Century China Seen from the Village Schools of Zouping, Shandong* (Ann Arbor: University of Michigan Press, 2002); Timothy Weston, *The Power of Position: Beijing University, Intellectuals, and Chinese Political Culture, 1898–1929* (Berkeley: University of California Press, 2004); Ruth Hayhoe, *China's Universities, 1895–1995: A Century of Cultural Conflict* (New York: Garland, 1996); Xiaoqing Diana Lin, *Peking University: Chinese Scholarship and Intellectuals, 1898–1937* (Albany: State University of New York Press, 2005); Wen-hsin Yeh, *The Alienated Academy: Culture and Politics in Republican China, 1919–1937* (Cambridge, MA: Harvard University Press, 1990); William C. Kirby, "The World of Universities in Modern China," in *Global Opportunities and Challenges for Higher Education Leaders: Global Perspectives on Higher Education*, ed. Laura E. Rumbley, Robin Matross Helms, Patti McGill Peterson, and Philip G. Altbach (Rotterdam: Sense Publishers, 2014).

32 Robert Culp, "Rethinking Governmentality: Training, Cultivation, and Cultural Citizenship in Nationalist China," *The Journal of Asian Studies* 65:3 (Aug. 2006), 529–554.

33 Janet Y. Chen, *Guilty of Indigence: The Urban Poor in China, 1900–1953* (Princeton, NJ: Princeton University Press, 2012); Zwia Lipkin, *Useless to the State: "Social Problems" and Social Engineering in Nationalist Nanjing, 1927–1937* (Cambridge, MA: Harvard University Press, 2006); Alan Baumler, "Opium Control versus Opium Suppression: The Origins of the 1935 Six-Year Plan to Eliminate Opium and Drugs," in *Opium Regimes: China, Britain and Japan, 1839–1952*, ed.

Timothy Brook and Bob Tadashi Wakabayashi (Berkeley: University of California Press, 2000), 270–276; Gail Hershatter, *Dangerous Pleasures: Prostitution and Modernity in Twentieth Century Shanghai* (Berkeley: University of California Press, 1999).

34 Vincent Goossaert and David A. Palmer, *The Religious Question in Modern China* (Chicago: University of Chicago Press, 2011); David A. Palmer and Philip L. Wickeri, *Chinese Religious Life* (Oxford: Oxford University Press, 2011); Rebecca Nedostup, *Superstitious Regimes: Religion and the Politics of Chinese Modernity* (Cambridge, MA: Harvard University Asia Center, 2009); Mayfair Mei-hui Yang, *Chinese Religiosities: Afflictions of Modernity and State Formation* (Berkeley: University of California Press, 2008); Nara Dillon and Jean C. Oi, eds., *At the Crossroads of Empires: Middlemen, Social Networks, and State-Building in Republican Shanghai* (Stanford, CA: Stanford University Press, 2008).

35 Jay Taylor, *The Generalissimo: Chiang Kai-shek and the Struggle for Modern China* (Cambridge, MA: Harvard University Press, 2009), 77; Bernd Martin, ed., *Die Deutsche Beraterschaft in China 1927–1938: Militär-Wirtschaft—Außenpolitik* (Dü sseldorf: Droste, 1981); William C. Kirby, *Germany and Republican China* (Stanford, CA: Stanford University Press, 1984); Frederick Fu Liu, *A Military History of Modern China, 1924–1949* (Princeton, NJ: Princeton University Press, 1956), 61–64.

36 Wennan Liu, "Redefining the Moral and Legal Roles of the State in Everyday Life: The New Life Movement in China in the Mid-1930s," *Cross-Currents: East Asian History and Culture Review* 2.2 (2013): 335–365. https://cross-currents.berkeley.edu/sites/default/files/e-journal/articles/liu_0.pdf; Federica Ferlanti, "The New Life Movement in Jiangxi Province, 1934–1938," *Modern Asian Studies* 44.5 (September 2010): 961–1000.

37 Chiang Kaishek, *Outline of the New Life Movement* (Nanchang, China: Association for the Promotion of the New Life Movement, 1934), 6.

38 Timothy Cheek, *The Intellectual in Modern Chinese History* (Cambridge: Cambridge University Press, 2015), 8–9.

39 Taylor, *The Generalissimo*, 109–110.

40 Albert Feuerwerker, "Economic Trends 1912–1949," in *The Cambridge History of China*, vol. 12, pt. 1, ed. Denis Crispin Twitchett and John K. Fairbank (Cambridge: Cambridge University Press, 1983), 12:28–127. 以下論著特別強調「注定失敗」這個論點：Lloyd E. Eastman, *The Abortive Revolution: China under Nationalist Rule, 1927–1937* (Cambridge, MA: Harvard University Press, 1974); Lloyd E. Eastman, *Seeds of Destruction: Nationalist China in War and Revolution, 1937–1949* (Stanford, CA: Stanford University Press, 1984).

41 William C. Kirby, "Engineering China: Birth of the Developmental State, 1928–1937," in *Becoming Chinese: Passages to Modernity and Beyond, ed. Wen-hsin Yeh* (Berkeley: University of California Press, 2000), 137–160.

42 Margherita Zanasi, *Saving the Nation: Economic Modernity in Republican China* (Chicago: University of Chicago Press, 2006).

43 Charles D. Musgrove, "Building a Dream: Constructing a National Capital in Nanjing, 1927–1937," in *Remaking the Chinese City: Modernity and National Identity, 1900–1950*, ed. Joseph W. Esherick (Honolulu: University of Hawai'i Press, 2000), 139–157.

44 Musgrove, "Building a Dream," 144.

45 Morris L. Bian, "How Crisis Shapes Change: New Perspectives on China's Political Economy during the Sino-Japanese War, 1937–1945," *History Compass* 5 (2007): 1091–1110; Morris L.

Bian, *The Making of the State Enterprise System in Modern China: The Dynamics of Institutional Change* (Cambridge, MA: Harvard University Press, 2005); Van de Ven, *War and Nationalism in China*, 151, 156–157; William C. Kirby, "The Chinese War Economy," in *China's Bitter Victory: The War with Japan, 1937–1945*, ed. James C. Hsiung and Steven I. Levine (Armonk, NY: M.E. Sharpe, 1992), 187–189.

46 Rana Mitter, *Forgotten Ally: China's World War II, 1937–1945* (New York: Houghton Mifflin Harcourt, 2013), 65.

47 Parks M. Coble, *The Shanghai Capitalists and the Nationalist Government in China 1923–1937* (Cambridge, MA: Harvard University Press, 1980), 36, 262.

48 Eastman, *Seeds of Destruction*, 136; Feuerwerker, "Economic Trends," 112–113.

49 這些經濟指標的確切數字在不同的文獻中不盡相同，我取平均值。

50 Wen-hsin Yeh, "Introduction: Interpreting Chinese Modernity, 1900–1950," in *Becoming Chinese: Passages to Modernity and Beyond*, ed. Wen-hsin Yeh (Berkeley, CA: University of California Press, 2000), 1–28.

51 較新的著作包括Wen-hsin Yeh, *Shanghai Splendor: Economic Sentiments and the Making of Modern China* (Berkeley: University of California Press, 2007); Virgil K. Y. Ho, *Understanding Canton: Rethinking Popular Culture in the Republican Period* (Oxford: Oxford University Press, 2005); Madeleine Y. Dong, *Republican Beijing: The City and Its Histories* (Berkeley: University of California Press, 2003); Leo Ou-fan Lee, *Shanghai Modern: The Flowering of New Urban Culture in China, 1930–45* (Cambridge, MA: Harvard University Press, 1999); Lu Hanchao, *Beyond the Neon Lights: Everyday Shanghai in the Early Twentieth Century* (Berkeley: University of California Press, 1999); Sherman Cochran, ed., *Inventing Nanjing Road: Commercial Culture in Shanghai,*

1900–1945 (Ithaca, NY: East Asia Program, Cornell University, 1999). 一九九〇年代中期以前的相關文獻，見 Wen-hsin Yeh, "Shanghai Modernity: Commerce and Culture in a Republican City," *China Quarterly* 150 (1997): 375–394.

52 Hung-Yok Ip , Tze-Ki Hon, and Chiu-Chun Lee, "The Plurality of Chinese Modernity: A Review of Recent Scholarship on the May Fourth Movement," *Modern China* 29.4 (Oct. 2003): 490–509.

53 Frank Dikötter, *The Age of Openness: China Before Mao* (Berkeley, CA: University of California Press, 2008).

54 Christopher A. Reed, *Gutenberg in Shanghai: Chinese Print Capitalism, 1876–1937* (Honolulu: University of Hawai'i Press, 2004); Christopher A. Reed, "Advancing the (Gutenberg) Revolution: The Origins and Development of Chinese Print Communism, 1921–1947," in *From Woodblocks to the Internet: Chinese Publishing and Print Culture in Transition, circa 1800 to 2008*, ed. Cynthia Brokaw and Christopher A. Reed (Leiden: Brill, 2010), 275–311.

55 Cheek, *The Intellectual in Modern Chinese History*, 70–112; Wang Di, *The Teahouse: Small Business, Everyday Culture, and Public Politics in Chengdu, 1900–1950* (Stanford, CA: Stanford University Press, 2008); Lee Haiyan, *Revolution of the Heart: A Genealogy of Love in China, 1900–1950* (Stanford, CA: Stanford University Press, 2007); Eugenia Lean, *Public Passions: The Trial of Shi Jianqiao and the Rise of Popular Sympathy in Republican China* (Berkeley: University of California Press, 2007); Madeleine Yue Dong and Joshua Lewis Goldstein, eds., *Everyday Modernity in China* (Seattle: University of Washington Press, 2006).

56 Edmund S. K. Fung, *The Intellectual Foundations of Chinese Modernity: Cultural and Political Thought in the Republican Era* (New York: Cambridge University Press, 2010); Elizabeth J. Perry,

Shanghai on Strike: The Politics of Chinese Labor (Stanford, CA: Stanford University Press, 1993); Roger Jeans, *Democracy and Socialism in Republican China: The Politics of Zhang Junmai* (Carson Chang) (Lanham, MD: Rowman and Littlefield, 1997).

57 Robert Weatherly, *The Discourse of Human Rights in China: Historical and Ideological Perspectives* (Basingstoke, UK: Palgrave Macmillan, 1999); Edmund S. Fung, "The Human Rights Issue in China, 1929–1931," *Modern Asian Studies* 32.2 (1998): 431–457.

58 Fung, *The Intellectual Foundations of Chinese Modernity*, 22.

59 Liang Shuming, "Chinese Civilization vis-à-vis Eastern and Western Philosophies," in *Sources of Chinese Tradition: From 1600 through the Twentieth Century*, 2nd ed., comp. Wm. Theodore de Bary and Richard Lufrano (New York: Columbia University Press, 2000), 2:380–381.

60 引自Sung Peng-Hsu, "Hu Shih," in *Chinese Thought: An Introduction, ed. Donald H. Bishop* (Delhi: Motilal Banarsidass Publishers, 1985), 364–392.

61 Mao Zedong, *Mao's Road to Power: Revolutionary Writings 1912–1949*, ed. Stuart R. Schram (Armonk, NY: M.E. Sharpe, 1992), 2:430.

62 Werner Meissner, *Das rote Haifeng: Peng Pai's Bericht über die Bauernbewegung in Südchina* (Munich: Minerva, 1987); Fernando Galbiati, *P'eng P'ai and the Hai-Lu-Feng Soviet* (Stanford, CA: Stanford University Press, 1985). 彭湃報告的局部英譯可參見Patricia Ebrey, ed., *Chinese Civilization: A Sourcebook*, 2nd ed. (New York: Free Press, 1993), 364–372.

63 Kuo Heng-yü and Mechthild Leutner, KPdSU(B), *Komintern und die national-revolutionäre Bewegung in China: Dokumente: 1920–1925* (Münster: LIT, 2000), 1:198.

64 Mao, *Mao's Road to Power*, 3:30–31. 亦可見Alexander V. Pantsov and Steven I. Levine, *Mao: The Real Story* (New York: Simon and Schuster, 2012), 190–206, 210.

65 Rebecca E. Karl, *Mao Zedong and China in the Twentieth Century World* (Durham, NC: Duke University Press, 2010), 36; Stephen C. Averill, *Revolution in the Highlands: China's Jinggangshan Base Area* (Lanham, MD: Rowman and Littlefield, 2005).

66 Stephen C. Averill, "The Origins of the Futian Incident," in *New Perspectives on the Chinese Communist Revolution*, ed. Tony Saich and Hans van de Ven (Armonk, NY: M.E. Sharpe), 109–110.

67 Guo Xuezhi, *China's Security State: Philosophy, Evolution, and Politics* (Cambridge: Cambridge University Press, 2012), 27–34; Michael Dutton, *Policing Chinese Politics* (Durham, NC: Duke University Press, 2005), 42–54.

68 引自Mühlhahn, *Criminal Justice in China*, 162.

69 Sun Shuyun, *The Long March: The True History of Communist China's Founding Myth* (New York: Doubleday, 2007).

第六章　中國戰火不斷：一九三七～一九四八年

1 Louise Young, *Japan's Total Empire: Manchuria and the Culture of Wartime Imperialism* (Berkeley: University of California Press, 1998), 89.

2 Andrew Gordon, *A Modern History of Japan: From Tokugawa Times to the Present* (Oxford: Oxford University Press, 2014), 188.

3 引自Diana Lary, *China's Republic* (Cambridge: Cambridge University Press, 2007), 2:98.

4 Rana Mitter, *The Manchurian Myth: Nationalism, Resistance and Collaboration in Modern China* (Berkeley: University of California Press, 2000), 170–172.

5 Jay Taylor, *The Generalissimo: Chiang Kai-Shek and the Struggle for Modern China* (Cambridge, MA: Belknap Press of Harvard University Press, 2009), 95.

6 Donald Jordan, *China's Trial by Fire: The Shanghai War of 1932* (Ann Arbor: University of Michigan Press, 2001); Parks M. Coble, *Facing Japan: Chinese Politics and Japanese Imperialism, 1931–1937* (Cambridge, MA: Harvard University Press, 1991), 39–50.

7 Marjorie Dryburgh, *North China and Japanese Expansion 1933–1937: Regional Power and the National Interest* (Richmond, UK: Curzon, 2000), 84.

8 Mayumi Itoh, *Making of China's War with Japan: Zhou Enlai and Zhang Xueliang* (Singapore: Palgrave Macmillan, 2016), 115–116.

9 Rana Mitter, *Forgotten Ally: China's World War II, 1934–1945* (Boston: Houghton Mifflin Harcourt, 2013), loc. 1131–1188, Kindle; Hans J. van de Ven, *War and Nationalism in China, 1925–1945* (Abingdon, UK: Routledge, 2011), 183–188; Taylor, *The Generalissimo*, 117–137; Alexander Pantsov and Steven Levine, *Mao: The Real Story* (New York: Simon and Schuster, 2012), 295–303.

10 引自Itoh, *Making of China's War*, 137.

11 Mitter, *Forgotten Ally*, loc. 1478, Kindle; Taylor, *The Generalissimo*, 149.

12 一九三七年八月二日，蔣中正將紅軍合法化。見Mitter, *Forgotten Ally*, loc. 1478, Kindle.

13 Peter Zarrow, *China in War and Revolution, 1895–1949* (London: Routledge, 2005), 306.

14 Hans van de Ven, *China at War: Triumph and Tragedy in the Emergence of the New China* (London: Profile Books, 2017), 75–91; Peter Harmsen, *Shanghai 1937: Stalingrad on the Yangtze* (Philadelphia: Casemate Publishers, 2013).

15 John Faber, *Great News Photos and the Stories behind Them*, 2nd ed. (New York: Courier Dover

Publications, 1978), 74–75.

16 Mark R. Peattie, Edward J. Drea, and Hans J. van de Ven, eds., *The Battle for China: Essays on the Military History of the Sino-Japanese War of 1937–1945* (Stanford, CA: Stanford University Press, 2011); R. Keith Schoppa, *In a Sea of Bitterness: Refugees during the Sino-Japanese War* (Cambridge, MA: Harvard University Press, 2001); Diana Lary, *Chinese People at War: Human Suffering and Social Transformation, 1937–1945* (Cambridge: Cambridge University Press, 2010); Diana Lary, "One Province's Experience of War: Guangxi, 1937–1945," in *China at War: Regions of China, 1937–1945*, ed. Stephen R. MacKinnon, Diana Lary, and Ezra F. Vogel (Stanford, CA: Stanford University Press, 2007), 314–334; Micah S. Muscolino, "Refugees, Land Reclamation, and Militarized Landscapes in Wartime China: Huanglongshan, Shaanxi, 1937–45," *Journal of Asian Studies* 69.2 (2010): 453–478.

17 關於南京大屠殺，見Peter Harmsen, *Nanjing 1937: Battle for a Doomed City* (Philadelphia: Casemate Publishers, 2015); Mitter, *Forgotten Ally*, chap. 7; Iris Chang, *The Rape of Nanking: The Forgotten Holocaust of World War II* (New York: Penguin Books, 1998); Timothy Brook, *Documents on the Rape of Nanjing* (Ann Arbor: University of Michigan Press, 1999); Yang Daqing, "Convergence or Divergence? Recent Historical Writings on the Rape of Nanjing," *American Historical Review* 104 (1999): 842–865; Joshua A. Fogel, *The Nanjing Massacre in History and Historiography* (Berkeley: University of California Press, 2002); Zhang Kaiyuan, *Eyewitnesses to Massacre: American Missionaries Bear Witness to Japanese Atrocities in Nanjing* (Armonk, NY: M.E. Sharpe, 2001); John Latimer, *Burma: The Forgotten War* (London: John Murray, 2004); Bob Tadashi Wakabayashi, *The Nanking Atrocity, 1937–38: Complicating the Picture* (New York: Berghahn Books, 2007); MacKinnon, Lary, and Vogel, *China at War*; *Erwin*

Wickert, ed., *The Good Man of Nanking: The Diaries of John Rabe* (New York: Knopf, 1998).

18 Wickert, *The Good Man*, 111–112.

19 Lary, *The Chinese People at War*, 61–62; Mitter, *Forgotten Ally*, loc. 2781, Kindle.

20 關於戰時的重慶，見Li Danke, *Echoes of Chongqing: Women in Wartime China* (Urbana: University of Illinois Press, 2010), 17; Lee McIsaac, "The City as Nation: Creating a Wartime Capital in Chongqing," in *Remaking the Chinese City: Modernity and National Identity, 1900–1950*, ed. Joseph Esherick (Honolulu: University of Hawai'i Press, 2002), 174–191.

21 John Israel, *Lianda: A Chinese University in War and Revolution* (Stanford, CA: Stanford University Press, 1998).

22 引自Li, *Echoes of Chongqing*, 112.

23 Ibid., 109.

24 Wu T'ien-wei, "Contending Political Forces during the War of Resistance," in *China's Bitter Victory: The War with Japan 1937–1945*, ed. James C. Hsiung and Steven I. Levine (Armonk, NY: M.E. Sharpe, 1992), 79–106; Li, *Echoes of Chongqing*, 20.

25 Mitter, *Forgotten Ally*, chap. 10; Felix Boecking, "Unmaking the Chinese Nationalist State: Administrative Reform among Fiscal Collapse, 1937–1945," *Modern Asian Studies* 45.2 (2011): 277–301; William C. Kirby, "The Chinese War Economy," in *Hsiung and Levine, China's Bitter Victory*, 185–212.

26 William C. Kirby, "Continuity and Change in Modern China: Chinese Economic Planning on the Mainland and on Taiwan, 1943–1958," *Australian Journal of Chinese Affairs* 24 (July 1990): 121–141.

27 Felix Boecking, *No Great Wall: Trade, Tariffs, and Nationalism in Republican China, 1927–1945*

(Cambridge, MA: Harvard University East Asia Center, 2017).

28 談中共根據地的文獻很多，包括 David S. G. Goodman, *Social and Political Change in Revolutionary China: The Taihang Base Area in the War of Resistance to Japan, 1937–1945* (Lanham, MD: Rowman and Littlefield, 2000); Feng Chongyi and David S. G. Goodman, eds., *North China at War: The Social Ecology of Revolution, 1937–1945* (Lanham, MD: Rowman and Littlefield, 2000); Gregor Benton, *New Fourth Army: Communist Resistance along the Yangtze and the Huai, 1938–1941* (Berkeley: University of California Press, 1999); Tony Saich, "Introduction: The Chinese Communist Party and the Anti-Japanese Base Areas," *China Quarterly* 140 (1994): 1000–1006; Kathleen Hartford and Steven M. Goldstein, *Single Sparks: China's Rural Revolution* (Armonk, NY: Sharpe, 1990); Chen Yung-fa, *Making Revolution: The Communist Movement in Eastern and Central China* (Berkeley: University of California Press, 1986); Lyman P. Van Slyke, "The Chinese Communist Movement during the Sino-Japanese War, 1937–1945," in *The Cambridge History of China*, ed. John K. Fairbank and Albert Feuerwerker, vol. 13, *Republican China, 1912–1949: Part 2* (Cambridge: Cambridge University Press, 1986), 609–721; Mark Selden, *The Yenan Way in Revolutionary China* (Cambridge, MA: Harvard University Press, 1971).

29 Mao Zedong, "Reform Our Study," in *Selected Works of Mao Tse-tung*, vol. 3 (Beijing: Beijing Foreign Languages Press, 1971), 19.

30 Orville Schell and John Delury, *Wealth and Power: China's Long March to the Twenty-First Century* (New York: Random House, 2013), 444.

31 Stuart R. Schram, "Red Star over China?" in *Mao's Road to Power: Revolutionary Writings 1912–1949*, ed. Stuart R. Schram (Armonk, NY: M.E. Sharpe, 1992), 5:249.

32 Klaus Mühlhahn, *Criminal Justice in China: A History* (Cambridge, MA: Harvard University Press, 2009), 165; David E. Apter and Tony Saich, *Revolutionary Discourse in Mao's Republic* (Cambridge, MA: Harvard University Press, 1994), 163–192.

33 Michael Dutton, *Policing Chinese Politics: A History* (Durham, NC: Duke University Press, 2005), 90.

34 深入探討請見Dutton, *Policing Chinese Politics*, 71–132.

35 Pantsov and Levine, *Mao*, 296.

36 Norman Smith and Diana Lary, eds., *Empire and Environment in the Making of Manchuria* (Vancouver: UBC Press, 2017).

37 關於滿洲國，見Louise Young, *Japan's Total Empire: Manchuria and the Culture of Wartime* (Berkeley: University of California Press, 1998); Prasenjit Duara, *Sovereignty and Authenticity: Manchukuo and the East Asian Modern* (Lanham, MD: Rowman and Littlefield, 2003); Rana Mitter, *The Manchurian Myth: Nationalism, Resistance and Collaboration in Modern China* (Berkeley: University of California Press, 2000); Chao Kang, *The Economic Development of Manchuria: The Rise of a Frontier Economy* (Ann Arbor: Center for Chinese Studies, University of Michigan, 1982); Annika A. Culver, *Glorify the Empire: Japanese Avant-Garde Propaganda in Manchukuo* (Vancouver: UBC Press, 2014).

38 United States Government, *Report of the Lytton Commission of Inquiry* (Washington, DC: United States Government Printing Office, 1932), 30.

39 Pu Yi, *From Emperor to Citizen: The Autobiography of Pu Yi*, trans. William John Francis Jenner (Beijing: Foreign Language Press, 1965), 2:195. 關於集中營體制，見Klaus Mühlhahn, "The Concentration Camp in Global Historical Perspective," *History Compass* 8.6 (2010): 543–561,

here 550–551; Sheldon H. Harris, *Factories of Death: Japanese Biological Warfare 1932–45 and the American Cover-Up* (London: Routledge, 1994), 26–33；關於大致抵抗情形，見Norman Smith, *Resisting Manchukuo: Chinese Women Writers and the Japanese Occupation* (Vancouver: UBC Press, 2014).

40 John Hunter Boyle, *China and Japan at War, 1937–1945: The Politics of Collaboration* (Stanford, CA: Stanford University Press, 1972), 83–134.

41 Kitamura Minoru and Lin Siyun, *The Reluctant Combatant: Japan and the Second Sino-Japanese War* (Lanham, MD: University Press of America, 2014), 70–73.

42 Timothy Brook, "The Creation of the Reformed Government in Central China, 1938," in *Chinese Collaboration with Japan, 1932–1945: The Limits of Accommodation*, ed. David Barrett and Larry Shyu (Stanford, CA: Stanford University Press, 2000), 79–101.

43 Ibid., 91.

44 Timothy Brook, *Collaboration: Japanese Agents and Local Elites in Wartime China* (Cambridge, MA: Harvard University Press, 2005); Poshek Fu, Passivity, *Resistance, and Collaboration: Intellectual Choices in Occupied Shanghai, 1937–1945* (Stanford, CA: Stanford University Press, 1996).

45 Sarah C. M. Paine, *The Wars for Asia, 1911–1949* (Cambridge: Cambridge University Press, 2012), 162.

46 Brian G. Martin, "Patriotic Collaboration? Zhou Fohai and the Wang Jingwei Government during the Second Sino-Japanese War," in *Japan as the Occupier and the Occupied*, ed. Christine de Matos and Mark Caprio (New York: Palgrave Macmillan, 2015), 152–171; Liu Jie, "Wang Jingwei and the 'Nanjing Nationalist Government': Between Collaboration and Resistance," in

Toward a History Beyond Borders: Contentious Issues in Sino-Japanese Relations, ed. Yang Daqing et al. (Cambridge, MA: Harvard University Asia Center, 2012), 205–239.

47 後面幾個段落根據以下資料寫成：Ronald Ian Heiferman, *The Cairo Conference of 1943: Roosevelt, Churchill, Chiang Kai-shek and Madame Chiang* (Jefferson, NC: McFarland, 2011); Mitter, *Forgotten Ally*, chaps. 10, 12, and 16; Odd Arne Westad, *Restless Empire: China and the World since 1750* (New York: Basic Books, 2015), chap. 7.

48 Lend Lease Bill of 1941, H.R. 1776, 77th Cong. (1941).

49 關於中美合作所和看守所，見Mühlhahn, *Criminal Justice in China*, 133; Frederic Wakeman, *Spymaster: Dai Li and the Chinese Secret Service* (Berkeley: University of California Press, 2003), 217; Frederic Wakeman, "American Police Advisers and the Nationalist Chinese Secret Service, 1930–1937," *Modern China* 18.2 (1992): 107–137.

50 Robert Bickers, *Out of China: How the Chinese Ended the Era of Western Domination* (Cambridge MA: Harvard University Press, 2017).

51 引自Mitter, *Forgotten Ally*, loc. 5432, Kindle.

52 Heiferman, *The Cairo Conference*, 127.

53 Ibid., 125.

54 Paine, *The Wars for Asia*, 199.

55 Paul Gordon Lauren, "First Principles of Racial Equality: History and the Politics and Diplomacy of Human Rights Provisions in the United Nations Charter," *Human Rights Quarterly* 5.1 (1983): 1–26.

56 Klaus Mühlhahn, "China, the West and the Question of Human Rights: A Historical Perspective," *Asien, Afrika, Lateinamerika* 24.3 (1996): 287–303, here 292.

57 Donald G. Gillin and Charles Etter, "Staying On: Japanese Soldiers and Civilians in China, 1945–1949," *Journal of Asian Studies* 42.3 (1983): 497–518.

58 Diana Lary, *China's Civil War: A Social History, 1945–1949* (Cambridge: Cambridge University Press, 2015); Odd Arne Westad, *Decisive Encounters: The Chinese Civil War, 1946–1950* (Stanford, CA: Stanford University Press, 2004); Paine, *The Wars for Asia, 223–270; Kevin Peraino, A Force So Swift: Mao, Truman and the Birth of Modern China, 1949* (New York: Crown, 2017); Richard Bernstein, *China 1945: Mao's Revolution and America's Fateful Choice* (New York: Alfred A. Knopf, 2015).

59 引自Warren I. Cohen, "The Foreign Impact on East Asia," in *Historical Perspectives on Contemporary East Asia*, ed. Merle Goldman and Andrew Gordon (Cambridge, MA: Harvard University Press), 24.

60 Daniel Kurtz-Phelan, *The China Mission: George Marshall's Unfinished War, 1945–1947* (New York: Norton 2018), 11–16.

61 Daniel Kurtz-Phelan, *The China Mission*, 149–261.

62 National Security Council on United States Policy toward China, *Foreign Relations of the United States, 1949, The Far East: China* (Washington, DC: Government Printing Office, 1949), 9:492–495.

63 曹健民，《中國民主同盟歷史研究》（北京：中國人民大學出版社，一九九四），頁四八；Carson Chang, *The Third Force in China* (New York: Bookman Associates, 1952).

64 Roger B. Jeans, *Democracy and Socialism in Republican China: The Politics of Zhang Junmai, 1906–1941* (Lanham, MD: Rowman and Littlefield, 1997).

65 John Fitzgerald, "The Nationless State: The Search for a Nation in Modern Chinese

Nationalism," *Australian Journal of Chinese Affairs* 33 (1995): 75–104; Arthur Waldron, "War and the Rise of Nationalism in Twentieth-Century China," *Journal of Military History* 57 (1993): 87–104.

66 William C. Kirby, "Engineering China: Birth of the Developmental State, 1928–1937," in *Becoming Chinese: Passages to Modernity and Beyond*, ed. Wen-hsin Yeh (Berkeley: University of California Press, 2000), 137–160.

67 Julia Strauss, *Strong Institutions in Weak Polity, 1927–1949* (Oxford: Clarendon Press, 1998).

68 David Strand, *An Unfinished Republic: Leading by Word and Deed in Modern China* (Berkeley: University of California Press, 2011), 10–11.

69 Sebastian Veg, 1911: The Failed Institutional Revolution, October 10, 2011, http://www.thechinabeat.org/?tag=sebastian-veg.

Summit
春山之巔
O11

從清帝國到習近平：中國現代化四百年（上）

Making China Modern: From the Great Qing to Xi Jinping

作　　者　余凱思（Klaus Mühlhahn）
譯　　者　黃中憲
總 編 輯　莊瑞琳
責任編輯　盧意寧
行銷企畫　甘彩蓉
美術設計　徐睿紳
內文排版　丸同連合 Un-Toned Studio
編輯協力　向淑容

出　　版　春山出版有限公司
地　　址　11670 臺北市文山區羅斯福路六段297號10樓
電　　話　02-29318171
傳　　真　02-86638233

總 經 銷　時報文化出版企業股份有限公司
地　　址　33343桃園市龜山區萬壽路二段351號
電　　話　02-23066842

製　　版　瑞豐電腦製版印刷股份有限公司
初版一刷　2022年2月

定　　價　640元

春山出版
Email　SpringHillPublishing@gmail.com
Facebook　www.facebook.com/springhillpublishing/

填寫本書線上回函

國家圖書館預行編目資料

從清帝國到習近平：中國現代化四百年（上）/余凱思（Klaus Mühlhahn）作；黃中憲譯－初版－臺北市：春山出版有限公司，2022.02　冊；　公分－（春山之巔；11）
譯自：Making China Modern : from the Great Qing to Xi Jinping.
ISBN 978-626-95556-7-3(上冊：平裝)－
1.CST: 中國史
610　　110022026

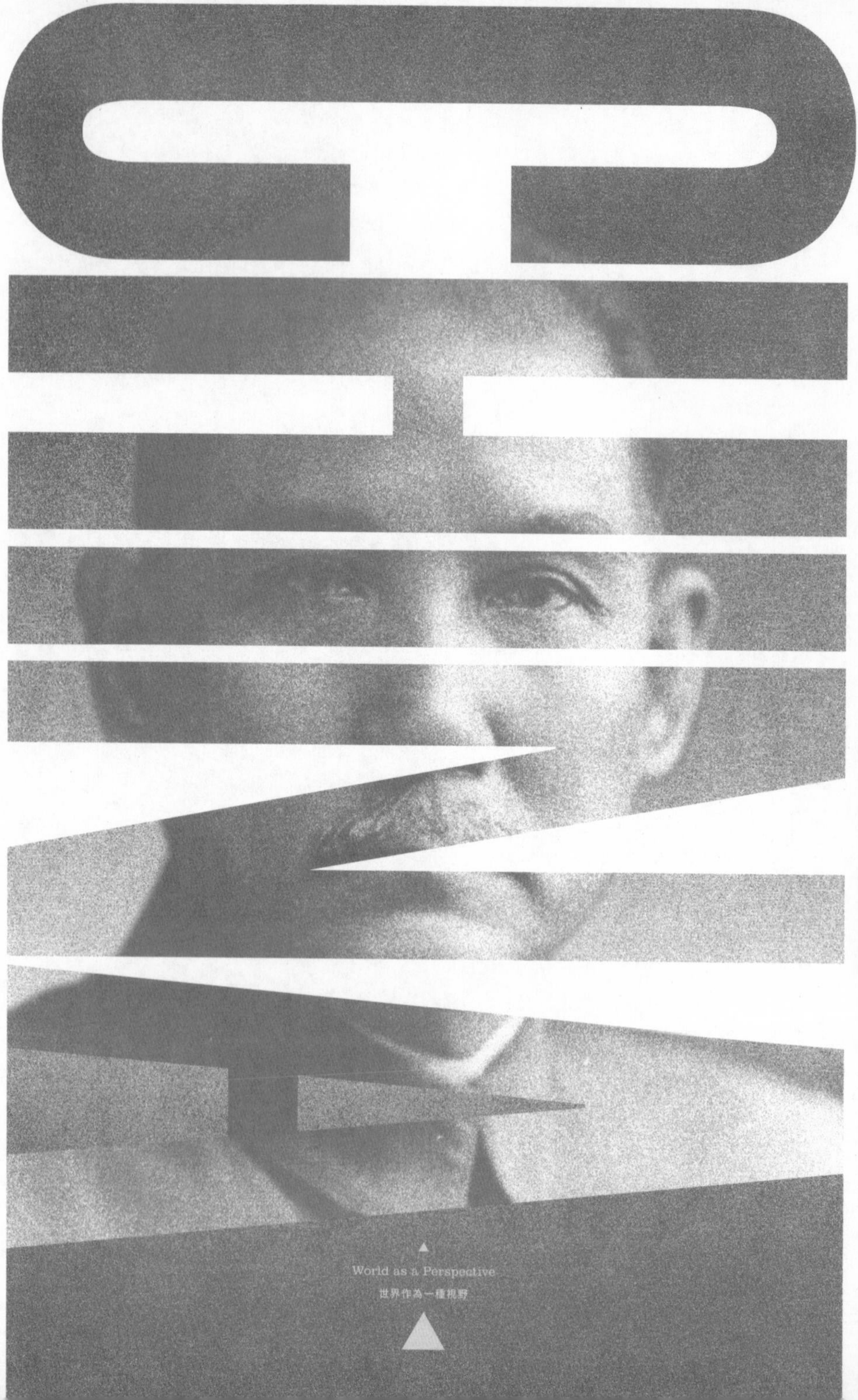
World as a Perspective
世界作為一種視野